HISTOIRE D'ELBEUF

par H. SAINT-DENIS

TOME VII
(De 1792 à 1799)

ILLUSTRÉ DE 12 PLANCHES HORS TEXTE

PAR DÉLIBÉRATION DU CONSEIL MUNICIPAL D'ELBEUF,
EN DATE DU 9 MAI 1894

ELBEUF. — IMPRIMERIE H. SAINT-DENIS
1900

HISTOIRE D'ELBEUF

—

TOME VII

HISTOIRE
D'ELBEUF

par H. SAINT-DENIS

TOME VII

(De 1792 à 1799)

ILLUSTRÉ DE 12 PLANCHES HORS TEXTE

PAR DÉLIBÉRATION DU CONSEIL MUNICIPAL D'ELBEUF,
EN DATE DU 9 MAI 1894

ELBEUF. — IMPRIMERIE H. SAINT-DENIS
1900

LA CHAIRE ET LE CHŒUR DE L'ÉGLISE SAINT-JEAN (état actuel)

HISTOIRE D'ELBEUF

Tome Septième

CHAPITRE Ier
(MAI-JUILLET 1792)

LAMBESC REPOUSSE LA QUALITÉ DE FRANÇAIS. — LE CASERNEMENT DE LA GENDARMERIE. — LA MUNICIPALITÉ ET LE JUGE DE PAIX. — DÉCISION AU SUJET DES PRISONS. — LE PREMIER ARBRE DE LIBERTÉ. — QUESTION DE DRAPEAU POUR LA GARDE NATIONALE. — LES ARCHIVES DE L'ANCIENNE HAUTE JUSTICE D'ELBEUF. — UN REGISTRE DE LA GARDE NATIONALE. — LA PATRIE EN DANGER.

Le 1er mai, la municipalité d'Elbeuf reçut une signification faite à la requête de « M. Eugène de Lorraine, se disant général-major des troupes de Sa Majesté l'empereur et actuellement du roi de Hongrie et de Bohême, demeurant à Bruxelles », stipulé par Jacques Durand, demeurant à Elbeuf, son fondé de pouvoirs, par acte passé le 18 avril précédent devant M° Brichard, notaire à Paris.

Par cette signification, Eugène de Lorraine dit que « pour prévenir la fausse application que l'on pourroit faire contre lui et ses biens situés en France, de la loi rendue contre les François émigrés, et pour empêcher toute erreur à cet égard, il articuloit et soutenoit qu'il n'étoit pas un François émigré ; que son titre et sa qualité notoire étoient de prince étranger de la maison de Lorraine et régnante dans l'empire de la Toscane ; que les établissements qu'il avoit eus en France ne lui avoient pas ôté ce titre ineffaçable de sa naissance ; qu'il n'avoit fait qu'user du droit naturel et du droit des gens, même du droit établi par le titre premier de la Constitution françoise, lorsque, renonçant aux emplois qu'il avoit en France et en les remettant au Roy, il avoit quitté la France avant qu'aucune loi existât contre les François émigrés, etc. »

En conséquence, Eugène de Lorraine réclamait, en sa qualité d'étranger, la protection, la sûreté et la sauvegarde de ses biens en France, protestant de nullité et d'attentat contre tous empêchements, saisie, main-mise et autres exécutions quelconques qui pourraient être faites sur et au préjudice de ses biens ou tendant à en gêner la libre disposition et au cas où il serait passé outre, protestait de se pourvoir, etc.

Le corps de ville décida que copie de cette signification serait adressée au Directoire du district, ainsi que l'arrêt de deniers mis le 18 du mois précédent sur les sieurs Huault et Durand, receveurs du sieur de Lorraine.

Un terrible incendie éclata à Saint-Etienne du Rouvray le même jour 1ᵉʳ mai. De cent-vingt à cent-quarante bâtiments devinrent la proie des flammes et plusieurs personnes perdirent la vie dans ce désastre. La ville d'Elbeuf, comme la plupart des autres localités de la région, envoya des secours aux incendiés.

Nous trouvons cette délibération sur les registres du District, à la date du 7 :

« Considérant qu'il résulte de l'état et des pièces que la municipalité d'Elbeuf est chargée d'une débite de 139.037 livres 7 sols en capitaux, pour raison desquels elle fait 7.501 liv. 17 sols 6 deniers de rente, et de 33.933 livres 15 sols 1 denier pour arrérages de rentes et autres objets échus, ce qui fait un total de 172.971 livres 2 sols 1 denier dont elle se trouve en arrière, et qu'elle n'a qu'un actif de 36.725 livres qui lui sont dus par le gouvernement.

« Sommes d'avis que ledit état et pièces y jointes doivent être renvoyés à M. le commissaire liquidateur, aux termes de l'article 7 de la loy du 12 février dernier, pour par la commune d'Elbeuf jouir du bénéfice de la loy du 10 avril 1791 ».

Le 9, les officiers municipaux informèrent Balleroy, juge de paix, que, n'étant pas tenus de fournir et n'ayant à leur disposition aucun logement pour les prisonniers à envoyer à la maison d'arrêt, lesquels devaient y être dirigés sans délai, ceux qu'il se proposait de faire déposer à la maison commune n'y seraient pas reçus. — On sait que l'ancienne prison féodale avait été vendue, par les procureurs du ci-devant prince de Lambesc, à Bosquier, ancien avocat.

Depuis la réorganisation de la garde nationale, un certain nombre de citoyens s'étaient mis au rang des musiciens, dans l'espoir d'être exemptés du service actif ; mais le maire pria les commandants Delarue et Maille jeune de faire cesser cet abus.

Le 18, les officiers municipaux écrivirent au curé de Saint-Jean :

« Nous avons reçu des plaintes de plusieurs citoyens qui sont scandalisés d'avoir vu plusieurs fois, pendant la messe en musique, un chapeau sur la tête de l'aigle qui est dans le chœur de votre paroisse. Nous vous serons obligés de vouloir bien donner des ordres à votre bedeau d'y veiller et de n'y en pas souffrir.

« Vous voudrez bien aussi lui enjoindre d'ouvrir tous les dimanches et fêtes les deux battans des portes des chapelles Saint-Nicolas et de la Vierge, tant au portail qu'aux deux autres qui donnent dans le cimetière, et pareillement les deux grandes portes des cimetières, à l'heure de la messe de charité, afin que les paroissiens puissent sortir librement, et de ne les faire fermer qu'après l'office ».

Les biens que les Ursulines d'Elbeuf possédaient à Caudebec furent vendus en sept lots, à divers, du 12 au 26 mai.

Le 27, on remit aux mains de Desgenetez, percepteur des contributions d'Elbeuf : 1º le rôle de la contribution foncière, s'élevant à 55.500 livres ; 2º le rôle de la contribution mobilière, montant à 106.869 livres, et 3º le rôle des patentes, se chiffrant par 10.970 liv.

Un différend survenu entre la ville et les gendarmes, au sujet de leur casernement, fut l'objet d'un rapport de la municipalité de notre ville, duquel nous détachons les passages suivants :

« L'époque de l'établissement de la brigade de maréchaussée résidante à Elbeuf n'est pas éloignée. Une émeute populaire, occasionnée par la cherté des grains en 1764, fit sentir aux habitants la nécessité d'une force publique, dont jusqu'alors ils avoient été dépourvus.

« Ils sollicitèrent du gouvernement l'établissement d'une brigade de cavaliers de la maréchaussée, pour assurer la tranquillité de leur ville, et pour vaincre les difficultés qui se présentoient ils proposèrent de faire les frais de casernement.

« La demande fut accordée, et la municipalité a toujours fourny en nature le logement de cette brigade, duquel logement les loyers ont été payés des deniers communaux jusqu'en l'année 1780, époque où la municipalité d'alors fit l'acquisition d'une maison commune pour le prix de 30.000 livres, pour laquelle elle est encore chargée de 1.500 livres de rente annuelle.

« Les besoins particuliers de la municipalité n'exigeoient certainement pas l'acquisition d'un immeuble d'un aussi haut prix ; ce fut l'engagement qu'elle avoit contracté envers le gouvernement de fournir le logement des cavaliers de maréchaussée qui la déterminèrent à faire cet achat onéreux.

« Mais de ce qu'en faisant cette acquisition la municipalité a eu pour but d'y loger la maréchaussée, à laquelle elle devoit alors fournir le casernement, s'ensuit-il que la municipalité n'a plus le droit ni la faculté de disposer de sa Maison commune pour le plus grand avantage des habitans ? S'ensuit-il que les gendarmes nationaux ayent un droit acquis sur la Maison commune, tel qu'ils ne puissent être casernés ailleurs ?

« Les gendarmes nationaux, pour appuyer leur plainte, font remarquer les avantages qui doivent résulter de les placer au centre de la ville, sous la main des officiers municipaux, et que tout changement blesseroit les intérêts de la commune. Faut-il prendre à la lettre ces démonstrations d'amour du bien public? Non, sans doute. Elles ne sont qu'un vain prétexte dont les gendarmes nationaux font usage pour se maintenir dans un logement que pour leur intérest particulier il leur convient de conserver...

« La ville d'Elbeuf n'est pas grande, et dans quelque quartier que soient placés les gendarmes nationaux, l'utilité que les habitants peuvent attendre d'eux sera la même.

« Il n'y a peut-être pas de ville où le casernement des gendarmes nationaux soit placé dans l'enceinte du lieu des séances municipales. N'y aurait-il donc qu'à Elbeuf que cette disposition seroit indispensable ?...

« Nous voulons tirer de la Maison commune le party le plus avantageux... La loi nous impose l'obligation de fournir au juge de paix une audience pour les délits de police correctionnelle. Une partie de la Maison commune peut être destinée à cet établissement.

« Le casernement des sous-officiers et gendarmes nationaux doit être fourny en nature par les administrateurs du département. Cette disposition de la loi dispense la municipalité de pourvoir à cet objet, qui est étranger à son administration.

« Affranchis d'une condition onéreuse qu'on

nous avoit imposée et pour laquelle nous nous réservons de réclamer une indemnité, nous croyons ne blesser ny les personnes ny les choses en reprenant pour de nouveaux besoins le logement que jusqu'à présent nous avons fourni à la brigade de maréchaussée. D'ailleurs, la commune d'Elbeuf doit disposer librement de sa chose comme bon luy semblera. La plainte des gendarmes est donc, sous tous aspects, vuide de sens et de raison ».

Ajoutons que les cavaliers de la maréchaussée n'avaient de casernement que pour quatre hommes, et que les gendarmes nationaux réclamaient un logement pour un cinquième cavalier; pour cela, ils prétendaient à la loge du valet de ville et à une partie du logement du secrétaire de la municipalité.

Le corps de ville n'eut pas seulement à défendre les intérêts de la communauté contre les gendarmes, car sur cette affaire s'en greffa une autre, que va nous faire connaître le rapport suivant dressé par la municipalité et portant également la date du 31 mai, qui fut envoyé au District :

« Le mémoire dressé pour le juge de paix de la ville d'Elbeuf, présenté au Département le 21 de ce mois, contient deux griefs contre l'administration des maire et officiers municipaux de la commune dudit Elbeuf.

« Le premier c'est de n'avoir pas fait l'acquisition des prisons et auditoire dont se servoit le ci-devant seigneur haut justicier. Le second, c'est d'avoir le dessein de retirer aux gendarmes l'emplacement que la maréchaussée occupoit précédemment dans la Maison commune.

« Si les observations du juge de paix étoient

justes, nous lui pardonnerions la confiance présomptueuse qu'il met en ses propres opinions, et nous excuserions l'amertume qui règne dans sa critique. Mais la plainte du juge de paix est dénuée de tout fondement en principe et en raison ; nous le démontrerons en peu de mots :

« 1° Le reproche de n'avoir pas fait l'acquisition du prétoire et geôle du sieur de Lorraine est dénuée de fondement, en principe, parce que les établissements tels que les prisons nécessaires à l'administration de la justice sont des objets de dépense publique ; la justice se rend au nom du souverain ; c'est au souverain seul, c'est-à-dire à la Nation à en faire les frais. L'institution des maisons de détention n'est point à la charge des municipalités ; nous pensons même que les municipalités n'ont pas le droit d'avoir des prisons ; c'est un acte de souveraineté qui ne leur est pas déléguée, et si la municipalité ou tout autre établissoit des prisons, les détentions qui pourroient y être ordonnées seroient illégales.

« 2° Le reproche est également dénué de tout fondement, en raison, parce qu'il n'y aurait rien de plus contraire à l'équité que des municipalités fissent de leurs deniers des établissements qui, assurant le bon ordre dans le royaume, sont d'une utilité générale et commune à toute la Nation...

« Nous n'ignorons pas cependant que les audiences de la police correctionnelle doivent se tenir dans un lieu choisi par les municipalités. Nous sçavons ce que la loi nous prescrit et nous sçaurons remplir nos obligations.

« Comment le juge de paix ose-t-il vous exposer que bientôt « il ne va plus avoir d'audience », tandis qu'il atteste luy-même que la municipalité a le projet de luy fournir une audience qu'occupait cy-devant la maréchaussée ? Peut-il y avoir une contradiction plus grossière ?

« Nous convenons que le lieu que nous destinons à former l'audience de la police correctionnelle ne sera peut-être pas disposé comme le prétoire de la cy-devant haute justice, et c'est ce que craint le juge de paix, qui aime que sa justice s'administre grandement, avec tout l'éclat dont elle doit frapper les esprits, pour être environné de tout ce qui peut frapper son ostentation. Mais rien nous impose l'obligation d'acquérir le prétoire de la haute justice pour le conserver au juge de paix. Nous ferons tout ce qui sera en nous pour que le bon ordre et l'administration de la justice ne perdent rien au changement, en consultant la décence du lieu et le besoin présent.

« Si le juge de paix, dont le vaste génie s'étend dans l'avenir, croit apercevoir un accroissement futur de ses pouvoirs, nous le laissons s'enivrer à loisir de cet espoir ; mais il nous sera permis sans doute de ne pas prendre cette prédiction pour règle de conduite.

« Passons au second grief d'avoir le projet de retirer aux gendarmes l'emplacement que la maréchaussée occupoit précédemment dans la maison commune.

« D'abord les fonctions de juge de paix ou officier de police de sûreté n'ont rien à exercer sur ce qui concerne les logements de la gendarmerie nationale.

« On ne peut que s'étonner de la querelle que le juge de paix suscite à la municipalité sur un objet qui ne le touche en rien. Veut-il s'ériger en curateur de la municipalité ? Veut-il qu'on lui deffère la dictature dans la commune d'Elbeuf ? »

Après avoir développé à peu près les mêmes raisons que dans le précédent rapport, la municipalité termine ainsi :

« La conséquence qu'il faut tirer de ces vérités, c'est que la plainte du juge de paix est d'une absurdité pitoyable, et qu'avant d'éclairer la conduite des autres, il doit s'éclairer luy-même. Nous devons donc croire que le mémoire inconsidéré du juge de paix sera frappé de la verge du blâme et que la honte sera le partage du déclamateur.

« Nous observerons, en outre, que nous n'étions pas tenus de répondre à ce mémoire, parce qu'il ne contient que des reproches négatifs sur des objets qui ne font pas partie de nos fonctions, et que nous n'avons à rendre compte que des actes qui s'écartent de la ligne d'administration qui nous est tracée. Vous sentez, Messieurs, que s'il falloit répondre à tous les libelles qu'on peut faire, nous aurions à cesser d'être des officiers municipaux pour devenir des écrivains publics.

« Au surplus, nous n'avons agi que d'après une décision du conseil général de la commune.

« GALLERAN, maire; Pierre LEJEUNE, F. FOUARD, Pierre-Henri HAYET, SÉJOURNÉ, DELASTRE, DELAUNAY, Pierre HAYET ; J.-Pierre GRANDIN, procureur de la commune ».

Le 3 juin, le corps de ville adressa au District deux notices concernant les biens des émigrés et s'appliquant :

« 1º A la terre d'Elbeuf, qui s'étend bien au-delà de notre municipalité et même dans les départements voisins, mais qui est affermée à un seul fermier général, le sieur Servant Huault, citoyen d'Elbeuf, pour le prix annuel de 72 à 75.000 livres, laquelle appartient au sieur Charles-Eugène de Lorraine, cy-devant duc d'Elbeuf. Cette ferme consiste en terres labourables, prés, bois, moulins, bâtiments et rentes seigneuriales. Les droits de treizième éventuels sont perçus par le sieur Charles-Prosper Durand, préposé à cette partie ainsi qu'à la recette des revenus provenant des bestiaux qui paissent dans la forêt d'Elbeuf.

« 2º A une masure plantée d'arbres et jardin, contenant un are, édifiée de divers bâtiments, appartenant en partie au sieur Louis-Tranquille de la Rue, cy-devant garde du corps. Ledit objet est situé dans la municipalité d'Elbeuf ».

Comme on le voit, on n'avait tenu aucun compte de la réclamation du prince de Lambesc, que l'administration avait justement rangé au rang des émigrés. C'était donc en vain que le dernier des ducs d'Elbeuf avait répudié la qualité de Français.

Le mercredi 6, à six heures du matin, le corps de ville se réunit à la suite d'une lettre du Directoire du département, parvenue à Elbeuf la veille à onze heures et demie du soir, annonçant l'arrivée et le séjour de vingt cavaliers du 17e régiment et demandant de pourvoir à leur logement.

Vers trois heures du soir, deux brigadiers de cette troupe se présentèrent à l'Hôtel de Ville, apportant une lettre du procureur général syndic du département de l'Eure qui annonçait que « l'affreux assassinat commis le dimanche précédent à Routot sur la personne du garde général de la forêt de Brotonne, avoit déterminé les départements réunis de la Seine-Inférieure et de l'Eure, pour prévenir tout sujet d'inquiétude sur les suites d'un aussi fâcheux évènement, de faire passer à Routot un détachement de vingt hommes du 17e régiment de cavalerie ».

Vers cinq heures, le détachement arriva, mais composé seulement de treize cavaliers, deux brigadiers, commandés par Baptiste, maréchal-des logis. On leur fournit l'étape.

Le 7, la municipalité manda aux deux commandants de la garde nationale que, la ville n'ayant pas de prisons, et la chambre de discipline n'étant établie que pour la garde nationale, ils devraient s'abstenir de recevoir les prisonniers que le juge de paix leur enverrait, celui-ci disposant d'ailleurs d'une chambre et d'un cachot chez Dumor.

Le lundi 11, l'administration du District prit cette délibération :

« Sommes d'avis que la prison correctionnelle d'Elbeuf servira de dépôt où les gendarmes pourront déposer les prisonniers qu'ils auront arrêtés jusqu'à ce qu'ils puissent les conduire à la maison d'arrêt du district, parce que néanmoins les gendarmes ne pourront en aucun cas laisser les particuliers par eux arrêtés plus de vingt-quatre heures dans ladite prison, et qu'ils veilleront à la garde desdits détenus pendant tout le temps du dépôt ».

Il fut remontré au District que la prison ne convenait pas.

Par une nouvelle décision du District, en date du 23 du même mois, il fut dit que les cinq gendarmes de la brigade d'Elbeuf seraient logés dans la maison commune, dont l'acquisition avait été autorisée par lettres patentes de janvier 1779, et dont les dix onzièmes du prix de cette acquisition avaient été mis à la charge de l'Etat.

Le 11 juin, à la suite d'une lettre du District, le Conseil municipal arrêta à l'unanimité :

« 1° Qu'il seroit donné avis aux citoyens, par la voie d'affiches et publications au prône le dimanche suivant, que la guerre entreprise pour le maintien de la Constitution françoise exigeant des dépenses extraordinaires, il avoit été ouvert un registre à toutes les municipalités pour y recevoir l'offrande civique des citoyens qui, jaloux de leur liberté, désiroient coopérer au maintien d'icelle et donner des preuves de leur amour pour la Patrie.

« 2° Que, pour la formation de trente-et-un nouveaux bataillons de gardes nationaux volontaires, il seroit ouvert un nouveau registre d'inscription volontaire, tant pour servir au recrutement de ces bataillons, que pour en former de nouveaux au besoin... »

Le 18, le maire écrivit au District que deux bourgeois venaient de rembourser à l'Etat le capital de deux rentes en faveur de l'hôpital, ce qui diminuait encore les ressources de cet établissement; qu'il n'y avait à Elbeuf ni fonds de secours appartenant aux paroisses, ni établissements de piété anciens ou modernes, ni offices, ni messes de chapitre d'aucun genre.

Egalement, il n'y avait point de rentes imposées par actes de fondation ; point de monastère d'hommes, mais « un de religieuses Ursulines qui s'occupent avec zèle de l'éducation des filles, à laquelle elles sont dévouées par leur institution ».

Vers cette époque, Pierre-François Balleroy, juge de paix, demanda à la municipalité un certificat de résidence pour son frère cadet Magloire, originaire de Pont-l'Evêque, comme lui, et qui venait d'arriver dans notre ville. La municipalité refusa ce certificat. Balleroy aîné adressa alors au district de Rouen une pétition pour obliger nos municipaux à délivrer le certificat sollicité. Le District, trompé, envoya des reproches au corps municipal, lequel, pour s'éclaircir, s'adressa à celui de Pont-l'Evêque. Alors Balleroy jeune partit d'Elbeuf, d'où il resta absent pendant huit ou neuf mois. Nous verrons plus tard que, lorsqu'il revint, on le mit en état d'arrestation.

Le District reçut, le 28 juin, l'état des rentes dues par le roi ou par la nation aux églises d'Elbeuf et à son hôpital. Il comportait six articles :

1º Une rente de 400 livres, constituée le 27 novembre 1755, par la Communauté des fabricants en faveur de l'hôpital ;

2º Une rente de 65 livres, en faveur du même établissement, due également par la corporation des fabricants ;

3º Une rente de 377 livres 10 sols, aussi au profit de l'hôpital, due par le roi et hypothéquée sur ses biens ;

4º Une rente de 180 livres, en faveur du même, due par le clergé de France ;

5º Une rente de 75 livres, due au trésor de Saint-Etienne par le roi et affectée sur tous les biens ;

6º Une rente de 135 livres 6 sols, due à la même fabrique paroissiale par le roi, et affectée sur les deniers des tailles.

C'est à cette même date, 29 juin 1792, que

nous trouvons mention du premier Arbre de liberté. Ce jour-là, il fut exposé au corps municipal que la garde nationale désirait planter, vers six heures du soir, « l'arbre de la liberté » et qu'elle en demandait la permission.

La garde nationale fut autorisée à faire cette plantation. En outre, la municipalité décida qu'elle se rendrait à la cérémonie, à laquelle on inviterait le clergé des deux paroisses.

En effet, les deux processions de Saint Jean et de Saint-Etienne se présentèrent sur la place du Coq, à l'heure dite, et l'on éleva l'arbre, sur lequel le maire plaça une cocarde tricolore que lui avait présentée l'état major de la garde nationale. Nous citons le procès-verbal pour la fin de la cérémonie :

« Ensuite, il a été chanté un *Te Deum,* pendant lequel les membres de la municipalité, le clergé, les commandants, officiers et autres ont coopéré à la solidité et au soutien dudit arbre de la liberté en poussant de la terre au pied. Ensuite les deux paroisses se sont retirées, accompagnées d'un détachement de la garde, et la municipalité, après avoir fait le tour de l'emplacement, a été de même reconduite par un détachement ».

Le lendemain mourut François Dupont, ancien trésorier de Saint-Jean, âgé de 74 ans.

La fête commémorative de la Fédération approchant, un état adressé au District le 3 juillet, établit que les fédérés citoyens actifs d'Elbeuf figurant sur les registres de la municipalité se composaient de 17 officiers, 11 bas officiers, 63 fusiliers et tambours, et 17 musiciens, soit 108 hommes en tout. La garde nationale n'avait pas encore de drapeaux constitutionnels, à cause de la pénurie des ressources de la commune ; le maire demanda si elle pouvait se présenter à la fête du 14 juillet avec ses deux anciens drapeaux.

Ayant reçu une réponse, la municipalité dit à son tour aux deux commandants de la garde nationale :

« La demande que vous nous faites de deux drapeaux pour les deux bataillons de la garde nationale de cette ville est fondée sur la loi du 14 octobre dernier, laquelle porte que les drapeaux des gardes nationales seront aux trois couleurs avec ces mots : LE PEUPLE FRANÇOIS, et ces autres mots : LA LIBERTÉ OU LA MORT. Deux grands motifs nous porteroient à remplir vos vues : celui d'exécuter la loi et celui de vous satisfaire, si quelques considérations ne nous paroissoient s'opposer à votre vœu :

« 1º La commune d'Elbeuf ne peut avoir ses drapeaux particuliers, parce que la garde nationale ne peut être organisée par commune, mais par district et par canton ;

« 2º La garde nationale de notre district et de notre canton n'ayant pu être encore organisée, les drapeaux constitutionnels ne seront pas exigés à la Fédération qui sera renouvelée dans le chef-lieu du district ;

« 3º La garde nationale devant être organisée par district et par canton, ils doivent être fournis par le district et seront les drapeaux du district... »

Le lendemain, 4 juillet, on fit l'inventaire des registres et papiers du greffe de la haute justice d'Elbeuf, sur lesquels la municipalité avait fait apposer des scellés le 5 novembre 1790. On trouva 272 registres anciens des audiences, renfermés dans quatre sacs, et 354 paquets de papiers de procédures les plus divers. Ces registres et papiers furent envoyés en vingt-et-un sacs au greffe du tribunal du district de Rouen.

Disons en passant que ces registres et ces liasses, longtemps enfermés dans les combles du Palais de justice de Rouen, ont été transférés récemment aux Archives départementales, où ils ont été classés, étiquetés et sont mis à la disposition du public.

Les registres du District nous fournissent cette nouvelle délibération, portant la date du 5 juillet :

« Vu la requête des citoyens d'Elbeuf qui demandent l'établissement d'un nouvelle caisse patriotique, ensemble l'avis de la municipalité dudit lieu en date du 22 du mois dernier, et ce qui résulte des articles 2, 3 et 4 du 1er avril dernier...

« Considérant que les billets de confiance émis par la Caisse patriotique d'Elbeuf vont cesser d'avoir leur cours le 31 du courant et qu'il résulteroit pour la manufacture de cette ville le plus grand danger si les signes représentatifs du numéraire étoient supprimés tout à coup.

« Sommes d'avis... qu'il peut être permis aux signataires de former une Caisse patriotique, parce qu'ils seront tenus de la mettre sous la surveillance immédiate de la municipalité dudit lieu et de déposer entre ses mains, en assignats ou numéraire, les fonds représentatifs des billets qui seront émis.

« Estimons, de plus, que ladite Caisse patriotique doit être assujettie à ne fabriquer que pour la somme de 500.000 livres de bons de 20 sols et valeur subséquente ».

Voici la copie d'une lettre adressée au District par les commandants de la garde nationale, au sujet des drapeaux :

« Elbeuf, 7 juillet 1792, an 4e de la Liberté.

« Messieurs ; d'après les ordres du Directoire du district, qui nous ont été communiqués par la municipalité de notre ville, nous nous sommes occupés de la formation du détachement fédératif qui doit se rendre au chef-lieu du district pour la fête du 14 juillet. En remettant l'état des fédérés à la municipalité, nous lui avons en même temps demandé les drapeaux décrétés par la loi du 10 octobre dernier. Voici sa réponse : »

Suit le texte de la pièce dont nous venons de donner copie.

« Dans cet état, nous venons vous prier de nous dire si le détachement destiné à la Fédération peut se présenter avec les anciens drapeaux.

« Les commandants des deux bataillons de la garde nationale : H. Delarue, Pierre Maille le jeune, L. Flavigny, Nicolas Lefebvre ».

Dans la matinée du 9, le sieur Védie, commissaire nommé par le District pour mettre à exécution un arrêté du Département obligeant la ville d'Elbeuf à loger les gendarmes nationaux dans sa maison commune, se présenta à l'hôtel de ville, où il demanda au maire Galleran de lui montrer les diverses pièces de la mairie, après quoi il déclara qu'on y pouvait loger les gendarmes.

Le maire lui répondit que ces pièces étaient indispensables à la Ville, pour la police correctionnelle, le comité militaire, le corps de garde, etc. ; et que la municipalité, déjà trop à l'étroit, n'avait que deux appartements pour

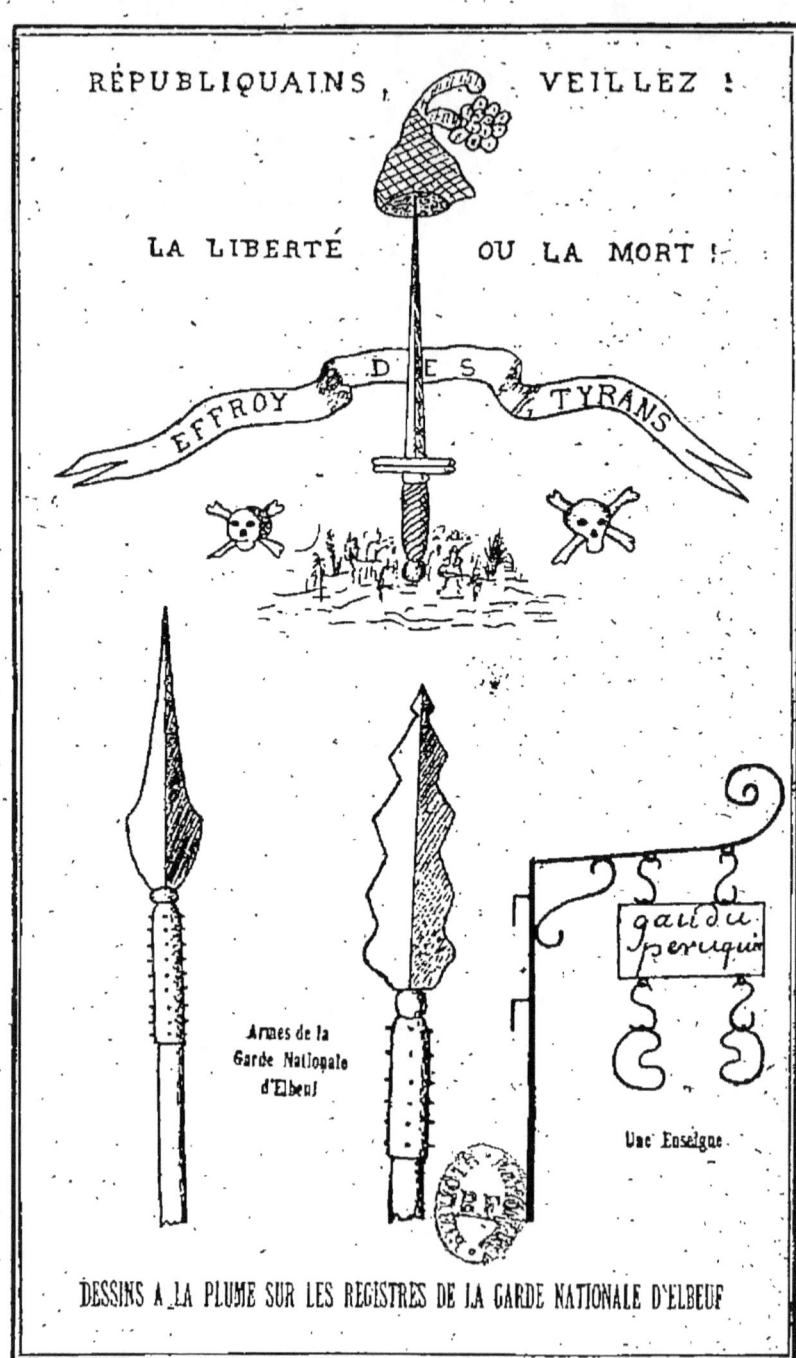

tenir ses séances, lesquels servaient encore à la police municipale, au secrétaire, aux assemblées de commissaires, etc., et qu'il faudrait encore un appartement pour y inscrire les naissances, mariages et décès.

Le commissaire ayant insisté sur la nécessité pour la ville de loger les gendarmes, le maire leur indiqua une maison, où tous deux se rendirent, qui fut reconnue propre à faire une caserne pour la gendarmerie.

Quelques jours après, le maire reçut signification que les officiers de gendarmerie Schenider et Ebran avaient refusé la maison et voulaient absolument que leurs hommes logeassent à l'Hôtel de Ville.

Le samedi 14, Guillard, maréchal des logis de gendarmerie, et les cavaliers placés sous ses ordres, renouvelèrent leur serment sur la place du Coq, en présence des officiers municipaux.

Vers ce temps, le corps municipal décida de réitérer sa demande pour obtenir la création de deux foires nouvelles à Elbeuf : une à la Mi-Carême, l'autre le lundi précédant la Pentecôte.

Les Archives municipales conservent divers registres de cette époque. Nous en avons un sous les yeux, couvert en parchemin, sur lequel se trouve à l'extérieur du premier plat une inscription dans l'esprit du temps ainsi conçue :

RÉPUBLIQUAINS, VEILLEZ !
LA LIBERTÉ OU LA MORT !

Suit un dessin montrant une épée nue, en pal, surmontée d'un bonnet phrygien, traversé d'un phylactère portant ces mots : *Effroy des*

Tyrans, au-dessous duquel sont deux têtes de morts.

C'était le « Registre de la garde nationale d'Elbeuf, conformément à l'organisation décrétée par l'Assemblée nationale et sanctionnée par le Roy » (ce dernier mot a été effacé et remplacé par celui de Nation). Il commence au 14 février 1792 et finit au 22 avril 1794.

Nous y trouvons le détail des objets du corps de garde : « 21 fusils dont 12 sans baguette, 1 sans bayonnette, 1 dont la bayonnette est cassée, 6 hallebardes, une table, une capote de guérite, 6 chaises, 2 bancs dont un a un pied de cassé ».

Sur le dernier plat extérieur, on voit des dessins représentant deux hallebardes, des faisceaux de licteurs surmontés du bonnet phrygien, trois bustes, etc.

De graves évènements politiques venaient de se produire.

De nouveaux insuccès avaient démoralisé les troupes françaises, mal commandées par les généraux. La Fayette était soupçonné de trahison et le ministre de la guerre de Grave avait démissionné ; Servan avait remplacé ce dernier.

Les Girondins, se sentant entamés, se rejetèrent dans la révolution, dénoncèrent le fameux Comité autrichien, puis firent décréter la déportation des prêtres réfractaires qui poussaient à la guerre civile, le licenciement de la garde du roi et la formation d'un camp de 20.000 volontaires sous les murs de Paris, comme mesure de défense contre la monarchie et en même temps contre l'invasion.

Le roi ayant refusé sa sanction à ces décrets et congédié Roland, Clavière et Servan, les

Tuileries avaient été envahies le 20 juin par le peuple, réclamant à grands cris le rappel des ministres, la sanction des décrets et la répression des conspirateurs. Le roi n'avait tenu aucun compte de cette imposante manifestation ; au contraire, il prit une attitude menaçante.

Pendant ces événements, les nouvelles militaires étaient de plus en plus mauvaises. Luckner battait en retraite, après avoir abandonné Ypres, Menin et Courtray, sans combat, sur un ordre donné par la cour.

Une formidable armée prussienne venait de se mettre en mouvement, ayant pour auxiliaires une légion d'émigrés parmi lesquels se trouvaient le duc d'Elbeuf et le marquis de la Londe. L'Angleterre armait et les princes allemands entraient dans la coalition contre la France. A l'intérieur, les complots se multipliaient, et la situation devenait chaque jour plus dangereuse par les trahisons et les périls de toute sorte.

L'Assemblée se décida à faire un appel à la Nation. Après un admirable et véhément discours de Vergniaud, elle rendit un décret qui déclarait que la Patrie était en danger. Cette déclaration mit debout le pays tout entier. Il n'y a pas dans l'histoire de mouvement plus grandiose et plus puissant.

Au milieu des places publiques, des amphithéatres furent dressés pour recevoir les enrôlements volontaires. Les officiers municipaux suffisaient à peine à l'enregistrement des noms. Ces glorieuses recrues, a dit Michelet, « restent marquées d'un signe qui les met à part dans l'histoire. Ce signe, cette formule, ce mot qui fit trembler toute la terre n'est autre que leur simple nom : Volontaires de 92 ».

A l'assemblée du conseil général de la commune d'Elbeuf, tenue le lundi 30 juillet, le maire annonça que le Corps législatif ayant déclaré que la Patrie était en danger, le conseil général devait se tenir en permanence.

En plus du nombre ordinaire pour le service du poste, il fut commandé chaque jour un piquet de 12 gardes nationaux, se tenant toujours prêts à exécuter les ordres de la municipalité. Le port de la cocarde tricolore fut, dès lors aussi, rendue obligatoire pour tous les citoyens.

CHAPITRE II
(AOUT-SEPTEMBRE 1792)

La journée du 10 aout. — Elbeuf n'a plus de blé. — Le citoyen Mathieu Frontin. Cinq prêtres d'Elbeuf passent a l'étranger. — Mesures contre les « journaux incendiaires ». — Désarmement des Elbeuviens suspects. — Troubles a la halle. — La population manque de patriotisme. — Prestation de serment par les fonctionnaires et le clergé. — La Convention nationale.

Sur une requête présentée par les Ursulines du chœur et les sœurs du couvent, tendant à obtenir décharge de leur imposition mobiliaire pour l'année 1791 qu'elles n'avaient pas encore acquittée, le conseil communal délibéra le 10 août et répondit au District :

« Les dames et sœurs Ursulines sont bien imposées et doivent payer leur taxe, attendu qu'il est notoirement connu que partie d'entre elles sont dotées, qu'elles ont des pensionnaires, qu'elles travaillent pour le public, qu'elles ont un vaste logement et un jardin qui leur produit plus que leur consommation et qu'elles vendent le surplus. Quant à leur traitement, le District est plus en état de le décider que la commune d'Elbeuf ».

Personne n'ignore que le 10 août 1792 est une des plus célèbres dates de l'histoire de notre nation.

Chacun savait que, depuis plusieurs mois, le foyer de la conspiration européenne contre la France était aux Tuileries, et qu'il n'y avait d'autre solution à la crise que le renversement de la monarchie.

Tout à coup, la France avait été soulevée par le cri de guerre de la coalition étrangère et la notification du stupide Manifeste de Brunswick, d'ailleurs œuvre de la faction des émigrés et dont la reine avait souvent donné l'idée. Cette pièce odieuse, contraire au droit des gens et aux règles de la guerre, menaçait les patriotes du supplice et les villes d'exécution militaire et de subversion totale.

Communiqué le 3 août à l'Assemblée, le Manifeste hâta l'explosion. Les Tuileries furent attaquées le 10 au matin et emportées après un terrible combat. Dès le commencement de l'action, Louis XVI s'était réfugié, avec sa famille, au sein de l'Assemblée, qui, sous la pression des événements, décréta la convocation d'une Convention nationale et la suspension du roi. Louis et sa famille furent conduits au Temple.

Depuis plusieurs jours, la population de notre ville était sans nouvelles de Paris. Le 11, le maire envoya cette lettre, par exprès, au District :

« Messieurs, alarmés des bruits que répandent les courriers, qui ne nous ont apporté aucunes lettres de Paris, et impatiens de savoir si la déchéance du roi est prononcée et si elle a entraîné la perte de plusieurs milliers d'hommes, comme on en répand les bruits, nous prenons le parti d'envoyer vers vous un exprès pour nous rassurer sur nos craintes où gémir sur nos malheurs ».

Le 14, le corps municipal remontra aux deux commandants de la garde nationale la gravité de la situation, entraînant l'obligation d'une surveillance active et permanente. Aucun homme ne put quitter Elbeuf sans prévenir ses officiers et indiquer le lieu où l'on pourrait le trouver en cas de besoin.

Le jeudi 16, à deux heures du matin, le maréchal de gendarmerie se présentait au domicile de Galleran, maire, et lui remettait un pli de la part du District : ce pli contenait la loi relative à la suppression du pouvoir exécutif.

A huit heures, le maire assembla la municipalité, et lui demanda ce qu'il convenait de faire.

Il fut arrêté que la loi serait publiée solennellement, et qu'à cet effet, il serait écrit aux commandants de la garde nationale de commander deux piquets de chacun douze hommes pour se trouver sur la place d'armes à midi et accompagner la municipalité et le Conseil général lors de la proclamation qui serait faite dans tous les carrefours de la ville. Il fut dit également que la brigade de gendarmerie accompagnerait le corps de ville dans ses proclamations.

Cette publication fut faite, l'après-midi, dans tous les quartiers ainsi qu'à la porte de Paris, à celle du Neubourg, au carrefour du Couvent, à la porte de la Croix-Féret, à celle de Rouen, sur la Rigole et sur le quai.

Le 18 août, quatre des principaux citoyens d'Elbeuf proposèrent à la municipalité d'ouvrir une souscription pour contribuer aux armements nécessaires pour la défense de la Patrie. Cette demande fut favorablement accueillie sous certaines conditions.

Le 20, le maire annonça au Conseil que l'intention de ces quatre citoyens était de faire servir le produit de la souscription à engager des hommes afin de remplacer ceux de notre ville qui seraient nommés pour aller à l'armée. Le corps municipal agréa cette proposition.

Les événements politiques avaient jeté un certain trouble dans le commerce et causé un ralentissement des travaux dans les manufactures. D'un autre côté, la moisson était à peu près terminée et beaucoup d'ouvriers demandaient du travail.

La municipalité songea alors à utiliser le crédit de 2.000 livres qui lui avait été alloué pour créer un chantier public sur la route de Rouen, à la côte des Essarts.

Vers ce temps, M⁰ Lingois, notaire, donna dans ses actes le titre de « citoyen » à divers de ses clients, mais seulement aux notables, tels par exemple les Flavigny, Sevaistre, Collet-Val-Dampierre, etc. Les petits bourgeois continuèrent, pendant quelque temps encore, à être qualifiés « sieurs ».

D'autre fois les actes du notariat sont dans la forme de celui-ci que nous trouvons à la date du 23 de ce mois :

« Fut présent le sieur Pierre Lefebvre, citoyen de la ville d'Elbeuf, demeurant rue de la Barrière... » Ce dernier, notons-le en passant, était procureur de Louis Adrien Duruflé,

Une assemblée primaire tenue dans l'église

Saint-Jean, le 26 août, choisit pour électeurs les citoyens Fromont, Séjourné, J.-P. Grandin, Félix Lefebvre, Tienterre et P. Hazé. L'assemblée primaire de Saint-Etienne eut lieu le lendemain. Elle désigna pour électeurs les citoyens Dumoutier, Folie, Gueroult, Dubuc et Mouton fils. Les onze électeurs elbeuviens se rendirent à Caudebec-en-Caux, le dimanche 2 septembre, pour prendre part à l'élection des députés à la Convention nationale.

Le 27 août, le procureur syndic du district de Rouen mit sur le bureau une lettre de Pierre Grandin, en date du 10 du même mois, portant envoi du procès-verbal d'une réunion tenue par les curés du canton.

La difficulté de se procurer du blé, malgré la nouvelle récolte, se produisit de nouveau vers la fin du mois d'août.

Le jeudi 30, à trois heures et demie du matin, un postillon venant de Pont-Saint-Pierre, remit un paquet au maire de notre ville. Dans ce paquet se trouvait une lettre du Directoire de Rouen, invitant la municipalité d'Elbeuf à nommer sur le champ des commissaires pour l'exécution d'un arrêté, rendu par le Conseil général du District de Rouen étant en état de permanence, à cause du défaut d'approvisionnement dans les halles, et portant nomination de plusieurs commissaires devant parcourir les campagnes, pour engager les cultivateurs à porter des grains sur les marchés. L'arrêté engageait particulièrement notre municipalité à nommer et prendre dans son sein des commissaires chargés de la même opération.

Le maire assembla le corps de ville, à cinq heures du matin. Pendant que celui-ci délibérait, les boulangers se présentèrent pour exposer qu'ils manquaient de blé, la halle de la veille au Neubourg n'ayant pu leur en procurer qu'une très petite quantité, à peine suffisante pour les besoins de deux jours.

Immédiatement, le corps de ville nomma quatre commissaires : Grandin, procureur de la commune ; Delaunay, officier municipal ; Morin et Duchemin, notables, pour aller presser les laboureurs d'apporter du blé à la halle du samedi suivant :

Les commissaires se mirent aussitôt en campagne. Ils reconnurent que les derniers travaux de la moisson avaient été la cause principale de la disette qui se produisait sur le marché d'Elbeuf. Cette récolte avait été abondante, et de 50 livres que se vendait le blé, son prix était tombé à 36 livres. Les commissaires conclurent néanmoins, pour que cette baisse se continuât ou au moins se maintînt, à ce qu'il fût pris des mesures. La principale qu'ils proposèrent fut que le gouvernement n'eût qu'un seul acheteur par halle, car lorsqu'il s'en trouvait plusieurs, ils se faisaient concurrence aux achats, de sorte que les cours s'élevaient. Ils demandèrent également que les boulangers et grainetiers bornassent leurs achats à leurs besoins réels.

Notre municipalité exposa, en même temps, au District de Rouen, que le logement de la gendarmerie nationale venait d'être vendu à un homme qui ne voulait pas le louer, et que « les aîtres destinés tant aux prisons, logement de geôlier que salle d'audience, ayant besoin de réparations, devoient être libres ». En conséquence, nos municipaux proposèrent de loger la gendarmerie dans la partie de la maison des Ursulines occupée par les religieuses.

Le Conseil du district décida que notre ville était tenue de continuer à donner le logement à la gendarmerie, jusqu'au moment de la vente des biens des Ursulines ; alors, on pourrait distraire une partie de leur maison pour le casernement.

En septembre, Jacques-Nicolas Leroy, qui avait abandonné la cure de Condé sur-Iton et était venu demeurer à Elbeuf ; Clément Cirette, prêtre de Criquebeuf-sur-Seine ; Michel-Nicolas Eude, également prêtre, et Louis Bachelet, prêtre de la paroisse Saint-Etienne, nommèrent chacun un procureur pour administrer leurs biens.

Vers ce même temps, d'autres prêtres des environs vendirent leurs propriétés, notamment le « citoyen Ricatte, curé de Saint Louis de la Saussaye », ci-devant doyen de la collégiale, et « le citoyen Pierre Châtel, curé de Criquebeuf-sur-Seine ».

Le District écrivit à la municipalité de notre ville :

« Rouen, le 5 septembre 1792, l'an 4e de la Liberté et le 1er de l'Egalité.

« Messieurs, les ennemis sont en France ; les dangers sont pressants ; la nation doit se lever toute entière. Déjà les districts de Montivilliers, de Gournay, adressent au Département des citoyens formés en compagnies, qu'il va diriger vers le camp sous Paris. Ce grand exemple, Messieurs, attend des imitateurs ; c'est dans le sein de votre commune que nous comptons les trouver, et c'est à vos soins que nous recommandons cette importante opération ; c'est aussi de votre zèle et de votre patriotisme que nous en attendons la célérité la plus prompte. Nous croyons bien, Messieurs, qu'il suffit de peindre à vos concitoyens l'importance de la crise où la France se trouve, pour que tous brûlent du désir de concourir à sa défense. Nous vous engageons donc, Messieurs, à presser les enrôlements, et à nous adresser sur le champ les citoyens qui se présenteront, afin que notre District puisse compter parmi la masse imposante qu'on va opposer à l'ennemi, un grand nombre de ses frères d'armes : ce doit être, dans le moment où nous sommes le vœu le plus cher de tous les François.

« Les administrateurs du Conseil général du District de Rouen, signés : Debonne, président ; Dumest, pour l'absence du secrétaire.

« P. S. Nous vous prions de donner lecture de la présente au prône, pour plus grande publicité ».

Cet appel fut lu à Saint-Jean et à Saint-Etienne, à la plus prochaine messe paroissiale.

Mathieu Frontin, fabricant de draps, écrivit cette lettre, le même jour 5 septembre :

« Monsieur le maire d'Elbeuf,

« La Patrie est en danger ! Il faut que chaque citoyen en état vole à son secours. Mon âge et ma santé m'exemptent de marcher contre l'ennemy ; mais mon devoir me prescrit de contribuer d'une autre manière aux travaux et aux risques de mes frères.

« A cet effet, je m'engage de fournir mon habit, veste et culotte uniforme, un fusil et un sabre, un chapeau, deux paires de bas, une paire de souliers et deux chemises à l'un des défenseurs de la Patrie. Envoyez m'en un à peu près de ma taille, cinq pieds un ou deux pouces, et dans deux jours il sera prêt à partir.

« Je lui donnerai deux sols de haute paye par jour, et s'il est estropié à la deffense de la Patrie, je m'engage à lui faire cent livres de rente tant qu'il vivra. S'il meurt et qu'il soit marié, je ferai à sa veuve cent livres de rente pendant dix ans.

« S'il ne lui arrive pas de malheur, comme mon cœur le désire, je demande l'honneur d'avoir à ma charge le premier orphelin de ma section que les malheurs de la guerre causeront. Je m'engage à le faire élever dans la religion dans laquelle il est né, et lui faire apprendre un métier ou un talent analogue à celui de son père... »

Le maire communiqua cette lettre au Conseil qui vota des remerciements à Mathieu Frontin en applaudissant à son zèle civique.

La halle du même jour, qui était un jeudi, ne fut que très faiblement approvisionnée, ce qui causa un vif mouvement de colère parmi la population elbeuvienne.

Ce jour même, le corps de ville, très inquiet, écrivit aux maires de Saint-Didier, Mandeville, Vraiville, la Haye-Malherbe, Montaure, Tôtes, Bec-Thomas, la Harengère, Criquebeuf, Limbeuf, Crestot, Cesseville, Fouqueville, Amfreville, Tourville, La Londe, Boscroger, Bosnormand, Thuit-Anger, Thuit-Signol, Thuit-Simer, Saint Pierre-de-Bosguerard, Boscherville et Marcouville :

« Nous vous avons déjà fait parvenir une invitation du Département aux cultivateurs pour l'approvisionnement de nos halles et marchés. Nous y avons joint nos sollicitations. La récolte étant achevée, nous avions lieu de croire que nous verrions aujourd'hui, à notre halle, les laboureurs de votre paroisse qui ont coutume de l'alimenter.

« Trompés dans notre attente, et nos habitans se trouvant sans pain par l'indifférence la plus condamnable de vos cultivateurs, nous les sommons par votre canal, Monsieur le maire, d'envoyer demain vendredi, samedi quoique fête, et jours de marché suivants dans notre ville, la quantité de grains proportionnelle à leur exploitation.

« Faites-leur envisager à quels dangers les exposeroit leur insouciance ; car comment retenir plus longtemps une multitude qui manque de pain lorsque les granges sont pleines ? »

Le 7, le corps de ville décida d'envoyer de nouveaux commissaires dans les campagnes, pour inviter les cultivateurs à apporter du blé dès le lendemain vendredi 8, quoique ce fut un jour de fête religieuse obligatoire. Ces commissaires furent Duruflé, officier municipal ; Osmont, Mouton, Morin, Mercier, Fontaine. Lenoble, Fosse et Moquet, notables.

Le 10, le Conseil communal nomma vingt-quatre commissaires pour, par des visites domiciliaires, constater la quantité d'armes, de munitions, de chevaux, charrettes et chariots se trouvant dans l'étendue de la ville.

Dans cette même séance, il fut donné lecture d'une lettre du District concernant l'organisation de la garde nationale de notre canton, dont la réunion fut fixée au 16 du même mois.

Le 12, le citoyen Grandin fut élu, avec quatre autres citoyens du département, suppléant aux députés titulaires à l'Assemblée législative.

Une lettre de la municipalité avisa le Conseil du district qu'une dénonciation lui avait été

Année 1792

faite « par six citoyens contre les sieurs Pattalier, Lenoble, Bachelet, Dévé et Guenet, prêtres insermentés, et Jacques-François Leroux, laïc, dont ils demandoient la déportation ».

Le Conseil, dans sa séance du 12 septembre, prit cette délibération :

« Ouï le procureur sindic ; considérant que ces cinq prêtres, par la dénonciation faitte contre eux, doivent être soumis à touttes les dispositions prononcées par la loi du 26 août dernier ; considérant aussi que cette même loi n'a rien prononcé contre les laïcs qui seroient compris dans ces dénonciations :

« Estime que les sieurs Patallier, Lenoble, Bachelet, Dévé et Guenet, prêtres non sermentés, dont l'éloignement est demandé par six citoyens de la municipalité d'Elbeuf, sont dans le cas de la déportation, aux termes de l'article 6 de la loi du 26 août dernier ; en conséquence, qu'ils doivent être forcés de sortir sous huitaine, du jour où l'arrêt confirmatif de l'avis du Conseil leur aura été signiflié, des limites du district et du département, et dans quinzaine hors du royaume, à l'effet de quoi il leur sera délivré des passeports en se présentant à leur municipalité ou au secréariat de notre district et déclarant le pays étranger dans lequel ils entendent se retirer.

« Quant au sieur Leroux, comme il est laïc, il n'y a pas lieu de prononcer contre lui... »

Le lendemain 13, les cinq prêtres se présentèrent devant la municipalité et demandèrent chacun un passeport pour se rendre en Angleterre. Voici quelques indications sur leur personnalité respective : Etienne Patallier, âgé de 65 ans ; Louis-J.-J.-Marie Lenoble, âgé de 42 ans ; Louis-Nicolas Bachelet, âgé de 33 ans ;

Pierre Devé, âgé de 56 ans ; Gabriel-Marie Henri Guenet, âgé de 58 ans.

Le 14, les Ursulines furent averties que l'on allait incessamment enlever les objets d'art appartenant à leur couvent. La municipalité leur rappela également que, conformément à la loi, leur maison devait être évacuée avant le 1er octobre.

Galleran, maire, donna lecture au corps municipal, dans la séance du 15, d'une lettre que venait de lui adresser la municipalité de Pont-de-l'Arche. Elle l'avisait que, dans le paquet des lettres de Pont-de-l'Arche, il avait été trouvé un paquet contenant des « journaux incendiaires » et qu'il y avait lieu de croire que l'on se servait de la ville d'Elbeuf pour répandre dans celle de Pont-de-l'Arche « des feuilles faites pour énerver l'esprit public ». Les officiers municipaux de la ville voisine demandaient à leurs collègues d'Elbeuf quel parti il convenait de prendre pour arrêter la circulation de ces écrits.

Le corps municipal, « voulant prévenir les effets funestes des libellés anti-civiques », arrêta que les membres du Conseil général en service de permanence se transporteroient tous les jours, à l'arrivée du courrier, au bureau de la poste aux letres, pour prendre connoissance des journaux qui seraient mis en circulation, et arrêter ceux qui tendroient à égarer l'esprit des citoyens ».

Il fut donné connaissance de cet arrêté à la municipalité de Pont-de-l'Arche, que l'on invita, en outre, « à brûler publiquement les journaux incendiaires dans ses mains ».

Le lendemain dimanche 16, la permanence arrêta à la porte d'Elbeuf treize exemplaires du journal *la Chronique nationale et étrangère,* arrivés de Rouen.

Le corps de ville, prévenu, s'assembla le jour même et prit cet arrêté :

« Considérant que le sieur Bêche, auteur dudit journal, s'est rendu infâme par les écrits contre-révolutionnaires qu'il a répandus jusqu'à présent dans le public, et, vu la loi du 21 juillet dernier, qui ordonne que les libellistes seront poursuivis, a arrêté que lesdits exemplaires seront retenus et que le ministre de l'Intérieur en sera informé.

Ces journaux furent peut-être la cause qui décida le maire à demander au Conseil communal le désarmement des citoyens suspects, conformément aux lois des 12 et 28 août. Le corps de ville s'assembla le lendemain lundi 17 et déclara suspects les citoyens suivants :

Placide Le Roy, cardier ; J. Delas père, bourrelier ; Amable Lenoble, serrurier ; Constant Lenoble, basdestamier ; Pierre Lefrançois, plâtrier ; Jacques Quesné père ; J. Quesné fils, fabricant ; François Le Roux, maître d'école ; Henry, chirurgien ; Jacques Le Sieux, grainetier ; Henry Valentin ; Jean Radier père ; François Fautelin père ; Radier fils ; Louis Bachelet ; Nicolas Letellier père ; la veuve de Jean-Baptiste de la Rue, Marin Guenet, teinturier ; Chevalier dit Beaufort ; Jean Charles-Prosper Durand ; Martin, feudiste ; Grosselin, garde général ; Pierre-Victorin Asse ; Dévé fils, sellier ; les deux frères Frémont, cordonniers ; Michel Sauvage, grainetier ; Lejeune père, et Miège.

Aussitôt, on appela un piquet de douze grenadiers de la garde nationale, qui reçut l'ordre de procéder au désarmement des vingt-neuf citoyens ci-dessus désignés. L'opération se fit le jour même.

Le District pria, par lettre datée du 17 septembre, la municipalité d'Elbeuf de protéger le passage de 1.200 fusils d'infanterie que l'on allait transporter du Havre à Pontoise, ces armes « étant destinées à assurer le triomphe de la Liberté et de l'Egalité ».

Le 20, le corps de ville mit en adjudication la fourniture de 300 piques, en exécution de la loi du 3 août précédent. Cette fabrication fut adjugée à Jacques Philippe Le Roi, au prix de 11 livres 14 sols chacune, et devait être livrée dans le délai de deux mois.

Le garde général de la forêt d'Elbeuf, désarmé et rayé des rôles de la garde nationale, s'en plaignit au Conseil du district, qui, le 20 septembre, ordonna une enquête pour connaître les raisons qui avaient fait procéder contre lui.

Le 22, la municipalité défendit aux boulangers de faire du pain blanc, « à cause de l'extrême rareté du pain bourgeois ».

A partir du 23, notre municipalité data ses lettres de « l'an Ier de la République ».

Des troubles éclatèrent à Elbeuf, à propos des subsistances. La foule s'amassa à la halle et aux environs et s'opposa à la libre circulation des grains et à leur transport de la halle au bateau. Les autorités municipales en prévinrent le Conseil du district, qui, le 24 septembre, délibéra sur cette affaire et enjoignit à la municipalité de notre ville de prendre telles mesures qu'il lui paraîtrait convenables « pour faire cesser un pareil abus ».

Deux jours après, le Conseil arrêta que « les commandants de la garde nationale seroient requis de faire chaque jour de marché et jusqu'à ce que la tranquillité fût rétablie, toutes les dispositions nécessaires tant pour maintenir la liberté et sûreté du marché que pour donner protection aux laboureurs et aux acheteurs ».

Le Conseil déclara responsables des événements et des violations de la loi les officiers, sous-officiers et fusiliers de la garde nationale, s'ils n'obéissaient pas aux ordres de leur commandant. Lecture fut donnée de l'arrêt du Conseil à la garde nationale assemblée.

Il semble que les bourgeois de notre ville désiraient que la vente des biens saisis sur le ci-devant duc d'Elbeuf, alors au service de l'Autriche, se fît au plus tôt. Le 24, le District reçut une lettre du procureur de la commune, représentant la nécessité de procéder immédiatement à l'aliénation, à cause de la dévastation dont ces propriétés étaient l'objet.

Ce même jour, la municipalité expliqua au District pourquoi elle avait désarmé et déclaré suspect l'ancien garde des forêts d'Elbeuf :

« Ledit Grosselin est la créature du sieur de Lorraine, cy devant duc et pair, émigré. Il n'a cessé d'être aux gages et au service dudit Lorraine, et il est encore logé dans une des maisons du sieur Lorraine.

« Ledit Grosselin, attaché par les liens de la reconnoissance et de la fortune à un ennemi des François libres, ne peut en même temps être attaché à la cause du patriotisme. L'affection qu'il doit par devoir à son maître, armé contre la France, provoque aussi évidemment qu'impérieusement une méfiance et des soupçons qui ne permettent pas de laisser aux mains dudit Grosselin des armes qui, en cas d'événements funestes, pourroient servir la cause du sieur Lorraine, émigré.

« Ledit Grosselin, quoique déclaré suspect, a été continué dans ses fonctions de garde sans armes, parce qu'il est propre à la chose par l'intérêt qu'il y prend comme attaché au sieur Lorraine, et qu'en cas de dilapidations, il lui suffira d'en dresser des procès-verbaux et d'en avertir l'administration municipale ».

Les administrateurs du Conseil général du district de Rouen représentèrent, le 28 septembre, à la municipalité de notre ville, que beaucoup de communes de notre département avaient déjà dirigé vers les frontières des bataillons entièrement équipés, armés et habillés, et exprimèrent leur surprise et leurs regrets qu'Elbeuf ne figurât point dans cette liste patriotique :

« Il n'est pas honorable pour la commune que vous administrez, abondante en bons citoyens et en richesses, qu'elle ait seule paru sourde à la voix de la Patrie. Le dévouement que vous avez juré à la République vous impose pour devoir d'exciter le zèle de vos habitans, par toutes les considérations que vous croirez capables de faire impression sur eux.

« Dites-leur, citoyens, que sous très peu de jours un septième bataillon, fourni par les communes du département, sera prêt à partir pour les frontières. Dites-leur que si la commune d'Elbeuf se montroit plus longtemps insensible à la gloire de compter dans nos armées un grand nombre de vos braves, elle encourroit la honte d'être privée de ses armes, qui seroient remises en des mains plus généreuses et plus dignes de les porter.

« Rappelez-lui enfin que, dans les dangers

de la République, toute indifférence est un crime, que tout calcul devient odieux !

« Nous attendons tout de vos efforts et de vos exhortations. Nous espérons que, rendus éloquents par les besoins de la Patrie, vous allez faire passer dans tous les cœurs le plus saint enthousiasme et que vos habitans s'empresseront, à votre voix, de s'enrôler, et que tous ceux qui ne peuvent partir se disputeront l'honneur de contribuer au salut de la République, en armant, équipant et habillant ceux de vos concitoyens dont la fortune n'égale pas le dévouement... »

L'appel fait aux Elbeuviens pour participer à la défense nationale demeura sans résultat. Le Conseil du district regretta « le défaut de civisme de la commune d'Elbeuf, qui n'avoit fourni aucun défenseur pour la patrie » et décida d'écrire de la manière la plus pressante à notre municipalité.

Le lendemain 29, le maire fit part au District de ses inquiétudes sur l'alimentation publique. Les laboureurs ne venaient qu'en petit nombre au marché, et avaient annoncé qu'ils ne reviendraient pas avant quinze jours à cause des semailles. Le maire demanda quelles mesures il pouvait prendre pour obliger les cultivateurs à pourvoir notre halle.

Dans la journée, qui était la Saint-Michel, le maire prévint le juge de paix Balleroy que la municipalité avait fait remise à Bosquier, acquéreur, de la chambre du conseil, de l'auditoire et de l'appartement du greffe de l'ancienne haute justice d'Elbeuf, et qu'en conséquence, il ne pouvait plus y tenir ses audiences correctionnelles. En attendant qu'un autre local lui fut fourni, la municipalité lui proposa l'église des ci-devant Ursulines, située à l'angle de la place Saint-Louis actuelle et de la rue du Marché, au bout sud du passage donnant par son autre extrémité dans la rue de la République.

Dans la soirée du 29, le poste de la garde nationale sortit pour connaître la cause du bruit d'un tambour qui se faisait entendre dans la rue. Des hommes suivaient le tambour. Un caporal les interpella par le cri de : Qui vive ? auquel il fut répondu : « Citoyens de la confrérie de Saint-Michel ! » On les laissa passer.

Un nouveau plan d'organisation de la garde nationale du canton d'Elbeuf était prêt à la date du 29 septembre ; il avait été arrêté par le maire et premier notable de chaque commune, et il en résultait qu'il y aurait neuf bataillons répartis en deux légions. Le District invita le maire d'Elbeuf à convoquer les gardes nationaux pour le dimanche 7 octobre ou plus tôt si cela était possible, pour procéder à l'élection des officiers, sous-officiers et caporaux, ainsi qu'à la nomination des grenadiers et de leurs officiers.

Dans la séance municipale du 30 septembre, le maire donna lecture des lois des 14 et 15 août, concernant le serment à prêter par les fonctionnaires publics et autres recevant des traitements ou des pensions de l'Etat.

Immédiatement se présentèrent les citoyens dont les noms suivent pour prêter le serment prescrit par ces lois :

Galleran, maire ;

Duruflé, Fouard; P. H. Hayet, Séjourné, Delaunay, et P.-M. Hayet, officiers municipaux ;

Grandin, procureur de la commune ;

Osmont, Dumontier, J.-L. Fosse, F. Lefebvre, Fromont, Combacal, Gamare, Lenoble aîné, Fontaine, Morin, Duchemin, Moquet, Lemercier, Mouton père et Quesnot, notables.

Fosse, notable et greffier ;
Balleroy, notable et juge de paix ;
Bigot, secrétaire greffier de la ville ;
Louvet et Langlois, assesseurs du juge de paix ;
Bosquier, directeur de la poste ;
Roussel, commis de la poste ;
Duhamel, curé de Saint-Etienne ;
Pinel, curé de Saint-Jean ;
Bourgeois et Desgenetez, vicaires de Saint-Etienne ;
Lenoble, vicaire de Saint-Jean ;
Flavigny et Duparc, prêtres ;
Boisrenoult, ancien contrôleur et receveur de l'enregistrement ;
Rivet, chirurgien, ci-devant frère de la Charité ;
Andrieu, huissier ;
Flavigny-Desiles, pensionnaire de l'Etat.

En cette même séance, il fut donné lecture d'une nouvelle lettre du District, « stimulant le zèle des Elbeuviens pour fournir à la Patrie un certain nombre de défenseurs habillés, armés et équipés », pouvant concourir au complément d'un septième bataillon que formait alors le département de la Seine-Inférieure.

Le corps municipal décida d'ouvrir immédiatement « une souscription en hommes, espèces, armes, habillements et équipements ».

On afficha et l'on annonça à son de caisse dans les rues que la souscription resterait ouverte jusqu'au dimanche suivant ; que les citoyens qui se présenteraient pour servir en personne seraient armés, habillés et équipés, et qu'il leur serait donné une gratification raisonnable ; leur engagement n'aurait de durée que jusqu'à la fin de la guerre.

Ce même jour encore, notre municipalité eut à répondre à une plainte qui avait été adressée au District par divers laboureurs, prétendant avoir été l'objet de violences aux halles.

Le corps de ville qualifia cette imputation de fausseté, mais néanmoins arrêta de faire doubler le piquet de garde à la halle, et pour s'assurer de ce qui se passerait à l'avenir aux marchés et pour donner toute garantie aux laboureurs, on décida que désormais deux officiers municipaux et quatre notables se rendraient tous les jeudis et samedis aux halles, pour la conservation de la tranquillité.

Dans une lettre adressée le soir de ce jour au District, le procureur de la commune s'exprime ainsi :

« Il est impossible que, dans le débat qui entraîne la discussion du prix à la halle, des femmes affamées mesurent leurs expressions, dont elles n'ont pas appris à connaître la force ; mais je garantis qu'il n'a jamais été porté atteinte à la liberté des laboureurs, et s'il en est quelqu'un qui ose s'en plaindre, j'en provoque vivement la preuve...

« Je ne vois donc dans les plaintes des laboureurs qui nous ont apporté des grains, qu'un prétexte qui couvre un motif d'intérêt. La plupart ne sont que fermiers ou colons et pas toujours citoyens. La cupidité est souvent le sentiment dominant qu'ils éprouvent. Ne pourrait-on pas les soupçonner de fonder sur les bayonnettes l'espoir de tirer parti de la misère publique ?... Mille réflexions se présentent... Je détourne mes regards... » Signé : « GRANDIN ».

Pendant les deux derniers mois d'août et septembre, l'Assemblée avait pris des mesures énergiques pour arrêter l'invasion étrangère. Il n'était que temps, car la frontière était ouverte ; Longwy s'était rendu ; Stenay, Verdun étaient occupés. Mais pendant que l'Europe croyait voir prochainement entrer le roi Frédéric-Guillaume à Paris, Dumouriez, aidé de Kellermann, s'était saisi des fameux défilés de l'Argonne, qu'il avait lui-même nommés les Thermopyles de la France, et arrêté le flot envahisseur. Le 20 septembre, avait eu lieu la célèbre bataille de Valmy, qui, sans être précisément une victoire, était au moins un succès brillant et la première affaire glorieuse des armées de la Révolution. On sait qu'elle contribua à la retraite des Prussiens.

Entre temps, les élections à la Convention nationale avaient eu lieu. Voici les noms des citoyens de nos deux départements qui firent partie de la nouvelle assemblée :

SEINE-INFÉRIEURE : Antoine-Louis Albitte ; Bailleul ; Blutel, juge de paix de Rouen ; Bourgois, ancien lazariste ; Delahaye, ancien procureur au bailliage de Caudebec-en-Caux ; Doublet ; Duval ; Faure, ancien imprimeur ; Hardy, médecin à Rouen ; Hecquet ; Lecomte, employé au Tribunal de commerce de Rouen ; Lefebvre, propriétaire à Gamaches, ex-constituant ; Mariette, avocat à Rouen ; Pocholle, professeur de rhétorique à Dieppe ; Ruault. ancien bénédictin, curé d'Yvetot ; Vincent.

EURE : Bidault ; Bouillerot ; Léonard Buzot ; Dopsens ; Dubusc ; Duroy, juge au tribunal de Bernay ; Francastel ; Jean-Baptiste-Robert

Lindet, avocat ; Robert-Thomas Lindet, frère du précédent et évêque constitutionnel du département ; Le Maréchal, ex-constituant ; Richoux ; Savary ; Topsent ; Vallée, du Theillement (aïeul du côté maternel de M. Hurel, inventeur de la *Stéphanie*).

La Convention s'était réunie pour la première fois à Paris, le 21 septembre, aux échos du canon de Valmy.

CHAPITRE III

(OCTOBRE 1792)

CHUTE DE LA ROYAUTÉ ET COMMENCEMENT DE LA RÉPUBLIQUE. — ÉVACUATION DU COUVENT DES URSULINES. — DÉMOLITION DES PETITES HALLES. — BALLEROY ET SON FRÈRE. — LA DISETTE CONTINUE ; LA GARDE NATIONALE EN CAMPAGNE. — REMISE A LA MUNICIPALITÉ DES REGISTRES PAROISSIAUX. — LE COMITÉ DE SURVEILLANCE. — GRANDIN ET FROMONT DÉLÉGUÉS D'ELBEUF A LA CONVENTION.

La Révolution va entrer maintenant dans sa période décisive. Les deux premières assemblées avaient, en réalité, préparé la chute du trône et rendu la République inévitable. Mais quand la Convention, armée de pleins pouvoirs, se fut réunie, il n'y eut ni hésitation ni débats. Sur un mot énergique de l'abbé Grégoire, évêque constitutionnel de Tours, la nouvelle assemblée s'était levée tout entière, et, d'une seule acclamation, avait décrété l'abolition de la royauté et l'établissement de la République.

Le lundi 1er octobre, la municipalité proclama le décret de la Convention du 21 septembre qui abolissait la royauté en France.

A quatre heures du soir, les deux commandants de la garde nationale, à la tête d'un détachement, se rendirent en armes sur la place du Coq, où ils prirent la municipalité pour parcourir, avec elle, les principaux quartiers de la ville. Le cortège s'arrêta au bout du couvent, dans la rue du Moulin (Saint-Jean) et dans la rue de la Barrière, où lecture du décret fut donnée, par le greffier de la ville.

Ce même jour, les commissaires nommés pour faire l'inventaire de la maison des Ursulines, déclarèrent au corps de ville que la supérieure de ce couvent, au moment de son départ, leur avait présenté une enfant âgée d'environ onze ans, fille de feu des Bosquets, du Havre, laquelle enfant, méconnue de ses parents, qui contestaient sa légitimité, était depuis plusieurs années entretenue et nourrie au dépens de la ci-devant communauté, dont la suppression l'empêchait d'être secourue plus longtemps. En conséquence, la supérieure avait déclaré aux commissaires qu'elle était obligée de laisser cette jeune fille aux soins de la municipalité. Sur quoi le citoyen Séjourné avait offert sa maison pour lui servir d'abri provisoire. La municipalité décida d'écrire au District.

A partir du 2, il ne fut plus commandé de piquet de permanence ; mais celui des jeudis et samedis, pour la halle, fut porté à quinze hommes et accompagné d'officiers municipaux.

Ce même jour, le maire prévint le District que le couvent des Ursulines était évacué depuis la veille, et que la cloche de la chapelle et l'argenterie seraient transportées à Rouen le vendredi suivant. Il demanda l'autorisation de faire vendre deux vaches qui se trouvaient dans l'étable du ci-devant monastère.

L'affaire des petites halles était loin d'être terminée. Le 3 octobre, Grandin, procureur de la commune, représenta à la municipalité que, malgré ses efforts pour obtenir un jugement contre le ci-devant prince d'Elbeuf, et confirmatif de celui rendu par le tribunal de police municipale de notre ville, par lequel la démolition des murs de clôture et cheminées des petites halles avait été ordonnée, il n'avait jusque-là que rencontré des difficultés et des obstacles insurmontables.

Cependant, ajouta-t-il, le bon ordre et les droits imprescriptibles de la commune ne permettent pas de souffrir plus longtemps « les monuments du despotisme féodal qui existent encore dans ces clôtures. Les inconvénients qui en résultent doivent cesser à l'instant où le règne de la Liberté et de l'Egalité commence dans toute sa plénitude.

« Il est de la nature de la police municipale de ne connoître nul délai dans l'exécution de ses règlements qui font le bonheur des citoyens ; c'est pourquoi la loi a prononcé que les sentences de police municipales s'exécuteront provisoirement...

« On a souffert, il est vrai, ces clôtures pendant soixante ans, parce que l'oppression étoit telle qu'il n'étoit pas possible de secouer le joug. Mais le ressort que la nature a donné aux âmes fortes pour la Liberté doit réagir dès qu'il retrouve toute sa force et qu'il peut vaincre l'oppression.

« Pourquoi, le procureur de la commune,

au nom de ses concitoyens, dont la patience se lasse, et au nom de la loi, demande de nouveau à être autorisé de faire mettre ladite sentence à exécution ».

Le corps municipal, faisant droit aux conclusions des habitants de notre ville, représentés par leur procureur Grandin, prit l'arrêté suivant :

« Considérant que le premier devoir des magistrats populaires est d'user de leur autorité pour faire jouir leurs concitoyens d'une bonne police ; que les moyens de chicane imaginés par Charles-Eugène de Lorraine, émigré, pour entraver l'exécution de la sentence qui ordonne la démolition des murs de clôture et cheminées des petites halles, ne peuvent altérer l'empire des lois de la police, a arrêté que la sentence de police municipale rendue contradictoirement, le 4 mars dernier, contre le cy devant seigneur d'Elbeuf, portant suppression des susdits murs de clôture et cheminées des petites halles, sera exécutée provisoirement, et, en conséquence, a chargé spécialement le procureur de la commune à y procéder sans délai, savoir : de démolir sur le champ les clôtures de boutiques non occupées, et sous trois jours celles qui sont occupées ». Cette délibération fut prise à la majorité de quatorze voix contre six.

Le lendemain 4, le citoyen Duchemin, notable, se chargea de faire remettre à Lambert, directeur de la Monnaie de Rouen, « l'argenterie provenant de la communauté des cy devant religieuses Ursulines ».

Ce jour était un jeudi, et il n'était venu à notre halle que six sacs de blé. Le peuple, elbeuvien, sans pain, réclama des mesures immédiates pour forcer les cultivateurs à apporter des grains. Comme il y avait urgence, la municipalité — qui ne cessait d'être en permanence — donna des ordres aux deux commandants de la garde nationale de faire partir dès le lendemain vendredi, de grand matin, six piquets de quinze hommes chacun, pour se rendre dans toutes les communes voisines et sommer les laboureurs de battre et d'apporter des grains à la halle du samedi.

La lutte entre le juge de paix Balleroy et le corps municipal se continuait. La lettre suivante, adressée par notre municipalité au District, le 4 octobre, va nous fournir quelques détails sur le frère de ce juge.

« Nous répondons à la requête que vous a présentée Balleroy, expositive que nous lui avons refusé un certificat de résidence.

« Nous n'avons pas cru devoir donner ledit certificat, parce que le séjour d'un citoyen dans un commune qui lui est étrangère, n'est considéré comme résidence qu'après l'espace de six mois ; et d'ailleurs, nous voulions, avant de céder à sa demande, prendre des renseignements sur les motifs qui avoient déterminé ledit Balleroy à s'éloigner de son pays.

« Le Conseil général de la commune de Pont-l'Evêque, à qui nous nous sommes adressés, nous marque qu'il ignore le but de Balleroy, fort suspect; d'autant plus que le conseil général de Pont-l'Evêque ajoute que ledit Balleroy est ennemi de la paix, cherchant à faire naître des difficultés partout, qu'il déteste la Liberté, est toujours prêt à servir les complots des malveillants et qu'à son départ il a fait une action détestable. Pour quoi nous sommes persuadés que ledit Balleroy veut faire un mauvais usage du certificat de résidence demandé, et nous persistons à le lui refuser ».

Le casernement de la gendarmerie continuait à causer des embarras à notre municipalité, qui demanda de nouveau, ce même jour 4 octobre, à l'administration du district, d'être autorisée à loger les gendarmes dans « la maison nationale des Ursulines ».

La délibération municipale du 6 nous apprend que le procureur de la commune avait mis à exécution la sentence ordonnant la démolition des petites halles, et qu'une grande partie des clôtures était supprimée, quand un arrêté du Département intervint pour signifier à la municipalité de suspendre cette démolition.

Le procureur s'était à l'instant rendu dans la rue Saint-Jean, et avait fait cesser les travaux ; mais après son départ, le peuple, assemblé, avait continué les démolitions, et non seulement avait supprimé les clôtures, mais encore fait des efforts pour démolir l'édifice des halles lui-même.

Il fit part de ces événements au corps de ville, qui, à l'instant, fit envoyer un piquet de garde nationale pour disperser la foule ; mais la force armée fut insuffisante, et le piquet revint à l'Hôtel de Ville annoncer qu'il avait été obligé de se retirer.

Immédiatement, on appela le tambour de ville. Il reçut l'ordre d'aller proclamer que la continuation des travaux était interdite jusqu'à ce qu'il en ait été autrement ordonné, sous peine pour les contrevenants d'être rendus responsables des dégâts. Et comme les enfants de la ville prenaient surtout grand plaisir à ce travail, les parents furent avertis que l'on aurait recours sur eux s'ils ne les retenaient pas.

Les citoyens, convoqués dans l'église Saint-Etienne, le 7, pour élire des commissaires chargés de l'organisation de la garde nationale, procédèrent à cette opération sous la présidence du citoyen Desgenétez.

Nous avons parlé de la jeune des Bosquets, abandonnée par sa famille et recueillie par le citoyen Séjourné. Le District s'intéressa aussi à cette enfant. Il fit prendre des renseignements pour établir sa situation. Le 7, le maire demanda aux administrateurs de Rouen de faire occuper par cette jeune fille l'un des vingt-cinq lits devenus libres du pensionnat des dames Ursulines.

Le mardi 9, la municipalité délibéra sur le point de savoir si l'on enverrait le lendemain des piquets de garde nationale dans les communes rurales. Sur des notes remises par les officiers qui avaient commandé les expéditions de la semaine précédente, et annonçaient que divers laboureurs avaient promis d'apporter de trente à trente-cinq sacs de blé, on décida de ne rien faire.

Le désappointement fut grand, le jeudi 11, quand on ne vit arriver que quelques sacs, car une infinité de personnes de notre ville et des environs manquaient absolument de pain, les boulangers ne pouvant cuire faute de blé.

Le corps de ville décida d'envoyer dans les communes, de grand matin, le lendemain vendredi, six piquets de garde nationale, dont Orival fournirait dix-huit hommes et Saint-Aubin trente. Le surplus, soit soixante-six hommes, serait pris dans la milice bourgeoise d'Elbeuf. Chaque piquet fut placé sous le commandement d'un officier, lequel reçut l'ordre de faire battre du blé devant lui, au besoin.

A la halle du samedi 13, il vint du blé pour assurer du pain à notre ville et aux communes voisines pendant quelques jours seulement ; mais comme certains laboureurs avaient prétexté de manquer d'ouvriers batteurs en grange pour ne point approvisionner notre marché, le maire fit annoncer par le tambour que tout homme en état de battre du grain pouvait se présenter à la mairie, d'où on l'enverrait dans les campagnes, à raison de 20 sols par jour s'il était nourri par le cultivateur et de 35 sols s'il ne l'était pas.

La municipalité reçut ce même jour une lettre du citoyen Duruflé, officier municipal, parti le matin avec un piquet pour Grostheil, la Haye-du-Theil et autres localités, afin de relever un autre piquet qui y était allé la veille pour faire battre du grain. Duruflé demandait à faire rentrer ses hommes. Le corps de ville fit commander cinquante hommes de garde nationale qui partirent pour Grostheil le lendemain dimanche, avant le lever du soleil, afin de remplacer ceux de Duruflé.

Ce même jour, le District reçut du procureur de notre ville le procès-verbal de l'inventaire des effets mobiliers trouvés au château de la Londe, habité précédemment par Le Cordier de Bigars, émigré. Le citoyen Louis Dulong donna caution pour le citoyen His, agent du ci-devant marquis de la Londe, à la garde duquel ces objets avaient été laissés par le procureur Grandin.

Le dimanche 14, à l'issue des vêpres, les citoyens Henry et Martin Hayet, officiers municipaux, se rendirent, par délégation de la ville, à l'assemblée des administrateurs de l'hospice.

Le lundi 15, le maire exposa au Conseil que nombre de personnes, ayant remplacé certains citoyens aux piquets de campagne et de ville, se présentaient avec un billet de l'officier commandant pour être payées, mais qu'on avait dû leur opposer un refus, faute d'un ordre pour obliger les remplacés à payer leurs remplaçants

Il ajouta que la commune s'était trouvée dans l'obligation de poursuivre, au District, un procès contre Balleroy, juge de paix, pour l'avoir contraint au payement d'une taxe de remplacement, et qu'un jugement de ce tribunal avait déclaré la municipalité incompétente et avait condamné la commune aux dépens.

Le corps de ville arrêta qu'il serait écrit au District, pour lui remontrer les difficultés que présentait le jugement rendu en faveur de Balleroy, dont l'effet avait refroidi le patriotisme et porté les citoyens à refuser le service.

Il fut parlé également d'une lettre de Pioche, ingénieur des ponts et chaussées, concernant l'atelier de charité devant ouvrir bientôt à la rampe de communication appelée à servir d'embranchement au chemin d'Elbeuf à Rouen, par les Essarts.

Le mardi 16, on se retrouva encore une fois sans blé. La municipalité prit le parti, au lieu d'envoyer des piquets de troupes dans les campagnes, ce qui n'avait point eu de résultat sérieux, de nommer des commissaires, pris dans son sein, et d'inviter les communes qui venaient s'approvisionner à la halle d'en nommer également, et de former ainsi « six divisions » qui parcouraient les villages et représenteraient au maire de chaque localité que, conformément à la note du citoyen Lamboy, commissaire du Conseil exécutif, les cultivateurs de la paroisse seraient obligés de porter chaque semaine telle quantité de grains à la halle, et que faute d'y satisfaire, ils seraient dénoncés. On écrivit dans ce sens aux maires de Caudebec, d'Orival et de Saint-Aubin.

Le dernier acte des registres paroissiaux signé de Duhamel, curé, de Le Bourgeois, vicaire, et de Noël Jean-Baptiste Desgenetez, prêtre, de Saint-Etienne, est daté du mois d'octobre. Le 17 de ce mois, Galeran, maire, et Bigot, secrétaire-greffier de la municipalité, signèrent pour la première fois sur le registre des décès de Saint-Etienne. Le premier acte de l'état-civil de cette paroisse porte la date du 31, et est signé de Joseph Duruflé, officier public.

Le 17, le citoyen Pierre-Mathieu Quesné, de la paroisse Saint-Etienne, vendit à son plus jeune fils, le citoyen François Quesné-Dumoulin, fabricant, le moulin à foulon du Valtier, sis à Hondouville.

A partir du lendemain 18, Me Lingois mentionna en tête de ses actes que l'an 1792 était le premier de la République.

Un Comité de surveillance venait d'être fondé à Elbeuf. Voici l'un des premiers actes inscrits sur le registre de ses délibérations :

« Ce jourd'hui 29 du 1er mois, l'an deux de la République Françoise une et indivisible, à quatre heures d'après-midi, en Comité de surveillance de la ville d'Elbeuf, où étoient présens les citoyens Noël Dubuc, J.-B. Tienterre, Jean-Louis Fosse, cardier ; Jacques-Pierre

Fosse, Nicolas-Félix Get, Pierre Patallier, Ch.-Nicolas Varanger, François-Pierre Balleroy, Ch.-Jacques Fécomme, Morin, épicier, et Prosper Godet, présidé par le citoyen Balleroy...

« Le Comité a arrêté à l'unanimité qu'il serait écrit par le président au procureur sindic du district de Rouen à l'effet de l'informer de l'établissement de ce Comité de surveillance et de l'inviter à y envoyer toutes les lois qui sont relatives à ses fonctions, tant du passé que de l'avenir... F.-P. BALLEROY ».

Le 20 octobre, on mit en adjudication « la totalité des démolitions et onze toises quatre pieds du terrain de l'ancienne chapelle Sainte-Marguerite à Orival, ayant appartenu aux religieuses d'Harcourt ». Ce lot de domaine national fut acheté pour le prix de 410 livres, par Jean-Pierre Lemonnier, demeurant rue des Augustins, 23, à Rouen, avec charge d'enlever « la démolition de ladite chapelle dans le délai d'un mois ».

Il ne fut apporté que 84 sacs de grains à la halle du samedi 20, et il n'existait aucune réserve chez les boulangers ni aux moulins à farine de Saint-Etienne et de Saint-Jean.

La municipalité ne savait plus que faire. Elle nomma deux commissaires pour aller représenter au Département la situation dans laquelle se trouvait notre ville, l'instruire des moyens employés jusque-là pour tenter de faire venir du blé, et enfin engager le Directoire à subvenir aux besoins de la population elbeuvienne. Grandin, procureur de la commune, et Fremont, notable, furent chargés de cette mission.

Grandin exposa au Département que la disette avait deux causes : 1° Les émissaires de la ville de Louviers, répandus sur les routes et faisant conduire dans leur ville les blés que les laboureurs dirigeaient sur Elbeuf ; 2º Le manque de subsistance pour les habitants des campagnes, qui les conduisait à se faire délivrer des grains destinés à notre halle. Le procureur de la commune ajouta :

« Nous ne sommes pas sans inquiétude. Le peuple, livré aux horreurs de la famine, s'agite et se plaint de ce que les mesures prises jusqu'à ce jour sont insuffisantes... Ne voulant pas recourir à des expédients que la loi réprouveroit, nous vous prions de nous éclairer sur le parti que nous devons prendre pour nous assurer des subsistances ».

En ce même temps, les Elbeuviens s'opposèrent à ce qu'il fut vendu du blé de leur halle à des habitants d'Oissel, qui s'en plaignirent au District. La municipalité fut invitée à faire cesser cet abus.

Citons, pour ne pas toujours parler de la disette, un rapport présenté par le citoyen Séjourné, l'un des commissaires qui avaient été nommés pour présider « la vente des meubles et effets des cy devant Ursulines » :

Séjourné avait ordonné à Démont, gardien préposé à la conservation de ces meubles et effets, de condamner, au moyen de clous, la porte de l'horloge du couvent, attendu que la clef en avait été soustraite. Démont s'étant aperçu de la présence de plusieurs individus dans la pièce où avait été reportée l'horloge et qui s'amusaient à la faire sonner, il s'y transporta et y trouva les nommés Lelièvre, gendarme, Maurice Fromont et autres, qu'il menaça d'enfermer, ce qu'il allait exécuter, car ces hommes prétendaient vouloir rester dans cette pièce, malgré les sommations faites d'abord par Démont pour les en faire sortir.

Mais le gendarme et Fromont menacèrent le gardien de le traduire devant le juge de paix, interrompirent la vente, et insultèrent Séjourné, qui était intervenu en faveur de Démont.

La municipalité, instruite de ces faits, manda le gendarme Lelièvre et Fromont et leur adressa des reproches.

Un autre embarras de l'administration elbeuvienne fut l'organisation de la garde nationale, personne ne voulant faire partie de la compagnie des grenadiers. Le conseil du district soumit le cas au Département, lequel en référa au ministre.

L'inquiétude devint grande à Elbeuf, car l'on se voyait encore une fois à la veille de manquer de pain. Le 25 de ce même mois, la municipalité de notre ville réclama, au District, la délivrance de 200 sacs de grains de 300 livres de poids, pour subvenir à la nourriture des habitants. Le District prit en considération cette demande, mais à condition que ces 200 sacs ne seraient point pris sur l'approvisionnement de Rouen.

Grandin et Fromont rendirent compte de leur démarche auprès du Département le 21. Il leur avait été répondu que le Département ne disposait d'aucun grains ; mais que s'étant adressés aux commissaires du pouvoir exécutif, ils en avaient obtenu, à force de sollicitations et pour subvenir aux plus pressants besoins, 24 sacs de seigle, payables comptant, à raison de 22 livres le sac ; qu'ils ne s'étaient cependant engagés à les prendre, à cause du prix excessif qui leur en était demandé, qu'après avoir obtenu le consentement de la commune. Que, quant aux moyens de ramener l'abondance dans la halle, il leur avait été conseillé de porter le plus promptement possible leurs représentations à la Convention nationale ; à cet effet même, il leur avait été remis plusieurs lettres pour les ministres et chefs de la Convention. Enfin, que les commissaires qui seraient délégués par la ville d'Elbeuf pourraient se dire même commissaires délégués par le Département.

Immédiatement, le corps municipal délégua Grandin et Fromont à la Convention. Quant aux sacs de seigle, on n'en prit pas livraison, ne connaissant pas la qualité du grain.

Le 22 octobre et jours suivants, de nouveaux commissaires furent envoyés dans les campagnes pour exhorter les cultivateurs à apporter du blé aux halles des jeudi et samedi.

Le 26, le citoyen Fosse, greffier du juge de paix, fut élu pour tenir les registres de l'état-civil de la paroisse Saint-Jean, et le citoyen Duruflé, officier municipal, pour tenir ceux de la paroisse Saint-Etienne.

Le même jour, le citoyen Dubos fut nommé commissaire de police de la ville.

Le 27, le maire et Bigot, secrétaire-greffier, dressèrent l'inventaire des registres existant aux deux églises d'Elbeuf ou étant entre les mains des curés.

Ce même jour, Grandin et Fromont étaient de retour de Paris.

Ils s'étaient rendus chez le ministre de l'Intérieur, auprès duquel ils avaient sollicité des secours provisoires en subsistances. Accueillis assez froidement par le ministre, il leur avait été répondu que le Département aurait dû prendre un arrêté sur la commune d'Elbeuf, par lequel arrêté les besoins de notre ville auraient été reconnus et la quantité de grains nécessaire désignée; que cela n'ayant pas été fait, le ministre ne pouvait accorder la demande de la ville d'Elbeuf sans compromettre sa responsabilité.

En conséquence, Grandin et Fromont avaient décidé d'instruire le Département de la difficulté qu'ils éprouvaient et de l'inviter à remplir les formalités exigées par le ministre.

Après deux et même trois jours, n'ayant reçu aucune réponse du Département, ils étaient allés retrouver le ministre, en représentant que notre ville était dans la plus horrible détresse par le défaut de vivres, et que le refus de lui en procurer pourrait causer les plus grands malheurs.

Le ministre leur avait répondu qu'il se trouvait dans l'impossibilité de faire délivrer des subsistances en nature, mais il avait offert aux deux délégués une somme d'argent pour la ville d'Elbeuf, afin de lui aider à acheter des grains. Ils avaient répondu au ministre que c'était de grains dont la ville avait besoin et non d'argent, et n'avaient pas cru devoir accepter l'offre du ministre.

Alors celui-ci les avait tranquillisés en leur assurant que, sous peu de jours, il ferait passer à la ville de Rouen des blés auxquels Elbeuf pourrait prendre une part en raison de ses besoins.

La commune d'Elbeuf écrivit au Département pour lui donner avis de l'arrivée des grains promis, et que notre municipalité se flattait de pouvoir y participer.

En attendant, le corps de ville envoya à

nouveau des commissaires dans les campagnes, notamment dont les communes où l'on pouvait placer le plus d'espérance, afin de presser les cultivateurs et les engager à nous apporter du blé.

L'argenterie des églises Saint-Jean et Saint-Etienne fut portée au District le 28. On avait trouvé dans la première 23 marcs 2 onces 4 gros et demi de métal précieux, et dans la seconde 29 marcs 2 onces 5 gros.

La pénurie de vivres, dans laquelle notre ville se trouvait déjà depuis longtemps, et l'inquiétude que chacun concevait pour l'avenir n'étaient pas de nature à provoquer l'empressement des habitants à s'inscrire sur le registre des souscriptions patriotiques.

Ce registre fut examiné le 30 octobre. Il fut constaté que notre population s'était montrée peu généreuse. Le corps de ville décida de nommer neuf commissaires qui se rendraient à domicile et solliciteraient des souscriptions.

Malgré le manque d'entente entre généraux, le mois d'octobre avait été brillant pour nos armées.

Lille, qui avait soutenu héroïquement un long siège et un bombardement, avait vu, le 8, l'ennemi se retirer.

La Savoie s'était donnée à la France républicaine.

Verdun et Longwy avaient été évacués, et Dumouriez s'apprêtait à envahir la Belgique, pendant que Custine occupait Mayence et Francfort.

CHAPITRE IV

(NOVEMBRE-DÉCEMBRE 1792)

Le pain manque ; grave détermination ; la garde nationale fait revenir du blé. — Trois conventionnels députés a Elbeuf. — J.-P. Grandin, membre du Directoire du département. — Faux bons de la Caisse patriotique. — Elections municipales laborieuses. — Nicolas Saillant, 11ᵉ maire d'Elbeuf. — La ville offre neuf volontaires a la Patrie.

Le 2 novembre, le corps de ville d'Elbeuf décida que les séances se tiendraient tous les jours, à six heures du soir, et seraient publiques.

Le même jour, en conformité de la loi du du 18 août, les citoyens Osmont et Fosse furent désignés pour procéder à l'inventaire du mobilier des confréries existant dans les deux paroisses d'Elbeuf.

Les fonctions de maire d'Elbeuf ne furent jamais une sinécure ; mais à l'époque dont nous parlons, il fallait un dévouement extraordinaire pour les remplir, et jamais Galleran n'y faillit. Ses concitoyens abusaient même trop souvent de sa bonne volonté, et allaient jusqu'à le réveiller pour des causes les plus futiles.

C'est ainsi que pendant la nuit du 2 au 3, l'officier de garde Fécomme alla frapper à sa porte. Croyant à quelque événement sérieux, Galleran s'empressa de se lever et de faire entrer Fécomme. Celui-ci lui représenta que le but de sa visite était de l'avertir que l'on n'avait pas placé de bois dans sa chambre, et que la femme Revert, chargée de ce service, refusait de se lever pour en apporter.

Galleran, cette fois, se fâcha. Il représenta à l'officier combien sa démarche était ridicule et absurde, et qu'au surplus il pouvait passer le reste de la nuit au corps de garde ou aller de nouveau demander du bois à la femme Revert.

Fécomme, vexé de cet accueil, fit un rapport contre le maire, qui, disait-il, n'avait pas voulu l'accompagner pour faire lever la femme Revert; il y ajouta même quelques mensonges, dont la grossièreté était évidente, et remit ce rapport à son commandant.

Le Conseil municipal se vit obligé de délibérer sur le cas. Il prit un arrêté par lequel il était fait défense d'aller réveiller les officiers publics sans raison sérieuse, et invita les commandants de la garde nationale à réprimer la licence du citoyen Fécomme.

A la halle du samedi 3 novembre, il ne vint presque pas de blé, malgré les espérances fondées sur les promesses des laboureurs. Il en résulta une colère indicible parmi le peuple et surtout parmi les femmes. Nous laissons parler le maire Galleran :

« A l'issue de la halle, la municipalité s'est vue assaillie d'une multitude d'autant plus irritée que plusieurs de ceux qui la composoient avaient eu, la veille, la douleur de se voir arracher par des soi-disant commissaires de la municipalité de Rouen, le pain dont ils étoient porteurs.

« Cet état de détresse avoit tellement surexcité les esprits qu'ils se trouvèrent dominés par la résolution de sonner le tocsin pour appeler les paroisses voisines à se porter en nombre chez les laboureurs ».

La première séance municipale tenue publiquement fut celle de ce samedi 3 novembre, à trois heures du soir.

Le maire représenta à ses collègues qu'un très grand nombre de citoyens, dont plusieurs étaient présents, étaient venus se plaindre à lui du peu de blé qui s'était trouvé à la halle de ce jour. La majeure partie de la population se trouvait sans pain, ce qui occasionnait les plus vives, mais les plus justes réclamations.

Le maire ajouta qu'il avait appris que plusieurs Elbeuviens étaient allés la veille, à Rouen, pour y acheter du pain; mais que des commissaires de cette ville leur avaient arraché des mains celui qu'ils avaient pu se procurer. Le peuple, se trouvant absolument privé de nourriture, demandait une autorisation pour se transporter, le maire à sa tête, chez les laboureurs, afin d'en obtenir les grains qu'ils leur refusaient.

Le procureur de la commune prit la parole et s'exprima ainsi :

« Dans la circonstance difficile et extraordinaire où nous nous trouvons, au sein de la détresse désespérante qui nous cause l'anxiété la plus cruelle, le parti que vous avez à prendre demande la plus grande célérité.

« Dans la détermination que vous allez prendre, vous avez deux choses à concilier ; la première, c'est d'user de tous les moyens qui sont en votre pouvoir pour subvenir et satisfaire aux besoins de la commune ; la deuxième, c'est de vous renfermer dans les pouvoirs que la loi vous a conférés.

« Il n'est pas question d'examiner ici si, parmi nous, il y a des membres qui ont encore du pain pour un ou deux jours : dès que nos concitoyens manquent de subsistances, nous en manquons comme eux.

« Les moyens qui sont à employer ne sont pas de deux sortes. Les subsistances ne sont que dans les granges : c'est là qu'il faut aller les chercher !

« La demande des citoyens de s'y aller pourvoir, selon les règles du droit, n'a rien de contraire aux lois. Ce ne serait pas dépasser les limites de votre pouvoir que d'approuver leur demande... »

Sur cette réquisition, le corps municipal prit cette grave délibération, précédée de quelques considérants :

« La loi nous défend d'exercer les fonctions municipales au delà de notre territoire ; ce seroit encourir les peines y portées que d'accéder en cette partie à la demande des citoyens, qui sera également remplie par l'envoi de piquets comme il en a été précédemment usé.

« Enfin, sur les instances réitérées de la foule innombrable de citoyens présents à notre séance, il a été arrêté de faire battre le rappel et d'en donner l'ordre aux commandants de la garde nationale. Et de suite, il a été convenu de la nécessité de partager les citoyens par divisions, pour aller dans les campagnes y solliciter les laboureurs de fournir le plus promptement possible à leur subsistance, et de faire choix des plus prudents et sages pour conduire et commander chaque division ».

Pendant cette séance, il se produisit des désordres ; officiers municipaux et notables furent insultés par la foule.

Le lendemain dimanche, avant le jour, la garde nationale, divisée en détachements, se rendit dans toutes les paroisses ayant coutume de fournir la halle. Chacun de ces piquets était porteur d'une invitation, à la municipalité de la commune où il se rendait, de faire livrer à notre ville, sans délai, une quantité de blé déterminée.

A peu près partout, la garde nationale reçut des promesses formelles que, dès le lendemain lundi, des blés seraient envoyés à Elbeuf, et que les expéditions seraient continuées régulièrement les jours suivants. L'expédition avait eu soin de faire remarquer que faute d'apports sérieux, le peuple d'Elbeuf se répandrait dans les campagnes et y prendrait lui-même des grains.

Les seules mauvaises volontés rencontrées par la garde nationale furent celles de gros cultivateurs du Roumois, que la municipalité dénonça au District.

Le même jour dimanche, à six heures du matin, le Conseil général de la commune était réuni de nouveau, sur une convocation extraordinaire.

Plusieurs citoyens se présentèrent et annoncèrent au corps municipal que « la cloche sonnée en volée n'avait pas produit l'effet attendu, puisque très peu de citoyens se sont assemblés sur la place ».

Le Conseil, « considérant que la fermentation et les dangers populaires s'accroissent, que la foule abonde dans la maison commune et dans le lieu de nos séances, qu'il pourroit en résulter les suites fâcheuses qui ont eu lieu hier, au point que beaucoup de peuple, monté sur les chaises, exigeoit que la municipalité fît sonner le tocsin ;

« Ouï le procureur de la commune, et après avoir délibéré sur le parti le plus convenable à prendre dans ces circonstances difficiles, considérant que malgré les réquisitions répétées faites aux laboureurs d'approvisionner notre halle, les subsistances y ont manqué hier ; qu'il y a lieu de présumer que leur libre circulation est empêchée dans les campagnes, a arrêté en vertu de l'article 9 de la loi du 14 octobre 1791, d'adresser aux commandants de la garde nationale une réquisition à l'effet d'envoyer des détachements dans les campagnes, avec des lettres du Conseil général aux maires des paroisses circonvoisines, pour les prier et inviter d'engager les laboureurs de leur commune d'envoyer à la halle, incontinent, le plus de bled qu'il sera possible, et pour prêter assistance aux laboureurs dans tous les empêchements qui pourroient être apportés à la libre circulation des subsistances; ayant observé aux commandants d'employer des vœux de douceur et d'honnêteté ».

A six heures du soir, le Conseil général de la commune d'Elbeuf se réunit encore et comme d'ordinaire sous la présidence de Galleran, maire, qui, pendant toute son administration et surtout pendant cette période critique, fit preuve de beaucoup de tact et d'intelligence. — Voici la copie du procès-verbal de cette réunion :

« Le Conseil général, affligé profondément de la disette des subsistances et des désordres qu'elle a failli occasionner hier soir jusqu'à dix heures, désordres qu'on n'est parvenu à éviter qu'avec beaucoup de peines ; convaincu de l'intérêt puissant d'aviser aux moyens prompts et efficaces de rappeler l'abondance aux halles, enfin de protéger la libre circulation des subsistances qui en est le principal moyen.

« Ouï le procureur de la Commune, arrête ce qui suit :

« Art. 1er. — Il est défendu à tous citoyens, de quelque qualité qu'ils soient, de se présenter à la maison commune en plus grand nombre que dix à la fois, pour y faire des demandes. Il est enjoint aux commandants de donner aux gardes nationaux la consigne de s'opposer à la foule qui voudroit l'assaillir et d'en avertir avant toutes choses les officiers municipaux. Ceux qui contreviendront à la loi, à cet égard, seront poursuivis comme perturbateurs et violateurs de la force armée et du respect dû aux autorités constituées, et punis des peines au cas appartenant.

« Art. 2. — Considérant que la sûreté et la tranquillité des laboureurs aux halles est le premier moyen d'y ramener l'abondance ; deffenses sont faites à toutes personnes, en vertu de la loi du 2 octobre 1791 :

« 1º De courir par attroupement dans les rues au devant des chevaux et charettes des laboureurs qui apportent du bled ;

« 2º De les violenter, ainsy que tous ceux

qui achètent, soit par paroles, soit par gestes, soit par voies de fait, dans les ventes et achats de bled, dont le prix doit être fait et débattu tranquillement,

« Tous ceux qui contreviendront à ces deux articles seront poursuivis comme perturbateurs opposés à la libre circulation des subsistances et punis de peines criminelles.

« Art. 3. — Considérant que manquer tout à fait de pain est un mal extrêmement pire que de le payer cher ; considérant que dans toutes les halles des villes voisines, le sac de bled est vendu depuis 34 livres jusqu'à 40 et plus ; que les subsistances n'y sont pas rares, qu'elles y sont même abondantes ; que le moyen simple autant que juste de rétablir la halle, est de se soumettre, comme les autres lieux, aux cours des choses :

« Le Conseil général a taxé le pain bourgeois à trois sols la livre jusqu'à nouvel ordre, et enjoint aux boulangers de garnir leurs boutiques.

« Deffenses à toutes personnes de s'attrouper dans les rues sous ce prétexte et de provoquer le trouble. Les bons citoyens sont invités de faire entendre à tous que cette mesure indispensable est pour l'intérêt même de la classe indigente, qui paye le bled qu'elle n'obtient que par cartes — lire quartes — beaucoup plus cher que la taxe cy dessus, par la perte du temps qu'elle employe à en avoir et les difficultés de moudre une si petite quantité à la fois.

« Art. 4. — Le Conseil général s'engage, autant qu'il est en sa puissance, de ne négliger aucune mesure de douceur et d'économie pour prévenir, s'il est possible, l'augmentation du pain au-delà d'un juste prix. Dans les circonstances actuelles, il observe à tous que le moyen le plus immédiat, le plus favorable, est la confiance aux fonctionnaires publics qu'ils ont nommés ; d'être persuadés qu'il ne tient point aux officiers municipaux et notables que le prix du pain soit à moindre prix, et qu'ils ne laisseront échapper aucun des moyens propres à le contenir dans une juste borne.

« Il faut pour cet effet si désirable, la cessation de tous les propos aussi absurdes que méchants avec lesquels on augmente toujours la rareté des subsistances, avec lesquels ceux mêmes qui semblent n'être contents que dans le désordre savent l'accroître et le rendre souvent irrémédiable. Ceux-là sont des mauvais citoyens, ennemis de tout ordre et de tout bien, et vont être dénoncés et punis suivant les lois.

« Art. 5. — Le Conseil général authorise le procureur de la commune ou son suppléant de dénoncer au juge de paix de la ville les auteurs, fauteurs et complices de l'attroupement, violences, outrages et menaces qui ont eu lieu hier dans la maison commune envers le Conseil général, de détailler les faits dans son réquisitoire et de nommer les coupables ; ayant remarqué entre eux : un quidam étranger, habillé en garde national avec les marques de grenadier, haut de cinq pieds cinq pouces, cheveux noirs, visage brun et maigre, nez long ; le nommé Le Breton, jardinier ; Morel le jeune ; la fille de Vaguet étant chez Moisan ; deux femmes de campagne d'environ 50 ans, qui seront désignées ; Romain Hémare, une fille Saint-Amand, la femme Cauchois, la femme de Louis-Hébert Barais, l'enfant de Dupuis et autres.

« Art. 6. — La présente délibération sauf l'article 5 sera imprimée, affichée », etc.

L'intervention de la garde nationale eut d'heureux résultats ; des blés arrivèrent dans notre ville. Le Conseil général d'Elbeuf vota des remerciements à la milice bourgeoise pour avoir si bien rempli la mission délicate que la ville lui avait confiée. Ces remerciements furent affichés dans les rues, carrefours et au corps de garde.

La municipalité avait écrit au ministre de l'Intérieur, le même jour 4 novembre :

« Les citoyens de la commune d'Elbeuf sont livrés à toutes les horreurs de la famine. La ville, chef-lieu d'un canton qui n'est couvert que de forêts ou de sablons, ne peut tirer ses subsistances que de quelques campagnes qui dépendent du département de l'Eure.

« Des ordres arbitraires de plusieurs districts de ce département tendant à arrêter la libre circulation des grains, réduisent les habitants au plus affreux désespoir.

« Dans cette détresse, nous avons demandé des secours à l'administration du département ; elle nous a déclaré ne pouvoir nous aider et nous a renvoyés à nous pourvoir par devers vous, en vous assurant qu'elle nous invitait à nous accorder pour le besoin du moment 600 quintaux du bled qui est en dépôt au Havre... »

Une détente s'opéra dans les esprits lorsque chacun put espérer qu'il ne manquerait plus de pain à l'avenir.

Le 7, le corps municipal « désirant jeter un voile sur le passé, éteindre toutes semences de ressentiment, en effacer jusqu'aux moindres traces et faire cesser toute espèce d'impression fâcheuse, en attribuant aux malheurs des temps et aux circonstances orageuses et critiques du moment, a cru que pour y contribuer efficacement, il étoit de la sagesse et de l'esprit des fonctions de paix qu'elle remplit de rapporter sa délibération du 17 septembre dernier.

« En conséquence, l'assemblée municipale déclare, qu'affectée de voir dans tous les citoyens y mentionnés des frères affligés, elle leur tend les bras et les rappellent dans son sein, en les invitant de faire généreusement le sacrifice des peines qu'ils ont éprouvées, et elle arrête aussy que leurs armes leur seront rendues, après la réponse à la lettre qui sera écrite au District à qui la note de ces dites armes avoit été envoyée.

« Le Conseil général, de son côté, s'empressera toujours d'avoir pour eux tous les égards dus aux citoyens fidèles à leurs devoirs et à leurs serments, et toujours prêts à ce qu'exige le bien de la République ». Cet arrêté fut affiché aux lieux ordinaires.

Le massif des petites halles était alors en état de ruines, ouvert de tous côtés, découvert en grande partie et le restant des tuiles tombant ou près de tomber. C'est que la population, malgré l'arrêté du Département, en avait démoli un peu chaque jour et parfois de grandes portions.

La municipalité demanda l'autorisation de vendre par adjudication « les décombres tant en bois qu'en tuiles et cailloux provenant de la démolition des halles et hallettes situées près l'église Saint-Jean, appartenant à Eugène de Lorraine, à charge d'en remettre le montant à qui il appartiendra ». Quelques jours après, le Directoire du district répondit : « Considérant que l'état dudit Eugène de Lorraine n'est point encore assuré, que la question de savoir s'il est émigré n'est pas encore décidée, qu'il n'appartient point à la municipalité de toucher à ses biens et bien moins d'en faire la vente, estime qu'il n'y a pas lieu d'accorder l'homologation demandée par ladite commune d'Elbeuf ».

L'administration de notre ville ayant refusé un passeport à la veuve Sevestre, qui voulait se rendre en Angleterre pour son commerce, celle-ci en référa au District, lequel lui accorda la permission de sortir de France.

Le samedi 10 novembre 1792, « l'an Ier de la République Françoise », en l'assemblée publique du conseil général de la commune en permanence, se présentèrent les citoyens Lidon, Tellier et Lefebvre, commissaires députés de la Convention nationale, lesquels, en improuvant les moyens employés jusqu'à ce jour pour procurer des subsistances dans la ville et l'envoi de détachements de gardes nationaux chez les cultivateurs, dirent que c'était aux administrations du District et du Département à pourvoir aux besoins d'Elbeuf.

S'écarter de cette marche dictée par les lois, ajoutèrent-ils, c'était s'exposer à des reproches et mettre des entraves à la libre circulation des grains, et qu'à défaut de réponses satisfaisantes et promptes de la part de ces administrations, il fallait porter plainte au ministre de l'Intérieur.

Comme ils devaient se rendre à Rouen, les commissaires demandèrent des copies de la correspondance de la ville d'Elbeuf avec le District et le Département sur la subsistance.

Avant de partir, ils annoncèrent que, provisoirement, le ministre de l'Intérieur avait pourvu aux besoins d'Elbeuf par une certaine quantité de blé qui allait être mise à sa disposition, et que tous secours seraient accordés à notre ville, si elle prenait les voies convenables.

Le lendemain, le citoyen Desgenetez se rendit devant les administrateurs du District et du Département, auxquels il représenta « la disette extrême de grains dans laquelle se trouvait la commune » et sollicita de prompts secours. Il lui fut répondu qu'il serait délivré à la municipalité de notre ville 150 quintaux de blé sur les 300 accordés par le ministre, à prendre au Havre.

Le 12, Desgenetez reçut commission du corps de ville d'Elbeuf de faire le nécessaire pour l'arrivage de ces grains.

Le même jour, on reconnut que la souscription patriotique avait produit environ 7.000 livres, plus des armes et habits. Le lendemain, on fit annoncer par le tambour que les citoyens qui désireraient servir la Patrie pouvaient se présenter à la municipalité, où ils seraient armés, équipés et recevraient 120 livres chacun pour servir pendant la durée de la guerre.

A partir du mardi 13, dans chaque contrat de mariage passé à Elbeuf, il ne fut plus spécifié que la cérémonie nuptiale aurait lieu en face notre mère la sainte Eglise, catholique, apostolique et romaine, mais que le mariage serait « fait et célébré selon et conformément à la loi ».

Au 15 novembre, le citoyen Louis-Jean-Baptiste-Marin Sevaistre, d'Elbeuf, était lieutenant-colonel au 17e régiment de cavalerie. Il habitait ordinairement la commune de Thuit-Simer.

Le 15 également, le maire donna lecture d'une lettre du District, annonçant l'arrivée des trois commissaires de la Convention nationale et le résultat de leur conférence au sujet de l'approvisionnement d'Elbeuf. Notre ville était invitée à faire un emprunt de 50.000 livres pour acheter du blé à l'étranger.

Le Conseil municipal, consulté, et après avis du procureur de la commune, dit que cette mesure serait la seule à employer s'il n'y avait vraiment pas de blé dans la contrée; mais comme il était notoire que les granges regorgeaient de grains, il n'y avait pas lieu de délibérer sur un projet d'emprunt.

A ce moment entra Desgenetez ; il annonça que les 150 quintaux de blé étaient chargés sur le bateau. On décida de l'y laisser jusqu'au jeudi, pour le vendre sur le marché en concurrence avec celui que la culture apporterait, et qu'un piquet de cent hommes se tiendrait à la halle ce jour-là.

Le lendemain, la municipalité écrivit au ministre que les 150 quintaux de blé arrivés, plus 150 autres quintaux promis étaient insuffisants pour la consommation d'une semaine, qui exigeait au moins 300 quintaux, parce que la halle était l'une des plus importantes du département puisque 12 ou 15.000 individus s'y approvisionnaient.

Vingt sacs de blé seulement avaient été apportés à la dernière halle. La fermentation populaire se renouvela par des mesures contre les cultivateurs.

Notre municipalité s'adressa donc une fois encore au District et au Département, en leur exposant la nécessité qu'il y avait de remédier à la dureté des laboureurs et à la mauvaise volonté du Département voisin.

« Faudra-t-il donc, dit le maire, que nous soyons contraints de dénoncer le département de l'Eure à la Convention nationale ? Nous y avons été engagés par les trois commissaires, auxquels nous avons fait nos plaintes contre l'insouciance de ce Département, alors qu'il ne tient qu'à lui de nous procurer l'abondance... » — Ce même jour, notre municipalité écrivit au ministre de l'Intérieur, sur le même sujet.

La halle suivante fut mieux approvisionnée; on y apporta 148 sacs de blé, que le public enleva en un clin d'œil. Il eut pu en venir davantage ; mais des gendarmes avaient pris sur eux de défendre à des cultivateurs de Mandeville de porter des grains à Elbeuf, sous peine de se voir assaillir par la garde nationale de Louviers. Plainte fut portée contre ces gendarmes, qui avaient été poussés par la municipalité de Louviers, tant au District qu'au ministre de l'Intérieur, par lettres datées du 17.

A une lettre du District, concernant la défense de la Patrie, la municipalité de notre ville répondit, le 20 :

« Jusqu'alors nous n'avions pas cru devoir exciter le patriotisme de nos habitants, tous les avis annonçant qu'il se rassemblait de toutes parts une telle quantité d'hommes que le ministre en étoit embarrassé, et en effet, on apprend encore chaque jour que des bataillons entiers sont dans l'inaction.

« Nous étions d'ailleurs persuadés que dans les besoins urgents de la République, chaque commune aurait à fournir un contingent demandé. Nous n'aurions pas été les derniers à envoyer le nôtre...

« Le nombre d'hommes que notre ville a fourni, depuis un an, en volontaires et soldats de ligne est de plus de cent... Depuis votre lettre, nous avons ouvert une souscription... Il en est résulté une somme suffisante pour armer et équiper de 25 à 30 hommes, y compris leur engagement, mais il ne s'en est présenté que le tiers, ce qui retarde cette opération... »

Une nouvelle disette se préparant, la municipalité écrivit au District que la population d'Elbeuf était de 6.000 habitants, sans y comprendre les nombreux ouvriers qui s'y rendaient chaque jour ; que les besoins d'Elbeuf, pour les seuls habitants, « étoit de 600 quintaux de bled par semaine ; que nos halles devenoient de plus en plus stériles, au point de n'y pouvoir compter, vu que les cultivateurs qui avoient coutume de les approvisionner étoient forcés par les Districts du département de l'Eure de se porter dans les marchés du Pont-de-l'Arche, Louviers, Neufbourg, etc., ce qui plongeoit notre ville dans la disette ».

Ce même jour, le citoyen Jacques-Pierre Grandin, procureur de la commune d'Elbeuf, qui avait acquis une grande popularité à cause de son dévouement aux intérêts du public qu'il représentait, donna sa démission ; car il venait d'être appelé aux fonctions d'administrateur au Directoire du département, ce qui l'obligeait à résider à Rouen. Il ajouta que c'était surtout le désir d'être utile à ses concitoyens qui l'avait porté à accepter ce nouveau poste.

A cette époque, Elbeuf voyait passer souvent des bateaux chargés de grains, à destination de

Paris, et notre municipalité était chargée de leur protection, car on craignait qu'ils fussent pillés par notre population affamée. *La Foy* passa devant Elbeuf le 25 novembre avec 1.347 quintaux de froment, *l'Iphigénie* trois jours après avec 5.531 quintaux, et d'autres suivirent.

Le District ordonna à la municipalité, le 26, de rendre les armes à vingt-huit Elbeuviens désarmés en raison de leur mise en état de suspicion, et dont il avait été question dans une délibération municipale du 7 du même mois.

Un renouvellement des corps administratifs venait d'avoir lieu. Le Directoire du département, installé le 29 novembre, se composait des citoyens Bouvet, doyen d'âge ; Revelle, juge de paix à Veules ; Dubois, serrurier à Saint-Saens ; Belhoste, de Rouen ; Jacques-Pierre Grandin, d'Elbeuf ; Bazire ; Choin du Lys, du Havre ; Dumazest, apothicaire et maire de Fauville ; Anquetin de Beaulieu, procureur général syndic, et Niel, secrétaire général. Le citoyen de Fontenoy fut élu président le 3 décembre suivant, en remplacement de Bouvet.

Le 2 décembre, une commission municipale composée « des citoyens Delattre, Lenoble aîné, serrurier ; Duchemin et Mercier, le premier menuisier, le second charron » fut nommée afin d'examiner trois cents piques pour l'armement des soldats, dont la fourniture avait été adjugée à Leroy d'Elbeuf, le 20 septembre précédent.

Cette visite fut favorable au fabricant, qui, quelques jours après, reçut un mandat de 3.510 livres pour prix de son travail.

La Caisse patriotique d'Elbeuf fonctionnait toujours avec la plus grande régularité. Les manufacturiers qui l'avaient établie, sans autorisation supérieure, étaient solidaires les uns des autres. Des fonds en assignats, déposés dans cette Caisse, représentaient exactement la valeur des bons mis en circulation par les fabricants pour le paiement du salaire de leurs ouvriers. Des vérifications périodiques, scrupuleusement faites, soutenaient le crédit de ces bons, qui rendirent de très grands services à notre industrie, presque complètement privée de numéraire. Malheureusement, des faussaires les contrefirent, nous l'avons déjà dit ; le premier bon faux fut trouvé à Laigle et envoyé à notre municipalité par celle de cette ville.

Le premier divorce, dans le département de la Seine-Inférieure, eut lieu le 9 décembre, à Rouen, devant le citoyen Henri Adam, officier public. Les époux divorcés étaient Jean Benard, de la paroisse Saint-Jean d'Elbeuf, et Marie-Catherine Piédeleu, matelassière, née à Saint-Aubin-jouxte-Boulleng, âgée de 65 ans. Le divorce fut prononcé sur la demande de celle-ci. Le mariage ne datait que de deux ans, mais Benard avait quitté sa femme, presqu'aussitôt après, pour aller au service, et elle n'en avait plus entendu parler. La divorcée se remaria quinze jours après avec un nommé Antoine Massue, vinaigrier, demeurant — comme elle — rue des Champs, à Rouen.

Les échevins des charités de Saint-Jean et de Saint-Etienne, des confréries du Saint-Sacrement, des Porteurs de grains, de Notre-Dame de Liesse, du Sacré-Cœur et de Saint-Roch à Saint-Jean et à Saint-Etienne, furent invités, le 15, à déposer immédiatement le compte de leur association respective, les délais pour le faire étant déjà expirés et des poursuites pouvant être exercées.

Les dimanche 16 et lundi 17 décembre, il fut procédé, dans les églises Saint-Jean et Saint-Etienne, à l'élection d'un juge de paix. François-Pierre Balleroy fut réélu, ainsi que son greffier Jacques-Pierre Fosse, lesquels prêtèrent serment, le 18, d'être fidèles à la Nation, de maintenir de tout leur pouvoir la liberté et l'égalité ou de mourir à leur poste. Après quoi, le Conseil général de la commune, au nom du peuple et pour lui, s'engagea à porter au tribunal de paix et à ses jugements le respect et l'obéissance que tout citoyen doit à la loi et à ses organes.

Le 17, on dénonça au juge des vols commis dans l'ancienne communauté des Ursulines et l'enlèvement de plusieurs arbres nouvellement plantés sur le Cours.

Bosquier ayant annoncé qu'il allait prendre possession des bâtiments servant de prison et d'auditoire, qu'il avait achetés, la municipalité décida qu'elle demanderait au District l'autorisation de se servir provisoirement, pour prison et salle de police correctionnelle, soit du château de Lorraine, soit des bâtiments des ci-devant Ursulines.

Le même jour encore, Fosse et Osmont, notables, présentèrent à la municipalité l'inventaire du mobilier et immobilier des anciennes confréries des deux paroisses, qui fut envoyé, séance tenante, au District.

On nomma également, le lendemain 18, des commissaires pour porter au District les papiers du greffe du ci-devant bailliage d'Elbeuf, ainsi que les tableaux et livres de la ci-devant communauté des Ursulines.

Le dimanche 23, il fut procédé à la nomination d'un maire.

Sur 147 votants, le citoyen Tienterre obtint 93 voix, Henri Hayet 23 ; le reste s'était porté sur divers. En conséquence, Tienterre fut élu maire ; mais celui-ci ne voulut point accepter cette fonction.

Il fut procédé à un second tour de scrutin le même jour, à huit heures du soir. Sur 48 votants, Henri Hayet réunit 16 voix, Louis Béranger 12, etc. La majorité absolue n'ayant été obtenue par aucun, il fut décidé que l'on passerait à un troisième tour. A ce moment, Hayet se présenta et déclara décliner la candidature.

L'opération fut reprise le lendemain. Sur 85 votants, Béranger fils réunit 43 voix ; il avait donc tout juste la majorité absolue, mais il refusa l'honneur que ses concitoyens voulaient lui faire.

On revota le mardi 25. Sur 128 votants le citoyen Lambert eut 79 voix ; mais il déclina également les fonctions de maire.

Le mercredi on repassa au scrutin. Il se trouva 121 votants. Le citoyen Nicolas Saillant aîné obtint l'unanimité. Il avait donc voté pour lui ; conséquemment il accepta les fonctions de maire.

Le même jour, on procéda à la nomination des officiers municipaux. Le premier scrutin ne donna aucun résultat.

L'élection fut reprise le 27. Furent élus : Pierre Hazé, Noël Dubuc, Nicolas Osmont, Ch. Voranger, P.-F. Fontaine, Henri Béranger, Pierre Duval, épicier, et Barbe père.

Année 1792

On passa à l'élection d'un procureur de la commune ; le premier vote ne donna la majorité à aucun des candidats.

Le soir, à huit heures, le citoyen François Lefebvre fut élu procureur, mais il n'accepta point ce mandat. Un nouveau scrutin nomma Joseph Flavigny, qui refusa également, ainsi que Noël Dubuc, officier municipal.

Ces refus ou démissions successives irritèrent les présidents des deux sections, qui démissionnèrent à leur tour.

On tenta d'établir un nouveau bureau le 30 ; mais le petit nombre des électeurs présents ne le permit pas, et l'année se termina sans que les élections puissent être finies.

Entre temps, on avait arrêté le compte des dépenses municipales de 1792 ; elles s'étaient élevées à 8.759 livres.

La gendarmerie avait été installée, malgré elle, dans l'ancien couvent des Ursulines.

Enfin, il avait été décidé que l'audience de police correctionnelle serait établie dans « la rue du Commerce ».

La souscription ouverte dans notre ville, pour armer, habiller et équiper les volontaires elbeuviens, avait produit la somme de 7.179 livres 19 sols.

Outre cette somme, le citoyen Pierre-Michel Grandin avait fait don de ses habits ; le citoyen Jacques-Pierre Grandin de ses fusils. Des coupons de drap furent donnés par les citoyens Pierre-Henri Hayet, Patallier frères, Pierre Galleran et Amable Corblin. Le citoyen Mathieu Frontin fit don d'un habit, d'une veste, d'une culotte et d'un fusil avec sa baïonnette. Le citoyen Henri Delarue offrit un habillement complet.

Les administrateurs du département, au nombre desquels figurait le citoyen Jacques-Pierre Grandin, d'Elbeuf, adressèrent la lettre suivante aux officiers municipaux de notre ville :

« Nos ennemis se multipliant, continuez d'aider la Patrie de tous les efforts qu'elle peut attendre d'une commune favorisée d'un commerce avantageux qui trouve dans la guerre des causes de prospérité... »

Les deux derniers mois de l'année 1792 avaient été très favorables aux armes de la République.

Dumouriez avait remporté, le 6 novembre, la brillante victoire de Jemmapes, et le 14, il était entré à Bruxelles. Le 26, Anvers était à nous, Liège le 28, Namur le 2 décembre et Aix-la-Chapelle le 16.

Cette campagne, commencée dans les plus mauvaises conditions, par l'invasion étrangère, se terminait pour nous par la réunion de la Savoie et de Nice, et par l'occupation de la Belgique et d'une partie des provinces rhénanes.

CHAPITRE V

(JANVIER-MARS 1793)

Les élections municipales continuent. — Élections dans la garde nationale. — Les 25 volontaires elbeuviens. — Exécution de Louis XVI. — Deux commissaires du District a Elbeuf. — Installation de la nouvelle municipalité. — Le trésor du chateau de la Londe. — Encore les droits dans la forêt. — Recrutement dans le canton. — Certificats et signalements.

Les élections municipales étaient loin d'être terminées. Le 1er janvier 1793 dès le matin, les scrutateurs de Saint-Jean et de Saint-Etienne donnèrent leur démission. Le corps de ville décida de faire annoncer au prône des grand'messes de ce jour, par tambour et par affiches, que les assemblées électorales étaient convoquées pour le lendemain, à deux heures du soir.

Le 2, on procéda à la réélection de huit officiers municipaux, l'opération du 27 décembre ayant été annulée, parce que les élus n'avaient été nommés qu'à la majorité relative. Un premier tour n'ayant pas donné de résultat, le scrutin fut remis au lendemain.

Le 3, les votants se trouvèrent au nombre de 88. Furent élus : Félix Lefebvre, J. P. Delacroix, Louis Béranger fils, Pierre-Michel Grandin, Delaleau fils, Martin Hayet, Gabriel Desgenetez et Join-Lambert.

A neuf heures du soir, on procéda à un vote pour le procureur de la commune, qui ne donna point de résultat.

Le 4, le citoyen Désiré Murizon fut élu par 38 suffrages sur 67 votants et accepta.

Autre vote à sept heures du soir pour remplacer J.-P. Delacroix, P.-M. Grandin, Martin Hayet et Join-Lambert, qui avaient refusé d'être officiers municipaux. Pas de réultat encore.

Le 5, nouveau scrutin, qui amena l'élection de Galleran, Tienterre, Duruflé-Godet et Joseph Flavigny.

Le 6, on passa à l'élection de dix-huit notables. Les élus furent Balleroy, juge de paix ; Fosse, cordier ; Fosse, greffier ; l'abbé Bourgeois, Mouton père ; Lenoble, vicaire ; Morin, épicier : Miége aîné, Noël Dubuc ; Cherel, cardier ; Bailly, épinceur ; Nicolas Osmont, aubergiste ; André Duchemin ; Nicolas Osmont, vitrier ; Langlois père, P.-M. Hayet, Constant Fouard et Lambert.

Pendant cette élection, les huit officiers municipaux élus donnèrent leur démission. Les électeurs furent prévenus que l'on scrutinerait à nouveau le lendemain.

Donc, le 8, on rouvrit les sections. Il se présenta 24 votants à Saint-Jean et pas un seul à Saint-Etienne ; résultat : néant.

Le 9, le bureau de Saint-Jean fut seul ouvert, celui de Saint-Etienne ayant été dissous; mais les électeurs de cette dernière section furent reçus à la première. On nomma huit officiers municipaux ; nous n'en donnons pas les noms, car ils démissionnèrent le 14.

Nouvelles opérations municipales le 16; aucun citoyen n'obtint la majorité absolue.

Le 17, encore un scrutin, celui-ci à la majorité relative. Il se présenta 41 votants; furent élus par 14, 13, 12 et même 8 voix : Delalcau fils, Joseph Duruflé aîné ; Jean-Pierre Bailly, émouleur ; Boniface Flary, J.-B. Petitgrand, Michel Langlois fils, Morin, épicier. Il restait encore un officier municipal à élire ; mais il y en eut bientôt huit, car les sept élus démissionnèrent le 19.

Si nous n'avions pas les procès-verbaux des assemblées électorales sous les yeux, nous nous refuserions à croire qu'une semblable comédie ait pu se produire à Elbeuf. Pendant qu'elle se jouait, l'ancien Conseil général de la commune continuait ses fonctions ; cependant plusieurs de ses membres démissionnèrent, mais leur démission ne fut pas acceptée. Un officier municipal mourut ; on le remplaça par le premier notable.

En ce même temps, on procéda à l'élection des officiers de la garde nationale, divisée en deux sections ou bataillons : Saint-Etienne et Saint-Jean. Les opérations commencèrent le 13, dans l'église de cette dernière paroisse, et se terminèrent le 22. — Les citoyens dont les noms suivent avaient été nommés :

Bataillon de Saint-Etienne. — Henri Delarue, commandant en chef; Louis-Joseph Flavigny, commandant en second ; François Lefebvre, adjudant ; Legouez, porte-drapeau ; Heurtault, armurier.

1re compagnie (rue de la Barrière) : Charles Andrieu, capitaine ; J.-P. Lefort, lieutenant ; Mettais fils et François Quesné, sous-lieutenants ;

2e compagnie (de l'ancienne Prison au Moulin-Saint-Jean) : Henri Delacroix, capitaine ; Petitgrand fils, lieutenant ; Leroy et Bouic, sous-lieutenants ;

3e compagnie (dite du Bord de l'Eau) : Prosper Delarue, capitaine ; Mathieu Delarue, lieutenant ; J.-P. Delacroix et Girard, sous-lieutenants.

4e compagnie : Valdampierre, capitaine ; Nicolas Louvet, lieutenant ; Lenoble aîné et Pierre Lejeune, sous-lieutenants.

5e compagnie : Lefebvre, capitaine ; Joseph Duruflé, lieutenant : Moisel et Dugard fils, sous-lieutenants.

Bataillon de Saint-Jean. — Félix Lefebvre, commandant en chef ; Lefebvre, tapissier, commandant en second ; Fromont, adjudant ; J.-P. Lefort, porte-drapeau ; Morin, armurier.

1re compagnie : Flavigny-Gosset, capitaine ; Louis Grandin, lieutenant ; Ambroise Flavigny et Huault, sous-lieutenants ;

3e compagnie : Join-Lambert père, capitaine ; Savant, lieutenant ; A. Delarue et Bourdet, sous-lieutenants.

4e compagnie : Clément Cauchois, capitaine ; Dugard, lieutenant ; Laurent Patallier fils aîné et Nicolas Deshayes, sous-lieutenants.

5e compagnie : Jamay, capitaine ; Alex. Grandin, lieutenant ; Mouton fils et Heullant aîné, sous-lieutenants.

La classification des compagnies ci-dessus

désignées et la section à laquelle chacune d'elles appartenait ne sont pas absolument exactes, les procès verbaux des élections ne donnant de renseignements précis que pour quatre compagnies seulement.

Le 22 de ce mois de janvier, l'administration municipale procéda à l'installation de la garde nationale. Toutes les compagnies étaient réunies sur la place d'armes, officiers en tête. Les citoyens Henri Delarue et Félix Lefebvre furent proclamés commandants, et les officiers proclamés également chacun dans son grade. Tous ensuite prêtèrent serment d'être fidèles à la Nation et à la Loi, de maintenir la liberté et l'égalité ou de mourir en les défendant,

Ce même jour, dans la séance du Conseil général de la Seine-Inférieure, un officier municipal d'Elbeuf présenta, au nom de notre ville, dix jeunes gens armés et équipés, prêts à marcher à l'ennemi. Le Conseil, en applaudissant à leur patriotisme et à leur zèle, arrêta qu'ils seraient enrôlés pour servir la patrie en qualité de canonniers volontaires du département, aux termes de la loi du 16 août 1792. Il décida, en outre, qu'il serait adressé, à la commune d'Elbeuf, une lettre de remerciement.

Les administrateurs du département n'avaient pas attendu la séance du Conseil général pour écrire à la commune d'Elbeuf, car la lettre suivante, datée du 11 janvier 1793, avait été adressée aux officiers municipaux de notre ville :

« Nous avons reçu, avec la plus vive satisfaction, l'offrande que vous nous faites à la patrie de neuf volontaires, tous armés et équipés, se dévouant à la défense de la République.

Cette preuve de patriotisme est digne de tous nos éloges. Nous nous plaisons à rendre hommage à votre zèle. Jamais il ne fut plus belle occasion de bien mériter de la Patrie ».

Les volontaires elbeuviens qui partirent à la frontière en janvier-février 1793 se trouvèrent bientôt au nombre de vingt-cinq. En voici les noms : Tourneur, Routier, Ménage, Bécard, Masselin, Jean Bertrand, Nicolas Bailly, Malherbe, Corblin, J.-B. Jean, Rivet, Soyer, Maille, Robillard, Mallet, Le Roy, Picherot, Villain, Savouret, Laplanque, Tassel, Latrotte, Dumontier, Prévost et Charles Tassel. Chacun d'eux reçut un armement, équipement et habillement complet, plus une somme de 120 l. pour prix de son engagement.

Plusieurs biens ecclésiastiques situés à Caudebec furent mis en adjudication à cette époque. Le 5 janvier, on avait vendu à divers quarante-cinq pièces de terre en douze lots, au prix total de 14.560 livres. Ces terres avaient été confisquées sur la fabrique paroissiale. Les mois suivants, on vendit le petit presbytère, se composant d'un terrain enclos de murs, planté et édifié, au citoyen J.-B. Lemarchand, pour le prix de 3.500 livres. Plus tard, un labour et une prairie situés également à Caudebec et ayant appartenu à la fabrique paroissiale de Saint-Aignan de Martot, furent vendus moyennant la somme de 2.200 livres.

Nous n'avons trouvé aucune pièce pouvant nous donner une idée de l'impression que produisit, à Elbeuf, l'exécution de Louis XVI, qui eut lieu le 21 janvier. Nous nous bornerons donc à relever les votes émis, lors du jugement du roi, par les membres de la Convention appartenant à nos deux départements.

MORT DE LOUIS XVI, 21 Janvier 1793.

Seine-Inférieure: Albitte, la mort; Pocholle, la mort; Hardy, la détention, le bannissement à la paix ; Yger, la détention, le bannissement à la paix ; Hecquet, la détention, le bannissement à la paix sous peine de mort ; Duval, la détention, le bannissement à la paix ; Vincent, la détention, le bannissement quand la nation le jugera convenable ; Faure, la détention pendant la guerre ; Lefebvre, la détention, le bannissement à la paix ; Blutel, la détention, le bannissement à la paix ; Bailleul, la détention ; Mariette, la détention, le bannissement à la paix ; Doublet, la détention, le bannissement après l'affermissement de la République ; Delahaye, la détention, le bannissement à la paix; Ruault, la détention, le bannissement après l'affermissement de la République ; Bourgeois, la détention, le bannissement à la paix.

Eure : Buzot, la mort; Duroy, la mort, exécution sur le champ ; Lindet, la mort; Richaux, la détention, le bannissement à la paix, Lemaréchal, la détention, le bannissement à la paix ; Topsent (absent par maladie); Fouillerot, la mort; Vallée, la détention jusqu'à la reconnaissance de la République par l'Europe, l'expulsion à la paix ; néanmoins, la mort dans le cas où les ennemis pénétreraient sur le territoire ; Savary, la détention jusqu'à la paix ; Dubuc, la détention, le bannissement quand la sûreté publique l'exigera ; Robert Lindet, la mort.

L'assemblée avait prononcé la peine de mort par 387 membres, contre 334 pour le bannissement, la mort conditionnelle, etc.

En ce même mois, Jacques Leclerc, de Pont-Audemer, agent monarchiste, avait fait imprimer et distribuer à Rouen et à Elbeuf une protestation en forme de pétition contre la mise en jugement de Louis XVI. Cette pétition fut couverte de nombreuses signatures, et il s'ensuivit, à Rouen, une manifestation contre-révolutionnaire qui dura plusieurs jours. L'effervescence ayant été calmée par les énergiques efforts de la Commune, Jacques Leclercq, Michel-Georges Aumont et huit autres habitants de Rouen, dénoncés à la Convention, décrétés d'accusation, incarcérés, traduits en septembre suivant devant le tribunal révolutionnaire, furent condamnés à mort et exécutés.

Le 26 janvier, mourut à Petit-Quevilly, où il faisait partie de la municipalité, le citoyen Louis-Robert-Parfait Duruflé, né à Elbeuf, le 28 avril 1742. Il fut l'auteur de plusieurs poésies de mérite : *Les Sentiments d'un cœur pénitent, l'Epître de Servilie à Brutus, Epître à un ami malheureux, le Suicide, le Siège de Morville par le connétable de Bourbon*, etc. Duruflé avait d'abord formé le projet d'entrer au barreau, puis y avait renoncé pour s'attacher à la maison de Monsieur, frère du roi, et était devenu un des collaborateurs du *Journal encyclopédique*. A la Révolution, il avait quitté Paris, pour se fixer à Petit-Quevilly.

Le commandant Delarue ayant démissionné le 27 janvier, le bataillon de la section Saint-Etienne s'assembla de nouveau sur la place du Coq, le 30, pour reconnaître le citoyen Rigonneaux, son nouveau commandant, lequel prêta le serment accoutumé.

Pendant ce même mois, la Caisse patriotique procéda à plusieurs brûlements de bons de confiance, qui furent remplacés par des assignats. Le 31 janvier, on brûla encore pour 70,000 livres de ces bons, ce qui portait le total des bons détruits à la somme de 198.932 livres. « La somme restant en caisse en assignats étant de 326.235 livres, la totalité des bons émis par ladite caisse formait un total de 525.187 livres ».

La municipalité prit connaissance, le 1er février, d'une lettre du District, annonçant une soumission faite au bureau des domaines nationaux, pour l'acquisition de « la maison claustrale des Ursulines d'Elbeuf ». Demande était faite si « l'obligation de déboucher la ruelle de l'Hôpital » serait un avantage réel pour la chose publique. La municipalité, désirant s'éclairer, réclama un délai pour répondre.

Ce même jour, elle décida que le citoyen Murizon entrerait en fonctions immédiatement à cause de l'embarras où l'on était par suite de la vacance du siège du procureur de la commune.

De nouvelles élections municipales n'ayant donné aucun résultat, le Directoire du district prit l'arrêté suivant, le 7 février :

« 1° Les citoyens d'Elbeuf seront convoqués pour le dimanche 17 du courant à l'effet de procéder à la nomination aux places vacantes dans la nouvelle municipalité.

« 2° Les citoyens Caudron et de Lépine se transporteront ledit jour à Elbeuf pour faire procéder en leur présence auxdites nominations, et employer les exhortations les plus pressantes au nom de la Patrie et de la Chose publique, pour que les citoyens élus acceptent les places municipales.

« 3° La municipalité actuellement en exercice fera publier et lire le présent au prône de la messe paroissiale du dimanche 10 courant, et emploiera tous les moyens en son pouvoir pour inviter les citoyens à se rendre à leur section et faire revivre en eux les sentiments que doivent leur inspirer l'intérêt particulier de leur commune et celui de la Chose publique ».

Le citoyen Désiré Murizon fut installé dans ses fonctions de procureur de la commune le 5 février. A cette occasion, il prononça un petit discours auquel le maire répondit.

Le 8, l'assemblée délibéra sur l'utilité ou non de l'ouverture de « la ruelle dite de l'Hôpital, régnant le long du couvent des Ursulines et au travers ». On jugea que l'ouverture était nécessaire.

On décida également de demander au District « vu la nécessité de multiplier les propriétés et maisons de la ville d'Elbeuf, où il y a disette à cet égard, surtout pour les ouvriers de la manufacture, que l'aliénation du couvent soit faite par parties ».

Quelques jours après, on reconnut l'utilité d'ouvrir une rue (la rue Saint-Louis actuelle) sur l'emplacement des jardins du couvent et de vendre par parcelles les terrains ouvrant sur la voie projetée.

Ce même jour, 8 février, la municipalité arrêta de « faire ouverture : 1° de la ruelle dite des Traites ayant existé tout le long du jardin du citoyen Godet, qui partoit de la grande rue Saint-Jean et alloit à la prairie ; 2° de la ruelle Beaumont ou à Carré, dont le citoyen Maille tient l'emplacement ; 3° de la ruelle Banastre, vers le bord de l'eau, dont le citoyen Maille l'aîné tient l'emplacement. Ensemble qu'il sera fait destruction d'un petit grenier placé sur la ruelle Gillot-Bourdon, si bas qu'il faut se courber pour accéder à cette ruelle ».

Le 9, en réponse à une lettre du District, concernant les armes que le général La Molière était autorisé à acquérir pour la défense des côtes, le Conseil municipal arrêta que les fusils du corps de garde qui avaient été prêtés par la ville de Rouen y seraient renvoyés, afin de la mettre à même de les offrir, au besoin, pour armer les défenseurs de la Patrie. Pour remplacer ces fusils, la municipalité décida de faire usage de piques dans l'armement de la garde nationale.

On annonça au prône des deux paroisses, le dimanche 10, que deux commissaires viendraient à Elbeuf, le dimanche suivant 17, pour faire procéder en leur présence au renouvellement de la municipalité, et que l'assemblée se tiendrait dans le couvent des ci-devant Ursulines, qui était encore habité par plusieurs religieuses.

Le dimanche 17, vers neuf heures du matin, les citoyens Caudron et de l'Espine, membres du District, se présentèrent devant la municipalité. A dix heures et demie, les cloches des deux paroisses furent mises en branle.

Les deux commissaires se dirigèrent d'abord, accompagnés de la municipalité en écharpe et de la garde nationale, vers l'église Saint-Jean, où ils firent une exhortation des plus civiques aux citoyens de cette section, en les invitant, au nom de la Patrie, à faire revivre en eux les sentiments que devait leur imposer l'intérêt de la commune et de la chose publique. Pareille visite fut faite dans l'église Saint-Etienne aux électeurs de cette section.

Les élections étaient terminées à six heures

du soir à Saint-Etienne ; mais celles de Saint-Jean se prolongèrent jusqu'à dix heures, par suite d'incidents survenus pendant le dépouillement. Il ne s'était cependant présenté que 120 votants dans cette section, et 96 dans celle de Saint-Etienne. Le résultat de ce scrutin fut nul, aucun candidat n'ayant obtenu la majorité.

On revota le lendemain. Sept officiers furent nommés avec beaucoup de peine : Pierre Morin, épicier ; Jacques Delaleau, Benjamin Chefdrue, Pierre Duval, épicier ; Fontaine, Pierre-Michel Grandin et François Delarue,

Le 23 fut passé le contrat de mariage du citoyen Désiré-Bernard Murizon, artiste, originaire du Pontbeauvoisin (Isère), avec la citoyenne Marie-Louise Capplet, fille du citoyen Charles Capplet et de Marie-Louise Flavigny. — Ces trois derniers personnages figurent sur un tableau de famille, peint par le citoyen Murizon lui-même, tableau dont nous avons donné une reproduction dans notre tome VI.

Le 23 également, le citoyen Viger, nommé directeur des postes à Elbeuf, prêta serment devant la municipalité.

La nouvelle assemblée municipale fut installée le 24. Le Conseil général de la commune se trouva ainsi composé :

Nicolas Saillant aîné, maire ;

Louis Béranger fils, Pierre Morin, Jacques Delaleau fils, Benjamin Chefdrue, Pierre Duval, Pierre Fontaine, Pierre-Michel-Constant Grandin et François Delarue, officiers municipaux ;

Désiré Murizon, procureur de la commune ;

François-Pierre Balleroy, Jean-Louis Fosse, Jacques-Pierre Fosse, Charles Bourgeois, vi-

UN MARIAGE EN 1793

caire de Saint-Etienne; Antoine-François Mouton père, Jean-Pierre Le Noble, vicaire de Saint-Jean ; Benoit Miège, Noël Dubuc, Jean-Nicolas Cherel, Louis-Nicolas Bailly, André Duchemin, Nicolas Osmont, Michel Langlois père, Martin Hayet père, Constant Fouard, Join-Lambert, Dominique Jamay et Robert Hellant, notables.

Bigot fut maintenu dans les fonctions de greffier de la municipalité. — Les deux vicaires eurent l'état-civil dans leurs attributions particulières.

Un des premiers actes de la municipalité nouvelle fut de permettre l'entrée des séances à tout le monde, même avec des cannes et épées, à la condition que les citoyens « se comporteroient bien ».

Le 27, Murizon, Delarue, officier municipal, Cavalier et Mallet, officiers municipaux de la Londe, déposèrent sur le bureau de la municipalité d'Elbeuf, « une cassette contenant deux sacs de toile, dont un renfermait 396 vieux doubles louis en or, et l'autre 582, plus deux bourses à jettons et des jettons d'argent au nombre de 249, une écritoire en argent, le tout provenant de la maison de la Londe, ayant appartenu au sieur Cordier ». Cette somme considérable fut transportée le lendemain au District, par Murizon et Delarue, accompagnés de deux gendarmes.

Un état de cette époque mentionne les armes existant à Elbeuf et appartenant à des particuliers. Il y avait environ 200 fusils, 200 sabres, 80 épées et 150 pistolets. Il fut fait un appel aux citoyens pour qu'ils confient aux défenseurs de la Patrie les armes dont ils n'avaient point besoin.

Depuis quelque temps, les gardes des bois des Monts-le-Comte empêchaient les habitants d'Elbeuf de prendre de la bruyère et de laisser pâturer les bestiaux dans la forêt ; la municipalité délibéra sur ce sujet, le 2 mars :

« Attendu, dit-elle, que, 1° la loi du 28 août 1792 concernant le rétablissement des communes et des citoyens dans les propriétés et droits dont ils ont été dépouillés par l'effet de la puissance féodale ; et qu'il est notoire que les habitants et citoyens d'Elbeuf avoient, avant l'ordonnance de 1669, un droit d'usage dans les bois d'Elbeuf, appartenant au ci-devant seigneur du lieu.

« 2° Qu'il est extrêmement important de subvenir aux indigents à la veille d'être privés de l'habitude où ils étoient de prendre de la brière dans les bois et d'y mettre à pâturer leurs bestiaux dans les ventes au-dessus de six ans d'excroissance.

« Autorise le procureur de la commune de faire les recherches pour tous titres et renseignements du droit d'usage qui pouvoit appartenir aux citoyens d'Elbeuf dans les bois dont il s'agit... ; et d'adresser au Département une demande d'autorisation provisoire... ».

Le tambour de ville, accompagné de quatre fusiliers, parcourut les rues, le 9 mars, afin d'inviter tous les citoyens à se rendre immédiatement sur la place d'armes pour y entendre la lecture des lois et faire leur soumission nationale à la loi déterminant le recrutement de l'armée.

Ce même jour, Lenoble, vicaire de Saint-Jean, donna sa démission d'officier public pour l'état civil. Fosse, greffier du juge de paix, le remplaca dans cette fonction.

Le 11, les citoyens Jacques Flavigny-Gosset et J.-B. Petitgrand, déposèrent une somme de 1.000 livres pour fournir une masse, destinée à « avoir en hommes le contingent demandé à la commune d'Elbeuf ». Cette proposition engagea la municipalité à ouvrir une souscription dans le même but.

Dans la répartition de « la fourniture de 207 hommes » pour le contingent du district à l'armée, dont le tableau porte la date du 1er mars, notre ville figure pour cinq hommes, les communes de Caudebec et d'Oissel pour deux chacune, et celles de Tourville, Cléon, Saint-Aubin, Freneuse, Orival, la Bouille, Saint-Etienne-du-Rouvray, la Londe, Grand-Couronne et Petit-Couronne, chacune pour un homme.

La fourniture à faire par les autres cantons du district de Rouen fut ainsi fixée : Rouen 141 hommes, Quincampoix 3, Canteleu 13, Cailly 5, Saint-Jean 7, Montville 6, Franqueville 7, et Saint-Jacques 6.

Le mardi 12, le citoyen Louis Dupont, secrétaire de l'assemblée tenue le même jour dans l'église Saint-Jean, à l'effet de procéder, aux termes de la loi du 21 février précédent à « la nomination de cinq citoyens demandés pour le recrutement de l'armée, comme contingent exigé sur la commune d'Elbeuf », déposa le procès-verbal de cette assemblée, d'où il résultait « qu'à la pluralité des suffrages, les citoyens nommés pour avoir l'honneur de servir la Patrie, étaient : Pierre Bourdon, François-Amable Delaunay, Augustin Delarue, Henry Delarue et Robert Bourdon », tous fils de bourgeois.

Cette élection donna lieu à un incident que

Murizon, procureur de la commune, rapporta aux autorités du District.

Les citoyens de 18 à 40 ans avaient été convoqués pour désigner les conscrits par l'élection, en présence de Saillant, maire, et de Bérenger, Morin, Fontaine et Duval, officiers municipaux délégués à cet effet. On procéda à un scrutin pour la formation du bureau. Balleroy, juge de paix, fut élu président et prit place au bureau, au mépris de la loi, qui conféférait à l'administration municipale les opérations du recrutement.

Balleroy fit alors un discours, dans lequel il dit que quoique le contingent demandé ne fût que de cinq hommes, les citoyens présents, représentant la Convention, pouvaient faire des lois tout comme elle, et en conséquence nommer 15, 20 et jusqu'à 50 conscrits.

Murizon fit des observations. Balleroy l'interrompit et requit l'assemblée de forcer la municipalité à se retirer. La foule applaudit et hua Murizon, qui, par prudence, se retira avec le maire et les officiers municipaux.

Le 16, les cinq conscrits élus présentèrent chacun un remplaçant. Trois de ces remplaçants étaient marqués de petite vérole, ce qui était très commun avant la propagation de la vaccine.

Les remplacés devaient fournir aux remplaçants, outre une somme convenue, un armement et un équipement complet, et ils étaient responsables de leur homme pendant tout le temps du service.

Nous avons sous les yeux plusieurs actes de remplacement : Pierre-Jacques Becquet, de Boscroger, remplaça Parfait Amable Delaunay, fils de Louis, ce dernier fabricant, moyennant

600 livres. — Jean-Baptiste Pelfresne, ouvrier teinturier, remplaça Placide Thierry, de Crestot, cardier, moyennant 800 livres. — Laurent Hue, râpeur de tabac, à Elbeuf, remplaça Jean-Baptiste Dussailly, de Saint-Pierre-de-Bosguérard, à condition d'une somme de 1.300 livres. — Michel Carité, siamoisier à la Londe, se contenta de 400 livres pour remplacer Antoine Cavé, de Bosnormand. — Louis-Jacques Leroy, cardeur, originaire de Boscroger, consentit à remplacer Henri Delarue, fils Henri, ce dernier fabricant à Elbeuf, moyennant 600 livres. — Pierre-Amable Viel, tisserand à Caudebec, ne demanda que 350 livres pour partir à la place de J.-B. Bachelet, tondeur, de Martot. A noter que cette petite commune dut aussi fournir cinq hommes pour son contingent. — Jacques Petitjean, originaire de Sedan, remplaça Robert Bourdon, fils de Robert, ce dernier fabricant, pour le prix de 600 livres. — Simon Mortreuil, de Boscroger, laineur, partit à l'armée moyennant 650 livres que lui versa Pierre-Alexandre-Auguste Bourdon, fils de Pierre-Constant, celui-ci également manufacturier à Elbeuf, etc.

Le citoyen Georges Briosne, prêtre, ci-devant chanoine de la Saussaye, fieffa, vers ce temps, à un de ses parents du Troncq, les biens qu'il possédait en cette commune et en celle d'Iville, de la Pyle, de Saint-Meslain, de Tourville, d'Epégard et de Vitot.

Le 20 mars, mourut Jean-Nicolas Lefebvre, ancien fabricant et qui avait été le premier maire d'Elbeuf. Il était âgé de 85 ans et demi.

Le 26, on envoya au District l'état des armes et vêtements déclarés par les habitants et mis au service de la nation. Il comprenait

150 fusils, 205 sabres, 159 pistolets, 220 habits, 95 vestes et 99 culottes.

Ce même jour, le procureur de la commune fut autorisé par le corps de ville à réclamer les droits d'usage dans la forêt, contradictoirement avec le procureur général du Département, « vu les titres et notamment une charte du mois d'avril 1490 ».

Le 29, le citoyen Louis Charles-Alexandre Flavigny, prêtre, demeurant à Elbeuf, donna pouvoir à Pierre-Prosper Delacroix, fabricant, de recevoir les arrérages de la pension qui lui avait été accordée, conformément à la loi, comme ancien titulaire « du ci-devant bénéfice et chapelle de la Sainte-Trinité et de la bienheureuse vierge Marie ou de Saint-Michel du Thuit-Hébert, fondée en l'église dudit lieu ».

Pendant le premier trimestre de 1793, le citoyen « Jean-Nicolas Rivette, cy devant de l'ordre hospitalier de Saint-Jean de Dieu, âgé de 40 ans, chirurgien, taille de cinq pieds » reçut un certificat de résidence ; il demeurait chez Nicolas Rivette, son frère, depuis le mois de juin précédent.

Voici le signalement de quelques citoyens ayant également obtenu un certificat de résidence :

Jean-Pierre Le Noble, vicaire de Saint-Jean, âgé de 47 ans, taille de cinq pieds deux pouces, front haut, yeux bleus, cheveux châtains, visage un peu allongé, résidant depuis plus de vingt ans dans la maison lui appartenant.

Pierre Galeran, maire, âgé de 56 ans, taille de cinq pieds deux pouces, portant perruque, figure maigre, yeux gris, né et ayant toujours demeuré dans la même maison à Elbeuf.

Jacques Routier-Duparc, prêtre, âgé de

70 ans, taille de cinq pieds neuf pouces, yeux gris, figure pleine, résidait à Elbeuf depuis plus de quarante ans.

Jean-Bon-Pierre Noyon, curé de la Londe, âgé de 56 ans, taille de cinq pieds quatre pouces, yeux bleus, nez gros, figure pleine, portant perruque, habitait la Londe depuis le 25 décembre 1775.

Jean-Marie Ravel, âgé de 69 ans, ci-devant religieux de la chartreuse de Gaillon, demeurait à la Londe depuis le 1er janvier 1792.

J.-B. Louis Duboc, concessionnaire des mines dans les Pyrénées, âgé de 46 ans, taille cinq pieds cinq pouces, habitait la Londe depuis la Saint-Jean 1790.

Jacques-Pierre Fosse, greffier du juge de paix, né à Elbeuf et l'ayant toujours habité.

Pierre-Henri Hayet, âgé de 41 ans, fabricant, taille de cinq pieds neuf pouces, visage rond, cheveux et sourcils châtains, yeux gris, demeurait depuis plus de vingt ans dans une maison d'Elbeuf lui appartenant. Sa femme : Madeleine-Marie Coru, 24 ans, quatre pieds dix pouces, bouche petite, yeux bruns, cheveux châtains.

Ch.-Val.-Portien Pinel, « curé de Saint-Jean », né à Laigle, âgé de 37 ans, taille de cinq pieds cinq pouces, cheveux et sourcils châtains, yeux roux, visage plein.

Jean-François Lefebvre, 34 ans, cinq pieds, cheveux et sourcils châtains, yeux gris, à Elbeuf depuis sa naissance.

Pierre-Nicolas Bourdon, 46 ans, cinq pieds quatre pouces, poil châtain, yeux bleus, front dégagé, à Elbeuf depuis sa naissance.

CHAPITRE VI
(AVRIL-JUILLET 1793)

La disette continue. — Violences au Conseil municipal. — Appel au patriotisme. — Levée de cavaliers pour la guerre. — Les citoyens Grandin père et fils. — Le pain manque tout a fait. — Les frères Balleroy ; dénonciation. — Discours des citoyens Murizon et Join-Lambert devant la Convention nationale. — Acceptation de la nouvelle Constitution.

Le 3 avril, le citoyen Louis-Joseph Flavigny, fit mettre en adjudication publique « une grande maison ayant ci-devant servi de bureau pour la marque des draps, située rue Saint-Étienne, près le carrefour du ci-devant couvent des Ursulines », qu'il avait acquise le 27 décembre précédent, par adjudication passée au district de Rouen. Le vendeur se réservait la plaque de cheminée et divers objets mobiliers, notamment « la table servant pour le timbre des bons que la fabrique à mis en circulation ». — L'acquéreur fut le citoyen Pierre Saint-Amand, moyennant 8.000 livres.

Dans les premiers jours de ce mois, les habitants d'Elbeuf adressèrent une pétition à la municipalité à l'effet qu'il fût fait défense au meunier de la ville « de prendre en essence une partie du bled qui lui étoit confié à moudre, pour prix de son travail, et de lui ordonner de se faire payer en argent, à raison de 30 sols le sac, et qu'il fût tenu à avoir des brancards pour peser en entrant et en sortant ».

Notre municipalité transmit cette pétition au District, qui, le 7 du même mois, prit cette délibération :

« Considérant que le moutage en essence est un reste de l'ancien régime féodal, qu'il est d'ailleurs contre la liberté publique de ne pouvoir acquitter en espèces le prix d'un travail quel qu'il soit. Considérant, d'un autre côté, qu'il seroit également contraire à la liberté de tarifier le prix que le meunier attache à son travail :

« Le droit de moute en essence doit être anéanti ; mais le meunier a le droit d'apprécier à sa volonté le prix de sa moute, sauf aux particuliers à recourir aux moulins voisins s'ils trouvent son prix exagéré... »

Le 9, il fut décidé qu'il y aurait deux bataillons de garde nationale dans le canton, au lieu d'un.

Les jeudi 11 et samedi 13 avril, on n'apporta pas un seul sac de blé à notre halle. Le corps de ville s'adressa encore une fois aux administrateurs du Département :

« C'est vers vous, leur dit-il, que tendent leurs bras les citoyens utiles de la classe la plus indigente de notre commune. C'est pour être secourus efficacement que nous vous prions de prévenir le fléau destructeur, source trop féconde et malheureuse de troubles et d'émeutes, qui nous menace tous indistinctement et qui est près de nous atteindre.

« Notre commune consomme à peu près 600 quintaux de bled par semaine.

« Pleins de confiance en vos soins paternels, vos lumières et votre civisme, nous espérons que vous prendrez les mesures capables d'éloigner ces maux affreux... »

Sur la garde collée en tête du troisième registre de la garde nationale d'Elbeuf, commençant le 22 avril 1793, on lit ces mots : « Liberté, Egalité, Fraternité, ou la Mort ! Guerre aux Tirrants. Foudroyons nos ennemis et suivons-les jusqu'au dernier ressort ». Et, d'une autre main : « Paix aux Peuples ! »

A cette époque, le bruit courait que les Anglais avaient réussi à débarquer sur nos côtes et qu'ils se répandaient en Normandie en portant la mort dans les communes qu'ils traversaient. Il fallut plusieurs jours pour reconnaître que la nouvelle était fausse.

Le 23, le citoyen Jean-Baptiste Huault, fermier général des biens du ci-devant duché d'Elbeuf, suivant bail passé à Paris le 15 janvier 1783, constitua pour son procureur général le citoyen Jean-Jacques Bourard, receveur du droit d'enregistrement au Neubourg, auquel il donna tous pouvoirs pour toucher les arrérages et revenus du ci-devant duché, qui alors se percevaient au profit de la Nation.

Ces nouvelles plaintes furent adressées par notre corps municipal au Département le 23 :

« Le faible secours des boulangers qui nous soutenoient vient de manquer tout à coup. Les murmures qu'excite ordinairement la disette commencent à se faire entendre. Le peuple voit à contre-cœur les sacs de bled traverser la halle pour être embarqués sur la Seine, tandis qu'il en manque absolument, chaque individu chef de famille qui s'est trouvé à la dernière halle n'ayant pu en avoir que la quatrième partie d'un boisseau...

« De la célérité que vous mettrez à nous secourir dépend la tranquillité de notre ville, et nous y comptons fermement, si la négligence des bureaux chargés des expéditions ne nous privent de cet avantage. Dans les circonstances où nous sommes, l'insouciance nous seroit bien désastreuse ; mais votre zèle nous rassure ».

Les secours venus de Rouen étant insuffisants, et les boulangers ne pouvant plus acheter de blé au Neubourg, notre municipalité s'adressa au ministre de l'Intérieur le 29. Après lui avoir exprimé les craintes d'une émeute contre-révolutionnaire, qu'il serait difficile d'apaiser, le corps de ville terminait sa lettre ainsi :

« Nous ne sommes pas les seuls qui, éprouvant les effets de la cupidité des cultivateurs, vous portent des plaintes ; mais il n'en est pas de plus légitimes que les nôtres.

« L'abondance n'est point tarie ; il ne peut y avoir que la malveillance, les accaparements, l'esprit de parti et la cupidité qui couvre tout d'un voile, que vous pourrez déchirer par votre authorité... »

La séance municipale du 30 avril fut scandaleuse. On s'occupa d'abord d'un procès pendant au District au sujet d'une ruelle tendant à la rivière, que l'on avait autrefois close d'une barrière de fer pour la perception des tarifs d'octroi, et que la commune se disait en droit de réouvrir et de rendre à la circulation, contrairement aux prétentions du sieur Mariquier, qui se l'était appropriée.

On délibéra ensuite sur les droits des habitants dans la forêt d'Elbeuf ; mais cette délibération fut interrompue par le citoyen Chefdrue, qui demanda acte « de ce que le citoyen maire, présent, étoit très ivre et s'étoit comporté indécemment ; qu'il avoit juré plusieurs fois et avoit traité un des membres de gueux et de voleur ». Acte lui fut donné de son observation.

Alors, « le citoyen Joly demanda acte contre le citoyen Balleroy, pour avoir insulté le citoyen Saillant, maire, en le poussant et en le frappant même, lorsqu'il étoit revêtu de son décorum portatif, ce qui avoit été refusé audit citoyen Saillant ».

Balleroy répondit qu'il n'avait point insulté le maire ; qu'il n'avait point reconnu le maire ; « qu'il étoit vrai que Saillant, très ivre, se comportant très indécemment, a voulu empêcher que l'acte précédent fut inscrit sur le registre, en opposant sa main à la plume, et que c'est sur cela que lui, citoyen Balleroy, a porté la main sur le citoyen Saillant, afin que la plume fût libre ; qu'il est faux qu'il l'ait frappé, et qu'au surplus le citoyen Saillant n'avoit point son écharpe, mais un tout petit bout de ruban très sale au côté, qu'il appelle son décorum, et qu'il demande que les membres restans du Conseil général assurent la vérité des faits ».

L'assemblée reconnut que Saillant avait lui-même déclaré que Balleroy ne l'avait pas frappé. Mais il paraît que celui-ci avait profité de « l'activité des débats » pour faire lever la séance. — On trouve une preuve de « l'activité de ces débats » par plusieurs taches d'encre sur le registre des délibérations, indiquant une lutte entre la main qui tenait la plume et une force étrangère. — On reprit ensuite la délibération sur les droits dans la forêt.

Le 2 mai, le Conseil municipal arrêta qu'il serait adressé une demande aux autorités supérieures tendant à ce que les bois d'Elbeuf fussent réservés pour les besoins de la ville, à l'exclusion de Rouen, qui avait les forêts de Bord et des Essarts pour s'approvisionner.

Le 4, sur le rapport des citoyens Balleroy et Join-Lambert d'une mission dont ils avaient été chargés au sujet des droits dans la forêt, le Conseil général de la commune arrêta qu'il ne devait pas se tenir pour satisfait de l'avis du conseil du District « en ce qu'il n'accordoit les droits d'usage et de pâturage qu'au moyen d'une redevance de 4 livres 6 sols, et en conséquence, la pétition par eux proposée aux fins d'engager la réclamation au fond et d'avoir au moins, sur le provisoire, le pâturage et la bruyère sans redevance aucune, fut unanimement adoptée ».

Le même jour, il fut décidé que le grand salon et une salle contiguë du château ci-devant seigneurial de la rue Saint-Etienne seraient affectés aux audiences du tribunal de police correctionnelle.

On décida également que les terrains et jardins du sieur de Lorraine, émigré, et ceux de la ci-devant communauté des Ursulines seraient mis en culture, sous la surveillance du citoyen P.-M.-C. Grandin, officier municipal.

Dantan, jardinier du château ducal, déclara que les fruits de la dernière récolte des jardins du sieur de Lorraine valaient environ 100 liv.; qu'il avait remis les plus beaux à Durand, agent du ci-devant prince, en remplacement d'une partie de son traitement, sur un ordre qui lui avait été donné par Fouché, intendant de l'ancien duc d'Elbeuf.

Le 14, nos officiers municipaux reçurent avis que « le citoyen Olivier, géographe, allait s'occuper à lever un plan de la traverse d'Elbeuf, pour régler les alignements des bâtisses que l'on construirait à l'avenir, avec prière de lui en faciliter les moyens ».

Le District ayant reçu avis que le Département mettait à sa disposition 4.000 quintaux de blé, qui venaient d'arriver au Havre, il prévint les communes du canton des quantités allouées à chacune d'elles, établies suivant l'importance de leur population, ainsi qu'il suit : Tourville 83 quintaux, Cléon 13, Saint-Aubin 116, Freneuse 49, Caudebec 241, Orival 101, Grand-Couronne 117, Petit-Couronne 156, Moulineaux 28, la Bouille 100, Oissel 232, Saint-Etienne-du-Rouvray 138, la Londe 160 ; total 1.534 quintaux pour tout le canton.

Murizon, procureur de la commune, représenta au Conseil communal, le 18 mai, que le corps de ville, ayant taxé le prix du pain sur la base du minimum arrêté par le Département le 16 du même mois, cette taxe, fixant le prix du pain blanc à 3 sols 9 deniers la livre de quatorze onces, à 3 sols 6 deniers la livre de seize onces de pain bourgeois et à 2 sols 10 deniers la livre de pain bis, venait d'exciter de vives réclamations de la part des boulangers, dont le civisme les avait engagés à acheter des blés et des farines d'avance, « pour approvisionner la ville et calmer l'horrible fléau de la disette qui la désolait, dans l'attente de la loi bienfaisante que l'on venait de recevoir ».

Le corps de ville décida qu'on accorderait aux boulangers une indemnité, et qu'à cet effet six commissaires iraient vérifier leurs déclarations.

Les deux commandants de la garde nationale reçurent, le même jour 18, cette lettre de la municipalité :

« Nos frères de la Vendée et autres département voisins nous appellent à leur secours, pour repousser les cohortes ennemies et de révoltés qui les oppriment. Des forces respectables marchent déjà à leur rencontre, et il se forme d'autres rassemblements dans lesquels nous ne doutons pas que nos généreux citoyens ne développent tout leur zèle et leur ardeur, pour purger notre sol de tous les fanatiques oppresseurs.

« En conséquence, nous vous requérons de faire assembler votre bataillon sur la place d'armes dimanche 19 courant, à trois heures, pour y recevoir les ordres et instructions qu'un commissaire de l'administration du Département doit nous transmettre ».

Le dernier dimanche de mai, on lut au prône des messes paroissiales dans les deux églises d'Elbeuf, l'adresse suivante, destinée à préparer une levée de 204 hommes de cavalerie dans le département :

« Citoyens ! Une ligue de despotes conspire contre la République, et médite notre asservissement !

« Toutes les forces de l'Europe se combinent par terre et par mer pour vous forger des fers ! Votre territoire est menacé d'une invasion.

Voisins d'une nation rivale et redoutable par sa marine, c'est sur vous peut-être que se porteront les premières attaques.

« Au milieu des dangers qui nous environnent, votre première, votre plus importante affaire est de vous mettre en garde contre les tentatives de vos ennemis.

« Résolus de défendre votre liberté jusqu'à la mort, votre courage saura sans doute affermir et assurer votre indépendance !

« Déjà de nombreuses phalanges couvrent nos côtes maritimes : une artillerie formidable les protège et les garantit. Trois mille fusils vous sont accordés et vont vous parvenir incessamment : il ne vous manque qu'un corps de cavalerie pour réunir tous les moyens de défense. Qui d'entre vous ne se feroit pas gloire de concourir à le former ? Qui d'entre vous seroit assez ennemi de lui-même pour ne pas se livrer tout entier à la défense de son territoire ? L'amour de la Liberté, ce ressort que la nature a donné à l'âme, pourroit-il ne pas voir commander de consacrer toutes vos facultés à déjouer les projets et les efforts de vos ennemis ?.. »

Le département de la Seine-Inférieure était, nous l'avons dit, divisé en sept districts ou arrondissements ; celui de Rouen, dans lequel Elbeuf était compris, fut invité à fournir 76 cavaliers dans la levée départementale de 204 hommes.

Le 5 juin, les boulangers n'ayant pu acheter de grains au Neubourg, on se trouva, le vendredi suivant, sur le point de manquer de pain dans notre ville. Immédiatement, le corps municipal donna l'ordre d'acheter 14 sacs de farine qui se trouvaient chez un sieur Rivette, afin de pouvoir faire cuire quelques fournées en attendant la halle du samedi 8.

Mais cette halle ne fut que très faiblement approvisionnée ; aussi la municipalité décida-t-elle, le jour même, d'envoyer des commissaires dans les communes environnantes, afin d'intéresser les laboureurs au sort de notre ville, les presser, les requérir même d'approvisionner les halles d'Elbeuf.

Cette tournée en campagne ne fut point satisfaisante ; la plupart des cultivateurs ayant allégué n'avoir que la quantité de grains nécessaire à leur subsistance. En conséquence, le corps de ville délégua deux commissaires au Département afin de solliciter des secours immédiats.

Le mercredi 12, l'assemblée municipale décida d'emprunter 30.000 livres, pour acheter des grains là où on pourrait en trouver. Une autre commission fut chargée de se rendre dans des communes éloignées pour engager les cultivateurs à garnir notre halle.

Le 14, on nomma une autre commission chargée d'aller acheter des grains à Pontoise ou ailleurs.

Un acte daté du 19 de ce même mois, porte quittance de la somme de 5.236 livres principal d'une rente assise sur des biens situés en notre commune que remboursa, en assignats au cours du jour, le citoyen Nicolas Lefebvre, ancien fabricant d'Elbeuf, demeurant à Caudebec, au citoyen Jean-Nicolas Rivette, ancien professeur d'anatomie, domicilié à Elbeuf, fondé de la procuration du citoyen Nicolas Rivette, prêtre à l'Oratoire, demeurant à Effiat (Puy-de-Dôme).

Le 20, le corps municipal exprima encore

une fois la triste situation du peuple d'Elbeuf au ministre de l'Intérieur :

« ... Nos halles entièrement dépourvues de subsistances offrent le spectacle le plus affligeant. Des pères de famille, des femmes, leurs enfants dans les bras, crient autour de nous et nous demandent du pain. Mais, hélas ! quelque sensibles que nous soyons à leurs justes plaintes et quels que soient nos efforts pour leur en procurer, nos démarches sont infructueuses. C'est pourquoi nous nous adressons à vous, citoyen ministre... »

Ce même jour, la commune d'Elbeuf fit part au District de son intention d'emprunter les 30.000 livres, afin d'acheter des subsistances pour les habitants, et de la délibération qu'elle avait prise de couvrir cet emprunt au moyen d'un impôt sur les citoyens aisés, en prenant pour base le prix de leurs loyers « qui seroient imposés à partir de ceux de 500 livres à 5 sols pour livre de loyer, et en progression d'un sol pour livre sur chaque somme de 100 livres de loyer excédant 500 livres, jusques et y compris la somme de 1.000 livres, où se termineroit la progression, et pour raison de laquelle et au-dessus les citoyens seroient imposés à raison de 10 sols pour livre ».

Le District prit en considération le besoin pressant qu'il y avait pour notre population à se procurer des vivres, et donna son approbation au projet.

Le soir même, le corps de ville délégua les citoyens Saillant, maire, et Jolly, officier municipal, pour se rendre à la Convention nationale, à l'effet d'obtenir un décret autorisant un emprunt forcé de 30.000 livres, sur les citoyens les plus aisés d'Elbeuf, afin de pou-

ANNÉE 1793

voir acheter des grains au moyen de cette somme.

Le mois précédent, le Département avait fixé à 10 le nombre des cavaliers à recruter dans le canton d'Elbeuf pour une levée de 204 hommes, et décidé que le recrutement aurait lieu le 23 juin, dans une maison à Elbeuf.

La municipalité dressa le tableau des citoyens âgés de 18 à 50 ans, célibataires ou veufs sans enfants et ayant la taille requise pour entrer dans le corps de cavalerie projeté. Il s'en trouva soixante-douze, qui furent convoqués par les autorités municipales, avec les autres inscrits du canton, dans l'église Saint-Etienne.

Le dimanche 23, l'assemblée du canton se trouvait au rendez-vous. Béranger, officier municipal, présida la réunion.

Après l'appel des inscrits, le citoyen Jacques-Pierre Grandin, administrateur au département de la Seine-Inférieure, se présenta, accompagné de son fils, demanda la parole, et s'exprima ainsi :

« C'est la voix de la Patrie qui nous rassemble, et lorsque la Patrie demande des secours, c'est une lâcheté que de calculer le danger, que tout bon citoyen doit être jaloux de partager.

« Je présente mon fils qui, animé des sentiments que je viens d'exprimer, demande à s'inscrire volontairement pour servir dans la levée des 204 hommes de cavalerie ordonnée par le Département ».

Cet exemple aurait dû échauffer les courages et électriser les esprits ; mais un des convoqués fit un discours qui jeta le trouble et la confusion dans l'assemblée, au sujet des pouvoirs du commissaire président, de sorte que le citoyen Louis Béranger, commissaire délégué, dut suspendre ses opérations.

Informé de cet événement, le procureur-syndic du district écrivit, le 4 juillet, à la municipalité, en lui ordonnant de convoquer à nouveau les inscrits à une réunion qui aurait lieu le dimanche 14, à l'issue de la messe paroissiale, et de faire désigner trois hommes, contingent à fournir par la ville d'Elbeuf dans l'appel de 204 cavaliers demandés au département. — La lettre du procureur-syndic fut lue au prône de la messe paroissiale, à Saint-Jean et à Saint-Etienne, le dimanche 7 juillet.

Mais le 11, la municipalité reçut un autre avis du District, disant qu'à cause des convocations des assemblées primaires, qui devaient avoir lieu le 14, le recrutement des trois cavaliers était reporté au dimanche 21 du même mois.

Vers le 26 juin, le pain manqua tout à fait à Elbeuf. Les ouvriers abandonnèrent leurs ateliers, pour se rendre dans les villes voisines et les campagnes à trois et quatre lieues, afin de pouvoir acheter des vivres ; mais la plupart revinrent sans avoir rien trouvé. La consternation fut générale.

Le corps de ville se réunit le jeudi 27 ; après avoir constaté qu'il n'était venu le samedi précédent que dix sacs de blé à la halle et qu'à celle du jour même on n'en avait vu aucun, il nomma deux commissaires pour aller exposer la situation au District et au Département.

Ce même jour, le citoyen Bourgeois, vicaire de Saint-Etienne, fut adjoint aux citoyens Cherel et Desgenetez pour recevoir les rentes et revenus du trésor de Saint-Etienne et continuer à gérer l'intérieur de l'église. Le citoyen Lenoble, vicaire de Saint-Jean, et Nicolas Louvet furent délégués dans le même but à la paroisse Saint-Jean.

Ce même jour encore, le procureur de la commune fit à l'assemblée du Conseil général d'Elbeuf, la dénonciation suivante :

« Je vous dénonce, citoyens, un propos injurieux qui a été prononcé aujourd'hui, à dix heures du matin, dans l'audience de la justice de paix, par Pierre Balleroy. Ce propos m'est parvenu par la voix publique ; en voici la teneur : « La municipalité d'Elbeuf n'est composée que de canailles, élues par la lie du peuple ». Je passe sous silence les autres invectives que ledit Balleroy a vomies contre les autorités constituées de cette ville.

« Cette injure contient un délit grave et un crime de lèse-nation. Le délit est la provocation du mépris de nos concitoyens envers les autorités légitimes ; le crime est le mépris formel du souverain dans le corps général du peuple. Sous ces deux rapports, ledit Balleroy est bien coupable, et si le fait est prouvé, il est de votre honneur, de votre intérêt et de celui du peuple de qui vous êtes les magistrats que le délit soit sévèrement puni.

« En conséquence, je demande que vous fassiez appeler les citoyens Fremont fils, teinturier ; Goubert, contremaître ; Flavigny-Gosset, fabricant ; David Delarue, Lizé l'aîné, Pierre Dugard fils, Vareux fils aîné, Lambert fils et Bonnet, cardier, pour prendre leurs témoignages sur la véracité des faits, et que dans le cas de conviction, copie de l'instruction et des dépositions des témoins soit envoyée à la suite de la dénonciation qui sera faite à l'accusateur public et au Comité de Salut public, à Paris ».

Le Conseil général délibéra « sur les injures et paroles de mépris proférées à l'audience de justice de paix, par Pierre Balleroy, homme de loi, étant défenseur officieux dans la cause d'entre Michel Balleroy, son frère, et Flavigny-Gosset le jeune », et arrêta de dénoncer l'insulteur au Comité de Salut public.

Le 1er juillet, il fut donné pour consigne au poste de la garde nationale d'arrêter les voitures et messageries transportant des ballots, de les faire visiter pour s'assurer si ceux-ci ne contenaient pas des habits d'uniformes ou d'autres équipements militaires.

Vers ce temps, Guillaume Dantan acheta un labour planté sis à Orival, pour le prix de 1.100 livres. Cette terre avait été confisquée sur la confrérie du Saint Sacrement de cette paroisse.

Le 3 juillet, Murizon et Join-Lambert furent députés à Paris, afin de faire de nouvelles démarches pour obtenir l'emprunt forcé de 30.000 livres.

Peu de jours après, « le Conseil général de la commune, mémoratif du choix qu'il a fait de deux de ses membres pour aller à la Convention nationale y solliciter des subsistances, ou plutôt son autorisation sur le mode adopté pour s'en procurer », décida de donner également pouvoir aux députés « d'exprimer à la Convention, de la manière la plus énergique, les sentiments qui animent toute la commune et leur attachement inébranlable aux principes de la liberté et de l'égalité et l'unité et l'indivisibilité de la République, comme aussi leur reconnoissance et adhésion à l'acte constitutionnel qui vient de paroître comme l'aurore d'un beau jour qui luit pour tout le peuple françois ».

Les registres municipaux nous ont conservé le texte du discours prononcé à la barre de la Convention par les citoyens Murizon et Lambert :

« Le génie de la Liberté qui, dans ce lieu auguste, veille sans relâche au destin de la République naissante, après avoir foudroyé, dans la mémorable journée du 31 mai, tous les partis qui retardoient vos mesures libératrices, a élevé sur leurs ruines le chef-d'œuvre de la morale et de la philosophie.

« L'acte constitutionnel que vous présentez aux François sera l'arche sainte et le centre commun où se réuniront tous les hommes qui abhorrent la tyrannie. Contre elle viendra s'échouer l'ambition des factieux et se briseront les efforts impuissants de nos ennemis. L'empressement avec lequel il sera généralement accepté ne leur laissera aucun espoir de profiter des divisions qui ne seront plus.

« La République françoise, épurée au creuset de la Révolution, n'étant désormais qu'un peuple de frères régénérés dans la Liberté, pour qui le mot Patrie ne sera pas un vrai *(sic* ; lire vain*)* nom, sçaura maintenir ses droits, faire respecter sa puissance et jouir de son bonheur.

« Tous les bienfaits qui sont votre ouvrage attesteront mieux à la postérité reconnoissante la sagesse des législateurs, le courage et la valeur des héros qui ont plusieurs fois sauvé la Patrie, que les froids monuments de marbre et d'airain qu'il faut laisser à la Bassesse ériger au Despotisme.

« Tel est, citoyens représentants, l'espoir des habitants de la ville d'Elbeuf, et tel est leur attachement inviolable à la République une et indivisible et aux principes de liberté, égalité et fraternité, que l'acte constitutionnel ne leur étant encore parvenu que par la voie du Bulletin, ils ont regardé comme un devoir de vous déclarer, par notre organe, leur satisfaction, leur reconnoissance et leurs adhésion et acceptation, en attendant que, l'ayant reçu officiellement, ils puissent, aux termes du décret, réunis avec notre canton, vous envoyer leurs signatures.

« Exténués par le défaut de subsistances, nous sommes chargés aussi de faire retentir, pour la seconde fois, ces voûtes sacrées de leurs gémissements.

« Notre position, entourée de forêts et d'un sol ingrat, ne laisse à ses habitants que l'industrie du commerce. Plus de six mille citoyens occupent leurs bras à la fabrication des draps pour l'habillement des défenseurs de la Patrie ; déjà plus de 1.500.000 aunes sont sorties de leurs mains. Mais ils en sont maintenant à ce point de détresse qu'ils sont obligés d'abandonner leurs ateliers pour courir quinze à vingt lieues dans les campagnes chercher une nourriture que la plupart ne trouve plus. Accablés d'épuisement, ils reviennent dans leurs foyers, où leurs familles expirantes de besoin leur arrache des larmes de désespoir !

« Le Conseil général de la commune, profondément touché de ces malheurs, ayant vu avec la douleur la plus vive que le contingent qui nous est revenu sur le secours en nature accordé au département de la Seine-Inférieure, n'a produit, pour chaque individu et pour un seul jour, que le poids d'une livre et demie de pain, secours que notre position rendoit nécessaire jusqu'à la récolte.

« Nous vous observerons que, placés sur une des rives de la Seine, nos citoyens, bien loin d'attenter à la libre circulation des subsistances, sont toujours prêts à la protéger.

« Pour subvenir efficacement à des besoins si pressants, il nous faudrait des secours en nature ; nous les sollicitons, ou au moins une authorisation à emprunter, sur la caisse des contributions de 1791 et 92, une somme de 30.000 livres, à l'effet d'acheter dans les départements des provisions pour nous sustenter jusqu'à la récolte, et que, vu l'extrême urgence, il soit permis à la commune de s'approvisionner chez les cultivateurs, d'autant que les travaux de la campagne fait négliger la fourniture des marchés, et que notre commune, qui n'a ni cultivateur ni laboureur dans son arrondissement, ne peut par conséquent les mettre en réquisition conformément à la loi du 4 mai.

« Nous ne connoissons pas d'autre ressource et nous n'avons de confiance qu'en vos bontés paternelles, et nous espérons que les sauveurs de la Patrie nous sauveront aussi des horreurs de la famine ! »

Le 8, Murizon demanda que les membres de la commune négligeant de se rendre aux séances municipales fussent censurés et regardés comme suspects.

Le 9, la ville envoya le citoyen Duchemin, au District, pour solliciter des farines.

On décida qu'une nouvelle pétition serait adressée aux pouvoirs supérieurs à l'effet d'en obtenir la démolition complète des petites halles.

Le 11, notre administration municipale fut avisée que 110 quintaux de farine étaient accordés comme secours à la commune, à condition qu'elle en rembourserait la valeur à la République.

Une nouvelle réunion de jeunes gens du canton fut convoquée pour le 14 juillet, afin de désigner les neuf cavaliers que la conscription cantonale avait à fournir. A cet effet, les maires des communes devaient, sur l'invitation du District, être présents à cette opération, « afin de maintenir l'ordre par leur présence et pour coopérer à la formation du contingent ».

Mais le 11, les municipalités du canton furent avisées de renvoyer, au dimanche 21, la convocation de leurs concitoyens pour la levée des 204 hommes de cavalerie, celle pour l'acceptation de la Constitution étant plus pressée et devant avoir lieu le dimanche 14. L'acte constitutionnel fut porté dans les communes par la gendarmerie.

Le lendemain, en réponse à une demande de l'autorité supérieure, la municipalité de notre ville écrivit qu'elle n'avait pas envoyé des états de grains « attendu que depuis huit jours ils ne s'en trouvoit pas à la halle d'Elbeuf, et que les habitans ne vivoient que de ce qu'ils alloient chercher au dehors ». Cette réponse fut transmise du District et au Département.

Le dimanche 14 juillet, en conséquence de la proclamation faite la veille, en l'église Saint-Jean, de l'acte constitutionnel du 22 juin précédent et annoncée par les rues au son du tambour et de la cloche, ainsi que l'ouverture des assemblées primaires, les citoyens Saillant, maire, et Joly, officier municipal, se rendirent à l'église Saint-Jean, et les citoyens Béranger et Morin, officiers municipaux à l'église Saint-Etienne, pour ouvrir l'assemblée primaire de chaque section à l'effet d'accepter la nouvelle Constitution.

A Saint-Etienne il se trouva 101 votants qui, à l'unanimité, adoptèrent la Constitution. A Saint-Jean, 89 électeurs se présentèrent, qui, eux aussi, donnèrent leur adhésion unanime à l'acte constitutionnel.

A Saint-Etienne, le citoyen Nicolas-Félix Get fut désigné pour aller à Paris, le 10 août, à la fête nationale de l'Unité et de l'Indivisibilité de la République ; mais l'élection de Saint-Jean paraît avoir modifié le résultat définitif du scrutin, car ce fut le citoyen Hazé qui représenta la ville d'Elbeuf à Paris.

Le soir du même jour, tous les citoyens illuminèrent leurs fenêtres, et le lendemain, à midi, un *Te Deum* fut chanté aux deux paroisses.

Le maire et les officiers municipaux se réunirent le 21, à l'église Saint-Jean, pour présider et diriger les opérations en vue de lever trois hommes de cavalerie pour l'armée, contingent imposé à la commune. Voici le procès-verbal de cette séance, passablement accidentée :

« Nous sommes partis de la municipalité vers les deux heures et demie, revêtus de nos écharpes et accompagnés du citoyen Dubuc, notable, porteur de la toise, et d'un détachement de la garde.

« Arrivés à l'église Saint-Jean, nous avons

trouvé un grand nombre de citoyens assemblés, et au banc d'œuvre Pierre-François Balleroy, juge de paix de cette ville, faisant les fonctions de président, ainsi que des secrétaires et scrutateurs déjà occupés à recevoir les scrutins.

« Nous sommes néanmoins entrés au banc d'œuvre et avons annoncé au public que nous étions seuls commis, par le Conseil général du District, pour présider et diriger cette assemblée ; que, conséquemment, tout ce qui s'étoit fait jusqu'alors étoit illégal ; mais le président, sans avoir égard à nos observations, a soutenu que notre présence étoit inutile ; que l'assemblée, commencée dès une heure, étoit presque terminée ; puis, tenant de mauvais propos, particulièrement contre le maire, nous avons cru qu'il étoit de notre prudence de nous retirer et d'éviter par là tous troubles et propos scandaleux.

« De retour à la maison commune, nous avons rédigé le présent acte, pour constater que nous n'avons pu remplir notre mission, que l'intrigue et la cabale peut seule nous avoir fait remplacer et que les motifs nous en paroissent fort suspects.

« Il est à remarquer que l'assemblée avoit été convoquée la veille au son du tambour et par affiches, à l'issue des messes paroissiales, et que ce jour, à midi, le tambour a parcouru les rues pour annoncer ladite assemblée à deux heures de relevée, la municipalité ne pouvant s'y rendre plus tôt à cause de la distribution des subsistances... »

Plus on approchait de la nouvelle récolte, plus le pain devenait rare chez les boulangers. Des grains étaient annoncés, mais n'arrivant pas, la municipalité envoya deux commissaires pour réclamer au District un mandat de 800 quintaux de blé, qui avait été promis à notre ville sur 4.000 quintaux récemment accordés au District.

Le président du bureau exposa à ces deux délégués, qui étaient Lenoble, prêtre et notable, et Chefdrue, officier municipal, que le District était dans l'impossibilité de satisfaire à leur demande, attendu qu'il en résulterait une injustice envers d'autres communes qui n'avaient pas moins de besoins que celle d'Elbeuf. Il ajouta que son administration avait pris pour base de répartition la population des communes et qu'il croyait devoir tenir à une mesure fondée sur l'équité. Les délégués se retirèrent, en se recommandant à la sollicitude de l'administration.

Les boulangers, à cette époque, trouvaient leur profit sur le blé qu'ils achetaient et faisaient moudre aux moulins d'Elbeuf : mais comme on les fournissait de farine, depuis quelque temps, ils n'avaient plus ce bénéfice. Prenant cette circonstance en considération, le corps municipal leur donna quatre livres de subvention par sac de farine, et il fut dit, en outre, que si on les fournissait en blé, ils auraient le son pour eux.

Le 25 juillet, on ouvrit un registre pour l'inscription de souscriptions volontaires, destinées à l'achat de grains. Les citoyens Lambert et Hayet, qui étaient allés déjà dans les maisons pour recueillir des fonds, furent invités à continuer leurs visites.

Ce même jour, on apprit que le gouvernement avait accordé à la ville 800 quintaux de blé. Murizon et Béranger, officier municipal, se rendirent à Rouen pour en prendre livraison ; mais le District la leur refusa. Ils durent s'adresser au Département.

Le 27, le maire Saillant se rendit au District, où il exposa la détresse dans laquelle se trouvait notre population, qui était toujours obligée de quitter son travail pour se répandre dans les campagnes à l'effet d'obtenir quelques mesures de blé.

Il arriva sans doute des grains, car nous ne trouvons aucune délibération municipale pendant la quinzaine suivante.

Pendant la nuit du 28 au 29 juillet, la sentinelle de garde au poste de la maison de ville, arrêta un déserteur d'un bataillon envoyé en expédition dans l'Eure et le Calvados. La brigade de gendarmerie le reconduisit à Louviers.

Nous dirons quelques mots sur cette expédition en basse Normandie.

La Convention était divisée en deux partis : les Girondins, qui avaient dominé jusque-là, et les Montagnards, qui venaient de se rendre les maîtres à l'Assemblée.

La Montagne avait pour elle Paris, la Commune, le parti populaire et les Jacobins les plus ardents. La Gironde s'appuyait sur les administrations, sur les républicains modérés et sur les départements.

Un mouvement réactionnaire s'étant produit, avec l'appui des Girondins, dans le Calvados, et des bataillons bretons étant venus rejoindre les insurgés conduits par Puisaye, des troupes avaient été envoyées contre eux.

Les armées s'étaient rencontrées à Brécourt, entre Pacy et Vernon ; mais il n'y avait eu qu'un semblant de combat, les fédérés bretons et bas-normands s'étant débandés. Dans ce singulier combat, que l'on appela la bataille de Brécourt, il n'y avait eu qu'un seul blessé. Les Girondins de l'Eure battirent en retraite ; les Bretons reculèrent jusqu'à Caen et au-delà.

CHAPITRE VII

(AOUT-OCTOBRE 1793)

Inauguration du drapeau tricolore. — Toujours la question des subsistances. — Des représentants du peuple a Elbeuf. — Menaces de la population ; intervention de la garde nationale ; exaspération des femmes. — Les cloches des deux églises sont enlevées. — Les suspects. — La Société populaire. — Attaque, a Bourgtheroulde, des commissaires et de la garde nationale d'Elbeuf. — Le Comité de surveillance. — Réquisition de chevaux. — La ville d'Elbeuf est calomniée par les campagnes. — Le *Maximum*.

Le 7 août, les citoyens Fosse et Hayet furent désignés pour aller dans les bureaux de recette de la ville prendre « le nombre et la valeur des assignats à face royale au-dessus de 100 livres » qui s'y trouvaient.

Le samedi 10, jour de la Fédération, les curés des deux paroisses célébrèrent une messe et chantèrent des vêpres ; les citoyens furent invités à y assister.

A midi, les cloches des deux églises sonnèrent en volée. Un membre de la municipalité se rendit à chacune des paroisses pour y donner lecture d'une proclamation.

A quatre heures du soir, sur le comble de la maison commune, on inaugura le drapeau tricolore. Le matin, il avait été placé sur la porte de la mairie une inscription où se lisait : « Liberté, Egalité, Unité, Indivisibilité de la République, Fraternité ou la Mort ! »

La garde nationale assistait à cette fête ; ceux des hommes qui n'avaient pas de fusils étaient armés de piques délivrées par le corps de ville.

Le soir, les fenêtres des maisons furent illuminées.

Le 15, le Conseil général de la commune, en vertu de l'arrêté des représentants du peuple en date du 4, arrêta que les citoyens Joly, Duval et Fontaine, qui avaient précédemment fait un état de tous les citoyens capables de porter les armes, seraient aussi chargés de les conduire à Rouen.

Le 27, on reçut l'avis que la ville de Rouen voulait bien avancer à celle d'Elbeuf 100 quintaux de blé et autant de seigle, sur ceux accordés à notre ville par le ministre et qui étaient attendus au Havre. Le Conseil vota des remercîments à la ville de Rouen.

Ce même jour, la municipalité, considérant l'état où se trouvaient les petites halles et le danger qu'elles présentaient pour les passants, ordonna leur démolition dans le plus bref délai.

A l'assemblée municipale du 29, il se présenta de nombreux citoyens qui, après avoir exposé leur état de détresse, demandèrent au corps de ville de pourvoir immédiatement à leurs besoins, attendu qu'ils ne pouvaient plus rien obtenir des cultivateurs « et que même plusieurs d'entre eux, qui avoient été assez heureux pour en obtenir, s'en étoient vu frustrés par les officiers municipaux des communes, qui les avoient forcés de reprendre leur argent et d'abandonner leur grain ».

Murizon et Morin furent chargés d'aller, encore une fois, exposer au District et au Département l'état de notre ville.

Une levée de 510 hommes de cavalerie venait d'être ordonnée dans le département de la Seine-Inférieure. Le 31 août, les officiers municipaux écrivirent au District qu'ils n'avaient pas reçu l'arrêté et que, conséquemment, ils ne pourraient le faire lire au prône des deux paroisses, le dimanche suivant, ainsi qu'on le leur enjoignait.

Le même jour, les citoyens Yvernès et Tamelier, porteurs de pouvoirs des représentants du peuple, se présentèrent à la maison de ville. Ils étaient envoyés, par la Convention, pour se transporter dans le département de l'Eure à l'effet d'indiquer aux cultivateurs les points où ceux-ci seraient tenus de déposer leurs grains à destination de Rouen. Elbeuf fut un des lieux indiqués.

Pendant que le Conseil général de la commune délibérait, le jeudi 5 septembre, sur l'utilité qu'il y avait d'attribuer une part de subsistances sur celles qui venaient à Elbeuf, à destination de Rouen, il se forma devant la maison de ville un attroupement des plus menaçants, dont le but évident était de s'emparer des blés que les cultivateurs des environs apportaient, sur la réquisition qui leur avait été faite par les deux représentants du peuple Yvernès et Tamelier.

L'assemblée municipale délibéra sur cet événement, et voici le procès-verbal de cette partie de la séance :

« Considérant que les commissaires chargés de se trouver à Elbeuf à l'arrivée de ces grains pour payer les cultivateurs ne sont pas présents ; considérant que le juge de paix a proclamé la défense à l'attroupement, en vertu de la loi, de toucher aux grains étant encore sur les charettes, sous la peine de mort ; que malgré cette défense et la lecture de la réquisition des représentants du peuple, la foule attroupée, extrêmement pressée par les besoins, paroit s'opiniâtrer à s'emparer de ces grains ; le Conseil général, ouï le procureur de la Commune, a délibéré :

« 1° Que réquisition sera adressée aux commandants de la garde nationale, pour faire mettre les gardes nationaux sous les armes et prêter main-forte ; que réquisition sera également faite à la gendarmerie nationale.

« 2° Qu'un courrier extraordinaire sera envoyé incontinent à Rouen, tant aux administrations supérieures qu'aux représentants du peuple, avec expédition de la présente, pour les aviser du danger où les autorités constituées se trouvent et la libre circulation des subsistances dont est question, avec dénonciation de l'inertie ou négligence des commissaires chargés de se trouver à l'arrivée des cultivateurs pour les payer.

« Dans ce moment est comparu, sur la réquisition cy-dessus, le citoyen Sanson Ouin, brigadier de la gendarmerie nationale à la résidence de cette ville, lequel a dit qu'il lui est impossible, quelque bonne volonté qu'il ait, de déférer à la réquisition, attendu que Parfait Dupont, gendarme, malgré les ordres de lui, brigadier, et ses représentations que c'était aujourd'huy jour de halle et qu'il devoit arriver du bled pour l'approvisionnement de Rouen, ce dont il étoit prévenu, malgré ses invitations de rester à son poste, est parti ce matin, en enlevant Moquet, son camarade, sans objet et sans mission, en disant qu'il étoit à présent chef et qu'il en vouloit faire à sa guise ».

L'absence des gendarmes n'était pas de nature à rassurer la municipalité, qui n'avait plus à compter que sur la garde nationale, accourue place du Coq, au bruit de tambour. Nous continuons à reproduire le procès-verbal :

« Le Conseil général a constaté que, vers deux heures, l'attroupement a montré plus de véhémence, et il paroit que c'est l'appel général et la présence des citoyens en armes qui a fait fermenter les esprits des hommes et surtout des femmes, inconnues par leurs noms.

« Beaucoup, domiciliés dans les campagnes, se sont portés sur les charettes, ont fait des efforts pour enlever les sacs ; les citoyens en armes s'y sont opposés, avec force, prudence et ménagement. Dans l'esprit de lutte qui en est résulté, un sac de bled s'est délié, d'abord on l'a cru crevé ; il s'est perdu viron douze livres de bled dans la rue ; il a été ramassé.

« Les citoyens appelés aux armes par la générale ont augmenté en nombre ; ceux qui étoient d'abord accourus, voyant pendant un moment l'insuffisance de leurs forces, se sont plaints de la morosité des absents et demandé qu'ils fussent punis suivant la loi.

« La garde nationale devenue plus nombreuse et plus forte est parvenue enfin à contenir les attroupés, et au milieu de leurs cris, de leurs plaintes, de leurs larmes, on est parvenu à transporter le bled de dessus les charettes dans la maison commune.

« On entendoit les attroupés crier : du pain ! avec l'accent du besoin et de la douleur, parler de leurs enfants auxquels ils ne pouvoient fournir la subsistance, imputer dans leur égarement à l'administration du Département le dessein d'enlever les bleds du pays pour faire mourir de faim le pauvre peuple : ainsi étoit leur expression.

« La garde nationale a été violemment poussée par les femmes, qui se saisissoient des armes comme pour les arracher. Un homme qui, avec d'autres, poussoit également la garde, a été arrêté par Savant, commandant en second, et déposé provisoirement dans la chambre de discipline.

« Le maire et le procureur de la Commune ont couru des dangers. Des femmes se sont emparées du premier et, sans respect pour sa décoration, il a été frappé et violenté. Le procureur de la Commune a été poussé. Le commandant de la garde Rigonneau a été pris à la gorge.

« La force d'inertie surtout a été employée contre les attroupés, et, après que les grains ont été déposés dans la maison commune, l'attroupement s'est calmé.

« Les chefs de la garde ont fait l'appel des citoyens présents pour constater les absents. Le Conseil général a autorisé le procureur de la commune de dénoncer ces derniers au juge de paix, toujours présent, lequel, pour imprimer respect aux attroupés et force aux lois, a tenu son tribunal sur la place publique même.

« Tous ces actes ont duré jusqu'à huit heures et demie du soir, à laquelle heure le calme ayant été rétabli parfaitement, le Conseil géa dressé le présent, dont expédition sera donnée au citoyen Balleroy, chargé de la présenter demain devant les représentants du peuple ».

Le lendemain vendredi 6, on reçut une lettre du District invitant la Commune à faire porter à Rouen, au dépôt de l'administration, rue des Jacobins, toutes les cloches des deux paroisses d'Elbeuf, à l'exception d'une pour Saint-Jean et une pour Saint-Etienne, devant rester dans ces églises. Le corps de ville décida de faire descendre les cloches le lundi suivant.

Ce même jour, il arrêta que, pour maintenir l'ordre dans la halle du lendemain samedi et empêcher que les cultivateurs, leurs chevaux et leurs voitures fussent assaillis comme ils l'avaient été aux marchés précédents, il serait commandé un piquet de cinquante hommes par bataillon.

Ce jour encore, le Conseil général refusa de délibérer sur une pétition de la commune d'Oissel tendant à convoquer à Elbeuf toutes les municipalités du canton, par des commissaires, pour conférer et prendre un parti sur le manque de subsistances. Il fut répondu à la commune d'Oissel que celle d'Elbeuf approuvait son zèle pour le bien public, mais que la réunion de plusieurs municipalités paraîtrait tendre au fédéralisme, ce qui était contraire à l'unité de la République et aux lois, mais que chaque commune avait le droit de présenter des pétitions.

Le samedi 7, le citoyen Balleroy, de retour de sa mission vers les représentants du peuple, à Rouen, annonça leur arrivée à Elbeuf pour le jour même.

Sur une pétition présentée par nombre de citoyens, le corps municipal arrêta que lorsque l'on battrait désormais la générale, la garde nationale se réunirait, par compagnies, aux endroits suivants : 1º vis-à-vis la maison du citoyen Lefort, 2º au carrefour de la rue de la Justice, 3º sur la place des halles « démolies » et 4º à la place du Couvent.

Les citoyens Lefebvre et Mabon, porteurs de pouvoirs à eux donnés par les citoyens Legendre et Louchet, représentants du peuple, se présentèrent à l'Hôtel de Ville et dirent au conseil municipal qu'ils venaient pour accélérer l'arrivage de blés à Rouen, dont cette ville avait le plus grand besoin, ainsi que Darnétal et autres localités voisines.

A deux heures du soir, arrivèrent les deux représentants du peuple. Ils furent reçus à la porte de la maison de ville par le corps municipal. Leur premier acte fut de remettre en liberté le citoyen Michel Allain, arrêté le jeudi précédent. Après avoir pris quelques renseignements, ils se rendirent, accompagnés du Conseil, à la halle, où ayant vu le peu de blé apporté et la nombreuse population qui se pressait autour d'eux, ils donnèrent l'ordre de vendre le blé apporté le jeudi précédent, à destination de Rouen, et qui était resté dans la maison commune.

Ils haranguèrent le peuple, donnèrent des éloges à sa patience, à sa modération et applaudirent à la conduite aussi ferme que prudente de la municipalité pendant la journée du 5.

Ils recommandèrent le respect des propriétés et la confiance envers les magistrats.

Ils retournèrent ensuite à la maison commune, aux acclamations de la foule « qui exprimoit sa joye et sa reconnaissance »; ils se firent présenter la liste des communes voisines les plus fromenteuses, à l'effet de les mettre en réquisition pour approvisionner la halle d'Elbeuf, et promirent de prendre les mesures les plus efficaces pour y parvenir. Balleroy et Murizon furent délégués à Rouen à cet effet.

Ce même jour, on mit une pétition sur le bureau du corps de ville par laquelle neuf citoyens demandaient le désarmement et la déclaration de suspects « des citoyens Durand, agent du cy-devant Lambesc; Grosselin, garde général et agent du cy-devant Lambesc; Radier père, cy-devant receveur des aides; Caignon, cy-devant commis aux aides; Henry, chirurgien; Valdampierre, clerc de Lingois, notaire; Leroux, maître es arts, ne se conformant pas au serment prescrit par la loi; Asse, cy-devant homme de loi; Martin, cy-devant tenant le chartrier du cy-devant Lambesc, et Sauvage fils, grainetier ».

Cette pétition fut mise aux voix, surtout en ce qui concernait les agents du prince, taxés « d'aristocratie et d'incivisme ». À la majorité, ils ne furent point reconnus comme étant « notoirement suspects ».

Balleroy et Murizon, de retour de Rouen, en vertu d'un arrêté des représentants du peuple, se firent autoriser par la municipalité d'Elbeuf à :

1° Requérir des batteurs de grains pour accompagner des commissaires qui allaient se mettre en campagne afin d'obtenir des grains des cultivateurs.

2° Requérir les bons citoyens de prêter leurs chevaux pour accompagner les commissaires et les batteurs et rapporter des grains.

3° Requérir les chevaux de luxe « pour monter les commissaires et les batteurs »..

4° Faire déclarer que les citoyens requis par les commissaires pour l'exécution des présents articles seraient, en cas de refus, regardés comme mauvais citoyens et suspects.

Le 9, on s'occupa de la réouverture d'une ancienne voie fermée depuis des années, mais autrefois désignée sous le nom de rue Pigeonnoit.

Il fut également arrêté que l'on ferait le recensement de tous les jeunes gens et veufs sans enfants, âgés de 18 à 25 ans.

Ce même jour, le corps municipal arrêta « que le citoyen Bataille, meunier des deux moulins d'Elbeuf, ne pourroit exiger se faire payer l'émoutage des grains en essence et qu'il ne percevroit, en argent, pour le prix de la mouture, plus de 14 sols par quintal ; que, dans tous les cas, il seroit tenu de rendre la farine blutée au désir des citoyens ; qu'il seroit tenu d'avoir des brancards et poids dans ses moulins ; ensemble défense à lui faite de vendre aucuns grains ni farines et d'avoir à l'avenir des coffres de recettes et mesures, et ordre d'apporter ceux qu'il possédoit à la maison commune dans un délai de vingt-quatre heures... »

Reprenant ensuite l'examen de la dénonciation portée contre divers citoyens, le Conseil arrêta que Durand, Chevalier dit Beaufort, Martin, Dantan et His, ayant été les agents et au service de ci-devant seigneurs, seraient désarmés. Grosselin, qui remplissait les fonctions de garde général des bois, fut maintenu avec ses armes. Quant aux citoyens Radier père, Caignon, Henry et Valdampierre, il fut reconnu qu'il n'y avait pas lieu de les désarmer. Les citoyens Le Roux, Sauvage et Asse, également dénoncés, furent déclarés suspects et comme tels privés de porter les armes.

Le 15, on nomma des commissaires pour le dénombrement des habitants d'Elbeuf. — On trouva 5.862 habitants.

Le commandant Rigonneau reçut la mission d'instruire et former à l'exercice les gardes nationaux, tous les dimanches et fêtes, sous peine d'être déclaré suspect et destitué.

Les citoyens Le Noble et Bourgeois, vicaires, furent désignés pour donner lecture des lois, tous les dimanches, aux citoyens assemblés aux églises.

On arrêta que les personnes payant 50 fr. d'impositions seraient tenues d'avoir un fusil de calibre, sous peine d'être déclarées suspectes.

Le citoyen Chefdrue reçut l'invitation de choisir une place dans chacune des deux paroisses, pour y établir un four, et dresser des plans et devis.

Sur une nouvelle pétition d'habitants d'Elbeuf, « les citoyens Prosper Durand, Martin, Grosselin, agents de Lambesc » furent déclarés comme notoirement suspects. On décida à la municipalité, qu'en conséquence de la loi du 2 juin, « ils seroient arrêtés et conduits dans la maison destinée à Rouen pour les suspects, que les scellés seroient apposés sur leurs papiers, et que le citoyen Radier seroit désarmé ».

Le 16, le citoyen Charles Pichaux, inspecteur des poudres et salpêtres, vint à Elbeuf pour examiner les endroits où il pourrait être recueilli du salpêtre.

On délibéra, à l'hôtel-de-ville, sur des pétitions présentées par plusieurs suspects.

Celle de Durand fut rejetée parce qu'il avait été au service du prince de Lambesc.

Quant à Grosselin, il s'était adressé au District et celui-ci avait transmis sa plainte à la municipalité d'Elbeuf, pour avis. Elle répondit « que Grosselin avait été l'agent de Charles de Lorraine et que ses dénonciateurs avoient dit qu'il négligeoit autant la garde du bois qu'il soignoit la garde du gibier, chose pourtant qui n'étoit pas à la connoissance de tous les membres du Conseil ».

Ce même jour, le Conseil général d'Elbeuf délibéra sur des faits graves : « Ouï le procureur de la commune, sur la dénonciation faite par un membre contre Joly, officier municipal, dont voici la substance :

« Que Joly a averti les trois particuliers déclarés suspects ci-dessus, avant qu'ils fussent déclarés tels, de brûler leurs papiers contraires à la République ; qu'il a signé, seul, un certificat de civisme présenté par Grosselin, l'un d'eux, quoiqu'il eût connoissance des dénonciations faites contre lui, lorsqu'aucun de tous les membres auxquels il a été présenté n'a voulu le signer ; qu'il s'est permis, contre les commissaires nommés pour les approvisionnements des subistances, des propos tendant à rendre sans effet leur mission et à les faire victimes des égarements populaires ».

On entendit des témoins qui déposèrent contre Joly. L'un d'eux déclara : « A l'opinion des suspects, Joly est le seul honnête homme du corps municipal, et cependant il a été un des plus forts opinants à voter leur suspicion et leur arrestation ; il a même apposé des scellés sur leurs papiers ».

Joly fut appelé à donner des explications ; mais elles ne parurent pas suffisantes pour le justifier, car le corps de ville, à l'unanimité moins trois voix, déclara qu'il devait être considéré comme suspect. En conséquence, il fut mis immédiatement en état d'arrestation, pour, ensuite, être conduit à Rouen.

Ce même jour, le Conseil arrêta que, provisoirement et sous le bon plaisir du District, la brigade de gendarmerie serait logée dans l'ancien couvent des Ursulines.

Le 18, le citoyen Rigonneau, commandant du bataillon de Saint-Etienne, fut nommé instructeur en chef de la garde nationale, pour la former au maniement des armes et aux évolutions militaires.

Ce jour-là, on termina la descente des cloches des deux églises. On fut obligé d'en casser une sur place, ne pouvant la faire sortir du clocher. On les expédia à Rouen, le samedi suivant, par la voiture d'eau.

Une Société populaire s'était fondée dans notre ville, et un très grand nombre de citoyens en faisaient partie. Cette société demanda, à l'autorité municipale, le grand réfectoire des ci-devant religieuses Ursulines pour y tenir ses séances. Le Conseil décida, le 20 du même mois, que ce local serait mis à sa disposition à partir du jour Saint-Michel (29 septembre), et qu'en conséquence le citoyen Lescalier, qui l'occupait alors, serait invité à l'évacuer.

Le 21, on rejeta une pétition déclarée suspecte, et on nomma le citoyen Grandin pour faire, au District, la remise des cloches des deux églises.

La vente publique du mobilier appartenant au ci-devant duc d'Elbeuf était terminée le 23. Le lendemain, le citoyen Fontaine, huissier, s'occupa de la rentrée des deniers et de dresser le procès verbal des ventes.

Peu de temps après, le château et ses dépendances furent loués par divers baux de trois ou de six années.

Le 25, on remit aux mains de Delarue, officier municipal, la croix de Saint-Louis « du citoyen Louis-François-Alexandre Flavigny » *(ces six mots sont biffés sur le registre municipal)*, qui avait été apportée à la maison commune.

Le 27, le corps municipal arrêta :

« 1° Qu'il serait répondu au District qu'il ne résidait dans les maisons d'émigrés de cette ville, ni parents, ni alliés, ni personnes attachées à leur service ; que le château et les jardins de Charles-Eugène de Lorraine étaient occupés par divers, au profit desquels il avait été passé adjudication au District pour trois ou six années ;

2° Qu'il serait également écrit au District que les laboureurs ne pouvaient se plaindre de ne pas trouver protection et sûreté à la halle.

3° Que les citoyens Saillant, maire, et Le Noble, vicaire, se transporteraient à Saint-Etienne et à Saint-Jean pour y prendre les titres et baux relatifs aux biens fonds ayant appartenu aux ci-devant fabriques paroissiales, pour, ensuite, les envoyer au District.

4° Qu'on inviterait les citoyens, par le tambour de ville, à apporter à la maison commune les fusils de calibre en leur posssession.

5° Qu'il y aurait, en vertu du décret du 14 août précédent, quatre foires par an : les 21 mars, 21 juin, 1er septembre et 21 décembre.

En vertu d'un arrêté des représentants du peuple, l'administration de notre ville avait été autorisée à réquisitionner des grains dans des communes situées au delà de Bourgtheroulde; mais le samedi 28 septembre, une foule s'amassa dans ce bourg et s'opposa au passage des voitures de grains à destination d'Elbeuf. Un piquet de garde nationale, qui accompagnait les voitures et les commissaires, fut même maltraité et désarmé par la multitude. Le corps de ville elbeuvien rendit compte au District de Rouen de cet événement que M. Duchemin a rapporté en ces termes :

« A la fin de septembre, la ville d'Elbeuf, menacée de la famine, obtint l'autorisation de faire dans les communes voisines des réquisitions de blé. Cette nouvelle à peine connue répandit l'effroi parmi les populations des campagnes qui, ne considérant qu'elles-mêmes, ne virent là qu'un nouveau moyen de les affamer et se déclarèrent résolues à empêcher tout enlèvement de blé. Les officiers municipaux d'Elbeuf, avisés que les habitants de Bourgtheroulde et de Bosc-Roger s'opposaient à l'enlèvement des blés requis, demandèrent la protection de la garde nationale. Pendant ce temps une foule considérable attroupée au Bourgtheroulde avait arrêté des convois de blé achetés par la ville d'Elbeuf, et l'arrivée du piquet de garde nationale ne fit encore qu'exciter davantage la colère générale. La multitude se précipite alors sur les gens d'armes, en terrasse plusieurs, disperse les autres après s'être emparée de leurs armes.

« Si l'on en croit les plaintes des envoyés de la ville d'Elbeuf, les officiers municipaux de Bourgtheroulde auraient été les premiers à « exciter la foule attroupée, à faire des violences et à s'opposer à la libre circulation des grains, et ils seraient causes que la foule égarée, se soit portée à des voies de fait ; ils auraient même menacé de sonner le tocsin ». Ce qui est certain, c'est qu'il y eut combat, avec blessés et effusion de sang. Toutefois, après des efforts inouïs de la garde, le convoi parvint à passer.

« En présence de cette multitude acharnée, les commissaires d'Elbeuf, inquiets, s'étaient rendus à la maison commune où la municipalité était rassemblée. Ils lui présentèrent les arrêtés des administrateurs du district de Rouen, lui firent connaître les communes qui, situées dans le Roumois, étaient comprises dans le rayon où pouvaient avoir lieu leurs réquisitions. Ces communes étaient Saint-Eloi-de-Fourques, Angoville, Basville, Berville, Boscherville, Boissey-le-Châtel, Bois-Normand, Grand-Bosbénard, Petit-Bosbénard, Saint Pierre-de-Bosguerard, Epreville, Ecaquelon, Marcouville, St-Philibert-sur-Boissey ; leur intention était d'y continuer leurs réquisitions. Ils demandèrent enfin qu'indépendamment des officiers municipaux, les auteurs de l'émeute fussent punis conformément aux lois.

« Pendant tout le temps que dura cette conférence des délégués d'Elbeuf avec la municipalité et la rédaction du procès-verbal, une multitude plus nombreuse encore que la première s'était amassée devant la porte. Plusieurs particuliers qui proféraient des menaces et tenaient des propos séditeux, cherchant à exciter la foule, furent arrêtés.

« A la suite de cette échauffourée, une enquête fut ordonnée par la municipalité. Mais que pouvait elle produire ? »

A la séance municipale de ce même jour 28 septembre, un scandale se produisit. Le nommé Lemarchand, huissier, s'y présenta en état d'ivresse, tenant à la main des papiers concernant la Société populaire, qui devait ouvrir ses séances le lendemain. Lemarchand injuria un des membres du corps de ville : « Vous êtes un homme à deux faces », lui dit-il. On lui enleva ses papiers et il fut conduit en prison.

Le dimanche 26, les citoyens furent convoqués à l'issue des vêpres, pour former un comité de surveillance. Balleroy eut mission de présider l'assemblée de l'église Saint-Jean, et Murizon celle de Saint-Etienne.

Vers cinq heures de l'après-midi, Noël Dubuc et Louis Delarue, habitants d'Elbeuf, se présentèrent à la municipalité et déclarèrent que, conformément à la convocation, plus de trente personnes avaient attendu l'ouverture de l'assemblée que devait faire Murizon, et qu'il s'était présenté enfin avec le citoyen Balleroy, nommé à Saint-Jean, qui, après avoir prononcé un discours par lequel il avait engagé les citoyens présents à se rendre à Saint-Jean, avait entraîné avec lui le citoyen Murizon, sans vouloir entendre les observations des citoyens présents, dont partie persista à rester dans la section de Saint-Etienne. Ils concluaient à ce que le corps municipal déclarât nulle la réunion de Saint-Jean.

Cette protestation fut suivie d'une autre, causée par le citoyen Fosse qui, pendant le dépouillement du scrutin, avait appelé son nom en lisant un bulletin sur lequel il ne se trouvait pas.

Le 1er octobre, sur une pétition de Louis Martin, représentant que, depuis la Révolution, il s'était occupé uniquement d'arpentage et qu'aucun de ses actes ne pouvait le faire classer au nombre des agents du ci-devant prince de Lambesc, il fut remis en liberté, par décision municipale, mais il resta désarmé.

Joly recouvra également sa liberté le même jour, les faits allégués contre lui n'ayant pas été suffisamment prouvés « néanmoins, son incapacité comme ses inconséquences, ainsi que ses moyens d'existence, faisant désirer qu'il ne reparût plus parmi les membres de la commune », il en fut exclus.

Le 2, sur la demande des citoyens Balleroy et Murizon, commissaires nommés par les représentants du peuple Lacroix, Louchet et Legendre, pour surveiller l'approvisionnement de notre ville, le District envoya une réquisition au chef de la légion de la garde nationale de Rouen « pour commander à l'instant cent hommes de la garde nationale, y compris les officiers et sous-officiers, de se rendre sur le champ à Elbeuf et se mettre à la disposition des citoyens Balleroy et Murizon, et de faire précéder ledit détachement d'une pièce de canon avec les canonniers nécessaires pour la servir ».

Le 9 du même mois, « 18ᵉ jour du 1ᵉʳ mois de la 2ᵉ de la République », le District ordonna une réquisition de trente chevaux de trait ou de selle, harnachés, pour être mis à la disposition de l'agent militaire à Rouen et être ensuite expédiés à Arras. Les commissaires qui vinrent dans notre ville pour faire cette réquisition, se rendirent dans l'après-midi du 10 à Caudebec, pour se livrer de deux chevaux et d'un charriot offerts à la Patrie par le citoyen Joseph Grandin.

La municipalité de Petit-Quevilly délivra un certificat de civisme, le 9 octobre, à la citoyenne Louise Savalle, ex-religieuse Ursuline d'Elbeuf.

Quelque temps après, un conflit surgit entre notre municipalité et celle de Petit-Quevilly. Sous le prétexte que la liste présentée par les commissaires de cette commune à la halle d'Elbeuf était « en vieux style » on leur refusa tout achat de blé. La municipalité de Petit-Quevilly s'en vengea en renvoyant sa maîtresse d'école, la citoyenne Agnès Caron, ci-devant Ursuline d'Elbeuf, mais elle y retourna peu après et y tint l'école.

Le 11, on arrêta que les matériaux des petites halles seraient mis en vente par adjudication.

Le citoyen Dubuc, notable, fut préposé à la garde des bois d'Elbeuf, en remplacement du garde général Grosselin, toujours détenu à la prison comme suspect, ainsi que le sieur Durand.

La nomination du comité de surveillance, qui n'avait pu avoir lieu le dimanche précécédent, se fit le 13 octobre, dans l'église Saint-Jean.

Les citoyens furent invités, le 14, à apporter à la maison de ville, dans un délai de vingt-quatre heures, les fusils de calibre qu'ils pouvaient posséder, ainsi que les habits, vestes et culottes d'uniforme, afin de pouvoir armer et équiper les citoyens de la première réquisition.

Le corps de ville écrivit au District pour demander la basse-cour et le jardin du ci-devant prince de Lambesc, afin d'en faire la distribution à chaque chef de famille indigente, et le château lui-même afin d'y établir des écoles d'instruction publique.

Comme les communes du Roumois opposaient de nombreuses difficultés pour l'approvisionnement du marché d'Elbeuf, soutenues en cela par le District de Pont-Audemer, Balleroy et Chefdrue furent délégués vers les représentants du peuple pour leur exposer cette situation.

Ce même jour, un certificat de civisme fut délivré par l'administration municipale à Louis-Charles-Alexandre Flavigny, prêtre.

Le 25e jour du 1er mois de l'an II (16 octob.), sur une question qui lui avait soumise par la municipalité, le Directoire du district prit cette délibération :

« Considérant que la faculté accordée aux corps administratifs de faire mettre en état d'arrestation ceux qui sont dénoncés comme suspects, ne leur interdit pas le pouvoir de les remettre en liberté... C'est donc un devoir rigoureux pour eux de faire cesser l'arrestation lorsque de plus mûres réflexions ou des renseignements plus certains détruisent toutes les suspicions.

« Le Conseil est d'avis que la municipalité

d'Elbeuf peut, si elle le trouve juste, rapporter les délibérations qu'elle a prises relativement aux citoyens qu'elle a fait arrêter ».

Plusieurs étrangers, en résidence à Elbeuf, dont le civisme était connu, furent admis « au bienfait de l'hospitalité », le mercredi 16. Par contre, Elisabeth-Maydon de Green, originaire d'Elbrig en Angleterre, quoique résidant en France depuis vingt-cinq ans, se vit non seulement refuser le bienfait de l'hospitalité, mais encore on l'arrêta immédiatement. Les citoyens Grandin et Hayet se transportèrent à son domicile, où ils apposèrent des scellés.

On autorisa Marie-Anne Cassel, ancienne Ursuline d'Elbeuf, à fixer son domicile dans cette ville ; puis on délivra un certificat de civisme à J.-P. Godet, fabricant.

L'alimentation du marché ne se faisait toujours qu'avec beaucoup de difficultés, par suite du mauvais vouloir des cultivateurs. Voici de nouveaux faits à ajouter à ceux que nous avons déjà relevés.

A la halle du samedi 19 octobre, une vingtaine d'habitants de la Londe, venus pour acheter du blé, se plaignirent de ce que leur maire n'était pas avec eux et qu'ils n'avaient pu avoir assez de grain. Ils déclarèrent qu'ils sauraient bien s'en faire donner une autre fois, parce qu'ils viendraient au nombre de plus de trois cents « et qu'ils jouiraient bien des gens d'Elbeuf puisqu'ils étoient obligés de remettre leurs armes ». Jean Tanquereuil, porteur de grains, ayant entendu ces menaces, dénonça leurs auteurs au corps municipal.

Le 20, la municipalité fit retirer les deux sentinelles qu'elle avait placées devant la demeure « de la citoyenne de Green ».

Le lendemain, le comité de surveillance décida de donner à la garde nationale la consigne de ne laisser pénétrer dans la ville tout individu dépourvu de passe-port. En outre, tous les passe-ports seraient, à l'avenir, visés par deux membres du comité de surveillance.

Le 21, l'administration municipale décida que la ville fournirait au comité de surveillance un local pour la tenue de ses séances, ainsi que des flambeaux, bois, registres, cachets, papiers et divers autres menus objets dont il avait besoin

Des plaintes ayant été portées par diverses communes contre la garde nationale d'Elbeuf, qui accompagnait les commissaires de notre ville dans les réquisitions, il fut décidé qu'on enverrait au comité d'agriculture, à la Convention nationale, la justification de la milice elbeuvienne.

Ce même jour 21, le citoyen Heullant, notable et commissaire pour la délivrance des subsistances, eut à se défendre d'avoir fait transporter chez lui un sac de blé. Ce citoyen justifia que sa conduite était sans reproche et l'assemblée municipale proclama « qu'aux insultes et mauvais propos du public envers lui, elle y substituait des marques de reconnoissance » pour ses peines et les soins qu'il apportait dans son service.

Pierre Leroy, laboureur à Tourville, déclara le jeudi 24, à la municipalité, être venu seul, parce que les autorités de sa commune, le secrétaire et les habitants avaient détourné les autres, que lui-même était l'objet de leur haine. Il ajouta que l'arrestation du maire de Tourville, alors en prison par ordre du district de Louviers, ne suffisait pas pour contenir la malveillance des autres officiers municipaux.

Quelques instants après, plusieurs laboureurs de Boissey-le-Châtel vinrent déclarer qu'ils avaient été arrêtés, au bout de la forêt de la Londe, par un attroupement de femmes, dans lequel aucun homme se trouvait, et qu'ils avaient été obligés de leur abandonner les grains qu'ils apportaient à Elbeuf. Ils dirent, en outre, qu'il y avait un parti de formé pour s'opposer au transport de subsistances vers notre ville.

Enfin, un laboureur de Saint-Denis-des-Monts vint se plaindre de ce que passant devant la forge de Boscroger, avec un sac de blé qu'il apportait à Elbeuf, il avait été dépouillé de son blé par 10 ou 12 hommes et femmes, mais qu'ils le lui avaient payé au prix du maximum.

Le corps municipal se réunit une seconde fois ce même jour. Il fut dit que la halle n'avait fourni que vingt sacs de blé, et que cependant « il s'y étoit trouvé 19.000 nécessiteux indépendamment de la ville d'Elbeuf; que cette disette provenait d'une infinité de causes, mais surtout par un concert fomenté par la malveillance entre les laboureurs soutenus des manouvriers qu'ils excitoient à les empêcher de porter à la halle, au point qu'il étoit à craindre que les paysans prissent les armes, comme ils en menaçoient tous les jours, pour repousser la force armée que pourroient requérir les commissaires des représentants du peuple, ce qui était déjà arrivé à Bourgtheroulde, et avec une telle impunité que les autorités constituées des campagnes, loin de punir ces excès, y applaudissoient ».

L assemblée prit cette délibération.

« Considérant que la ville d'Elbeuf est l'objet de calomnies tant à la Convention que dans les administrations des départements de la Seine-Inférieure et de l'Eure ; qu'il seroit contre la tranquillité de ces contrées de porter, par la voie des commissaires, la force armée dans les campagnes, tant que les autorités constituées n'auront pas, par des arrestations contre les coupables, intimidé les malveillants, puisqu'il pourroit en résulter des hostilités et commencements de guerre civile.

« Considérant enfin l'extrême nécessité à laquelle se trouvent réduits aujourd'huy les habitants, qui n'ont pas retiré de la halle de ce jour un livre de grain.

« Le Conseil général n'a d'autre ressource à employer, dans cette grande calamité, que d'envoyer vers les administrateurs du Département et du District dix députés pour rendre compte de la situation et repousser les calomnies portées contre tous les habitants de la ville, avec déclaration que le Conseil ne peut plus demeurer responsable des événements fâcheux que la famine peut amener ».

La délégation fut composée des citoyens Delarue, Duval, Ménage, Leroy, Cauchois, Joseph Flavigny, Osmont, Jamay, Mouton et Lenoble, vicaire.

La loi du *maximum* fut une des fautes de la Convention, et cependant elle était en quelque sorte justifiée par les manœuvres des agioteurs et la mauvaise volonté d'une masse de cultivateurs.

Après avoir établi le prix maximum des céréales, l'Assemblée décréta un supplément à la loi. En vertu de ce décret, on dressa un tableau du prix des objets manufacturés, basé sur le prix que chaque genre de marchandise valait au lieu de production ou de fabrique en 1790, augmenté d'un tiers. Les prix au détail étaient fixés suivant la distance du lieu de consommation au lieu de production ; les tarifs accordaient cinq pour cent de bénéfice au marchand en gros et dix pour cent au détaillant. Le système du *maximum* ne dura que six mois.

Le tableau des prix *maximum* des draperies d'Elbeuf se trouve sur l'un des registres du District, année 1793, folios 73 et suivants. Celui du prix des laines est consigné au même registre, folio 88.

A Elbeuf, le filage de laine cardée se faisait déjà, en grande partie, au moyen des métiers à pince, connus sous le nom de « jennys ». Ce fut en 1793 que Jean Hawsley et Henry Wright, de Nottingham, se firent patenter en Angleterre pour une peigneuse mécanique originale et rationnelle.

CHAPITRE VIII
(DU 10 VENDÉMIAIRE AU 11 NIVOSE AN II)
(OCTOBRE-DÉCEMBRE 1793)

LE CALENDRIER RÉPUBLICAIN. — L'ARGENTERIE DES CONFRÉRIES. — LA RÉGLEMENTATION DE L'EXERCICE DU CULTE ; LA SUPPRESSION DES SIGNES RELIGIEUX EN DEHORS DES ÉGLISES. — OUVERTURE DES CAVEAUX FUNÉRAIRES DES CI-DEVANT DUCS D'ELBEUF. — TARIF DES SALAIRES. — PROJET DE CASERNE DANS L'ÉGLISE SAINT-ETIENNE : PROTESTATIONS. — AFFAIRES MUNICIPALES. — LA CRISE ALIMENTAIRE CONTINUE.

La Convention, voulant corriger les erreurs du calendrier grégorien et en même temps marquer l'ère nouvelle dans laquelle entrait la France, résolut de créer un calendrier purement civil et qui, n'étant subordonné à aucun culte, convint à tous.

Romme avait présenté, le 20 septembre, un projet qui fut adopté le 5 octobre, puis modifié par Fabre d'Églantine, en ce qui concernait les noms des mois et des jours

L'année était divisée en douze mois de trois

décades, et chaque décade en dix jours, naturellement ; elle se terminait par cinq jours complémentaires.

Les noms des mois, très expressifs et très harmonieux, étaient en rapport avec la température ou la récolte correspondante : Vendémiaire, brumaire, frimaire ; nivôse, pluviose, ventôse ; germinal, floréal, prairial ; messidor, thermidor, fructidor. Les jours de la décade s'exprimaient par : Primidi, duodi, tridi, quartidi, quintidi, sextidi, septidi, octidi, nonidi et décadi.

Dans ce chapitre et les suivants, nous donnerons les dates du calendrier républicain en faisant presque toujours figurer entre parenthèses celles du calendrier grégorien, qui ne fut rétabli que le 1er janvier 1806.

La réunion municipale tenue à Elbeuf, le 26 octobre 1793 fut datée du « samedi cinquième jour du second mois de l'an 2e de la République françoise ». — Fabre n'avait pas encore, à cette époque, terminé son travail.

C'était jour de marché. On apprit que trois laboureurs de Boissey-le-Châtel avaient été arrêtés au triége de la Bissonnière, commune de Boscroger, par trente ou quarante individus et contraints de livrer le blé qu'ils apportaient à la halle d'Elbeuf ; il leur avait été payé au *maximum*.

Le lendemain dimanche, la municipalité délégua Balleroy vers la Commission provisoire du département de l'Eure, afin de lui demander de faciliter les apports à la halle de notre ville.

Ce même jour, on décida de rendre les armes et équipements, déposés à la maison commune, à leurs propriétaires, sous la condition qu'ils ne s'en débarrasseraient pas et les représenteraient à la première réquisition, à cause qu'il y avait beaucoup de bons citoyens mal aisés n'ayant que leur habit d'uniforme, parmi lesquels il pouvait y en avoir quelques-uns le devant encore aux marchands.

Le mardi suivant, 8e jour du 2e mois de l'an II (29 octobre), Balleroy rendit compte de sa mission dans l'Eure.

Il lui avait été promis que l'on prendrait sa plainte en grande considération et que l'on sévirait vigoureusement contre les coupables.

Balleroy ajouta que les administrateurs de l'Eure lui avaient dit « en parlant de Pourpoint et du maire de Bourgtheroulde, que ses ennemis étoient arrivés, lesquels leur avoient déclaré qu'ils avoient été avertis de venir contre lui, instruits de son voyage. Que sur cela lui, Balleroy, observoit que le citoyen maire d'Elbeuf qui, le dimanche, s'étoit montré opposé à son voyage à Evreux, et que la veille et autres jours précédents, il s'étoit permis, parmi le peuple, des propos très inconséquents et très dangereux contre les commissaires des représentants du peuple, lesquels propos il offrait de prouver par témoins.

« Pourquoi, et vu que le maire reconnoît, en effet, avoir été au Bourgtheroulde et avoir parlé à Pourpoint », Balleroy demanda que le Conseil communal donnât injonction à Saillant de se disculper sur le soupçon très fort que c'était lui-même qui avait averti Pourpoint, et que s'il ne se justifiait pas, il fut pris contre lui « un parti sévère ».

Le corps de ville arrêta que le maire serait tenu de s'expliquer avant huit jours.

L'assemblée municipale se composait alors

des membres qui avaient été installés le 24 février précédent :

Nicolas Saillant, maire ;

Louis Béranger fils, Pierre Morin, Jacques Delaleau fils, Benjamin Chefdrue, Pierre Duval, Pierre Fontaine, huissier ; Pierre-Michel-Constant Grandin, François Delarue, officiers municipaux.

Désiré Murizon, procureur de la commune.

Pierre-François Balleroy (juge de paix), Jean-Louis Fosse (greffier de paix), Jacques-Pierre Fosse, Charles Bourgeois (vicaire de Saint-Etienne), Antoine-François Mouton père, Jean-Pierre Lenoble (vicaire de Saint-Jean), Benoît Miége, Noël Dubuc, Jean-Nicolas Cherel, Louis-Nicolas Bailly, André Duchemin, Nicolas Osmont, Michel Langlois père, Pierre Martin, Hayet père, Constant Fossard, Join-Lambert, Dominique Jamay, Robert Hellant, notables.

« Le 9e jour de la 3e décade de brumaire de l'an II de la République une et indivisible », le citoyen Murizon, procureur de la commune, se transporta chez les citoyens Duruflé, Maquerel, Boivin, Rigonaux, Frémont, Mauger, Mansel, Petel, Dugast, Vassou, Mulot et Heurtematte, cordonniers, et les requit de fabriquer des chaussures pour le service des troupes. Les quatre premiers avaient chacun un compagnon.

A partir du 1er novembre, le citoyen Pierre Lingois, notaire, data ses actes en employant les termes du nouveau calendrier, concurremment avec ceux de l'ancien.

Les jours suivants, on nomma plusieurs commissions municipales. Le 15 brumaire an II (5 nov. 1793), le citoyen Renault fut pourvu de l'emploi de chirurgien-major de la garde nationale.

Vers ce temps, le citoyen J.-B.-Pierre Grandin écrivit aux administrateurs d'Elbeuf :

« Je vous fais passer 29 livres de poudre à giboier, comme je vous l'avois annoncé par ma dernière. Puisse-t elle faire justice au dernier de nos oppresseurs.

« Salut et fraternité... J.-B.-P. Grandin ».

Le citoyen Jean Johin, commissaire de l'habillement, vint à Elbeuf, le 19 brumaire (9 novembre), choisir des draps propres au service des troupes. Le citoyen Grandin l'accompagna dans les fabriques, qui, disons-le en passant, étaient en pleine activité, par suite des nombreux besoins de l'armée.

Ce même jour, Saillant et Delarue reçurent mandat d'accompagner le notaire Lingois et Langlois, maire de Caudebec, pour faire l'estimation des propriétés ayant appartenu « à l'émigré Lorraine ».

La Société populaire tenait ses séances dans l'ancien couvent des Ursulines. Le 22 brumaire (12 novembre), le Conseil général d'Elbeuf, délibérant sur une pétition de la Société populaire, arrêta que l'argenterie des charités et confréries des deux églises, dont l'inventaire avait été dressé à dessein de la faire porter à la Monnaie, serait immédiatement envoyée à la Convention nationale, pour les besoins de la Patrie.

Quant à l'argenterie des deux églises, d'autant que le 28 octobre elle avait été portée au District, s'il en existait d'autre, elle serait comprise dans le même envoi « à l'exception de tous les vases sacrés ». Quant aux ornements, ils seraient conservés, comme étant nécessaires au culte, et étant reconnu que leur destruction serait plus préjudiciable qu'avantageuse, l'or et l'argent qui en proviendraient ne pouvant être de haut prix.

Saillant, maire, et Desgenetez furent délégués, le 25 (15 novembre), pour aller acheter du grain au Neubourg, la halle d'Elbeuf ne suffisant pas pour alimenter la population.

Le 27 (17 novembre), les citoyens Malherbe et Sénéchal vinrent s'établir à Elbeuf, par ordre supérieur, pour fabriquer du salpêtre.

A la suite d'une pétition des fabricants tendant à être autorisés à acheter des chevaux, tant pour faire mouvoir leurs manèges que pour le transport des matières nécessaires à leur industrie, l'administration du district prit cette délibération le 28 brumaire (18 novembre) :

« Considérant que la Fabrique d'Elbeuf est employée au service des armées; qu'il est utile, sous ce rapport, aux intérêts de la République que les fabricants de ladite commune soient à portée de continuer leurs travaux ;

« Considérant, d'ailleurs, que cette fabrique donne l'existence à 25.000 citoyens et que, sous ce second rapport, elle n'est pas moins intéressante :

« Sommes d'avis qu'il y a lieu d'accueillir la demande desdits fabricants, parce que toutefois il ne pourront avoir plus d'un cheval par fabrique... »

Ce même jour, tous les ouvriers et ouvrières d'Elbeuf furent mis en réquisition pour travailler à la confection d'ouvrages nécessaires aux besoins de l'armée. Les cordonniers furent tenus de remettre, à la municipalité, 5 paires de souliers par décade.

Ce même jour, Balleroy, juge de paix, reçut un certificat de civisme.

Le 29 (19 novembre), les citoyens Chefdrue, Delarue, Ménage et Leroy furent délégués vers le département de l'Eure, afin de se concerter avec les autorités « dans des motifs de paix, de fraternité et d'indivisibilité pour l'approvisionnement du marché d'Elbeuf, si peu fourni que chaque tête n'avait que 4 à 5 livres de bled au plus par semaine, et afin aussi de disculper Elbeuf de la nécessité où étoient ses habitants de se répandre dans les campagnes pour avoir un morceau de pain ».

Nous reproduirons textuellement une autre délibération prise ce même jour par le corps municipal :

« Considérant que l'intérieur des temples est essentiellement destiné à l'exercice des cérémonies religieuses, et que, dans un Etat qui protège la liberté des cultes, aucune religion n'a le droit de placer ou d'entretenir hors les temples des signes ou monuments particuliers au culte qu'elle professe ;

« Considérant que tout ce qui peut entretenir la superstition, relever le despotisme du clergé et perpétuer l'ignorance du peuple, par des pratiques minutieuses et pusillanimes, doit être sévèrement défendu. Qu'il ne peut exister de liberté ni de gouvernement républicain partout où les ministres du culte ont des moyens de subordonner les actes civils à des cérémonies religieuses ; que bientôt ils parviennent à se créer au milieu de l'Etat une idole qu'ils encensent et dont ils ne tardent pas à faire un despote ou un tyran, pour en être ensuite protégés ;

« Considérant, enfin, que le règne de la

Raison et de la Morale universelle approche, et que c'est aux magistrats du peuple à en affermir les bases, en concourant à détruire les frivoles inductions de la crédulité et du mensonge ;

« Ouï le procureur de la Commune, arrête ce qui suit :

« Toutes les statues qui ont le culte religieux pour objet placées au dehors des maisons, sur les rues et places publiques, seront retirées sans délai ;

« Les ministres du culte catholique ne pourront paroître dans les rues en habit d'église, même sous prétexte de vaquer aux cérémonies du culte.

« Lorsque les cérémonies du culte les appelleront hors l'enceinte des églises, ils ne pourront faire usage ni du chant ni des autres attributs particuliers à leur culte, sauf à remplir les cérémonies religieuses auxquelles tout citoyen est attaché lorsqu'ils se seront rendus dans les lieux où le besoin de leur ministère les aura fait appeler.

« Vu ce qui résulte de l'article 6 du titre 5 de la loi du 20 septembre 1792, et notamment de la proclamation du conseil exécutif provisoire du 22 janvier dernier, défenses sont faites à tous curés et vicaires de tenir aucun registre de baptême ou de mariage, même d'en tenir note sur des feuilles volantes ou agenda, sous peine d'être réputés réfractaires à la loi et poursuivis comme tels.

« Défenses à tous marchands et colporteurs, histrions, bohémiens, diseurs de bonne aventure et autres personnes qui ne vivent que de l'ignorance du peuple, de colporter, vendre ou faire vendre dans les rues et places publiques, aucuns scapulaires, reliques, *Agnus*, chapelets, rosaires, patenôtres, pièces, bagues, images ou coquilles bénites, relations dites miraculeuses et généralement tout ce qui respire le fanatisme ou la superstition, sous peine de de confiscation desdites marchandises, de cent livres d'amende et d'être réputés charlatans suspects.

« L'argenterie des églises et tout ce qui sert au culte en ce genre sera rassemblé et envoyé à la Convention nationale, pour être employé au service de la République, rapportant l'arrêté du 22 courant qui avoit réservé les vases sacrés ;

« A l'épitaphe des cimetières sera substitué, en français : « Qu'ils dorment en paix ! » et les larmes peintes seront effacées.

« Il est défendu d'annoncer le service du culte par le son de la cloche, et arrêté que celle de l'église Saint-Etienne sera descendue pour être envoyée au District, auxquel il sera demandé deux canons.

« Arrêté que toutes les boutiques seront ouvertes les dimanches, et que les citoyens sont invités au repos le jour de la décade ».

Ce même jour encore, le commandant de la garde nationale Rigonneaux fut averti, de rechef, de commencer dès le lendemain, jour de décade, l'instruction des hommes et d'y appeler tous les citoyens.

On décida de ne plus rien annoncer au son de la caisse, réservée désormais pour le service militaire ; les publications en ville se feraient, au moyen d'une sonnette, aux carrefours et aux principales rues.

Le 22 novembre, sur les ordres du district de Louviers, la municipalité de la Saussaye fit ouvrir le caveau des ci-devant ducs d'Elbeuf ; on y trouva un demi-pied d'eau.

On en tira tous les cercueils, au nombre de sept, dont deux d'enfants. La plupart étaient crevés ; on reconnut que tous les corps avaient été embaumés, sauf celui de Henri de Lorraine, qui était consommé. Le corps de Charles II était entier, ainsi que ses linges et ligatures ; les autres étaient plus ou moins anéantis.

Tous ces restes de cadavres furent déposés dans un coffre en bois et réinhumés dans une fosse creusée au cimetière, derrière l'église.

Le plomb des cercueils fut réuni ; 1.132 liv. furent trouvées. Il fut porté à Louviers ; plus tard, il servit à faire des balles.

La voûte du caveau ducal fut abattue, la fosse comblée et on en boucha l'ouverture avec les marbres du monument, dont les inscriptions furent effacées.

Les citoyens Delarue et Andrieu furent nommés, le 1er frimaire (21 novembre), pour former l'état des biens des émigrés et des prêtres déportés.

L'immense quantité de semence demandée par les habitants de Caudebec attirèrent l'attention du procureur de la commune d'Elbeuf ; il fit nommer deux commissaires pour vérifier ce qu'il restait de terre à ensemencer dans cette localité.

On mit en réquisition toutes les chaudières et bassins restant sans emploi dans les teintures et brasseries, pour les adresser ensuite à l'administration des poudres et salpêtres.

Deux autres commissaires furent nommés pour dresser procès-verbal contre les teinturiers et fabricants faisant emploi de bois pour chauffer leurs chaudières.

La municipalité d'Elbeuf fut invitée, le même jour, à faire disparaître les inscriptions qui se trouvaient sur les portes de l'hôpital, et « d'en substituer d'autres plus analogues aux principes d'égalité ».

Le 3 frimaire (23 novembre), une commission, composée de fabricants et d'un teinturier, fut chargée d'aller réquisitionner de l'avoine dans les communes du canton pour une levée de douze chevaux faite dans ce même canton. En outre, un marchand grainetier reçut mission d'aller acheter de l'avoine en dehors de la circonscription cantonale. Un autre habitant reçut l'ordre d'aller acheter six chevaux dans les environs pour compléter le nombre de douze réclamé à notre canton.

Pour solder ces réquisitions et achats, la commune décida de faire un emprunt volontaire de 3.000 livres, auquel seraient invités de contribuer, chacun pour 500 livres, les citoyens Louis Quesné fils, Robert Bourdon, Tellier père, Patallier frères, Quesné-Desmoulins et Michel Lefebvre.

Le dimanche 4 (24 novembre), deux commissaires furent chargés d'examiner et prendre état « des logements du château, basse-cour, maison de Durand, cy devant couvent et autres convenables » pour loger des troupes annoncées, se composant d'un bataillon d'infanterie et de cinquante cavaliers.

On fit des représentations au District de Louviers qui adressait des réquisitions dans des communes désignées comme devant alimenter exclusivement la halle d'Elbeuf.

Le prix des salaires fut modifié. Voici un tableau comparatif de ce qu'ils étaient en 1790 et en 1793, d'après le tarif :

		1790	1793
Journalier.......	—	20	30
Tailleurs de pierres, maçons,.........	par jour	30 s.	45 s.
Charpentiers.....	—	30	45
Manœuvres......	—	18	27
Menuisiers.......	—	32	48
Serruriers.......	—	35	52
Teinturiers	—	20	30
Batteurs en claie.	—	12	18
Trieuses, ourdis^{ses}	—	10	15
Tisseurs.........	la livre	9	13½
Charrieurs.......	par drap	40	60
Foulonniers......	—	40	60
Epinceurs	—	6 l. »»	9 l. »»
Laineurs	par jour	20	30
—	ou p^r 2 eaux	5 l. »»	7 l. 10
Tondeurs........	p^r marqu^e	10	15
Rentrayeurs.....	par pièce	12	18
Maîtres jardiniers	par jour	25	37½
Journaliers......	—	20	30

Le citoyen Bigot, secrétaire de la municipalité, ayant déposé sa démission, il eut pour successeur, le 7 frimaire (27 novembre) le citoyen Marie.

Le corps de ville nomma les citoyens Cauchois et Gamarre pour, aux termes du décret du 25 du précédent mois, enlever tout le cuivre existant dans les églises d'Elbeuf, sans cependant rien dégrader. Cette mesure était rendue nécessaire pour la fabrication des canons, par suite de la rareté du cuivre.

Ce même jour, notre municipalité reçut l'injonction de lever les scellés apposés sur quatre pièces de potasse que réclamaient les citoyens Marion et Cappelet, en vertu d'une pétition adressée par eux au ministre de la guerre, « attendu que ces quatre pièces étaient destinées à préparer l'indigo pour teindre en bleu des draps destinés au service des armées ».

Le citoyen Polonceau, payeur général du département, avisa la municipalité d'Elbeuf qu'il tenait à sa disposition une somme de 485.772 livres 3 sols 5 deniers pour payer les fabricants ayant fourni des draps à l'armée. Béranger et Delarue, officiers municipaux, L. J. Godet et Alex. Grandin, fabricants, se rendirent à Rouen pour toucher cette somme.

Les tailleurs d'Elbeuf avaient été réquisitionnés pour confectionner des vêtements militaires. La ville les installa dans un appartement qu'occupait précédemment « la fille de Vilette ».

On annonça à son de caisse que tous les titres féodaux devaient être déposés à la mairie.

Le nombre des bateaux existant en rivière de Seine et dépendant d'Elbeuf fut relevé.

On décida qu'à l'avenir des certificats ne seraient délivrés qu'au scrutin « et aux fèves », que les blanches seraient pour accorder et les rouges pour refuser.

Le premier sur le nom duquel on passa au vote, par le moyen de haricots, fut le citoyen Pierre-Nicolas Bourdon, fabricant, âgé de 46 ans ; il fut admis au certificat.

Le lendemain, le tambour battit pour inviter les habitants à porter à la maison de ville les habits, vestes et culottes qu'ils avaient en leur possession.

La loi dite du *maximum* avait, en ce qui concerne certains articles, eu pour effet de les rendre inachetables par les commerçants. Pour les sabots d'hommes, par exemple, chaussures communes à presque tous les ouvriers, la loi en fixait le prix à Elbeuf à 15 sols 3 deniers la paire, alors qu'ils valaient chez les sabotiers des forêts de Conches et de Lyons 16 sols ; aussi les détaillants ne s'en approvisionnaient-ils pas. Au 1ᵉʳ nivôse, il ne restait dans notre ville que 30 paires de sabots pour hommes, qui furent vendus le jour même. Par contre, on comptait chez les marchands plus de 1.500 paires de sabots dits à talonnets, à l'usage des femmes. — Le fil de fer pour carde faisait également défaut, à cause du *maximum*.

Il y avait quelque temps déjà que tous les bons de confiance étaient supprimés, et comme la monnaie de billon manquait totalement, le commerce était devenu extrêmement difficile. Ainsi, par exemple, la plupart du temps, il était impossible d'acheter pour moins de 10 sols de marchandise à la fois, aucune coupure n'existant au-dessous de cette somme.

Le citoyen Cagnon, percepteur des contributions foncière et mobilière d'Elbeuf, disparut le 2 nivôse (22 décembre) à la suite de de voies de fait exercées par lui sur un autre citoyen. On apposa les scellés sur sa caisse et sur les rôles des contribuables. Le District fut informé le lendemain de ces faits, qui jetèrent une certaine perturbation dans le public, qui alors s'empressait de payer ses contributions avec des assignats à face, dont le retrait était ordonné.

D'une lettre adressée au District ce même jour, nous détacherons les passages suivants :

« Il y a deux moulins à blé à Elbeuf. Un, placé à la partie supérieure d'un fort ruisseau qui a sa source dans notre ville, est à l'abri des glaces et de la gelée, parce que le ruisseau ne gèle jamais. Il peut moudre 150 livres par heure. La farine qu'il produit est ordinaire. Son méchanisme pourroit être perfectionné.

« Le second moulin, placé sur la partie inférieure du ruisseau, est sujet à être inondé par le refluement des eaux de la Seine. En 1791, il a été trois semaines sans travailler pour cette raison. Il peut moudre 300 livres de grain par heure ; il pourroit aussi être perfectionné. — Les deux moulins sont assujettis annuellement à un repos de cinq jours pour le curage du ruisseau... Ils chôment à peu près huit jours par an, chacun pour cause de réparations. Leur position près de la Seine est très favorable au transport par eau.

Le 3 nivôse an II (23 décembre 1793) en l'assemblée du Conseil général de la commune, on délibéra, une fois encore, sur la difficulté de se procurer des blés et la crise dans laquelle tout le canton se trouvait. On rappela la violence des officiers municipaux de Boscroger, « qui avoient battu jusqu'au sang et désarmé un piquet de garde nationale d'Elbeuf, et que, depuis l'affaire odieuse du désarmement des gardes nationaux », il venait de moins en moins de blé à notre halle.

Pendant cette délibération, une députation de la Société populaire se présenta dans la salle et déposa sur le bureau une invitation au corps municipal tendant à solliciter la commission ministérielle des subsistances à Paris, et à demander que les pouvoirs du citoyen Saint-Amand dans la Seine Inférieure, concernant les vivres, fussent étendus dans l'Eure.

En conséquence, on pria Balleroy de se joindre au citoyen Saint-Amand pour aller exposer à Paris l'extrême disette dans laquelle notre population se trouvait.

Le citoyen maire et le citoyen Béranger furent nommés pour examiner les comptes du citoyen Robert Bourdon, administrateur de l'hôpital, lequel, ce même jour, obtint un certificat de civisme, ainsi que le citoyen Join-Lambert.

Après la suppression des bons de confiance, les fabricants se retrouvèrent fort embarrassés pour le payement des salaires ouvriers. Par l'intermédiaire de notre municipalité, ils s'adressèrent au District, afin d'obtenir de la monnaie de cuivre. Le 3 nivôse (23 décembre), les administrateurs du district leur en firent envoyer pour 200 livres.

Le 9 (29 décembre), Balleroy rendit compte au corps de ville de sa mission à Paris. La commission avait paru très affectée de la situation de notre ville, mais avait dit qu'il était impossible d'instituer une autorité dans la Seine-Inférieure avec pouvoir d'exercer dans l'Eure. Il fallait se borner à faire respecter la loi du 18 brumaire, portant que les cultivateurs ayant d'ancienneté l'habitude d'approvisionner tel marché, devraient continuer à y porter leurs grains, sans avoir égard aux différences de département et de district. Qu'à cet effet, il fallait que le Conseil général d'Elbeuf adressât des réquisitions formelles aux districts de Louviers, Bernay et Pont-Audemer, pour contraindre les cultivateurs des environs d'Elbeuf à exécuter cette loi. Enfin, si des négligences se produisaient, la Commission agirait efficacement vers le Comité de Salut public, qui saurait punir les contrevenants.

Ces conseils furent mis immédiatement en exécution, et en même temps, on demanda des secours provisoires à Rouen, car les besoins étaient extrêmes.

Ce même jour, le Conseil arrêta que les lois seraient lues, à partir du lendemain, tous les jours de décade, dans l'église Saint-Jean.

CHAPITRE IX
(DU 12 NIVOSE AU 12 PLUVIOSE AN II)
(JANVIER 1794)

Arrestation de l'huissier Fontaine. — Les nouveaux noms de rues. — Première fête révolutionnaire a Elbeuf ; la « Montagne » ; une fille de la Liberté. — La « Société populaire et révolutionnaire des vrais Sans-Culottes », arrestation du juge de paix Balleroy, son instigateur. — Soustraction des titres et papiers du duché d'Elbeuf.

On ne délivrait alors de certificats de civisme que trois jours après la demande des intéressés, et pendant ces trois jours leur supplique était affichée, afin que chacun put y faire opposition. Louis-Jacques Grandin, l'un des premiers auxquels ce réglement fut appliqué, reçut un certificat le 11 nivôse. Le lendemain 12 (1er janvier 1794) il en fut délivré un à Ouin, ancien brigadier de gendarmerie, et à Murizon, ancien procureur de la commune et alors qualifié d'agent national provisoire.
Ce même jour, on arrêta le plan du travail

de la municipalité ; en voici les principales dispositions :

Répartitions en six comités ; chaque comité composé d'un officier municipal et de deux notables ;

Surveillance du maire sur tous les comités.

Désignation et attributions des six comités : 1° Correspondance ; 2° Contributions ; 3° Guerre ; 4° Subsistances ; 5° Travaux publics ; 6° Police administrative.

Le 14 nivôse (3 janvier), le Comité de surveillance reçut, pour tenir ses séances, une pièce précédemment occupée par Hervieux du Homme, située dans « l'arrière-cour de la commune ».

Le 16 (5 janvier), le District reçut une demande de Constant Godet, d'Elbeuf, qui sollicitait la faveur d'être nommé agent national, emploi créé par la loi du 14 frimaire précédent. Le Conseil, après avoir pris connaissance de cette pétition, passa à l'ordre du jour, attendu que Godet était compris dans la classe de citoyens faisant partie de la première réquisition.

Ce même jour, le citoyen Morin reçut mandat pour aller toucher, à Rouen, des fonds attribués par le gouvernement aux familles nécessiteuses des défenseurs de la Patrie, du canton d'Elbeuf. Voici les sommes revenant à chaque commune :

Elbeuf 997 livres ; Elbeuf (autre état) 700 ; La Bouille, 1.153 ; Oissel, 566 ; Caudebec, 208 ; Moulineaux, 58 ; Saint-Aubin, 102 ; Tourville-la-Rivière, 68.

Ce même jour encore, le Conseil arrêta, en exécution du décret du 4 nivôse, de célébrer le décadi suivant la fête ordonnée en réjouissance des victoires remportées par nos armes. Les commissaires de la Société populaire déposèrent un plan de fêtes, que le corps de ville adopta. On arrêta également que les réjouissances commenceraient à 10 heures du matin, que l'arbre de Liberté existant serait abattu et remplacé par un autre pendant la fête.

Pendant que l'on délibérait, on cria : « Au feu ! » dans les rues. Un incendie venait d'éclater chez le citoyen Lefebvre, « par l'abus qui se commettait des masques et des flambeaux ». Séance tenante, on prononça que les masques et les flambeaux étaient interdits, et que quiconque serait trouvé masqué ou porteur de flambeaux serait arrêté et puni suivant la rigueur des lois ; que le présent réglement serait affiché au Coq, aux deux églises et publié à son de caisse. Après quoi, le corps de ville se rendit au domicile de Lefebvre où il dirigea les secours.

A la séance du 17 nivôse du Comité de surveillance, présidée par le citoyen J.-B. Tienterre et où se trouvaient les citoyens Mathieu Frontin, Louis Gamare, Aug. Duruflé, Pierre Patallier, Alex. Montagnard, Jean-Pierre Lefort et Félix Get, ce dernier secrétaire, il fut dit que, la veille, à la Société populaire, les citoyens Sever Andrieu et Dubos, huissier à Elbeuf, avaient dénoncé le citoyen Fontaine, également huissier et officier municipal, comme détenant des jugements portant reconnaissance des droits féodaux supprimés. Le Comité transmit la dénonciation au District et donna l'ordre de mettre en état d'arrestation le citoyen Fontaine, huissier. On le laissa à son domicile, mais deux garde-nationaux, armés chacun d'une hallebarde, furent placés à la porte de sa maison. Fontaine fut remis aux mains des gendarmes le 21 du même mois.

Nous reproduirons une partie de la délibération prise dans la séance municipale du 19 nivôse (8 janvier) :

« Le Conseil général a arrêté qu'il sera placé sur les tours des églises Saint-Jean et Saint-Etienne, en attendant leur destination nationale, une flamme aux trois couleurs, surmontée d'un bonnet de Liberté et que les noms des sections, places et rues seront changés comme suit :

« La section de Saint-Jean s'appellera : section de Liberté; celle de Saint-Etienne : section de l'Egalité.

« La place du Coq s'appelera : place de la Fraternité ; celle du Calvaire: de la Réunion ; celle du Mont-Roty : de la Montagne.

« La rue de Saint-Etienne, à partir de la place de la Fraternité jusqu'à la rue Meleuse, s'appellera : rue de la Fraternité ; depuis la rue Meleuse jusqu'à la porte de Rouen : place de la Montagne.

« La rue de la Barrière : rue de l'Union ou de la Réunion.

« La rue Saint-Jean : rue de la Seine-Inférieure.

« La rue de la Justice, y compris la rue Poulain, conservera le nom de rue de la Justice.

« La rue Meleuse, s'appellera rue de l'Egalité.

« La rue Notre-Dame et du Moulin : rue de la Liberté.

« Les maisons seront numérotées ».

Ce même jour, à la suite des difficultés éprouvées pour se procurer de la chandelle,

« à cause des entraves apportées par les citoyens des communes voisines », il fut fait défense aux chandeliers de délivrer de la chandelle à qui que ce fût, hors la présence d'un chef de section nommé à cet effet. Chaque ménage au-dessous de six personnes n'avait droit qu'à un quarteron ; les familles composées de six personnes et plus pourraient en avoir une demi-livre par chaque livraison.

Les Archives nationales conservent le procès-verbal, qui fut envoyé à la Convention par la municipalité d'Elbeuf, d'une grande fête qui avait eu lieu dans notre ville le 20 nivôse an II (9 janvier 1794), à l'occasion des victoires remportées par les armées françaises et notamment de la reprise de Toulon.

Avant de publier ce compte-rendu, disons que, la veille de la fête, la municipalité avait décidé, contrairement aux usages suivis jusqu'alors, de ne donner à cette cérémonie aucun caractère religieux et que l'on n'entrerait pas dans les églises, qui, à cette époque encore, étaient consacrées au culte catholique.

Dans un préambule, le maire et les officiers municipaux d'Elbeuf exposent que ce rapport est adressé « aux législateurs comme un témoignage du patriotisme ardent et du vrai républicanisme qui anime le peuple, dont les sentiments se montrent avec cette effusion sentimentale qui caractérise les bons cœurs et qui n'appartient qu'à de bons citoyens ».

Voici, maintenant, la copie textuelle du procès-verbal :

« La fête était composée sçavoir : de quatre hommes à cheval suivis d'un piquet de gardes nationaux portant une bannière avec cette devise : VIVRE LIBRE OU MOURIR !

« Des jeunes gens de la première réquisition, ayant la plus part le sac sur le dos, avec une bannière dont la devise était : NOUS SOMMES TOUS PRÊTS A COMBATTRE NOS ENNEMIS ; QUE LA PATRIE NOUS EMPLOYE !

« Des enfants au-dessous de l'âge de 18 ans, en très grand nombre, respirant la gaieté vive et charmante de l'innocence, exempte de peines et de soucis, portant pour bannière cette devise : L'ESPOIR DE LA PATRIE.

« D'un groupe de vieillards, d'un l'un est âgé de 96 ans, laboureur, et marchant avec facilité. Ce groupe portait pour devise : NOUS N'AVONS QUE DES VOEUX A VOUS OFFRIR.

« La statue de la Victoire dans tout son éclat était portée à hauteur d'homme et frappait non moins la mémoire que les yeux, au profit des victoires récentes remportées sur nos ennemis, par la reprise de l'infâme Toulon, la levée du siège de Landau, et la destruction si ardemment souhaitée des fanatiques rebelles de la Vendée.

« Un groupe nombreux de citoyennes de tout âge, où brillaient à la fois la vénération des mères, la dignité des épouses et les grâces des filles ; leur bannière était : NOUS DÉCERNONS LA RÉCOMPENSE AUX VAINQUEURS. La beauté semblait s'être jointe à la décence et à la joie vive et pure.

« La Société populaire venait ensuite, portant pour bannière : NOUS SOMMES L'EFFROY DES TYRANS. Au milieu d'elle était élevée la statue de la Liberté, ayant à sa main le bonnet de la liberté.

« Un groupe d'amateurs de musique jouant tous les airs patriotiques et révolutionnaires.

« On voyait ensuite les bustes de Pelletier

et de Marat, avec la Déclaration des Droits et un faisceau de piques.

« Puis la statue de la Raison, devant laquelle deux jeunes citoyennes portaient un vase d'où sortaient des flammes.

« Enfin, les authorités constituées suivaient le Comité de surveillance, ayant pour bannière : LES CONSPIRATEURS SONT SURVEILLÉS.

« La justice de paix ayant pour bannière : LA LOI ET LA PAIX.

« Le Conseil général de la commune, ayant pour bannière : LE BUT DE LA SOCIÉTÉ EST LE BONHEUR COMMUN.

« Un piquet de gardes nationaux, avec trois cavaliers, fermait la marche, ayant à sa tête un tableau de la reprise de Toulon, avec ces paroles : AUX BRAVES RÉPUBLICAINS QUI ONT REPRIS TOULON.

« Cette marche est partie de la maison commune, a descendu la rue de la Seine-Inférieure (Saint-Jean), pris la rue de la Liberté (du Moulin-Saint-Jean, de la Rigole et Notre-Dame) et a planté un arbre de Liberté sur la place de la Montagne (du Mont-Rôti ou porte de Rouen) à l'endroit où était un Christ.

« Ensuite elle a descendu par les rues de la Montagne (Saint-Etienne) et de la Fraternité (de la République); elle a traversé la place de la Révolution (du Coq) et a pris la rue de la Réunion (de la Barrière), au bout de laquelle, c'est-à-dire à la place de ce nom (du Calvaire), elle a planté au lieu d'un christ le faisceau de piques, symbole de l'union, surmonté d'un bonnet de Liberté. Ce faisceau fait le plus bel effet, sous un beau dôme soutenu par quatre piliers de belle architecture ». — Nous avons déjà dit que ce dôme et ces piliers sont ceux que l'on voit actuellement dans le cimetière Saint-Jean.

« Elle est revenue à la place de la Révolution devant la maison commune, où une montagne en gazon était disposée, et elle a planté un beau chesne portant un niveau.

« Le vieillard de 96 ans a eu l'honneur de la plantation avec deux belles citoyennes, les chefs des authorités constituées et le président de la Société populaire. Le vieillard a été embrassé par tous et l'on a vu la joye percer encore sur son auguste visage, malgré ses rides.

« Le génie de la Liberté semble avoir procuré un de ces événements propres à tuer le fanatisme, la superstition et accroître l'enthousiasme de la Révolution. L'épouse d'un des deux commandants de la garde nationale était accouchée le matin d'une fille. Les père et mère ont désiré que sa naissance fût constatée par l'officier public sur la montagne, lors de la plantation de l'arbre de la Liberté.

« Cet acte important et dégagé de toutes idées superstitieuses a été dressé, en effet, au désir des père et mère et de tout le peuple qui, dans un concours immense, y a donné ses plus vifs applaudissements. Cette fille de la Liberté a été nommé Cornélie, en mémoire de la mère des illustres Graques qui périrent victime de l'aristocratie en haine de leur amour pour le peuple.

« Un feu de joie a été allumé ; l'on a dansé ; tout s'est confondu dans les épanchements de la gaieté et de danses nombreuses. Des jeunes gens avaient préparé un banquet civique, où le peuple a pris part dans tout l'essor de la joie.

« Pendant la marche, les hymnes patriotiques et les cris de : « Vive la République ! » se sont fait entendre de toutes parts.

« La fête s'est terminée par un feu d'artifice contenant la cocarde nationale et les attributs de l'Agriculture qu'un artiste est venu offrir ».
— Cet artiste était le citoyen Murizon, dont il sera souvent question par la suite.

« Le cortège et les authorités se sont retirés à quatre heures d'après-midi ».

Ce rapport est signé des citoyens : Saillant, maire ; Louis Béranger fils, Jean-François Delarue, Benjamin Chefdrue et Grandin, officiers municipaux ; de Fosse, greffier de la Justice de paix ; d'un autre Fosse, frère du précédent ; de Join-Lambert, Pierre Hayet, Jamay, Miége, Cherel et Heullant, notables, et de Marie, secrétaire-greffier de la Ville.

La naissance de la citoyenne Cornélie est authentiquement constatée par cette pièce, comme on le voit ; cependant, par un oubli inexplicable, l'acte ne fut pas consigné par l'officier de l'état-civil sur son registre, où nous l'avons vainement cherché.

Le 21 nivôse (10 janvier) les citoyens Join-Lambert et Delarue se rendirent à Rouen, à l'effet de prendre livraison de 200 quintaux de blé, cédés à notre ville par le Comité des subsistances.

Les vicaires Bourgeois et Lenoble, préposés à la répartition des grains, chacun dans sa paroisse, ou plutôt sa section, reçurent pour adjoints les citoyens Fautelin, Flavigny, Le Cerf, Quesné, Hébert et Gamare, apothicaire.

Ce secours était on ne pouvait plus utile, car le lendemain, il n'arriva que 160 quintaux de grains à notre halle. Cependant, le District

An II (1794) 177

de Rouen avait donné sommation à ceux de Pont-Audemer, Bernay et Louviers de la faire approvisionner par les cultivateurs, mais sans résultat appréciable.

Le Conseil général d'Elbeuf se réunit le 23 (12 janvier). Il rédigea un mémoire pour être adressé au District et à la Commission des subsistances, à Paris. Il y était dit que la crise sévissait dans toute son horreur ; que la population d'Elbeuf était de 6.000 habitants et celle de tout le canton de près de 30.000 ; que plusieurs communes, sous la douleur de la faim dévorante, étaient sur le point de s'agiter :

« Les laboureurs du département de l'Eure refusent des secours aux sans-culottes que la faim pousse à les y chercher, et même ils les maltraitent de paroles et de voies de fait... Le peu de pain qu'ils accordent à leurs larmes, ils le font payer jusqu'à 10 sols la livre ! »

Au milieu de ces calamités, le patriotisme ne perdait rien de son ardeur. Parmi les donations qui furent faites dans le but de combattre l'ennemi, nous citerons celle de Mathieu Quesné, qui donna sa grille lorsqu'il apprit que le gouvernement réclamait du fer. Mais le transport à Rouen ayant présenté quelques difficultés, Mathieu Quesné garda sa grille et donna 400 livres en remplacement.

Le Comité de surveillance envoya le 27 nivôse (16 janvier) au District, le procès-verbal de l'arrestation du citoyen Pierre-J.-B. Drouet, en date du 24 brumaire précédent, et rappela celui, en date du 21 nivôse, de l'arrestation du citoyen Pierre-François Fontaine, transféré à Rouen il y avait déjà huit jours.

Le Comité de surveillance de la commune d'Elbeuf avait alors comme président le citoyen

Mathieu Frontin, fabricant, et pour membres les citoyens J.-B. Tienterre, Patallier, Voranger, Gamare, pharmacien ; Auguste Duruflé, Jacques-Pierre Delacroix, Get, Louis-Joseph Godet, Jean-Pierre Lefort, secrétaire, tous bourgeois de la ville.

Ce même jour 27 nivôse, le Comité qui avait fait arrêter le citoyen Magloire Balleroy, frère du juge de paix, fit placer deux fonctionnaires à la porte de son domicile.

Les citoyens Grandin, Join Lambert et Nicolas Bourdon furent désignés pour dresser un état des caisses des capitalistes, banquiers, négociants, etc.

Ce même jour, le citoyen Nicolas-Félix Lefebvre, commandant du bataillon de la Liberté de la garde nationale, âgé de 34 ans, reçut un certificat de civisme.

L'agent national provisoire Murizon proposa de fixer les jours de marchés à Elbeuf aux duodi, quintidi et octidi de chaque décade, ce qui fut adopté. Des affiches prévinrent les laboureurs des environs de ce changement.

Avec le blé apporté à la halle de ce jour, on n'avait fait que 1.023 livres de farine ; comment, avec si peu de ressources donner du pain aux 6.000 habitants d'Elbeuf de fournir aussi aux besoins des communes voisines? Le corps municipal délégua deux de ses membres pour aller solliciter des secours à Rouen.

Le District reçut ces délégués assez mal et montra un mécontentement général contre la commune.

Le 29 (18 janvier), le Conseil général de notre ville, « sur la pétition présentée par les citoyens sans-culottes de cette commune, tendant à former une Société populaire et révolutionnaire dans l'église Saint-Jean, provisoirement, à compter de ce jourd'huy » passa à l'ordre du jour.

Nous relevons le premier procès-verbal de la nouvelle Société populaire, tenue néanmoins en l'église Saint-Jean, le 29 nivôse (18 janvier) :

« Vive la République françoise une et indivisible !

« La Société populaire et révolutionnaire des vrais Sans-Culottes d'Elbeuf, formée légalement après l'avertissement par écrit fait à la municipalité d'Elbeuf, suivant l'article 14 du titre Ier de la loi du 22 juin 1791 (vieux style), s'est installée en l'église de Saint-Jean.

« Les cris de : « Vive la République ! » se sont fait entendre avec acclamation. Les citoyens Dumas, président, Fosse et Bailly, secrétaires, ont pris place au bureau.

« Elle a déclaré que son intention ferme et constante sera de développer l'esprit public dans les principes révolutionnaires de la Convention, et de faire triompher la Raison sur le Fanatisme, comme la Liberté et l'Egalité contre les malveillants, les intrigants, les ennemis de la Montagne et de la vraie sans-culotterie ; et, en conséquence, la société s'est déclarée formée.

« Sur les motions des divers membres, elle a arrêté les points suivants :

« Elle fera son épurement demain à cinq heures après midy ; 2º Le mode d'admission des membres à venir sera fixé dans la séance de demain ; 3º Chaque membre de cette société qui était de celle établie au Couvent déposera sa carte pour y estre renvoyée ; 4º Pour l'exécution de la loi sur le Gouvernement révolutionnaire provisoire pour faire connoître la vérité qu'on s'efforce de voiler, il sera envoyé dix membres vers les représentants du Peuple, afin de les inviter à se rendre présentement à Elbeuf pour déjouer les intrigues ; les citoyens nommés sont : J.-B. Pétel, Harel, Fosse, Groult, Cauchois, Védie, Heullant, Martin, Cheval et Barbé.

« La Société a arrêté encore d'envoyer le présent procès-verbal au Comité de sûreté générale de la Convention pour le prémunir en tous sens ».

Dans la même séance fut rédigée la déclaration qui suit :

« Au Conseil général de la commune d'Elbeuf-sur-Seine :

« Les citoyens sans-culottes d'Elbeuf déclarent que leur intention est de former une Société populaire et révolutionnaire, dans l'église de Saint-Jean provisoirement, à commencer de ce jourd'huy et continuer chaque jour pendant une décade et continuer tous les deux jours ensuite.

« A Elbeuf, ce 29 nivôse an II de la République ! »

Suivent cinquante-huit signatures, dont beaucoup d'ouvriers ; mais nous y trouvons également celles des citoyens J.-B. Tienterre, Rousselin, Ch. Bailly, J.-B. Fouard, Jean-Louis Fouard, Jacques Dupont, deux Flavigny, Allandy, J.-P. Balleroy, Désiré Cauchois, P. Saillant, Jean-Louis Fosse, etc. — Trois de ces signaturees furent, postérieurement, effacées avec un grand soin, de façon à les rendre illisibles.

Le Comité de surveillance était tout puissant. Il faisait arrêter ou mettre en liberté ceux qu'il désignait. Le poste de la garde nationale était chargé de la garde des prisonniers, dans la chambre de discipline.

Deux membres du Comité de surveillance avaient été envoyés à Rouen pour connaître les suites données à la dénonciation contre Balleroy, juge de paix. Ils rapportèrent, ce même jour 29 nivôse, que rien n'avait été fait. Le Comité se saisit de cette affaire.

Immédiatement, il fit appeler les témoins, et, après les avoir entendus, le Comité fit arrêter le juge de paix et apposer les scellés sur ses papiers. Les pièces de cette procédure furent envoyées au Comité de sûreté générale à Rouen et à l'accusateur public de cette ville.

Son frère, Magloire Balleroy, n'ayait pas été arrêté. Il fut déclaré fuyard; le Comité de surveillance envoya son signalement à Rouen.

A la disette de blé, vint se joindre celle de la viande. Les bouchers n'exposèrent rien en vente dans cette même journée du 29. On les manda à la mairie. Ils alléguèrent qu'ils ne pouvaient exercer leur commerce à cause du maximum, puisqu'à Routot la viande valait sur pied de 20 à 25 sols la livre. On leur enjoignit de garnir leur boutique provisoirement, et il fut demandé à la Société populaire de nommer une délégation afin d'accompagner les bouchers au prochain marché du Neubourg et de Routot et de constater le prix de la marchandise.

Suit le procès-verbal de la séance tenue en l'église Saint-Jean, le 30 nivôse par la nouvelle Société populaire et révolutionnaire :

« Vive la République !

« Senseurs nommés : les citoyens Marsolet, Langlois, Pierre Dumas fils, Saint-Pierre,

Bodin, Fouard. — A défaut du citoyen Fosse, secrétaire, l'assemblée a nommé le citoyen André Flavigny.

« Le journal a été lu et applaudi par les cris de « Vive la République ! »

« Un membre a fait sa motion pour qu'il n'y ait pas de parents de prêtres déportés ou émigrés dans les autorités constituées. Elle a été adoptée.

« Vu qu'il était jour de décade, on a nommé deux commissaires pour aller chercher la Loy à la municipalité pour la prochaine séance. Les commissaires nommés sont les citoyens Louis Le Bailly et Girard Saint-Ouen.

« Un autre membre a fait la motion pour s'abonner pour avoir un journal. Elle a été adoptée.

« Il a été arrêté que le journal sera lu les jours qu'il n'y aura point séance à midi, et le jour de la séance à l'ouverture.

« Il a été arrêté que l'on plantera un arbre de Liberté sur le Port, et qu'il y aura un drapeau sur un lequel il y aura une inscription : « Vive la Société révolutionnaire des vrais Sans-Culottes ! »

« La séance a été levée par les cris de : « Vive la République ! »

Ce procès-verbal est le second et dernier du registre de cette société.

A la séance municipale du 1er pluviôse (20 janvier), on donna lecture d'une lettre du Comité de surveillance annonçant qu'il devait, le jour même, procéder à la levée des scellés apposés sur les effets du citoyen Balleroy, mis en état d'arrestation par son ordre du 27 nivôse (16 janvier).

Sur une autre lettre du même Comité relative à la levée des scellés apposés sur les papiers du citoyen Balleroy, juge de paix, le corps municipal déclara se charger de l'opération.

Le Conseil général de la commune arrêta que toutes les matières d'or et argent, galons et autres, étant dans les églises, communauté et hôpital seraient envoyés à la Convention, et qu'il lui serait demandé l'autorisation de livrer à l'Agence des secours tous les autres « meubles » — lire étoffes — pour habiller les sans-culottes de la commune.

Une seconde séance eut lieu le soir. Le citoyen Bernays, agent national du District, s'y présenta. Il déclara avoir la mission « de mesurer la hauteur de l'esprit public régnant dans les communes du canton d'Elbeuf et de les exciter à former des Sociétés populaires, pour propager dans l'esprit public le désir de la liberté, et des Comités de surveillance ».

Le Comité de surveillance fit examiner les papiers des frères Balleroy, ce même jour. On n'y trouva rien de contraire aux intérêts de la République. Néanmoins, le Comité donna l'ordre au brigadier de gendarmerie de transférer le juge de paix au tribunal criminel de Rouen.

Ce même jour, 1er pluviôse, un officier municipal de Saint-Didier déposa une dénonciation contre Jean-Pierre Balleroy. D'autres dénonciations furent encore portées deux jours après contre lui par les citoyens Lizé et Cauchois, d'Elbeuf.

Dans l'après-midi, une délégation de la municipalité elbeuvienne se rendit au District, auquel elle exposa la situation affligeante de notre population par suite du défaut de subsistances. Le Directoire du district manda immédiatement à la commune de Rouen de délivrer provisoirement à celle d'Elbeuf un secours de 30 quintaux de blé, qui lui seraient rendus sous huit jours.

Ce même jour encore, les clefs de l'église Saint-Jean furent déposées au Comité de surveillance, « vu le rassemblement qui s'y était formé et qui menaçait la tranquillité publique ».

L'église Saint-Jean, dit M. Parfait Maille, fut fermée le 21 janvier 1794. Ecoutons, à ce sujet, la curieuse narration d'un employé de la fabrique paroissiale, Zacharie Osmont :

« On a cessé de faire et dire l'office à cause qu'il est survenu dans toute la France, une grande révolution dont l'auteur principal était un nommé Robespierre, qui est un superbe destructeur de la religion et autres faits contre la Constitution de 1793.

« Ayant, dans ce temps, le plus grand nombre des citoyens de son parti, que quiconque n'en était point et qu'il fut connu était exposé à perdre la tête, sans forme de procès, ce qui est arrivé à un très grand nombre d'individus de toute la France.

« C'est pendant ce même temps que s'est faite toute dévastation, sans espoir d'en rien avoir... »

A des reproches adressés par le District à notre municipalité, celle-ci répondit en lui envoyant copie de la délibération du 29 brumaire, et en ajoutant :

« Cette mesure (d'envoyer des matières d'or et d'argent appartenant aux églises) n'a pu être exécutée par l'opposition que l'ignorance du peuple y a apportée. Son fanatisme l'a porté jusqu'à venir en masse dans le lieu du Conseil général de notre commune, pour protester contre son arrêté et porter l'excès jusqu'à faire des protestations de foy. Le peuple était soulevé; nous avons cru de notre prudence d'en cesser pour un temps l'exécution, nous flattant que la raison et les décrets de la Convention nationale l'éclairciroit et aurions dans peu l'avantage de le voir pénétré des grands principes de la Révolution, et de concourir à la destruction du fanatisme.

« Nous n'avons pas été trompés. Il a vu abattre, sans regret, les signes extérieurs de la superstition, et sous quelques jours, il ne sera plus question d'églises... »

Ce même jour encore, notre administration municipale reprocha aux Districts de Louviers et de Pont-Audemer leur incurie pour l'application de la loi sur les subsistances, aux termes de laquelle les marchés devaient être alimentés par les localités qui avaient coutume de les approvisionner en 1789 et auparavant. Ces deux districts furent menacés de dénonciation, s'ils continuaient, par leur force d'inertie, à détourner les grains qui devaient être apportés à Elbeuf.

Le 2 (21 janvier), le corps municipal passa à l'ordre du jour sur une lettre du citoyen Bailly, manifestant « son regret d'avoir signé la pétition des sans-culottes tendant à établir une seconde Société populaire dans l'église cy devant Saint-Jean ».

Bernays entra alors. Il exposa « que l'attroupement fait sous prétexte de former une Société populaire et révolutionnaire des sansculottes en cette commune était illicite; que c'était tendre au fédéralisme » et demanda qu'elle fut anéantie le jour même, et qu'aucun certificat de civisme fut donné à des signataires de la pétition demandant l'établissement d'une seconde société populaire.

Le Conseil communal ordonna, pour empêcher toute nouvelle tentative, de faire fermer les deux églises et d'en apporter les clés à la mairie, où elles resteraient jusqu'à nouvel ordre.

On introduisit le citoyen Désiré Cauchois, signataire de la pétition. Il déclara avoir agi sous l'instigation de Balleroy, qui lui avait assuré qu'une seconde société populaire serait très commode pour les pauvres ; que Balleroy l'avait fait appeler pour signer cette pétition. « Hier, dit-il, j'étais monté en chaire, on m'a demandé ma carte de la première société ; j'ai refusé de la rendre, désirant faire partie des deux sociétés ».

Le Conseil décida de rédiger une adresse, pour le jour même, de « la lire sur la montagne, à tout le peuple et l'afficher ».

Un membre de la Société populaire fit ensuite son entrée et déposa sur le bureau un calice, une patène, un plat et deux burettes, dont il faisait hommage à la Nation. On lui vota des remercîments.

Ce même jour, le registre des délibérations « d'une prétendue Société populaire et révolutionnaire qui voulait s'établir dans l'église cy devant Saint-Jean » contenant les deux procès-verbaux que nous avons transcris, fut déposé à la municipalité.

Le 3 (22 janvier), le District reçut avis du Comité de surveillance d'Elbeuf que le nommé Magloire Balleroy était fuyard.

Sur la dénonciation de l'agent national de

la Saussaye, le Comité de surveillance d'Elbeuf, présidé par le citoyen Frontin et ayant pour secrétaire le citoyen J.-P. Lefort, fit procéder à l'arrestation de Dubos, huissier, accusé d'avoir voulu brûler des papiers et titres féodaux sans en permettre l'examen.

Le Comité de surveillance reçut, le lendemain 4 pluviôse (23 janvier), les procès de procédure contre les frères Balleroy que lui retournait l'accusateur public de Rouen, qui s'était déclaré incompétent. Le Comité décida de les envoyer à l'accusateur public du tribunal révolutionnaire de Paris.

A l'ouverture de l'assemblée municipale du même jour, on lut une lettre du citoyen Flavigny-Gosset, lequel offrait à la Nation, pour l'habillement de soldats, une demi-pièce de de drap écarlate. On le remercia chaleureusement.

On décida d'enlever tout le fer se trouvant dans les églises et de l'envoyer à Rouen.

Les jeunes gens de la première réquisition se réunirent le lendemain sur la place de la maison commune.

Le 5 (24 janvier), le conducteur-fermier des bateaux d'Elbeuf à Rouen exposa aux autorités du district qu'il se trouvait dans l'impossibilité de continuer son service, par suite du manque d'avoine pour ses chevaux. — Le Directoire, considérant que les bateaux faisaient un service public utile, lui donna l'autorisation de se pourvoir de 50 boisseaux d'avoine là où il pourrait, dans l'étendue de l'arrondissement.

Le 6 (25 janvier), le corps municipal arrêta que les demandes de certificats de civisme seraient communiquées à la Société populaire.

Cette décision fut rapportée le 9 du mois suivant.

La municipalité écrivit, ce même jour, aux administrateurs du district de Rouen :

« Par votre lettre du 4 pluviôse, vous nous dites que vous allez nous dénoncer au Comité de Salut public, et qu'il en coûte beaucoup à vos cœurs républicains.

« Les nôtres ne sont pas moins affectés de ce que vous nous faites des reproches et menaces. Nous ne connaissons que la Loy. Nous y avons obéi, puisque nous avons fait passer le 24 nivôse l'état que vous nous demandez. Nous trouvons le fait consigné sur nos registres. Alors plus de doute qu'il est resté dans vos bureaux. Demandez à vos commis, ils vous le remettront certainement, et soyez persuadés que nous serons toujours alarmés de nous voir menacés injustement.

« Salut et Fraternité : SAILLANT, maire; DUVAL, MORIN, Jean-François DELARUE, officiers municipaux ».

Le Comité de surveillance, ordonna le transfert de P.-F. Balleroy, juge de paix, au tribunal révolutionnaire de Paris, et de conduire Dubos, huissier, à la maison d'arrêt de Rouen. Quelques jours après, Dubos fut transféré à Louviers, La Saussaye étant dans le district de cette ville.

Le 6 pluviôse également, 51 citoyens firent don de chacun un fusil pour la défense de la Patrie. 47 autres fusils furent encore livrés par les Elbeuviens, mais ils s'en firent payer la valeur, s'élevant, au total, à la somme de 1.050 livres.

Le 8 (27 janvier), des commissaires de la Société populaire de notre ville allèrent déposer sur le bureau du District un morceau du pain de son dont la plupart de leurs concitoyens étaient obligés de faire leur nourriture, et sollicitèrent un secours « au nom de l'humanité et de la fraternité ». Le conseil se montra fort affligé de la détresse qui régnait à Elbeuf et invita de nouveau la commune de Rouen à délivrer à la nôtre 30 quintaux de blé.

Le Comité de surveillance ordonna, ce même jour, que les boutiques seraient fermées les jours de décade.

Le 11 (30 janvier), les citoyens Louvet et Lenoble, vicaire, furent chargés de prendre compte des chaises de l'église Saint-Jean. Join-Lambert, teinturier, reçut mission de faire l'inventaire du mobilier de la veuve Delarue, mère d'émigré.

On arrêta que la municipalité « prendrait le titre de Révolutionnaire et que ses actes seraient intitulés révolutionnaires ».

Des lettres d'amers reproches furent adressées aux communes qui devaient fournir la halle d'Elbeuf et n'en faisaient rien. Elles furent menacées d'être dénoncées à la Convention. Chacune de ces lettres se terminait ainsi : « Notre douleur profonde nous arrache ces tristes menaces ; mais nous nous rassurons en pensant que vous êtes hommes ».

La Société populaire fit mieux. Elle envoya des commissaires dans toutes les communes. Dans un grand nombre, ils apprirent qu'aucune réquisition en faveur d'Elbeuf n'avait été faite. Ils dénoncèrent à la municipalité les communes du Theillement et de Berville-en-Roumois, qui avaient reçu des réquisitions, mais n'en avaient tenu aucun compte. Les commissaires de la Société populaire apprirent encore que d'autres communes n'avaient pas obtempéré à ces réquisitions parce qu'elles en avaient reçu d'autres de leur district respectif. Enfin, un certain nombre de cultivateurs, fermiers d'émigrés, portaient volontairement leur blé dans les magasins de leur district. Ces renseignements, fournis par la Société populaire, furent transmis au district de Rouen.

Le lendemain 12 (31 janvier), le citoyen Fontaine, officier municipal, acquitté de l'accusation portée contre lui, fut demandé pour reprendre sa place dans l'administration communale.

Il fut écrit, le même jour, à la municipalité de Grosley que celle d'Elbeuf n'avait point brûlé les titres du ci-devant duché d'Elbeuf, parce que Martin, feudiste, les avait soustraits. Le greffier ajouta : « Nous n'avons pu nous procurer le plaisir d'en faire un *auto-da-fé*... »

CHAPITRE X
(DU 13 PLUVIOSE AU 10 VENTOSE AN II)
(FÉVRIER 1794)

FONCTIONNEMENT DU COMITÉ DE SURVEILLANCE ET DE LA SOCIÉTÉ POPULAIRE. — LA MUNICIPALITÉ DEMANDE L'OUVERTURE D'UN TEMPLE A LA RAISON. — VENTE DE BIENS D'ÉMIGRÉS ; L'« AUDIENCE » D'ORIVAL ET SON CHRIST. — CERTIFICATS DE CIVISME. — DÉPRÊTRISATIONS. INAUGURATION DU TEMPLE DE LA RAISON. — LE CITOYEN MAUDUIT, POÈTE-MUSICIEN.

Sur la réquisition du citoyen Murizon, agent national provisoire de la commune, la municipalité vota, le 13 pluviôse (1er février), à l'unanimité, l'ouverture d'un registre pour l'acceptation de l'acte constitutionnel. Après quatre jours, les citoyens ne seraient plus admis à se faire inscrire et regardés comme ayant refusé d'accepter la Constitution.

Le Comité de surveillance enjoignit à ceux de ses membres chargés de surveiller la poste, d'arrêter les lettres pour ou venant de l'étranger, et toutes autres qui paraîtraient suspectes.

Le citoyen Guersant, ancien curé de Caudebec, se rendit au bureau du district le 14 pluviôse (2 février), et remit aux administrateurs un calice et une patène d'argent qui lui avaient été confiés à cet effet par le citoyen J. Grandin « qui les possédoit pour le service de sa chapelle ». Il avait précédemment « donné à la République un charriot et deux chevaux ». Guersant déposa, en outre, quatre chemises et deux paires de bas que le citoyen Grandin offrait à la Patrie. Ces dons furent l'objet d'une mention civique au procès verbal et d'une insertion aux journaux de Rouen.

Le 15, on dénonça au Comité de surveillance une pétition colportée secrètement en faveur de Balleroy.

En vertu d'un jugement rendu par le tribunal révolutionnaire de Paris, le Comité de surveillance fit enlever le 18 pluviôse (6 fév.), les scellés posés chez le juge de paix Balleroy.

Le Conseil général de la commune d'Elbeuf ordonna de brûler tous les galons d'or et d'argent provenant des églises et des communautés, afin d'en retirer les métaux précieux.

Aux matières premières qui manquaient déjà dans notre ville, il fallut ajouter le charbon de terre, nécessaire à la teinture. Les fabricants signèrent une pétition, ce même jour 18 pluviôse, pour en réclamer.

L'industrie continuait à être active, car nos manufacturiers suffisaient à peine pour exécuter les commandes de draps de troupes que le gouvernement leur adressait. Des fraudes s'étant produites, il fut défendu aux fabricants d'expédier aucune pièce sans avoir été visitée par le citoyen Johin, agent du service de l'habillement.

Le même jour encore, les citoyens Parfait

Grandin et Galleran furent nommés, par scrutins, dans chacune des deux sections de la Liberté et de l'Egalité, membres du Comité de surveillance.

Le 21 pluviôse (9 février), on mit en vente une partie des biens ayant appartenu à la fabrique paroissiale de Saint-Jean ; ils furent achetés par divers : Moyse et Benjamin Chefdrue frères (1.100 livres), Ambroise Chefdrue (4.650 liv.), Laurent Patallier et Charles Dupont (2.625 liv.), J.-F. Goupy (1.525 liv.), Ambroise Chefdrue, deuxième lot (4.550 liv.).

Le même jour, le corps municipal prit cet arrêté : « Vu la disette extrême de chandelle et le besoin très urgent qu'en ont les ouvriers, arrête qu'il sera fait défense aux chandeliers de fabriquer de la chandelle autre que de douze courte et seize longue à la livre, sous peine de 10 livres d'amende ; qu'elle sera délivrée par section... et que les personnes aisées ayent à s'en procurer où elles pourront jusqu'à ce que cette disette n'existe plus ».

Sur des observations de la Société populaire, communiquées par les citoyens Math. Quesné père et Louvet père, « ayant pour objet de rendre praticable la rue de l'Egalité, vis-à-vis de la Rigolle », le Conseil général arrêta que les sables des ravines y seraient portés.

Nous trouvons, à la date du 22 pluviôse (10 février), ces détails sur le jardin des ci-devant Ursulines d'Elbeuf : « Son sol est de bonne terre ; son usage ordinaire était en légumes. Il est planté d'arbres fruitiers en espaliers et contre-espaliers. Il ne peut être labouré, parce que le terrain est coupé par les contre-espaliers ; il ne peut être employé que pour des légumes et pommes de terre ».

Au 23 pluviôse (11 février), on avait terminé, à Elbeuf, la confection d'une grande quantité de vestes, habits, culottes et bonnets de police, à laquelle nombre d'ouvrières travaillaient depuis plusieurs mois. Nous ne connaissons pas l'importance exacte de cette livraison, mais on pourra en juger par ce détail : On y employa pour 751 livres 5 sols de boutons d'uniformes.

Au 26 pluviôse (14 février), le citoyen Sénéchal, directeur de la salpêtrière d'Elbeuf, employait six ouvriers avec lui, dont trois faisaient partie de la première réquisition. Le Comité de surveillance donna l'ordre au lieutenant de gendarmerie de faire rejoindre l'armée par ceux de ces derniers qui n'avaient pas de cas d'exemption.

Le 27, le Comité de surveillance décerna un mandat d'amener contre les citoyens Pierre Le Roux et Jean-Jacques Delacroix, fabricants associés, qui avaient envoyé des marchandises à Hodimont, pays de Limbourg. Ces citoyens s'excusèrent en disant qu'ils n'avaient pas eu connaissance du décret interdisant les expéditions dans les Etats en guerre contre la République.

En faisant part de cette affaire au District de Rouen, le Comité de surveillance ajouta qu'il ne possédait pas lui-même le texte du décret et que Le Roux et Delacroix étaient des sans-culottes auxquels on ne pouvait faire aucun reproche d'incivisme.

Ce même jour, le Comité révolutionnaire de surveillance décida que Magloire Balleroy serait mis en état d'arrestation et les scellés apposés sur ses papiers, en vertu d'une dénonciation du Comité de surveillance de Pont-

LES ORGUES DE SAINT-ETIENNE (état actuel)

l'Evêque, adressée à la Société populaire d'Elbeuf.

Parmi les lettres suspectes retenues à la poste par ordre du Comité de surveillance, nous en trouvons une datée de Paris 28 pluviôse (16 février), adressée par le citoyen Huart au citoyen Vinet, d'Elbeuf. En voici quelques passages :

Huart eut désiré faire des démarches auprès du tribunal révolutionnaire de Paris ; mais trois Elbeuviens venus en cette ville pour travailler aussi en faveur de Balleroy ne lui avaient pas donné de renseignements suffisants : « Il paraît que l'intrigue a beaucoup coopéré à le faire mettre dans les prisons. D'après une lettre du citoyen Fosse, que j'ai reçue, Balleroy est beaucoup regretté des ouvriers d'Elbeuf. S'il sort du tribunal, après avoir été reconnu innocent, il pourra peut-être se venger sur ses dénonciateurs... » — Cette lettre fut copiée par Parfait Grandin, secrétaire du Comité de surveillance.

Le même jour, des ouvriers du citoyen Bourdon, fabricant de drap dans notre ville et compris dans la première réquisition, se rendirent devant le Directoire du district auquel ils exposèrent la détresse dans laquelle ils allaient être plongés si le citoyen Bourdon partait aux frontières et demandèrent son exemption. — Le conseil, « considérant que la loi ne fait aucune exception et que l'on ne peut composer avec elle, », passa à l'ordre du jour.

Le citoyen Godefroy, qui avait placé l'orgue dans l'église Saint Etienne, réclama à la commune le reste de ce qui lui était dû. Sa demande fut renvoyée aux agents du culte.

Le même jour encore, on défendit aux bouchers de vendre du suif à qui que ce fût sans en avoir prévenu l'administration municipale.

On décida d'écrire au District pour lui demander « si l'on pouvait faire un temple de la Raison de la ci-devant église Saint-Jean, et pour savoir si la municipalité pouvait recevoir des sommes quelconques, à titre d'avances, pour subvenir aux frais nécessaires à la décoration qu'il conviendrait faire ».

Le Conseil municipal décida d'adresser à Balleroy, juge de paix, alors détenu, des pièces qu'il demandait. Saillant, maire, ajouta cette note au procès-verbal de la délibération : « Je crois devoir dire que toutes les assemblées présidées par François Pierre Balleroy, ayant été nommé président ; qu'il a toujours ligué et caballé et qu'il a toujours manqué à la municipalité, et que le maire en voulant maintenir la paix et le bon ordre, qu'il a voulu le faire renfermer. Je demande au Conseil la preuve de sa conduite, et le Conseil doit dire la vérité. SAILLANT, maire ».

La municipalité écrivit au District, le 30 pluviôse (18 février) :

« Nous désirons ouvrir le temple de la Raison, et la ci-devant église Saint-Jean de notre commune doit y être consacré.

« Nous espérons, par là, hâter le développement de l'esprit public et la chute de la superstition. Nous avons lieu de croire qu'une partie du peuple sera plus portée à substituer le décady au dimanche, s'il est distrait par quelque spectacle qui l'occupe.

« Vous n'ignorez pas que nous serons préalablement obligés de disposer le local et le décorer d'une manière analogue, en substituant aux effigies de ces imbéciles fainéants et

LA FERME DU NOUVEAU-MONDE (état actuel)

de ces pieux fripons, la Liberté, l'Egalité et ces emblêmes sacrés qui doivent rappeler à des républicains les droits de l'homme et le devoir impérieux de les maintenir. Nous ne pouvons nous en occuper sans savoir de quelle manière et par qui les frais doivent être supportés. Un membre de la Société populaire a offert pour cet usage une somme de 2.400 livres à titre d'avance, remboursable à la volonté de la commune... »

Le 1er ventôse (19 février), on adjugea, au District, une grande partie des biens que l'émigré Le Cordier de Bigars de La Londe possédait à Orival.

La masure du Nouveau-Monde « bornée par le chemin de la Bergerie, celui de la Fontenelle — cette désignation indique dans le voisinage l'existence d'une ancienne source, aujourd'hui tarie —, la terre de la Vallée et la grande route de Rouen à Elbeuf, affermée à la veuve Deschamps », eut pour adjudicataires les citoyens François Marc et Jean Chantelou, associés, pour le prix de 10.000 livres.

Le labour dit de la Vallée, trois autres labours et deux taillis furent acquis par les mêmes, moyennant 3.245 livres.

Les mêmes achetèrent encore deux labours et deux taillis, pour 1.630 livres ; quatre autres labours et un taillis, pour 2.870 livres ; un labour et dix-sept pièces de pré, pour 14.145 livres ; un autre pré pour 875 livres.

Séparément, François Marc acheta deux prés, pour 2.150 livres, et Jean Chantelou deux autres prés, moyennant 1.720 livres. D'autres lots furent acquis par les citoyens Jean-Nicolas Leroux et J.-P. Saillot, pour le prix total de 2.350 livres.

Six jours après, on adjugea quatre labours à divers, pour le prix total de 15.350 livres.

Dans la même séance, on vendit au citoyen Simon Cécille un terrain sur lequel était un four à chaux et un autre à plâtre, deux bâtiments, une cave dans la roche, le tout borné d'un côté par la sente d'Orival à La Londe, et affermé au citoyen Pottier ; plus deux labours dont un aux Hauts-Vents. Ces biens furent adjugés pour la somme de 31.825 livres.

Ce même jour, on mit aussi en adjudication la terre et les bâtiments nommés le Parc d'Orival, consistant en une maison principale, ayant au rez-de-chaussée : une cuisine et deux caves voûtées ; « au premier, en la salle de la ci-devant juridiction » ; à côté deux chambres à feu, grenier sur le tout ; plus un autre bâtiment situé au coin dudit Parc, etc. ; le tout borné par la pièce de terre appelée le Grand-Jardin, le chemin d'Orival à Oissel et le canal de Seine.

C'est la curieuse maison plus connue sous la dénomination de « l'Audience », dont il s'agit ici, que nous avons représentée tome III page 231, et qui avait été confisquée également sur le marquis de la Londe, émigré. Le citoyen Etienne Chantelou devint acquéreur de cet immeuble, moyennant 21.300 livres.

Notons en passant que le beau Christ de l'Audience d'Orival est devenu, après être passé par plusieurs mains, la propriété de M. Delaquèze, maire de Saint-Ouen-de-Poncheuil.

Enfin, dans cette même séance du 1er ventôse an II, on adjugea au citoyen Pierre-François-Louis Lemercier, d'Elbeuf, pour le prix de 163.500 livres, le taillis de la Mare-Moussue, le taillis de la Mare-noire-l'Epine, le taillis du Thuit-Ingland et huit autres taillis de la forêt de la Londe, plus un autre taillis, au citoyen Pierre Lainé, qui les paya 6.275 livres.

Ce même jour, délibérant sur une pétition de la Société populaire, le conseil de la Commune approuva la nomination qu'elle avait faite des citoyens Alexandre Flavigny, Alexandre Grandin, P.-J. Duruflé, H.-P. Delacroix et Dossier, comme commissaires aux subsistances.

Ce même jour encore, le Conseil décida que les ors et argenteries provenant des églises et de l'hôpital seraient portés à la Convention par le citoyen Grandin, officier municipal, et que le citoyen Flavigny-Gosset lui serait adjoint : « porteront aussi une croix ci-devant de Saint-Louis, dont le citoyen Delarue est dépositaire ; porteront également les deux doubles épaulettes données par le citoyen Flavigny-Gosset l'aîné ». Le Conseil arrêta en outre, qu'il serait fait une adresse de félicitation à la Convention ».

A partir de ce jour, les membres du Conseil furent dispensés de monter la garde, les assemblées se tenant en permanence.

Ils reconnurent, dans cette même séance, que le citoyen Saillant, maire, s'était justifié des accusations portées contre lui, le 8ᵉ jour du 2ᵉ mois de l'an II, par Balleroy.

La Société populaire dépassait parfois la limite des convenances envers l'administration municipale ; aussi il arrivait fréquemment que celle-ci ne tenait pas compte de ses délibérations. C'est ce qui se présenta encore le 2 ventôse (20 février). La Société ayant demandé que les citoyens réclamant des certificats de civisme se présentassent en personne devant elle « pour y subir la censure », le corps de ville passa à l'ordre du jour.

Le citoyen Joseph Delacroix fit un don de divers effets pour subvenir aux frais de la guerre.

Ce même jour, sur l'avis du Comité de surveillance, on défendit aux pâtissiers, traiteurs et autres de faire aucune espèce de pâtés, patisseries, afin d'employer toute la farine disponible à faire du pain.

Un certificat de civisme fut accordé à Pierre Guilbert — le héros de l'affaire de Louviers en 1789 — ; il était alors âgé de 25 ans et venait de s'engager dans la cavalerie nationale de la Seine-Inférieure. Des certificats de civisme furent également délivrés à Constant Duruflé et à Jacques Flavigny-Gosset jeune, fabricants. Ces trois citoyens s'étaient soumis volontairement à la censure de la Société populaire.

Le 3 ventôse (21 février), le Comité de surveillance d'Elbeuf fit l'envoi au Comité de sûreté générale à Paris, à l'accusateur public de la Convention et au district de Rouen, d'une dénonciation faite par le maire d'Elbeuf contre Balleroy, juge de paix.

A la séance municipale du 7 ventôse (25 février), se présenta le citoyen Charles Valeri-Portien Pinel, ci-devant curé de Saint-Jean, qui déclara renoncer à ses fonctions de prêtre et déposa ses lettres de prêtrise.

Cet ecclésiastique avait été devancé par le citoyen Guersent, curé de Caudebec, lequel avait imité Thomas Lindet, évêque d'Evreux, et plusieurs autres prélats.

Vers ce même temps, eut lieu le mariage du citoyen Gabriel-Charles Betgé, curé de

Saint-Germain-de-Pasquier, né à Evreux, avec Marie-Clotilde-Julie Vimard, de Pasquier, également, dont le contrat avait été signé à Elbeuf, le 3 ventôse.

Le mouvement de déprêtrisation, commencé à Paris dans les derniers mois de 1793, s'était répandu avec une grande rapidité dans toute la France, où des milliers d'ecclésiastiques abandonnèrent d'enthousiasme les autels qu'ils avaient servis jusqu'alors.

Des ministres protestants, des rabbins israélites suivirent aussi ce mouvement, et l'on vit des desservants de tous les cultes abjurer leurs vieilles haines, fraterniser dans les fêtes de la Raison et donner eux-mêmes des objets précieux provenant de leurs temples pour qu'ils fussent employés aux besoins de l'État.

Quoi qu'on en ait dit, cette réconciliation de sectes, si longtemps ennemies, ne manquait pas d'une véritable grandeur, toutes réserves faites sur certaines scènes déplorables.

Toutefois, il faut reconnaître que des prêtres cédèrent plutôt à la crainte qu'à leur conviction. D'autres montrèrent peu de dignité en déclarant, par exemple, que jusqu'alors ils n'avaient été que des charlatans. Enfin quelques-uns, renoncèrent à la prêtrise pour couvrir des manœuvres occultes, quelquefois respectables ; tel fut le cas du curé Guersent de Caudebec, dont nous reparlerons plus tard.

Le 7 ventôse, ce qui restait des biens sis à Elbeuf de l'ancienne fabrique paroissiale de Saint-Jean fut mis en vente et acheté par Moyse et Benjamin Chefdrue (2.705 liv.), Ambroise Chefdrue (1.000 liv.) et Pierre Mariquier (11.000 liv.).

Les terres que cette même fabrique possédait à Caudebec avaient été déjà vendus. Jean Duruflé en avait acheté pour 3.865 livres et Prosper Langlois pour 1.125 livres.

Enfin, les biens que le trésor de Saint-Jean avait à la Londe furent acquis pour le prix de 2.400 livres, par Siméon-Joseph-Désiré Leloup.

Le lendemain, se présenta la citoyenne Marie-Anne Cassel, ci-devant religieuse aux Ursulines. Elle prêta serment « d'être fidèle à la Nation, à la loi, et de maintenir de tout son pouvoir l'unité et l'indivisibilité de la République, la constitution républicaine, la liberté et l'égalité ou de mourir en les défendant. »

Sur une lettre de la Société populaire, le corps de ville confirma sa décision précédente touchant les certificats de civisme, disant que les pétitionnaires, pouvant être malades ou absents, « il y aurait inconvenance à ce que les femmes ou filles se présentassent en personne devant la Société populaire ; en conséquence, les pétitions y seront seulement lues ».

Le 9 ventôse (27 février), la citoyenne Geneviève Flavigny, domiciliée à l'hospice, se présenta devant la municipalité pour prêter serment.

Le citoyen Mathieu Quesné père se présenta ensuite et déclara que Marthe Quesné, sa fille, âgée de 39 ans, ex-religieuse, avait quitté son domicile sans l'avertir et qu'il ne savait où elle était.

Le Comité de surveillance ne vivait pas, à ce qu'il semble, en très parfait accord avec la municipalité, laquelle délibéra : « Il sera envoyé au Comité de surveillance pour l'informer que l'affaire du citoyen Desgenetez sera appelée sous le plus bref délai, en observant aux membres dudit Comité que le Conseil général connaît son devoir, et qu'ils sont invités d'être plus circonspects ».

« Il a pareillement arrêté, à propos de la dénonciation Garousse, Mulot et autres, que la copie de cette dénonciation ne peut être communiquée au Comité de surveillance, parce que le Conseil général ne doit compte, lorsqu'il est question de mesures de sûreté générale, qu'aux représentants et autorités supérieures ».

Le corps municipal jugea sans doute utile de se ménager l'appui de la Société populaire, car nous le voyons, ce même jour, rapporter ses décisions précédentes concernant les certificats de civisme, et arrêter que les solliciteurs seraient à l'avenir, « tenus de se présenter à la tribune de la Société populaire pour y passer à la censure, en exceptant les absents et les malades, et que conformément à l'arrêté de ladite Société, les citoyennes se présenteraient au Comité chargé de les épurer ».

Un certificat de civisme fut délivré au citoyen Tienterre, fabricant, âgé de 46 ans, après son passage à la censure de la Société populaire, où il avait « subi une série de questions ».

Le 9, sous la direction du citoyen Murizon, artiste peintre, procureur de la commune, avec l'aide des citoyens Fouard et Henri Delarue, membres de la municipalité, on termina la décoration de « l'église ci-devant Saint-Jean » pour en faire un temple de la Raison.

A Paris, la Raison fut personnifiée, dans l'église Notre-Dame, par la citoyenne Aubry, honnête artiste de l'Opéra ; elle était vêtue d'un manteau d'azur, d'une robe blanche et d'un bonnet rouge — les couleurs nationales. Ailleurs, ce fut généralement, dit Michelet, des demoiselles de familles estimées qui représentèrent la déesse.

M. Jules Buquet, ancien rédacteur de *l'Industriel Elbeuvien,* a raconté qu'une de ses tantes dut à sa beauté l'honneur de personnifier la déesse Raison dans la ci-devant église Saint-Jean d'Elbeuf. Il se rappelait très bien tenir d'elle des anecdotes qu'il contait par le menu.

Le premier decadi de ventôse an II (28 février), on procéda à la dédicace, ou, si l'on veut, à l'inauguration solennelle du nouveau temple. Voici le procès-verbal de cette fête, que l'on transmit au District :

« Après avoir proclamé, au nom de la Loi, du Conseil et de la Commune entière, la ci-devant église Saint-Jean, temple de la Raison, et que désormais elle ne portera d'autre nom, il a été arrêté à l'unanimité qu'il sera placé une inscription au-dessus de la grande porte d'entrée où ces mots seront inscrits en gros caractères : *Temple de Raison.*

« La fête a été célébrée avec le plus bel appareil, où a assisté la Justice de paix, le Comité de surveillance et la Société populaire, sur l'invitation qui leur en a été faite par le Conseil général de la Commune.

« Dans le temple de Raison, le citoyen maire a fait un discours qui a été accueilly de toutes les personnes présentes avec un air de joye et de satisfaction.

« Ensuite, le citoyen agent national a fait un discours analogue à la fête, suivi de la lecture des Droits de l'Homme, qui a aussy été senty et reçu du peuple, appuyé par des acclamations de joye en criant de voix unanime : « Vive la Nation ! Vive la République ! »

« On a ensuite fait lecture des lois qui ont été écoutées de tous les assistants et avec calme.

« La musique s'est fait entendre et a joué tous les hymnes patriotiques ; enfin plusieurs chansons ont été chantées.

« Le cortège était party de la maison commune sur deux colonnes et s'était rendu au lieu destiné à être le temple de la Raison, et son retour a été pareil.

« En face de la Montagne tout le monde s'est rassemblé et, de voix unanimes, on a crié : « Vive la République ! Vive la Montagne ! »

« Le cortège et les autorités se sont retirées à quatre heures après midy. Le présent a été rédigé à cinq heures ».

Suivent les signatures d'officiers municipaux et de notables d'Elbeuf.

On vient de voir qu'à la fête d'inauguration du Temple de la Raison des chansons avaient été chantées : elles étaient l'œuvre du citoyen Charles-Antoine Mauduit, ancien instituteur primaire à Elbeuf, poète et musicien d'un certain talent et auquel la municipalité confia peu après l'orgue de ce Temple.

Mauduit est l'auteur d'un recueil resté manuscrit portant pour titre : *Chants d'allégresse, composés pour les fêtes républicaines,* qui a été retrouvé l'an dernier dans des papiers de famille, par M. Dussud, employé à la mairie de Sèvres. Ce titre est encadré par la devise : Liberté, Egalité, Fraternité ou la Mort ». Le recueil se compose de chants : « *Himne guerrière — Ode patriotique. — Prière à l'Eternel.*

— *Himne à la Liberté*. — *Himne patriotique*. — *Chanson patriotique*. — *Ode sans culotide*. *Ode*. — *Ode à la Liberté et à la Raison*. — *Himne*. »

La musique de ces chants est complète : les uns sont avec chœurs, d'autres composés pour plusieurs voix, d'autres encore avec accompagnement d'instruments : violon, cor, haubois, clarinette, etc.

Il s'en est peu fallu que M. John Labusquière, conseiller municipal de Paris et ancien vice-président du Conseil général de la Seine, fit imprimer l'œuvre de notre concitoyen Mauduit, jugé fort intéressant; mais la publication officielle des Chants révolutionnaires dans lesquels ceux du poète-musicien elbeuvien auraient pu entrer, fut limitée aux seules productions parisiennes.

CHAPITRE XI

(DU 11 VENTOSE AU 11 GERMINAL AN II)

(MARS 1794)

LES URSULINES REFUSENT DE PRÊTER SERMENT; LEUR ARRESTATION. — LES FRÈRES BALLEROY SONT LIVRÉS AU TRIBUNAL RÉVOLUTIONNAIRE DE PARIS. — APOLOGIE DE ROBESPIERRE. — UN DÉCADI AU TEMPLE DE LA RAISON. — PLANTATION SOLENNELLE DE POMMES DE TERRE. — LISTE DES ELBEUVIENS PRISONNIERS POLITIQUES. — SÉANCE D'ÉPUTION A LA SOCIÉTÉ POPULAIRE. — NOUVEAUX CERTIFICATS DE CIVISME.

Un registre pour les délibérations secrètes de la municipalité fut ouvert le 11 ventôse (1er mars). Ce jour-là, l'agent national Murizon exposa que les nommées Madelaine Bourdon dite Aimée de Jésus; Françoise Delas dite de Sainte-Thays, converse; Clotilde Raffy de Sainte-Angèle, Marie de Sainte-Anne, converse; Marthe Levasseur de la Visitation; Geneviève Lehoux de Sainte Victoire, Madeleine Lenoble des Anges; Patallier, du couvent de Rouen; Barré, d'un couvent d'Evreux;

Delarue de Marie-Jésus, Catherine Herment de Saint-François de Salles, Félicité Racinne de Sainte-Elisabeth, Angélique Maille, toutes ex-religieuses domiciliées à Elbeuf, n'avaient point prêté serment dans le délai fixé par la loi et expiré. En conséquence, il requit un mandat d'amener contre elles.

La municipalité, constituée en tribunal de police de sûreté générale, fit droit à cette réquisition et ordonna l'apposition de scellés sur leurs papiers.

Les anciennes religieuses se présentèrent le même jour devant ce tribunal.

Angélique Maille, âgée de 34 ans, originaire de Saint-Aubin, déclara ne pas vouloir prêter le serment, dut-il lui en coûter la vie ; elle dit, en outre, ne pas savoir signer.

Madeleine Bourdon, âgée de 58 ans, déclara que sa conscience ne lui permettait pas le serment, et signa.

Françoise Delas, âgée de 58 ans, née à Elbeuf, répondit qu'elle n'avait pas de serment à prêter ;

Clotilde Raffy, âgée de 33 ans, née à Rouen, fit la même réponse ;

Marie Martin, née à Caudebec-lès-Elbeuf, âgée de 73 ans, dit ne pas vouloir prêter serment ;

Marthe Levalleux, née à Elbeuf, âgée de 45 ans, refusa également ;

Geneviève Lehoux, de Rouen, âgée de 52 ans, opposa le même refus ;

Madeleine Lenoble, de Rouen, âgée de 54 ans, répondit qu'elle n'avait point de serment à prêter.

Marie Rose Patallier, d'Elbeuf, âgée de 55 ans, refusa le serment.

Henriette Delarue, d'Elbeuf, âgée de 43 ans, dit qu'elle connaissait le décret, mais ne s'y soumettrait pas ;

Thérèse Barré, de Rouen, âgée de 37 ans, dit qu'elle se savait obligée au serment, mais n'était point disposée à le faire.

Marie-Catherine Hermant, d'Elbeuf, âgée de 49 ans, refusa le serment.

Félicité Racinne, d'Elbeuf, âgée de 47 ans, opposa le même refus.

Ouï l'agent national, le maire, les officiers municipaux et notables déclarèrent ces femmes suspectes et les firent conduire à la maison d'arrêt, jusqu'au moment de leur transfert à Rouen.

Le lendemain, pour le même motif, Marie-Françoise Sauvé, de Daubeuf, âgée de 39 ans, ancienne religieuse, fut également emprisonnée sur l'ordre de la municipalité.

Le même jour, Guillaume-Charles Bérenger, fabricant de draps à Elbeuf, adressa une pétition au District afin d'être autorisé à faire transporter chez lui une quantité de 600 livres d'huile à ensimer, qui lui avait été promise par le citoyen Coquin, de Rouen, ce qui lui avait été refusé par le Bureau des accaparements. Le District prit, le lendemain, la délibération suivante :

« Considérant d'une part la nécessité de subvenir aux besoins des braves sans-culottes qui sont employés dans les manufactures de l'exposant, et de l'autre, que les draps qui sont œuvrés dans cette fabrique sont destinés à l'habillement de nos frères qui combattent les ennemis de notre liberté, renvoyons le pétitionnaire se pourvoir au Bureau d'accaparement, pour savoir s'il lui est possible de laisser enlever la quantité d'huile susdite. lu donnant, dès à présent, l'autorisation de la faire transporter à Elbeuf ».

A la séance du Comité de surveillance et révolutionnaire du 12 ventôse (2 mars), se présentèrent les citoyens Henri Delarue fils, Join-Lambert et Quesné-Dumoulin, lesquels donnèrent copie de la dénonciation faite la veille à la Société populaire concernant une intrigue tendant à sauver Balleroy. Le Comité manda à sa barre les citoyens Jean-Louis Garousse, âgé de 29 ans, menuisier, et Saint-Pierre, âgé de 24 ans, perruquier. Un troisième, du nom de Mullot, ne put comparaître parce qu'il était en voyage à Paris. Ces trois citoyens étaient ceux qui, à Paris, s'étaient rendus chez le citoyen Huard.

Le lendemain, le citoyen Mauduit, musicien, fut « invité à toucher les orgues du Temple de la Raison ».

Le vicaire Le Bourgeois donna sa démission, par lettre datée du 13 ventôse (3 mars), de notable et d'officier public, motivée sur ce que sa qualité de prêtre était incompatible avec ces fonctions.

Le vicaire Lenoble n'imita pas son collègue Le Bourgeois. Il conserva ses fonctions municipales et renonça à la prêtrise. Acte lui fut donné de sa déclaration.

Les citoyens Grandin et Flavigny-Gosset, de retour de leur mission à la Convention, déposèrent le récépissé du don fait, par la ville d'Elbeuf, de l'argenterie provenant des églises et de l'hôpital. Ils ne voulurent recevoir aucune indemnité pour les frais de leur voyage.

Le citoyen Mathieu Frontin abandonna à la

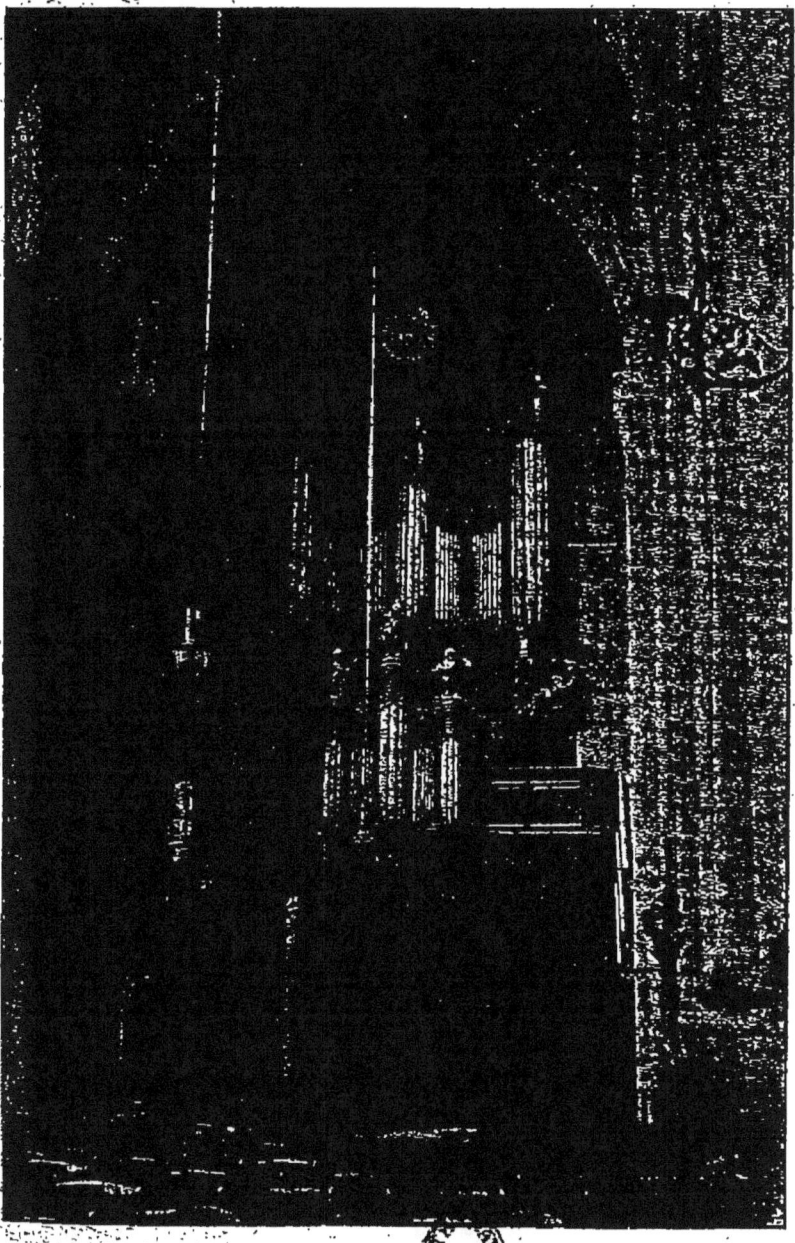

LES ORGUES DE L'ÉGLISE SAINT-JEAN (état actuel)

Patrie une somme de 1.000 livres et les intérêts que l'Etat lui devait. Le corps de ville lui vota des remercîments ainsi qu'aux citoyens Grandin et Flavigny.

Michel-Théodore Balleroy jeune, qui était en fuite depuis le 8 nivôse, rentra à Elbeuf le 15 ventôse (5 mars). Le Comité de surveillance le fit arrêter. Trois jours après, on le remit à la gendarmerie pour le conduire à Pont-l'Evêque, son pays d'origine.

Pierre Lacaille, lieutenant de gendarmerie, faisant fonctions de brigadier à Elbeuf, reçut un certificat de civisme, le 16 ventôse, après avoir été soumis à la censure et avoir répondu aux questions qui lui avaient été posées par la Société populaire.

C'est par des détails que l'on peut se rendre un compte exact de l'état des esprits, de la situation, et des manœuvres employées par les divers partis qui s'agitaient alors à Elbeuf. Nous allons reproduire une pétition adressée par le citoyen Roulé à la Société populaire de notre ville, à la date du 18 ventôse (8 mars). Elle nous apprendra aussi comment avait été formée la seconde société populaire, alors complètement dissoute :

« Roulé à ses concitoyens frères et amis,

« Vous avez tendu un bras fraternel à ceux qui étoient égarés ; vous les avez ramenés dans votre sein ; vous avez été indulgents, ou plutôt vous avez reconnu que l'intrigant Balleroy avoit abusé de la faiblesse et de l'aveuglement des sans-culottes : c'est à ce titre que je réclame justice et fraternité.

« Au moment où je me suis présenté dans le sein de la Société, vous m'avez fait quelques inculpations. Ma timidité, le peu d'usage de paroistre en public, encore plus, la difficulté de parler ont été pour moy un obstacle à ma justification, et, sans répondre, j'ai obéi à votre décision, sans désespérer néanmoins que vous me rendriez justice.

« Je vous déclare la vérité et veux vous faire connoistre la manière dont j'ai été sollicité par Balleroy pour lui donner ma signature.

« Plusieurs fois, il m'avoit envoyé chercher par la fille Mauclair, et comme je ne répondis point à sa demande, une heure après, son domestique Saint-Pierre, accompagné de la fille Chevalier, vint me tourmenter de nouveau, et ce ne fut qu'à leur sollicitation que je me suis rendu chez Balleroy. Arrivé chez lui, il me demanda si je voulais signer une pétition pour former un nouveau club.

« Je lui dis que j'étois membre comme luy de la Société populaire et que, n'ayant aucune raison de plainte, je ne voulois pas m'en séparer. Ce fut alors qu'il me fit réponse que je pouvois être de deux sociétés ; d'ailleurs, que je l'obligerois et que je ne courois aucun risque. Il me fit remarquer que Fosse et Tientierre avoient signé et que la signature de ces deux fonctionnaires publics devoit me déterminer à lui accorder la mienne.

« Sans expérience, ne me défiant nullement de son intrigue et du piège qu'il nous tendoit à tous, je me suis rendu à sa sollicitation et j'ai signé en croyant bien faire.

« Quelque temps après, il rassembla les pétitionnaires à l'église cy devant Saint-Jean. Il m'envoya chercher de nouveau par son petit garçon. Je ne voulus pas m'y rendre ; je me repentois de ma signature, puisque je fus à la Maison commune. Je trouvoi le citoyen

Béranger, officier municipal, et je me retractoi de suite de ma signature.

« Je crois devoir vous faire observer, citoyens, que Balleroy m'avoit envoyé chercher dans un moment où nous n'étions pas amis ; mais il avoit besoin de signatures. Qu'il soit innocent ou coupable, qu'il revienne ou ne revienne pas, je le regarderoi toujours comme un intrigant, couvert d'un masque de patriotisme que vous avez arraché avec courage...

« Citoyens, je réclame plutôt votre justice que votre indulgence. Je suis un vrai sansculotte, sans fortune, sans expérience ; j'ai été trompé et égaré. En me rejettant de votre sein, vous m'abandonnez à une cécité et un aveuglement éternel. Où pourrois-je m'éclairer ailleurs ? J'ai besoin de m'instruire ; ce n'est que parmi vous que je verroi la lumière ; ce n'est que parmi vous que j'apprendroi à me défier des intrigants et des traîtres ; ce n'est que parmi vous que s'accroistra mon amour pour la Liberté !

« Salut et fraternité. — RoULÉ ».

Les cordonniers, réquisitionnés également, manquaient de matières premières. Une commission municipale se rendit au District pour présenter « des observations convenables » et réclamer des boutons d'ordonnance pour l'habillement des citoyens de la première réquisition.

La loi ayant prescrit la création de fours publics dans les villes, notre municipalité se mit en devoir de s'y conformer. Néanmoins cette mesure ne répondant à aucun besoin à Elbeuf, le maire écrivit, le 13, au Département, que l'habitude de ses concitoyens était de cuire leur pain chez les boulangers de la ville et que nul en éprouvait d'inconvénient. Ce n'était pas des fours qui faisaient défaut, mais du blé ou de la farine.

Les 300 piques fabriquées à Elbeuf avaient été distribuées à la garde nationale ; mais 50 hommes ayant renvoyé la leur comme étant incommode, elles furent données à d'autres. Au 13 frimaire, on comptait encore 200 sans-culottes non armés ».

Ce même jour, il fut ordonné au citoyen Mazurier, charpentier, sous peine d'être considéré comme suspect, « d'enlever la croix aux fleurs de lys du clocher des ci-devant Ursulines ».

La chandelle vint aussi à faire défaut, à Elbeuf ; mais comme la municipalité soupçonna que la mauvaise volonté des marchands n'était pas étrangère à la rareté de cette marchandise, elle ordonna, le 16 (6 décembre) que des visites domiciliaires seraient faites chez tous les bouchers, chandeliers et autres marchands de suif, pour connaître la quantité existant dans la commune, afin de pouvoir forcer les chandeliers à tenir leurs boutiques garnies.

Quelques jours après, de nouvelles perquisitions furent faites pour connaître les quantités de potasse et de soufre existant en ville.

Le 21 (11 décembre), la municipalité prit cette délibération, sur les conclusions du procureur de la Commune :

« Considérant que le Corps municipal n'a pas le droit de s'opposer aux dispositions prises par le citoyen Dury, délégué au casernement de huit compagnies d'infanterie et de cinquante hommes de cavalerie, et que le logement d'une partie de ces troupes dans l'église Saint-Etienne n'est point contraire à la liberté des cultes, vu que l'église est une propriété nationale dont la Nation seule a la disposition, et vu l'urgence », etc.

Il décida que les frères Ferrand, maçons, construiraient, dans cette église et dans la chapelle de l'hôpital, des cheminées et fourneaux ; que les citoyens Leroy disposeraient les bans de l'église Saint-Etienne en forme de couches, qu'ils pourraient requérir tous ouvriers dont ils auraient besoin, et que tout citoyen qui ne s'exécuterait pas immédiatement serait déclaré suspect.

Les citoyens Delarue et Chefdrue furent désignés pour requérir et faire apporter dans l'église les paillasses, matelas, draps, couvertures, tables, bancs, crémaillères, marmites, gamelles, cruches, seaux, etc., nécessaires aux soldats.

Cette délibération du corps municipal indisposa les habitants, notamment ceux de la paroisse Saint-Etienne. Le procès-verbal d'une seconde séance, tenue par le maire Murizon et le greffier municipal ce même jour, nous instruit à cet égard :

« Aujourd'hui primidi de la troisième décade de frimaire an second de la République une et indivisible (11 décembre) environ trois heures après-midi, en la maison commune, se sont présentés en foule plusieurs citoyens de notre commune, lesquels ayant été instruits de l'arrêté du Conseil général pris ledit jour... ont réclamé de nous ladite église Saint-Etienne pour y continuer l'exercice de leur culte catholique, et nous ont exposé que les derniers décrets de la Convention les autorisait à le conserver.

« Nous leur avons exposé : 1° que le Conseil général, ainsi que Dury, n'avoit point prétendu gêner la liberté des cultes, et que leur église étant une propriété nationale, la Nation seule avoit le droit d'en disposer à sa volonté ; 2° qu'il étoit urgent de préparer ledit casernement puisqu'on étoit à la veille de recevoir les braves défenseurs.

« A quoi ils ont répondu que tous se soumettoient à les loger et qu'ils se chargeoient de nous apporter le même désir exprimé par les citoyens absents et en état de fournir des logements, et ont persisté dans leur réclamation.

« Vu quoi, nous leur avons dit que le Conseil général, instruit de leur démarche, la participeroit au District, pour demander à être prise en considération, sans néanmoins retarder les mesures que le Conseil général a dû prendre pour assurer le logement des défenseurs qui doivent arriver en cette commune, les avons engager à se retirer paisiblement, ce qu'ils ont fait.

« Après quoi, dans la crainte d'exciter des troubles ou sédition, nous avons jugé prudent de ne pas nous transporter à ladite église pour y faire disposer aucuns lits ou fourneaux ».

A la séance publique tenue le soir de ce même jour, le Conseil général de la commune arrêta qu'à cause de la fermentation provoquée par le projet de loger des troupes dans l'église, on ne ferait rien avant d'avoir l'avis du District.

Immédiatement, la municipalité écrivit au District par courrier spécial :

« Soit malveillance, soit préjugés ou superstition, la foule voit avec fermentation cette disposition de casernement dans les maisons nationales qui jusqu'ici ont servi au culte catholique. Le dernier décret de la Convention fournit à la foule le prétexte de se montrer sur ce point si délicat avec plus de véhémence. Nous vous prévenons qu'il nous seroit facile de caserner la troupe chez les citoyens, non par contrainte, mais de bonne volonté de leur part et même sur leur provocation... »

Des religieuses ursulines restées à Elbeuf, tenaient des écoles et recevaient des jeunes filles pour les instruire ; on décida de les inviter à justifier de leur prestation de serment.

Le Corps municipal délibéra ensuite sur une pétition présentée par l'Agence de secours provisoires, établie par la Société populaire d'Elbeuf quelques jours auparavant. Cinq citoyens et trois citoyennes furent autorisés à faire des quêtes dans la ville et à tenir leur séance dans la Chambre du ci-devant trésor de Saint-Jean. Il fut aussi question de l'établissement d'un hospice cantonal.

A la séance municipale du 19 (9 mars) le citoyen Nicolas Saillant, maire, dit que son intention était que, tous les décadis, le Conseil général se réunît à la maison commune, à dix heures du matin, pour se transporter en corps au temple de la Raison, y faire la lecture des lois. Le peuple serait invité à s'y trouver, ainsi que la Justice de paix, le Comité de surveillance, la Société populaire et la garde nationale. Il en serait de même des musiciens, qui joueraient des hymnes républicains. Des ordres furent donnés en conséquence.

Le Comité de surveillance, ce même jour, fit transférer à Rouen les citoyens Asse, ci-devant avocat à Elbeuf, et Leroux, qui avaient été arrêtés sur ses ordres peu de jours avant.

Vers ce temps, dit M. Maille, la chaire à prêcher de Saint-Etienne fut sauvée par le citoyen Murizon, qui représenta qu'il fallait la conserver par respect du Christ, premier sans-culotte du monde.

Le 20 (10 mars), la Société populaire de la commune d'Elbeuf écrivit au Comité de sûreté générale à Paris.

« Nous croyons devoir vous instruire des intrigues scandaleuses et des bruits scandaleux qui ont lieu dans notre commune. Ces bruits sont répandus avec des dessins perfides; on veut avilir la justice nationale, compromettre le caractère impassible de l'accusateur public et jeter en mesme temps le ridicule sur la société des Jacobins de Paris.

« Depuis que François-Pierre Balleroy est livré au tribunal révolutionnaire, des malveillants, ou plutôt les aveugles soutiens de ses intrigues, s'agitent et se remuent en tous sens. Ils répandent que Balleroy va bientôt revenir, que son innocence est reconnue. On ajoute qu'une pétition a été présentée aux Jacobins et qu'elle a été appuyée par Robespierre.

« Quelle calomnie ! Robespierre, le soutien des intrigants ! Lui, qui se déchaîne avec tant de force et de véhémence contre les hommes qui, à la faveur d'un masque de popularité et de vertu, veulent assassiner la Liberté.

« On ajoute encore plus : qu'un ami de Balleroy a trouvé des connoissances auprès de l'accusateur public, et que bientôt il sera justifié. Ce dernier bruit se confirme par une lettre tombée entre nos mains, écrite par le citoyen Huart, employé dans les bureaux du ministre de l'intérieur. Il fait part qu'il a vu les trois citoyens qui sont venus à Paris pour l'affaire de Balleroy et qu'il leur a donné les moyens pour réussir auprès de l'accusateur public du tribunal révolutionnaire.

« Voilà, citoyens, une intrigue d'un nouveau genre qu'il est de notre devoir de vous instruire et qu'une Société populaire doit mettre au jour. On veut avilir la justice nationale, influencer ou compromettre un accusateur public d'un tribunal aussi juste que terrible et dont les faits seuls de l'accusé doivent dicter l'acte d'accusation.

« Guerre à l'intrigue ! voilà notre cri. Il est à l'ordre du jour et sera en permanence jusqu'à ce que l'intrigue soit anéantie.

« Salut et fraternité. — SEJOURNÉ ; VALDAMPIERRE, secrétaire; FLAVIGNY-GOSSET, président ».

Le 21 (11 mars), « la citoyenne Quesné, cidevant religieuse du couvent des Carmélites de la commune ci-devant Saint-Denis », demeurant à Elbeuf, vint prêter serment devant la municipalité.

On décida que le drap mortuaire, dans les inhumations, serait remplacé par un drap aux trois couleurs, et qu'un membre du Conseil accompagnerait chaque corps au cimetière.

Le citoyen Jean Johin, commissaire de l'habillement des troupes, vint à Elbeuf, ce même jour, réquisitionner 3.000 pièces de drap de largeur propre à faire des redingotes ; 4.000 pièces de drap bleu national pour uniformes ; 2.000 pièces de drap blanc, également pour uniformes, 1.000 paires de drap vert pour dragons, le tout à déposer dans les magasins militaires, rue Saint-Honoré, à l'Oratoire de Paris.

Le lendemain 22 (12 mars), le corps de ville passa à l'ordre du jour sur une pétition de la Société populaire, « parce qu'il est impossible de ne point délivrer de subsistances aux gens riches, comme il a été proposé, vu que le nombre est peu conséquent, n'étant que de viron trois cents, et que la classe indigente et pauvre n'en seroit pas plus soulagée, attendu qu'elle ne recevroit par jour que la valeur d'une demi-once en plus de la portion à eux revenante ».

Le Comité de surveillance demanda par lettre datée du 24 ventôse, au citoyen Siblot, si l'émigration de Waast-Robert Dupont, qui avait fait de mauvaises affaires commerciales et s'était retiré à l'étranger pour se soustraire aux poursuites de ses créanciers, n'était pas un motif de non admission, dans le Comité, de son beau-frère Joseph Flavigny.

Le Conseil municipal arrêta, le 25 ventôse (15 mars), qu'il s'assemblerait désormais les primidi, tridi, quintidi, septidi et nonidi de chaque décade, et que chacun des membres devrait se présenter sans convocation, spécifiant que ceux qui manqueraient deux fois de suite seraient censurés, avec inscription sur le registre. Les séances furent fixées à sept heures du soir.

La commune de Rouen reçut l'ordre, le 26 ventôse (16 mars), de délivrer à celle d'Elbeuf, qui était en détresse, 200 quintaux de grains.

On dressa, pour l'envoyer à Rouen, le lendemain, l'état de la population de notre ville, se chiffrant par 5.861 habitants, plus 200 ouvriers d'autres communes qui venaient y travailler chaque jour.

Il y avait, à cette époque, deux tanneries à Elbeuf ; elles étaient tenues par les citoyens Amand Grente et Blanvillain.

Le 27 (17 mars), le Conseil général arrêta que la Société populaire serait invitée à correspondre dorénavant avec la Commune par écrit, et non par commissaire ; il arrêta également que la Société donnerait seulement son avis sur le civisme des citoyens demandant des certificats.

Sur lettre du District, concernant la culture des pommes de terre, quatre citoyens se transportèrent chez les cultivateurs pour connaître l'étendue des terrains qu'ils se proposaient d'employer à cette culture.

On écrivit à la commune de la Londe pour lui représenter que le terrain de l'Ouraille était propre pour recevoir un plan de pommes de terre.

On arrêta que le jardin du ci-devant couvent — la place Saint-Louis actuelle — et une masure voisine seraient « fouis et ensemencés de pommes de terre ; que des hommes seraient pris dans la garde nationale pour faire promptement ce travail, si utile et honorable pour des républicains qui honorent l'agriculture ».

Un certificat de civisme fut délivré le 29 (19 mars), au citoyen Capplet père, teinturier, âgé de 60 ans, qui avait souscrit pour 1.000 fr. à l'emprunt volontaire, fait défricher plusieurs terrains incultes, etc.

François Alexandre Flavigny-Desiles, ancien capitaine d'infanterie au régiment de Provence, né en 1738, reçut également un certificat de civisme, après avoir subi la censure à la Société populaire.

Le citoyen Capplet ayant été emprisonné

pendant un voyage qu'il avait fait dans la capitale, le Comité de surveillance de notre ville écrivit, le 30 (20 mars), au Comité révolutionnaire de la section du Contrat social, à Paris, afin de témoigner du civisme de son concitoyen.

Voici le procès-verbal de la fête du décadi 30 ventôse an II (20 mars 1794) :

« Le Conseil général de la commune d'Elbeuf, assemblé, la Société populaire arrivée sur la place de la Fraternité, le cortège accompagné des membres de la Justice de paix et du Comité de surveillance a défilé, la musique à sa tête, autour de la Montagne et de l'arbre de la Liberté.

« Il s'est rendu au temple de la Raison pour y fêter la décade ; où la cérémonie a eu lieu avec la solennité accoutumée. La fête a eu cela de particulier qu'un membre du Comité de surveillance, après la lecture des lois, y a prononcé un discours sur l'avantage de l'anéantissement de la Superstition et de l'établissement du règne de la Raison.

« Un membre de la Société populaire a prononcé un discours sur la Raison et la Philosophie, et a démontré d'une manière précise et claire ce qu'il falloit être pour être raisonnable et philosophe.

« Pour terminer, l'agent national de la Commune a invité les assistants, qui étoient en très grand nombre, à prononcer avec lui le serment d'être fidèles à la Nation et à la loi, de vivre en bons républicains, de défendre la liberté, l'égalité, la fraternité ; de préférer la mort à l'esclavage, de se rallier tous autour de la Montagne, de respecter les saintes lois et de donner son adhésion avec le zèle des républicains au gouvernement révolutionnaire, et de l'observer avec le plus grand scrupule jusqu'à ce que nos représentants ayent démasqué tous les traîtres et les conspirateurs tant de l'intérieur que du dehors, et que la hache de la loi en ait fait justice, et que la nation françoise ait exterminé les tyrans, renversé leur trône et invité les peuples à jouir de la liberté qu'elle leur a acquise par l'abolition du despotisme.

« Tous, au signal des membres de la municipalité et des autorités constituées, se sont levés d'un mouvement simultané et ont crié avec les transports les plus vifs : « Nous le jurons ! » et ont terminé par ces cris : « Vive la République ! Vive la Montagne ! »

Suivent les signatures de Saillant, maire ; Morin, Fontaine, J.-Fr. Delarue, Béranger, officiers municipaux ; Murizon, agent national ; Le Noble, ancien vicaire de Saint-Jean, déprêtrisé ; Fouard, Hayet, Osmont, Mouton, Duchemin, Miége, Jamay, notables ; Marie, secrétaire greffier.

Le soir, à six heures, à la réunion municipale, on décida que les citoyens composant la Société populaire et républicaine d'Elbeuf seraient invités à se trouver le lendemain vis-à-vis la maison commune, où l'assemblée se diviserait en trois sections pour se porter, la première au cimetière Etienne — c'est la première fois que nous voyons le mot « saint » supprimé dans les délibérations du corps de ville — la seconde au jardin national dit du Couvent, la troisième au cimetière Jean, pour y cultiver les terrains disponibles, « sous la surveillance du zèle civique ».

« Des membres de la municipalité et du

Comité de surveillance, dit le procès verbal, s'honoreront de partager avec leurs frères les travaux républicains.

« Les commandants des bataillons de la garde nationale sont invités de faire battre l'assemblée à sept heures du matin. A cet avertissement, chaque patriote de bonne volonté voudra bien se munir d'un louchet, d'un pic ou d'une pioche. On partira au travail à huit heures précises du matin ».

Le lendemain 1er germinal (21 mars), la foule s'assembla sur la place de la Fraternité (du Coq). Chaque citoyen était porteur d'un outil. Un citoyen gravit la Montagne en gazon élevée devant la maison commune et « chanta un couplet analogue au travail du jour, et, d'après le vœu des citoyens, tout le cortège défila autour de la Montagne, la musique en tête, exécutant des airs patriotiques ».

On se rendit au cimetière ci-devant Saint-Jean — la place Lemercier actuelle — où chacun, « animé d'une égale ardeur, à l'exemple du maire et des authorités constituées, s'est mis à l'ouvrage, et en moins de trois heures, cinquante perches de terrain furent bêchées et mises en état de recevoir des pommes de terre ou légumes.

« L'ouvrage fini, le cortège est revenu sur la place de la Fraternité, toujours la musique en tête, et là les citoyens ont manifesté le désir de finir la journée par la culture d'un jardin national ci-devant des Ursulines (place Saint-Louis actuelle).

« Les citoyens s'y rendirent comme le matin, et ledit jardin fut cultivé avec une égale ardeur, aux cris de : « Vive la République ! Vive la Montagne !

« De retour, l'agent national a dit : « Vous
« avez consacré cette journée et honoré vos
« bras par un travail utile et le premier digne
« de l'homme libre. L'estime de soi-même et
« de ses concitoyens est, pour des républicains,
« la récompense d'une bonne action. La mu-
« nicipalité, témoin de votre zèle, en fait re-
« jaillir sur vous toute la gloire. Vive la Ré-
« publique ! »

Nous ne connaissons pas le texte du couplet qui fut chanté ce jour-là devant la Montagne. A défaut, en voici un que l'on chanta souvent à Elbeuf et sans doute ailleurs, pendant les distributions de subsistances et probablement aussi en d'autres occasions :

> Partagez donc avec vos frères
> Le pain de la fraternité !
> Dans le sein de l'égalité,
> Attendez des jours plus prospères.

Amis, rassurez-vous ; les rois n'auront qu'un temps.
Paris sera toujours le tombeau des tyrans.

Quatorze des religieuses du couvent des Ursulines d'Elbeuf qui n'avaient pas prêté le serment exigé par les lois avaient été envoyées à la maison des Gravelines à Rouen.

Le 1er germinal, elles demandèrent au District qu'il leur fut donné des secours, car elles n'avaient, par elles-mêmes, aucun moyen de subvenir à leurs besoins. Après avoir entendu l'agent national, le bureau prit cette délibération :

« Considérant, etc., qu'il est de la justice rigoureuse de leur subvenir, le Conseil est d'avis qu'il y a lieu d'accorder à chacune de ces religieuses une somme de 30 sols par jour, qui sera prise sur les fonds de secours affectés au Département ; à l'effet de quoi, il sera accordé à leur proffit, à la fin de chaque mois, un mandat au nom du concierge de ladite maison ».

Chaque décade, le Comité de surveillance envoyait au District le tableau, fourni par cette administration et rempli par le Comité, des arrestations opérées par ses soins durant les derniers dix jours. Le 1er germinal, le Comité renvoya un tableau en blanc, parce que personne n'avait été arrêté. Le District lui répondit que, dans ce cas, ce n'était pas la peine de perdre un imprimé qui coûtait 16 sols, et qu'en outre il ait à faire ses communications par l'un des commissionnaires qui allaient à Rouen en bateau, et non par la poste, afin d'économiser l'argent des administrés.

Cependant les citoyens Patallier et Flavigny, président et secrétaire du Comité de surveillance d'Elbeuf, dressèrent le tableau des individus de notre ville en état d'arrestation à la date du 1er germinal. En voici un extrait :

J.-B. Drouet des Fontaines, ci-devant noble et conseiller aux requêtes du Palais à Rouen, ayant habité Grainville, puis Fleury, Saint-Pierre d'Autils et Elbeuf, âgé de 37 ans, père de deux enfants résidant avec leur mère à Elbeuf, accusé d'avoir « montré de l'éloignement pour le gouvernement de la République ». Cependant, on ne connaissait pas les sentiments qu'il avait exprimés « lors de la fuite et à la mort du tyran, ni s'il avait signé des pétitions ou arrêtés liberticides ».

Isidore Petitgrand, cardier et ensuite fabricant de draps, âgé de 38 ans, célibataire, arrêté depuis le 29 pluviôse, par ordre du Comité, pour abus des fonctions de commissaire dont il était revêtu par la Société populaire, en se faisant accorder de la viande par préférence au public. On avait trouvé chez lui des papiers féodaux, signés du ci-devant marquis de la Londe, lui permettant de fabriquer à Orival.

Racoir, maître de poste à Pacy-sur-Eure, âgé de 34 ans, marié. Arrêté par suite de l'interception d'une lettre qui lui était adressée et qui avait appris au Comité qu'il était fuyard.

Pascal Andrieu, fabricant de draps à Elbeuf, âgé de 42 ans, père de deux enfants en bas âge. Mis en arrestation chez lui, sous la garde d'un gendarme, pour avoir donné asile à Racoir, ci-dessus, son beau-frère, sachant qu'il était recherché par le Comité de surveillance de Pacy-sur-Eure.

Pierre Le Roux, d'Elbeuf, toilier, marchand de bourre, de fils et déchets de fabrique, âgé de 44 ans, père de quatre enfants de 10 à 20 ans. Arrêté le 5 ventôse, par ordre du Comité, pour avoir fait du commerce avec un pays en guerre avec la République.

Jacques Delacroix, d'Elbeuf, marchand de de pênes et fils de fabrique, âgé de 68 ans, veuf. Arrêté pour le même délit que le précédent, depuis le 5 ventôse.

Pierre-Victorin Asse, domicilié à Elbeuf, âgé de 55 ans, ancien homme de loi, puis avoué au district de Rouen, père de deux enfants, dont une fille de 22 ans. Arrêté depuis le 12 ventôse, par ordre du Comité, ayant été déclaré suspect par la municipalité d'Elbeuf.

Jacques-François Le Roux, domicilié à Elbeuf, âgé de 54 ans, marié, sans enfants, professeur de latin, depuis 1765. Arrêté le même jour et pour le même motif que le précédent. En 1791, vers le carême, il avait tenu des discours contre les prêtres qui avaient prêté serment. Il était chantre ; il s'était retiré avec les prêtres non assermentés. On l'avait destitué de son grade d'adjudant dans la garde nationale et désarmé en 1792.

Michel-Théodore-Magloire Balleroy, domicilié à Elbeuf depuis un an, originaire de Pont-l'Evêque, âgé de 28 ans, célibataire. Avait été huissier, demeurait chez son frère, faisait le commerce de laines depuis quatre mois. Arrêté à Elbeuf sur une dénonciation du Comité de surveillance de Pont-l'Evêque ; était alors en prison à Paris, comme prévenu d'avoir tenu des propos contre-révolutionnaires et voulu avilir les autorités constituées et la souveraineté du peuple.

Il passait pour un intrigant, voulant trouver dans la Révolution des moyens d'avancement. Comme il n'était pas à Elbeuf au moment « de la fuite et de la mort du tyran », le Comité ne put donner de renseignements sur ses opinions à ces deux époques, mais il rapporta ce que nous avons déjà dit de lui.

François-Pierre Balleroy aîné, domicilié à Elbeuf, originaire de Pont-l'Evêque, âgé de 34 ans, célibataire, autrefois avocat, puis juge de paix à Elbeuf, que nos lecteurs connaissent amplement. Voici cependant quelques détails complémentaires sur les faits qui lui étaient reprochés :

Attachement au duc d'Elbeuf, prince de Lambesc, au commencement de la Révolution ; menaces envers le maire d'Elbeuf de le faire arrêter et mettre aux fers, alors que celui-ci défendait les intérêts de la ville contre le prince de Lambesc ; protection pour le curé de Quatremares, prêtre réfractaire ; refus de se faire remplacer dans la garde nationale ; protection pour plusieurs suspects que la municipalité avait fait désarmer ; refus de concours pour protéger la municipalité pendant deux émeutes populaires, etc. Balleroy était arrêté depuis le 29 nivôse.

Il fut fait défense, le 2 germinal (22 mars), sous peine d'être considérés comme suspects, aux teinturiers de notre ville de teindre en autres couleurs que bleu, vert-dragon et écarlate, pendant l'espace de trois mois, temps présumé nécessaire pour l'achèvement de la commande de draps militaires.

Le même jour, le représentant du peuple Siblot, désirant avoir des renseignements sur l'esprit public d'Elbeuf et sur le civisme des citoyens composant notre municipalité et le Comité de surveillance de la commune, le District décida que les citoyens Lambert, agent national, et Bernays, administrateur, se rendraient le jour suivant à Elbeuf, et qu'à six heures du soir, ils assisteraient à la séance de la Société populaire, à l'effet d'y puiser tous les renseignements propres à éclairer et fixer l'opinion du représentant du peuple. En conséquence, il fut écrit au président de cette société pour l'inviter à convoquer une assemblée extraordinaire, dans le cas où la Société ne devrait pas tenir séance.

Bernays et Lambert vinrent donc à Elbeuf le 3 germinal (23 mars) ; voici le compte-rendu de la séance à laquelle ils assistèrent, que nous trouvons sur l'un des registres du district :

« La séance de la Société était nombreuse, et le peuple s'y est porté en foule. On a fait monter à la tribune tous les membres des autorités constituées, et les tribuns se sont exprimés avec une franchise vraiment républicaine ». Bernays et Lambert firent ensuite connaître les noms des membres de la municipalité qu'il convenait de remplacer. Les délégués furent félicités par le Conseil du résultat de leur mission et les invita à en entretenir le citoyen Siblot.

Une note de police dit que, ce jour-là, toutes les autorités de la commune d'Elbeuf subirent « l'épreuve de l'épuration ». Tous les membres du Comité de surveillance « passèrent aussi par l'épuration et en sortirent sans reproches ».

A partir de germinal, on ne trouve plus sur les actes de notaire de noms de saints comme préfixes à celui de communes. On écrit alors : Aubin-jouxte-Boulleng, Pierre-des-Cercueils ou de Lierroult ou de Bosguerard, Martin-la-Corneille, Didier-des-Bois, Cyr-la-Campagne, Nicolas du-Bosc Asselin, etc. — Grand Couronne est devenu la Réunion, Petit-Couronne la Fraternité ; les Authieux sur le Port-Saint-Ouen se nomment les Authieux sur le Port-des-Sans-Culottes.

Les rues changent également de nom : à Elbeuf, celle Saint-Auct. est devenue rue de la Montagne ; celle Saint-Etienne rue de l'Egalité.

La paroisse Saint-Jean prend le nom de « section de Liberté », et celle Saint-Etienne devient « section de l'Egalité ».

Le 4 germinal (24 mars), on mit en adjudication un sablon sis à « Aubin-jouxte-Boulleng » et ayant appartenu à l'émigré Lambesc ; il fut acquis par les citoyens Bachelet, Fréret et Grospoisson, pour le prix de 2.200 livres.

Dix jours après, d'autres biens, saisis également sur le ci-devant duc d'Elbeuf et situés à Caudebec, dont une pièce en l'île Lecomte, furent adjugés en seize lots à divers, pour le prix total de 30.710 livres ; sur cette somme, le citoyen Alexandre Grandin paya 16.275 liv. pour cinq lots.

Le 4 germinal également, le citoyen Joseph Dubos, sergent national, mit en état d'arrestation le citoyen Michel-Guillaume Bosquier, ancien avocat, et apposa des scellés sur ses papiers. Bosquier était revenu à Elbeuf après deux ans d'absence pendant lesquels il avait habité Louviers, et où il avait été déclaré suspect par le Comité révolutionnaire de cette ville, « parce qu'il ne fréquentait que des hommes notoirement connus comme des ennemis de la Révolution et de la liberté ».

Le même jour, les citoyens Louis Viard entra en fonctions comme « concierge du temple de la Raison et chargé d'entretenir l'horloge d'y celuy, si utile pour les citoyens de la commune ».

Le 5 (25 mars), le citoyen Miége, suppléant du juge de paix, donna sa démission de notable, les deux fonctions étant incompatibles.

La municipalité décida d'enlever tous les fers du ci-devant château « attendu que la République en avoit un besoin pressant et que, d'ailleurs, ces fers appartenoient à la République, vu l'émigration du ci-devant Lambesc ». Chefdrue père et Lecordé, serrurier, reçurent ordre de démontrer les grilles, les peser, pour ensuite les envoyer au District.

Ce même jour, sur le rapport fait au comité général de la Commune, par les commissaires nommés à cet effet, « que le citoyen Jean-Pierre Lenoble, ex-vicaire de la ci-devant église Saint-Jean, né à Elbeuf le 13 novembre 1745 (vieux style), demeurant section de la Liberté, qui demande un certificat de civisme, a subi les trois jours d'affiche prescrits, et qu'à l'appui de sa demande est joint l'avis de la Société populaire qui atteste son civisme, ainsi que la quittance de la totalité de sa contribution patriotique, etc.

« Ledit Lenoble ayant de plus renouvelé le serment prescrit par la loi et remis ses lettres de prêtrise, et qu'avant et depuis il a toujours montré le plus pur patriotisme, et qu'il a accepté la Constitution républicaine dans le temps, le Conseil général déclare que le présent lui est délivré pour certificat de civisme ». Suit le signalement du citoyen Lenoble.

Le nombre des citoyens demandant des certificats de civisme devint de plus en plus grand. Parmi ceux qui en obtinrent les jours suivants nous nommerons J.-B.-P. Grandin, rentier, âgé de 52 ans ; Jacques Chefdrue, âgé de 65 ans ; Pierre-Joseph Brasseur, instituteur, âgé de 62 ans ; Dupont, gendarme ; Alphonse Sevaistre, fils de Mathieu, passé en Angleterre en novembre 1792, pour y apprendre le commerce ; Dubos, huissier et commissaire de police, âgé de 29 ans ; Louis-Joseph Flavigny, âgé de 52 ans ; la citoyenne Rose Quesné, veuve Mathieu Le Roy, fabricante de draps ; Louise Guyon, etc. Ces citoyennes avaient préalablement été soumises « à la censure faite à l'ostensoire de la Société populaire », comme les autres citoyens.

Conformément à la loi du 14 frimaire, le bureau du Comité de surveillance et révolutionnaire fut renouvelé le 5 germinal. On renomma président le citoyen Patallier, et secrétaire le citoyen Flavigny. Le bureau était renouvelé deux fois par mois.

Nous avons dit que les fabricants d'Elbeuf avaient été requis, par le représentant Siblot, de confectioner au plus tôt 10.000 pièces de drap bleu et vert destiné à l'armée. Nos manufacturiers observèrent qu'ils ne pouvaient s'engager à cette importante fabrication qu'à la condition que le gouvernement mettrait à leur disposition 100.000 liv. de potasse, nécessaires pour la teinture de ces draps. Le Directoire du département, ayant été informé de cette objection, fit prendre des renseignements auprès de notre municipalité, par lettre du 6 germinal (26 mars), pour connaître si la quantité de potasse demandée était véritablement indispensable.

Il fut écrit, le 9 germinal (29 mars), au citoyen Flavigny, d'Elbeuf, de passer au bureau d'émigration du District « pour donner des renseignements sur les jardins de Lambesc ».

CHAPITRE XII
(DU 12 GERMINAL AU 11 FLORÉAL AN II)
(AVRIL 1794)

Liste des membres de la commune d'Elbeuf et du Comité de surveillance. — Commande a la fabrique de 12.000 pièces de drap. — Arrêté du représentant Siblot contre les prêtres réfractaires. — Autre suite de déprêtrisations. — Prestation générale de serment a la Constitution de 1793. — Levée de chevaux.

Les citoyens Patallier, président, et Louis-Joseph Flavigny, secrétaire du Comité de surveillance et révolutionnaire, envoyèrent le 13 germinal (2 avril), à l'administration révolutionnaire de Rouen le citoyen Isidore Petitgrand, que le Comité avait fait arrêter.

Le citoyen Fontaine, officier municipal, demanda, le même jour, acte au corps de ville de la représentation d'un procès-verbal de contre-scellés par lui apposés sur les meubles et effets « restés au suppôt de la succession de feu Jacques Lenoble, père du citoyen Lenoble, ex-prêtre, déporté réputé émigré ».

On transporta, vers ce temps, dans l'ancien cimetière « de l'édifice Jean » les pierres provenant de la démolition des petites halles.

Le 15 (4 avril), le citoyen Pinel, ancien curé de Saint-Jean, reçut un certificat de civisme, attestant qu'il avait remis ses lettres de prêtrise et qu'il avait toujours montré le plus pur patriotisme. — Jacques Derrey, instituteur, reçut également un certificat de civisme, ainsi que Louis Robert Flavigny et plusieurs autres.

Voici le tableau des membres de la municipalité d'Elbeuf, à la date du 15 germinal.

Nicolas Saillant, maire, marchand parfumeur, âgé de 49 ans ;
Louis Béranger fils, rentier, 45 ans ;
Pierre Morin, épicier, 39 ans ;
Benjamin Chefdrue, fabricant de draps, 33 ans ;
Pierre Duval, fabricant de draps, 40 ans ;
Fontaine, huissier et fabricant, 59 ans ;
Pierre-Michel-Constant Grandin, fabricant, 41 ans ;
Jean-François Delarue, fabricant, 42 ans ;
Jean-Louis Fosse, cardier, 45 ans ;
Antoine-François Mouton, tailleur, 69 ans ;
Jean-Pierre Le Noble, ancien prêtre déprêtrisé, fabricant de draps, 48 ans ;
Louis-Nicolas Lebailly, épicier, 50 ans ;
André-Nicolas Duchemin, menuisier, 43 ans ;
Nicolas Osmont, vitrier-peintre, 57 ans ;
Pierre-Martin Hayet, rentier, 55 ans ;
Nicol.-Constant Fouard, perruquier, 40 ans ;
Join-Lambert aîné, teinturier, 50 ans ;
Dominique Jamay, mercier, 59 ans ;
Robert Heullant, fabricant, 62 ans ;
Désiré Murizon, agent national et fabricant, 32 ans ;

Nous trouvons également à cette date la liste des membres du Comité de surveillance et révolutionnaire ; il était composé des citoyens :

Nicolas-Félix Get, orfèvre, 43 ans ;
Parfait Grandin, fabricant de draps, 58 ans ;
Auguste Duruflé, vivant de son revenu, 48 ans ;
Hippolyte Huet, mercier, 30 ans ;
Vorangé, cardier, 30 ans ;
Fécomme, tailleur d'habits, 33 ans ;
Mathieu Frontin, vivant de son revenu, 62 ans ;
Pierre Galleran, vivant de son revenu, 57 ans ;
Jean-Pierre Lefort, fabricant de draps, 38 ans ;
Louis-Joseph Flavigny, fabricant, 53 ans ;
Pierre Patallier, fabricant de draps, 42 ans ;
Gamare, « apotichaire », 50 ans ;
Jacques Delaleau (n'habitait plus Elbeuf) ;
Pierre-François Balleroy, notable et juge de paix (alors accusé devant le Tribunal révolutionnaire) ;
Jacques-Pierre Fosse, greffier de la justice de paix (avait opté pour le greffe) ;
Charles Bourgeois (ancien prêtre, démissionnaire du Comité depuis deux mois) ;
Benoist Miége, assesseur du juge de paix (avait opté) ;
Pierre-Laurent-Etienne Joly (était détenu depuis le mois de septembre précédent « style esclave ») ;

En envoyant ces tableaux à l'agent national du District de Rouen, le citoyen Murizon y ajouta une lettre dont voici la fin :

« Les Républicains attendent avec grande

impatience le résultat de l'épuration et l'organisation de la municipalité, et ils désirent voir le talent accompagner le zèle. — Accélère cette régénération de tout ton pouvoir.

« Fraternité ou la Mort ! — D. MURIZON ».

Voici un autre extrait des registres du district :

« 16 germinal (5 avril). — Première réquisition de la municipalité d'Elbeuf : Un citoyen d'Elbeuf, amené par la gendarmerie comme déserteur, présente une pétition où, après avoir dit qu'il a le malheur d'être atteint de la taigne, demande à être renvoyé dans ses foyers ». — Le Conseil fit examiner le pétitionnaire avant de prendre une décision.

Le lendemain, le Directoire du district nomma et délégua le citoyen Delarue à l'effet de se transporter à Elbeuf, avec l'ingénieur du département, pour vérifier l'état du moulin ayant appartenu à l'émigré Lambesc.

Le District fit demander s'il y avait à Elbeuf de la laine propre à fabriquer des couvertures. Il lui fut répondu que toutes celles que l'on possédait ne convenaient qu'à faire des draps.

Le citoyen Johin, commissaire de l'habillement des troupes, se présenta devant l'assemblée municipale, le 17 (6 avril) et donna lecture d'une lettre exposant que la République avait besoin de : 3.000 pièces de drap bleu national, 2.000 pièces de vert-dragon, 300 pièces d'écarlate, 3.600 pièces de blanc, 500 pièces de bleu-ciel, 800 pièces de blanc pour manteaux.

Les manufacturiers d'Elbeuf furent invités à fabriquer ces draps et à ne s'occuper que des besoins de la République.

Cette importante commande, donnée à une

époque où les moyens mécaniques étaient encore à peu près inconnus, fut une heureuse affaire pour les ouvriers de notre région, qui furent très activement occupés jusqu'à la fin de l'été.

Disons tout de suite qu'il se présenta quelques difficultés à la réception des marchandises fabriquées, plusieurs fabricants ayant cru pouvoir négliger diverses opérations ; mais un comité militaire refusa impitoyablement toutes les pièces défectueuses. Un fabricant perdit même une très grosse somme dans cette affaire, pour avoir voulu profiter des circonstances, car on lui renvoya ses marchandises et il lui fallut restituer les sommes qu'il avait reçues.

127 factures furent présentées à l'administration militaire par des fabricants elbeuviens. La plus faible ne portait que la livraison d'une pièce, dont le prix était de 793 livres. Parmi les plus fortes, nous citerons celles des citoyens L. Delaunay et fils, 49.878 livres ; J.-P. Hazet, 45.623 ; veuve Constant Leroy, 25.009 ; Alex. Adam, 30.480 ; Alex.-Pierre Grandin, 47.981 ; veuve Constant Leroy, (2ᵉ facture), 27.253 ; Louis-Joseph Flavigny, 30.827 ; Lejeune et Cⁱᵉ, 38.426 ; Moyse Duruffé, 21.299 ; Bouic, 21.920 ; J. Godet, 20.152 ; Heullant père, 21.513 ; Louis Delarue et fils, 20.605 ; Louis-Robert Flavigny et fils, 22.396 ; Bruno Anquetil, 60.241 ; Jacques Lécallier, 37.615 ; Ambroise Chefdrue, 39.005 ; Patallier frères, 31.318 ; Chefdrüe frères, 28.652 ; Jean-François et Augustin Delarue, 61.224 ; Pierre Hayet et fils, 50.385 ; Pierre Grandin aîné, 83.422.

Les fournitures faites par les autres fabricants restèrent inférieures à 20.000 livres chacune.

Cette commande extraordinaire eut une très grande influence sur le développement de la fabrication elbeuvienne, car elle avait décidé un assez grand nombre de personnes à tenter la fortune, et de nouveaux producteurs, ayant commencé timidement, devinrent plus tard des manufacturiers qui occupèrent une place importante dans l'industrie drapière de notre ville.

Sur la réquisition de l'agent national Murizon, et prenant en considération une lettre de la Société populaire, le Conseil général de la commune ordonna, le 19 (8 avril) « que tous les signes de superstition restés tant à l'extérieur qu'à l'intérieur du temple de la Raison » seraient ôtés, autant que faire se pourrait.

Il fut également décidé que, pour apporter plus de régularité dans la lecture des lois au temple de la Raison, les jours de décade, les orateurs désirant prononcer des discours ou faire quelques lectures, et les musiciens qui se proposaient d'exécuter des morceaux de musique, devraient en prévenir le maire et les autorités deux jours d'avance, afin de concerter l'ensemble de la cérémonie.

Des remercîments furent votés aux citoyens Mathieu Frontin, Baptiste Grandin, L.-J. Godet fils, Ch. Capplet, Nicolas Vinet, J.-B. Tienterre, Robert Bourdon, Jacques Dupont, Fouard père, Jacques Lécallier et autres, qui avaient fait don de vingt boisseaux environ de pommes de terre pour être plantées dans les jardins nationaux.

On arrêta les dispositions d'une fête, fixée

au lendemain, pendant laquelle on devait planter trois arbres de Liberté.

Le 31 (10 avril), le Conseil général « considérant l'utilité et l'urgence de faire édifier et raccommoder le lavoir commun dit la Fontaine du Cur — lire Sur — sise rue Meleuse « invita le citoyen Chefdrue à dresser un devis des travaux.

Le Conseil arrêta qu'il serait dressé un état des déclarations que feraient les pères, mères, tuteurs ou curateurs des enfants fréquentant les écoles, conformément à la loi du 29 frimaire précédent concernant l'instruction publique et la rendant obligatoire.

Le citoyen Sénéchal, salpêtrier d'Elbeuf, étant tombé au sort, il allait être obligé de quitter son service ; mais le District décida qu'il serait maintenu à son poste.

Le 22 (11 avril), le citoyen Louis-Charles-Alexandre Flavigny, ex-prêtre, demeurant à Elbeuf, se présenta devant le maire et l'agent national pour leur déclarer qu'il renonçait aux fonctions de prêtre et remettre ses lettres de prêtrise ainsi que d'autres pièces sacerdotales. Flavigny signa cette déclaration avec une encre qu'il avait sans doute apportée et qui n'avait donné que des traces jaunâtres, mais une autre main repassa sur les lignes un liquide plus noir.

Nous avons vu qu'un certain nombre d'ecclésiastiques avaient déjà remis leurs lettres de prêtrise ; mais d'autres continuaient le service religieux dans les environs d'Elbeuf et attiraient une assez grande quantité d'ouvriers et de paysans. Dans ces réunions, presque toujours, les prêtres excitaient à la résistance contre les lois républicaines et enseignaient que la Révolution les opprimait et les gênait dans la vente de leurs denrées.

Siblot, représentant du peuple près le département de la Seine-Inférieure, avait pris contre le clergé réfractaire, le 18 germinal, un arrêté dont voici les principales dispositions :

« ... Considérant que, dans tous les temps, les prêtres ont été le fléau de la Société ; que, dans toutes les parties du globe, on trouve les lieux de leur domination souillés de leurs crimes et teints du sang des hommes ; considérant que les ravages effroyables dont toute la malheureuse Vendée a été le théâtre est leur ouvrage...; considérant que les prêtres qui n'ont pas abdiqué leurs fonctions, en déposant leurs lettres de prêtrise, sont réfractaires à la volonté générale ; que leur résistance n'a d'autre but, en perpétuant par leur hypocrisie l'erreur des bons habitants des campagnes, que de provoquer des rassemblements, exciter des troubles, et de replonger les François sous le joug de la tyrannie ; considérant qu'ils sont les ennemis naturels de la République, qu'ils sont à la tête de toutes les intrigues et de tous les complots qui se trament contre la Liberté ; arrête :

« Art. 1er. — Les prêtres qui n'ont pas encore abdiqué leurs fonctions, en déposant leurs lettres de prêtrise, sont requis de se rendre, dans le délai de vingt-quatre heures, au chef-lieu de leur district.

« Art. 2. — Ils se présenteront sur le champ devant la municipalité, pour y déclarer leurs noms, prénoms et le nom de la commune qu'ils habitent.

« Art. 3. — Ils se rendront dans la maison

de sûreté qui sera préparée sans retard, à la diligence de l'agent national... »

D'autres articles déclaraient rebelles à la loi les prêtres qui ne se conformeraient point à cet arrêté, et ils devraient être poursuivis comme agents ou complices des ennemis de la liberté, de même que ceux qui recueilleraient chez eux des prêtres réfractaires.

Le citoyen Guersent, ancien curé de Caudebec, dut être troublé à la lecture de cette dernière disposition, car il cachait chez lui le ci-devant évêque de Montauban.

Beaucoup de prêtres s'exécutèrent, mais d'autres laissèrent passer les délais accordés ; alors Siblot ordonna l'internement des récalcitrants. Quelques-uns regrettèrent soit leur négligence, soit leur obstination, et, pour prouver que leur retard à exécuter les ordres de l'autorité supérieure ne provenait pas d'incivisme, firent des offrandes à la Patrie. Te fut le cas du citoyen Delarue, prêtre, qui déposa sur le bureau du District, le 23 germinal (12 avril), en même temps que ses lettres de prêtrise, un calice en vermeil et sa patène qu'il destinait aux frais de la guerre. Le Directoire accepta l'offre, mais Delarue n'en fut pas moins emprisonné.

Le citoyen Henri Duhamel, curé de la ci-devant paroisse Saint-Etienne, renonça également vers ce temps à la prêtrise et remit ses lettres d'ordination à la municipalité. — En marge de l'acte se trouve ces mots : « Je reconnais que ma lettre de prêtrise m'a été remise le 8 floréal an IIIe de la République. — Henri Duhamel ».

Les jeunes citoyens de la commune d'Elbeuf obtinrent l'autorisation de planter un arbre de Liberté dans une des cours où la Société populaire tenait ses séances.

Douze membres de cette société furent désignés pour planter les pommes de terre données, dans les terrains défrichés du cimetière ci-devant Saint-Jean et de l'ancien jardin des Ursulines.

Le 24 (13 avril), le citoyen Jacques Routier, ancien ecclésiastique, demeurant à Elbeuf depuis plus de 40 ans, fit également remise de ses lettres de prêtrise devant le maire et Fontaine, officier municipal.

Notons tout de suite d'autres renonciations à la prêtrise faites, les jours suivants, par Noël Desgenetez, ancien second vicaire de Saint-Etienne, demeurant à Elbeuf depuis 25 ans, et par Charles Le Bourgeois, ancien prêtre de la même paroisse. — Des notes marginales indiquent qu'ils reprirent leurs lettres de prêtrise les 8 et 9 floréal de l'année suivante.

Le Comité de surveillance fit arrêter, le 24 germinal, le citoyen Fautelin, marchand de bois, âgé de 66 ans, pour avoir correspondu avec son fils, prêtre passé à l'étranger. En outre, les scellés furent apposés sur ses papiers. Fautelin fut remis à la garde « des citoyens Heurtematte et Bidois, sans-culottes de notre commune ».

Le même jour, le Comité fit également arrêter le citoyen Louis Bachelet, fabricant, pour avoir correspondu avec son fils, prêtre déporté, qui s'était fixé à Londres.

Le 25 du même mois (14 avril), un citoyen du nom de Guersent, de Caudebec, — l'ancien curé de cette paroisse, croyons-nous, — écrivit au District qu'il s'était fait fabricant de savon.

et qu'il avait trouvé le secret de fabrication du savon de Marseille, qui alors faisait complètement défaut. Guersent demandait, afin de pouvoir continuer sa production, qu'il lui fût délivré de la Société d'Alicante 80 livres d'huile de Provence. Bien qu'il joignit à sa pétition un échantillon de savon sortant de sa fabrique, le District arrêta qu'avant de faire droit à sa demande, elle serait examinée par la municipalité de Rouen.

Le citoyen Join-Lambert fut nommé, le 27 germinal (16 avril), pour dresser l'inventaire estimatif des meubles de la citoyenne Gaulier, ex-religieuse. On ne fut pas satisfait de son travail, et, quelque temps après, le District l'invita à le compléter.

Ce même jour, le citoyen Delacroix présenta à l'administration du district un certificat de la commune d'Elbeuf, établissant que « le citoyen Flavigny, ex-prêtre, âgé de 84 ans, avoit déposé ses lettres de prêtrise et tous les titres concernant son ministère, le 22 germinal ; et un certificat d'officier de santé, visé par la municipalité, d'où il résultoit que cet octogénaire étoit tellement infirme qu'il ne pouvoit s'habiller ». Le citoyen Delacroix demanda, en conséquence, que le citoyen Flavigny, son oncle, fût dispensé d'entrer à la maison de sûreté.

Le Conseil prit la délibération qui suit : « Considérant que l'arrêté du représentant Siblot ne comporte aucune exception, se borne à accorder au citoyen Flavigny un sursis de dix jours, pendant lequel temps il se pourvoira devant le représentant du peuple Siblot, qui jugera dans sa sagesse ce qu'il avisera bien à son égard ».

Il n'est pas probable que le vieux prêtre ait été emprisonné, comme on l'a dit, car le 9 floréal suivant, Siblot fit remettre en liberté tous les prêtres vieux ou infirmes qui avaient été arrêtés, et Flavigny ne figure pas dans la liste des libérés. Parmi eux, se trouvait Jacques Routier-Duparc, âgé de 72 ans. Une note particulière nous apprend, du reste, que le citoyen Flavigny avait été autorisé à rester chez lui, par lettre du District en date du 2 floréal.

Les jeunes citoyens et citoyennes élèves les écoles tenues par les époux Brasseur furent autorisés, par le Conseil de la commune, à prêter serment, suivant leur demande par lettre, adressée le 27 germinal à la municipalité. Ils furent également admis à assister aux cérémonies des décadis dans le temple de la Raison, où une place leur fut assignée.

Ce jour-là, le citoyen Tienterre déposa à la mairie le rôle de l'emprunt forcé, montant à 95.987 livres, destiné à la défense de la Patrie. Il fut réparti sur les plus riches habitants.

Parmi les citoyens qui demandèrent alors à prêter de nouveau le serment à la Constitution, nous citerons Mathieu Sevaistre, fabricant; Charles Capplet père, teinturier, et Joseph Godet, fabricant. Prosper Delarue, fabricant, obtint un certificat de civisme, ainsi que Louis-Robert Flavigny, fabricant; Louis Dupont, « maître d'écriture, » et autres.

Le citoyen Johin, commissaire de l'habillement militaire, se présenta devant le Conseil municipal le 3 floréal (22 avril), et le pria d'inviter les teinturiers et les fabricants à donner la plus grande activité à la fabrication des draps écarlates.

A partir de ce jour et pendant tout le mois, les citoyens d'Elbeuf demandèrent à ratifier l'acceptation faite de la Constitution républicaine du 14 juillet précédent. Le mouvement fut donné par les plus riches des habitants, les manufacturiers et teinturiers, qui pendant cette période et même pendant toute la durée de la Révolution ne cessèrent d'être au premier rang des révolutionnaires.

La bourgeoisie d'Elbeuf était donc ou du moins paraissait plus attachée au nouveau régime politique et religieux que les ouvriers des manufactures, qui, le plus souvent, ne firent que suivre l'exemple donné par leurs patrons. Il faut reconnaître, cependant, que l'intérêt matériel n'était pas étranger à l'enthousiasme que chacun manifestait pour la République. En effet, jamais la fabrication n'avait été plus prospère, par suite des commandes importantes de draps faites par le gouvernement; aussi personne ne se plaignait-il du tour que les affaires publiques avaient pris et que chacun, peut-être, espérait voir se perpétuer.

Les membres du Comité de surveillance « chargé de surveiller les traîtres à la Patrie et à la République et de les dénoncer à la vindicte des lois » furent au nombre des plus empressés à renouveler le serment de fidélité à la Constitution de 1793.

La première « fournée » des autres citoyens demandant à prêter le serment ne se composa que de 11 Elbeuviens. Il s'en trouva 18 à la suivante, 29 à la troisième, 8 à la quatrième, 29 à la cinquième, 22 à la sixième, 84 à la septième, 44 à la huitième, 151 à la neuvième, 122 à la dixième, 220 à la onzième, 68 à la douzième, 142 à la treizième, 41 à la quatorzième, etc.

Les dernières portent exclusivement des noms des petits commerçants et d'ouvriers. Dans les premières, au contraire, nous trouvons ceux de citoyens aisés, appartenant aux familles Lefebvre, Flambard, Capplet, Le Roy, Lécallier, Bourdon, Lefort, Delarue, Routier-Duparc, Godet, Duruflé, Louvet, Henry, Petitgrand, Maille, Fouard, Ménage, Colet Valdampierre, Quesné, Delacroix, Grandin, Lizé, Lingois, Cherel, Dupont, Flavigny, Guenet, Frontin, Dévé, Fosse, Adam, Guilbert, Lesaas, Potteau, Lenoble, Vinet, Patallier, Rouvin, Corblin, etc.

Le Comité de surveillance révolutionnaire de la commune adressa cette lettre au commandant du bataillon de la garde nationale :

« Du 5 floréal, l'an 2me.

« Citoyen commandant,

« Vu les vols qui se continuent, nous t'enjoignons de faire faire de fréquentes patrouilles pendant la nuit.

« Nous devons aussi te dénoncer le peu d'ordre et d'exactitude qui règne au poste de la garde nationale On y voit des citoyens ivres que les officiers devraient punir.

« Tu sais combien il importe de maintenir la discipline et la décence dans le service public. Nous te recommandons, sous ta responsabilité, de faire la visite du poste régulièrement.

« Les membres du Comité de surveillance :

« A. Duruflé, président ; M. Frontin, secrétaire ».

Cette lettre fut affichée au corps de garde.

Le 5 (24 avril), sur la demande des jeunes

citoyens de l'école primaire tenue par le citoyen Derrey, instituteur, ils furent autorisés à planter un arbre de Liberté et à se présenter le décadi suivant, au temple de la Raison, pour y prêter serment de fidélité à la Constitution.

Le 6 (25 avril), deux commissaires du District se présentèrent à l'Hôtel de Ville d'Elbeuf, pour s'informer si les deux moulins « ayant appartenu à l'émigré Loraine dit Lambesc » ne pouvaient causer de dommage aux propriétés voisines et si leur destruction était nécessaire.

Le 8 (27 avril), le citoyen Parfait Maille présenta une pétition à la municipalité tendant à obtenir l'emploi de salpêtrier, en remplacement du citoyen Malherbe. Il y fut provisoirement autorisé.

La citoyenne Miége femme Louis Bachelet, dont le mari servait la Patrie, fit abandon d'une somme de 122 livres 10 sols en faveur de la défense du sol national. On lui vota une mention civique.

Le citoyen Behuc, ancien curé de Saint-Léger-du-Boscdel, fut autorisé à résider chez son frère, demeurant à Elbeuf, à charge de se présenter au greffe municipal tous les nonidis.

On délivra des certificats de civisme aux citoyens : Constant Godet, fabricant, âgé de 61 ans ; Constant Duruflé, fabricant, âgé de 24 ans ; Pierre Bourdon, fabricant, âgé de 62 ans ; F.-J.-M. Quesné, fabricant, âgé de 30 ans ; M.-P.-Alex. Grandin, fabricant, âgé de 29 ans.

Le Comité de surveillance révolutionnaire manda, le 9 floréal (28 avril), à l'officier du poste de garde nationale de faire retirer les factionnaires posés, par un ordre précédent du Comité, auprès des citoyennes Guyon et Désirée Cousin « après que les deux sans-culottes qui doivent les garder les auront remplacés ». Signé : « LEFORT, président ; GAMARE, secrétaire ».

A cette date, Auguste Bérenger, aubergiste rue Meleuse, était arrêté et placé sous la garde du poste de la maison commune. Le citoyen Louvet père, juge de paix provisoire, le fit mettre au secret.

Il y avait également trois autres prisonniers à la chambre d'arrêt ; un nommé Michel Gamache, et François Sentier et sa femme, qui restèrent détenus à Elbeuf pendant une quinzaine de jours environ.

On délibéra, le 10 (29 avril), en présence des délégués des communes du canton, sur la levée de chevaux ordonnée par la loi du 21 germinal, la fixant à un cheval sur vingt-cinq. La commune d'Orival, n'ayant pas envoyé de commissaire, fut dénoncée au District.

Le canton d'Elbeuf devait fournir 44 chevaux, onze sacs à avoine, onze cordes à fourrages, trois voitures solides et douze harnais. Le répartement fut fait ainsi :

Etienne du-Rouvray : 3 chevaux, un sac et une corde ; Oissel, 5 chevaux ; Orival, 2 ; Tourville, 2 ; La Réunion (Grand Couronne), 1 ; Caudebec, 7 chevaux, un sac et une corde ; Cléon, un cheval ; Aubin-jouxte-Boulleng, un cheval, un sac et une corde ; la Fraternité (Petit-Couronne), 7 chevaux, sac et corde ; Freneuse, quantité non indiquée ; Moulineaux, 4 chevaux ; La Bouille, un cheval, sac et corde ; La Londe, 3 chevaux, sac et corde ; Elbeuf, 3 chevaux, sac et corde.

Il fut arrêté, en outre, que les communes de Caudebec et de Sotteville s'entendraient pour fournir conjointement un cheval. Celles d'Elbeuf, Caudebec, La Londe, Orival et la Bouille également pour fournir un charretier, une voiture et des harnais pour quatre chevaux. Celles d'Etienne, Oissel, la Réunion, la Fraternité et Moulineaux pour les mêmes choses.

La municipalité répondant, le 11, à une lettre des administrateurs de l'hospice demandant de la viande pour les malades, toutes les décades, leur dit que « sous un gouvernement révolutionnaire, il ne pouvoit y avoir de privilège pour une administration, et que les malades de la Commune se trouvoient dans la même pénurie que ceux de l'hôpital ».

Un certificat de civisme fut accordé au citoyen Nicolas-Félix Lefebvre, âgé de 34 ans, « commandant le bataillon de la garde nationale d'Elbeuf », ainsi qu'à plusieurs fabricants de draps. Les jours suivants, il en fut délivré à un assez grand nombre de personnes, appartenant toutes à la bourgeoisie.

CHAPITRE XIII

(DU 12 FLORÉAL AU 12 PLAIRIAL AN II)

(MAI 1794)

RÉTRACTATION D'UNE URSULINE. — ARRESTATION, CONDAMNATION A MORT ET EXÉCUTION DE DUTHUIT. — PORT OBLIGATOIRE DE LA COCARDE TRICOLORE. — INFLUENCE AU DEHORS DE LA SOCIÉTÉ POPULAIRE D'ELBEUF. — LA FÊTE DU 12 PRAIRIAL; INAUGURATION OFFICIELLE DU DRAPEAU TRICOLORE. — DEUX POÉSIES DU CITOYEN MAUDUIT.

La lettre suivante parvint au maire d'Elbeuf le 13 floréal (2 mai):

« Citoyen maire, et vous officiers municipaux; la citoyenne Aimée Quesné, carmélite de Saint-Denis, demeurant depuis deux ans dans votre commune d'Elbeuf, vous déclare qu'elle est à Rouen réunie à quelques religieuses pour subir le même sort, puisque je pense comme elles.

« Je me rétracte du serment que j'ai fait par foiblesse et par la crainte d'être renfermée. J'abjure mon erreur et me soumets à la peine portée par les lois. Il ne sera plus mention du serment que j'ai fait le 21 ventôse et déclare que je veux vivre et mourir dans le sein de l'Eglise catholique, apostolique et romaine, et verser jusqu'à la dernière goutte de mon sang. — Aimée Quesné, carmélite ».

En *post-scriptum* se trouvent les lignes qui suivent :

« Personne que Dieu et mes réflexions ne m'ont portée à la rétractation que je fais de bon cœur, malgré le cri de la Nature. Je ne connois que depuis deux jours les religieuses avec lesquelles je suis. J'ai été chercher celles qui n'étoient pas encore prises sans leur avoir confié ni mon projet ni le serment que j'avois fait.

« La présente paraphée au désir de l'interrogatoire du 2 prairial, 2ᵉ année de la République une et indivisible. — Aimée Quesné ».

Le 15 (4 mai), la garde nationale arrêta un individu sans passeport. Il déclara se nommer René Le Sage, ancien curé de Tostes près Pont-de l'Arche, déprêtrisé. Sur une lettre du district de Louviers, le citoyen Lesage fut conduit à la maison de sûreté de Gaillon, conformément au vœu de la municipalité de Tostes.

Le même jour, on mit en réquisition les vieilles futailles et les vieux barils pouvant servir à loger des poudres de guerre. — On réquisitionna également des porcs mâles, et, quelques jours après, les vieux chiffons.

Le décadi suivant, au temple de la Raison, les garçons de l'école primaire du citoyen Derrey offrirent à la Patrie, pour les frais de la guerre, une somme de 11 livres 5 sols, et les jeunes citoyennes de la même école une autre somme de 18 livres. Le Conseil communal leur vota une mention civique.

Vu la rareté des savons, il fut arrêté que les épiciers n'en pourraient délivrer pour plus de cinq sols à la même personne.

Le Comité de surveillance de notre ville ayant écrit au Directoire du district pour l'inviter à nommer un juge de paix en remplacement de Balleroy, détenu depuis le 29 nivôse (18 janvier), il lui fut répondu que le sort de ce fonctionnaire n'étant pas décidé, l'administration ne pouvait prendre de parti ; et qu'en attendant, le premier assesseur devait remplir les devoirs de Balleroy.

Un événement qui se produisit le 16 floréal (5 mai), eut des suites fort regrettables.

Un nommé Jacques Duthuit, âgé de 26 ans, né à Saint-Vincent-des-Bois, canton de Vernon, était employé, comme garçon d'écurie, chez le citoyen Béranger, aubergiste du ci-devant *Dauphin*, rue Meleuse.

Dans la matinée du 16, trois agents du Comité de sûreté générale de la Convention descendirent dans cette auberge. Duthuit, qui était ivre, ayant reçu d'eux une réprimande, leur répondit avec insolence :

— Savez vous à qui vous parlez ? dit l'un des étrangers. Nous sommes des commissaires de la Convention.

— Je me f... de la Convention et de ses commissaires, répliqua Duthuit. Ce n'est pas le Pérou !

Les commissaires se rendirent au Comité de surveillance où ils déposèrent une plainte, ainsi libellée sur une pièce conservée aux archives municipales :

« Ce jourd'huy 17 floréal, l'an 2e de la République françoise une et indivisible, se sont présentés les citoyens Le Comte, Rivette et

Breton, tous trois commissaires et porteurs d'ordres du Comité général et de surveillance de la Convention nationale et membres du Comité de surveillance révolutionnaire de la commune d'Anet, chef-lieu de canton, district de Dreux, département d'Eure-et-Loir ;

« Lesquels nous ont dénoncé le garçon d'écurie du ci-devant *Dauphin* pour leur avoir dit qu'il se f... de la République, répété différentes fois... qu'il se f... de la Convention comme de ses commissaires... » Cette copie est signée du citoyen Gamare et de plusieurs autres.

Duthuit fut immédiatement arrêté par l'officier et les hommes du poste de garde nationale, composé ce jour-là des citoyens Henri-Pierre Delacroix, officier ; Claude Ménil, sergent ; Louis Delalande, caporal ; Guilbert père, Charles Martin, Leroy, menuisier ; Claude Paupelin, Vinet père, Amable Lizé, Jolibois, Toussaint Delaplanche, Baptiste Tabouelle, Jean Beaudoin, Constant Dupont et Jean Deprès, fusiliers.

Malgré les supplications du poste et celles des membres de la Société populaire, qui intercédèrent pour Duthuit et remontrèrent que « ce sans-culotte étoit perdu de vin », le Comité de surveillance expédia le prisonnier à Paris, où il comparut devant le Tribunal révolutionnaire.

Duthuit, reconnu coupable de s'être déclaré l'ennemi du peuple « en provoquant l'avilissement et la dissolution de l'Assemblée nationale, le rétablissement de la royauté et en décourageant les défenseurs de la Patrie » fut condamné à mort le 6 messidor suivant (24 juin 1794) et exécuté le même jour, avec un nommé Guéroult, homme de loi dans le district de Bernay.

La foule s'amassa sur la place du Coq le 17 floréal (6 mai) à propos d'un incident survenu entre le citoyen Get, orfèvre et membre du Comité de surveillance, et deux gardes nationaux.

Une femme âgée de 18 à 20 ans, passant devant le corps de garde sans porter la cocarde à son bonnet, fut interpellée par le factionnaire, et comme elle avait répondu d'une façon incivique, un autre garde national la prit par le bras pour la conduire au poste.

Get survint à ce moment et reprocha aux deux gardes la brutalité qu'ils avaient montrée envers cette femme. De là, discussion, rapport, dénonciation, comparution de Get devant le citoyen Louvet, juge de paix provisoire, lequel se déclara incompétent et renvoya les parties vers la municipalité.

Le 19 (8 mai) à sept heures du matin, le citoyen Duval, boulanger, rue Meleuse, fut aussi arrêté par des gardes nationaux parce qu'il ne portait pas de cocarde à son bonnet. Conduit au poste, l'officier lui demanda la cause de sa négligence :

— C'est une bêtise que d'en mettre à son bonnet, répondit Duval. J'en ai une à mon chapeau, chez moi ; si vous ne voulez pas me croire, allez-y voir !

Nicolas Deshayes, l'officier du poste, lui fit quelques nouvelles observations. Duval, s'adressant à un sieur Lecerf, marchand boucher, lui dit :

— Va m'en chercher une ; je me f... d'eux !

Menacé d'être incarcéré, Duval dit encore à un fusilier, du nom de Luce :

— Es-tu f... de me mener ?

Le poste lui fit voir qu'il était en état de l'arrêter, car Duval fut immédiatement enfermé dans la chambre de discipline.

A cette époque, il existait dans notre ville cinq instituteurs et trois institutrices. Dans les écoles, on ne faisait lire que l'Acte constitutionnel, les Droits de l'homme et des recueils d'hymnes patriotiques, dont plusieurs étaient l'œuvre du citoyen Mauduit. Depuis longtemps déjà, les anciens livres avaient disparu, et les exemples d'écriture ne portaient que des sentences morales et républicaines.

Les maîtres conduisaient régulièrement leurs élèves au temple de la Raison, et chaque école avait son Arbre de Liberté, qui avait été planté par les enfants.

A partir de cette même époque, beaucoup de lettres de la municipalité d'Elbeuf se terminent ainsi : « Guerre aux tyrans !... Salut et Fraternité ! »

Le 22 floréal (12 mai), un certificat de civisme fut accordé au citoyen Lingois, notaire, ancien maire « qui avoit toujours montré le plus grand attachement à la Révolution, et avoit monté et équipé son fils, alors au service de la République ». Comme les autres citoyens, il avait été soumis à la censure de la Société populaire.

Ce même jour, des certificats de civisme furent également délivrés à plusieurs autres citoyens, notamment à « Jacques-François Routier-Duparc, prêtre déprêtrisé ».

La municipalité demanda le 26 (15 mai), à celle de Rouen, en lui envoyant la lettre de rétractation écrite par Aimée Quesné, de la faire arrêter. Cette lettre est signée des citoyens Saillant, maire; Pierre Hayet, Fontaine, Duchemin, Fouard, membres de la municipalité, et de Marie, greffier.

La municipalité n'était pas toujours fort polie avec le District; comme preuve, nous citerons la fin d'une lettre adressée, le 27, par les citoyens Saillant, maire, et Fontaine, officier municipal, à cette administration supérieure :

« Frères et amis ;
« ... Nous recevons à chaque instant de pareilles lettres de votre part, et vous nous y faites des questions qui, nous croyons, sont inutiles, attendu que lorsque nous accordons un certificat de civisme à un citoyen, c'est que nous sommes persuadés de son civisme et qu'il le mérite.

« En conséquence, nous vous invitons à apposer votre visa sur les certificats qui vous sont présentés et d'être persuadés que nous avons remply toutes les formalités requises avant que d'accorder ces certificats, et nous l'attendons de vous avec confiance ; le retard de ces visas étant d'un grand préjudice à nos concitoyens... »

Le 29 floréal (18 mai), une nouvelle réquisition de 66 chevaux et 16 voitures, capables de porter 3.000 livres pesant chacune, fut adressée au canton d'Elbeuf. Le repartement sur les communes se fit le jour même, et le Conseil municipal de notre ville nomma des commissaires pour assurer l'exécution de l'ordre dans le plus bref délai.

Quelques communes se montrèrent « morosives et insouciantes ». La ville d'Elbeuf leur rappela « avec énergie, les devoirs des vrais républicains, en leur remontrant que cette inaction causoit un préjudice à la République, et qu'immédiatement elles aient à faire parvenir à Rouen les chevaux et voitures réquisitionnés ».

Les commissaires de la ville d'Elbeuf se rendirent notamment à Oissel, où ils représentèrent à cette commune la lenteur qu'elle avait apportée pour fournir son contingent et lui déclarèrent qu'elle devait le remplir avant le 2 prairial, lui observant en outre « que le moindre retard attireroit sur elle la vengeance nationale qui pesoit sur sa tête ».

Le 2 prairial (21 mai), l'administration supérieure décida qu'il serait délivré à la commune d'Elbeuf 232 quintaux 50 livres de grain, et qu'elle en payerait le prix suivant le cours de la halle.

La Société populaire d'Elbeuf jouait alors un grand rôle et sa réputation de patriotisme était très répandue dans le département de l'Eure ; nous en trouvons une preuve dans la demande d'affiliation que lui fit la Société populaire de Nassandres.

Acceptée dès sa formation par les Sociétés de Beaumont-le-Roger et de Brionne, celle de Nassandres se flattait d'être reçue facilement aussi par celle d'Elbeuf ; mais elle rencontra des difficultés auxquelles elle ne s'attendait pas. Il lui fallut fournir la liste complète de ses membres et des preuves de leurs sentiments révolutionnaires.

La Société de Nassandres se conforma à la première de ces réclamations, le 4 prairial (23 mai), et pour donner à celle de notre ville des témoignages d'attachement à la République, elle lui déclara « que tous ses membres avoient passé au creuset épuratoire et que cette opération se renouvelleroit chaque mois ».

La Société de Nassandres resta en relations avec celle de notre ville, et lorsque le citoyen Touquet, son ancien président, arrêté et déféré au Comité de sûreté générale de la Convention, fut remis en liberté après la journée du 10 thermidor, la Société populaire d'Elbeuf adressa à Nassandres ses félicitations d'avoir recouvré ce patriote.

Le même jour, 4 prairial, le citoyen Lenoble, ancien prêtre, fut nommé délégué pour faire porter à Rouen les linges et autres objets provenant « des édifices Etienne et Jean » ainsi que des étaux, soufflets et divers outils demandés par le District.

Le Comité de surveillance d'Elbeuf, dans sa séance du 7 (26 mai), arrêta que « pénétré d'horreur de l'attentat commis envers les représentants Collot d'Herbois et Robespierre, qui ont échappé au fer de l'assassin, adresse seroit envoyée à la Convention pour la féliciter de leur conservation, et que l'adresse seroit transcrite sur le livre des délibérations ».

La Commission du mouvement des armées informa les officiers municipaux de notre ville, le 9 prairial (28 mai), que 150 prisonniers de guerre, « gages de nos frères tombés au pouvoir de l'ennemi », allaient prochainement leur être envoyés en garde.

L'officier chef de poste à la maison de ville était, le 10 prairial (29 mai), le citoyen Ch.-Valéry-Portien Pinel, ci-devant curé de Saint-Jean. Son rapport se terminait ainsi : « En foi de quoi... Vive la République! Vive la Montagne! — Charles PINEL ». Exclamation que l'on ne trouve pas à la suite des rapports des autres officiers de garde.

Le même jour, la municipalité d'Elbeuf rappela par lettre à celles du canton que, le surlendemain, elles devraient célébrer « une fête anniversaire du 31 mai 1793 (style esclave), où le monstre du fédéralisme avoit fait de vains efforts pour déchirer le sein de notre patrie ». Il était enjoint aux communes suburbaines de « montrer la joie la plus pure et le civisme le plus prononcé » à cette fête. L'invitation se terminait ainsi : « Que le génie de la Liberté y anime toutes vos actions, sous la direction de toutes les vertus ».

Robespierre était alors en toute-puissance. Le tribunal révolutionnaire, peuplé de ses partisans, avait jeté à l'échafaud Danton, Camille Démoulins, Chabot, Fabre d'Eglantine, Lacroix, Philippeaux, Chaumette, l'ancien évêque Gobel, ces deux derniers sous l'inculpation d'avoir voulu effacer toute idée de la Divinité. La femme de Desmoulins, celle d'Hébert et tant d'autres venaient aussi d'être exécutées.

Couthon, fidèle de Robespierre, avait annoncé une restauration religieuse, et le 18 floréal (7 mai), le terroriste avait prononcé un long et éloquent discours sur les idées religieuses et morales, suivi d'un décret, que la Convention s'empressa de voter, et dont l'article premier était ainsi conçu : « Le peuple français reconnaît l'existence de l'Etre suprême et l'immortalité de l'âme ».

A Elbeuf, où les pouvoirs publics, la magistrature, la bourgeoisie étaient robespierristes à outrance, on conçut l'idée d'une fête, avant même que le dictateur eût parlé de celle qu'il préméditait pour le jour de la Pentecôte, afin de flatter les catholiques qu'il voulait attirer à lui.

Voici, à ce sujet, le texte du procès-verbal de la réunion municipale tenue le 11 prairial (30 mai) :

« D'après la lecture du célèbre rapport de Maximilien Robespierre à la Convention nationale, en date du 18 floréal dernier ; le Conseil général délibérant ; l'agent national entendu, arrête que :

« Les communes du canton seront de suite averties conformément au décret rendu à la suite du rapport, de célébrer avec l'éclat que leur inspirera leur patriotisme l'anniversaire du 31 mai, qui répond au 12 prairial, et jurer de nouveau haine implacable au fédéralisme, monstre hideux qui vouloit renverser la République et nous replonger dans les fers de l'esclavage.

« Arrête, en outre, que demain nous célèbrerons avec éclat cet anniversaire ; que le peuple, la Justice de paix, le Comité de surveillance, la Société populaire, la garde nationale, la gendarmerie, les amateurs de musique, l'Agence de secours et les Ecoles primaires seront invités à se rendre demain, 10 heures du matin, devant la maison commune, et lorsque tout le cortège sera assemblé, l'on se mettra en marche pour faire le tour de la Montagne : un peloton de garde nationale en tête, les écoles primaires ensuite marchant sur deux lignes et quatre de front, la musique, la municipalité, le Comité de surveillance, la Justice de paix d'Elbeuf, la Société populaire, l'Agence de secours, un peloton de garde nationale et la gendarmerie fermeront la marche. Les commandants de la garde nationale disposeront le reste pour former une haie de chaque côté.

« Après avoir fait le tour de la Montagne, l'on s'arrêtera pour entendre les orateurs qui auront des discours à prononcer. Après les avoir entendus, on continuera la marche en chantant des hymnes patriotiques et faisant entendre les cris répétés de : Vive la République ! Vive la Montagne ! par les rues de la Fraternité (de la République) et de l'Egalité (de l'Hospice) jusqu'à l'Arbre de liberté, où les musiciens seront invités de chanter et faire retentir l'air de sons patriotiques, et surtout en airs connus, afin que le chœur puisse devenir général.

« L'on descendra par la rue de la Liberté (Notre-Dame) et de là sur le port où l'on chantera.

« En remontant, l'on fera de nouveau le tour de la Montagne ; l'on amontera la rue de la Justice ; même chant au pied de l'Arbre de la Liberté. L'on descendra et l'on ira jusqu'à la place de l'Union (du Calvaire), où seront chantés des hymnes patriotiques. De retour devant la maison commune, l'on dansera.

« La nuit survenue, chacun se retirera emportant dans son cœur l'intime conviction qu'il n'est pas de bonheur plus grand que celui d'être né François et d'être citoyen de la République, et que la Convention nationale la consolide pour jamais en détruisant le monstre du fédéralisme ».

Le citoyen Delarue reçut l'invitation de se rendre à Rouen à l'effet d'acheter deux drapeaux aux couleurs nationales pour être remis à chacun des bataillons de la Liberté et et de l'Egalité « vu que les anciens ne sont point conformes aux décrets de la Convention nationale ». Ces deux drapeaux tricolores, en soie, furent fournis par « le citoyen Bonneterre, marchand de la ci-devant rue des Carmes à Rouen » et coûtèrent environ 280 liv.

A Rouen, où se trouvait le représentant du peuple Guimberteau — que nous verrons bientôt venir à Elbeuf également — on inaugurait aussi le drapeau tricolore. Voici un passage du discours que le député, commissaire de la Convention, prononça à cette occasion :

« Citoyens,

« Ce pavillon tricolore que nous chérissons doit servir de ralliement aux Français, il est le symbole de notre union et de notre amitié, il parcourra toutes les mers et partout il sera triomphant. Ces couleurs ont fait trembler et fuir déjà d'épouvante les tyrans de la terre ; le tyran de la mer (l'Angleterre) les redoute plus encore ; par elles l'Océan sera libre ».

Cette prophétie, dont un demi-siècle plus tard Lamartine devait, à l'Hôtel de Ville de Paris, constater la réalisation, fut saluée des cris, cent fois répétés par des milliers de bouches : « Vive la République ! Vive la Montagne !

On appela la bénédiction du Ciel sur la nouvelle disposition des trois couleurs nationales, et ce fut le directeur de théâtre Rebié qui composa la prière à cet effet. On l'apprit aux enfants des écoles, à Rouen, à Elbeuf et sans doute ailleurs ; mais à la fête de Rouen dont nous parlons, ce fut Charles-Etienne Bien, capitaine du *Joseph*, qui se chargea d'une invocation à l'Eternel. On la récita dans notre ville à la fête suivante, comme intermède aux chants composés par le citoyen Mauduit, organiste du temple d'Elbeuf. Cette prière était ainsi conçue :

Grand Dieu, si désormais la terre est ton autel,
Si le mur de ton Temple est l'enceinte du ciel,
Si la France te sert et n'a que toi pour maître,
C'est qu'entre l'homme et toi tout vient de disparaître ;
C'est qu'il s'est élevé jusques à son auteur.
La dignité de l'homme ajoute à ta grandeur ;
Protège, tu le dois, notre Liberté sainte !
Sur nos fronts élevés tu traças ton empreinte ;
Ainsi l'homme est sorti de tes puissantes mains,
Ne permets pas, grand Dieu, qu'il change ses destins.
Veille au milieu de nous, conserve à la patrie
Ce roc vainqueur des flots et des vents en furie ;
Que l'éclair sillonnant, que la foudre en éclats
Partent de la « Montagne » et ne l'ébranlent pas.
Donne à l'Egalité, que tu créas toi-même,
Ces charmes, ces douceurs qui font le bien suprême ;
Contre nos ennemis nous ne t'invoquons pas ;
Dans nos vaillantes mains est le sort des combats.
N'as-tu pas aux Français commandé le courage.
Vaincre, c'est t'obéir ; leur gloire est ton ouvrage.

La fête fut célébrée à Elbeuf le même jour 12 prairial (31 mai), avec solennité et le concours de la Justice de paix, du Comité de surveillance, de la Société populaire, de la garde nationale, de la gendarmerie, des citoyens Quesné, chef de musique, et de ses musiciens, de l'Agence de secours, des Ecoles primaires et d'une foule de citoyens.

Pendant cette cérémonie, on chanta des poésies du citoyen organiste Mauduit, mises en musique par lui-même. Nous devons le texte des deux suivantes à M. Dussud, dont nous avons précédemment parlé :

PRIÈRE A L'ÉTERNEL

Dieu bienfaisant, Dieu que le prêtre
Essaie en vain de définir.
Nos cœurs contents de te sentir
Ne cherchent point à te connaître.
Dieu des hommes, nous t'implorons,

Mais en te parlant pour nos frères.
Des vertus, voilà nos prières :
En nous aimant, nous t'adorons.

La Liberté fut ton ouvrage ;
Son feu dévore notre cœur.
Par elle, fier de ta grandeur,
L'homme est devenu ton image.
Tu vois de stupides brigands
Vouloir nous détruire pour elle.
Combats pour nous ; c'est ta querelle,
Dieu bon, tonne sur les tyrans.

CHŒUR DES FEMMES

Détruis les tyrans, et la guerre
N'affligera plus les mortels.
Paix bienfaisante, tes autels
Seront relevés sur la terre.
A nos chastes embrassements
Rends nos époux couverts de gloire.
Rends par une prompte victoire
Le tendre père à ses enfants.

*_**

CHANSON PATRIOTIQUE

Pour une citoyenne.

Vole au secours de ta patrie.
Va défendre ta liberté !
Des traîtres, des tyrans combats la ligue impie
Venge les droits du peuple et de l'humanité.

Avant que d'être ton amante,
Ton pays reçut tes serments ;
Voici, voici l'instant de remplir son attente.
Citoyen, la patrie appelle tes enfants !

Hélas ! que ne puis-je te suivre
Aux champs du Belge, aux bords du Rhin !
Heureuse, à tes côtés, si je cessais de vivre
En recevant le coup dirigé vers ton sein !

Que le ciel veille sur ta vie !
Ce prix t'attend à **ton** retour :
J'unirai, pour l'amant vengeur de la patrie,
Les palmes du civisme aux myrthes de l'amour.

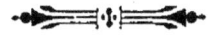

CHAPITRE XIV
(DU 13 PRAIRIAL AU 12 MESSIDOR AN II)
(JUIN 1794)

La fête de l'Etre suprême ; enthousiasme général. — On complète la municipalité d'Elbeuf. — Arrivée de 148 prisonniers de guerre ; on les caserne dans l'église Saint-Etienne. — Appel de l'agent national aux Elbeuviens. — Le moulin de Saint-Etienne. — Adresse de la commune d'Elbeuf a la Convention. — Expédition au Buquet ; arrestation de l'évêque de Montauban; dévouement du ci-devant curé Guersent. — Actes du Comité de surveillance.

Pendant la nuit du 12 au 13 prairial (31 mai au 1er juin), quarante-deux prisonniers de guerre s'évadèrent de la tour de Vernon. La municipalité d'Elbeuf en fut informée, avec invitation de faire arrêter sur le champ ceux des fuyards qui passeraient par notre ville.

Dans la journée, le Conseil général de notre ville écrivit aux communes du canton :

« Frères et amis,

« Nous vous invitons à faire prendre sur-le-champ, à notre greffe, le rapport de Maximilien Robespierre, suivi d'un décret de la Convention nationale relatif aux fêtes décadaires, et nous vous invitons à célébrer celle qui tombe décadi prochain avec toute la pompe possible, ainsi que les suivantes. Nous l'attendons de vous, citoyens, comptant sur le zèle républicain qui vous anime... Salut et fraternité ».

Nous relèverons le procès-verbal de la réunion municipale tenue le 13 (1er juin) :

« Le Conseil général, prenant en grande considération le rapport de Maximilien Robespierre, sur le rapport des idées religieuses et morales avec les principes républicains, et sur les fêtes nationales, en date du 18 floréal dernier, suivi d'un décret de la Convention nationale y relatif, avec l'instruction présentée à la Convention sur l'ordre et la marche de la fête à l'Eternel, qui doit se célébrer dans toute la République le 20 prairial présent mois.

« Il a été arrêté que la fête à l'Etre suprême sera célébrée décadi prochain avec tout l'éclat et la pompe possibles. Et pour cet effet, le Conseil général a nommé le citoyen agent national commissaire en chef, pour dresser les plans et faire faire tout ce qui sera nécessaire, tant pour les décorations, élévations de pyramides et enfin tout ce qu'il croira convenable pour rendre cette fête auguste mémorable et brillante. Les citoyens Hayet, Duchemin, Lenoble et Jamay sont nommés adjoints.

« En ce jour si solennel, tout citoyen devra étendre les mains vers l'Eternel, et tous devront plus que jamais développer les sentiments patriotiques dont leurs cœurs sont animés. Ce ne sera point à de vains simulacres, à des images impuissantes que nous devrons adresser nos vœux ; c'est au Dieu de la Raison et de la Philosophie ».

On arrêta que les frais seraient supportés par la ville entière, mais que la Commune paierait par provision sur les mandats délivrés par l'agent national Murizon. Tous les ouvriers charpentiers, menuisiers et autres furent mis en réquisition pour les préparatifs de cette fête.

Des estrades, des tribunes, des pyramides, de véritables monuments furent élevés en quelques jours sur plusieurs points de la ville par le concours de toute la population. Les fonds manquant pour terminer les préparatifs de décoration dans le Temple de l'Éternel suprême (église Saint-Jean), le citoyen Flavigny avança 2.400 livres pour qu'ils ne souffrent aucun retard. Les autres citoyens dépensèrent des sommes relativement considérables pour orner et décorer la cité et surtout leurs habitations respectives.

Le jour de la fête, Elbeuf était littéralement couvert de fleurs, de feuillages, de banderoles, de devises patriotiques ou révolutionnaires. Ne pouvant entrer dans tous les détails de cette solennité, sans pareille dans les annales de notre ville, nous nous contenterons d'en citer quelques-uns concernant les chars de la procession qui parcourut les rues de notre cité, sous un soleil resplendissant.

Le *Char des Sans-Culottes* était occupé par les citoyens « les plus purs ». Voici leurs noms : Boisrenoult, Mazurier, Joseph Godet, Delamare, Loiselet, Delaunay, Flavigny-Gosset jeune, Pierre Maille jeune, Vaguet, Denouville, Catel, Delaporte, Mercier, Bertrand, Osmont, Montagnard, Blanvillain, Véron, Verdure, Hébert, Hérault, Petitgrand, Hazet, Parfait Maille, Riberpré et plusieurs autres, fabricants, marchands et ouvriers.

Ces citoyens, habillés en sans culottes, portaient une ceinture tricolore, étaient coiffés du bonnet rouge et armés chacun d'une pique. Ils montèrent sur l'obélisque élevé dans le Temple de l'Etre suprême et jurèrent « de ne déposer leurs armes que lorsque les tyrans seroient anéantis ». Le citoyen chef du groupe prononça un discours, dont les dernières paroles furent : « Guerre aux tyrans ! Paix aux bons citoyens ! »

Le *Char des Vénérables* portait les citoyens suivants : Paumier, Duhamel, Vaguet père, Jacques Dupont, Lefebvre, Bernard Delarue, Joseph Godet, Pigeon, Tassin, Dumas père, Duboc, ancien maître d'école; Delaleau, ancien contre-maître; Lefebvre, collier, et plusieurs autres, « tous respectables par leurs mœurs, leurs vertus et leur âge, et ayant le cœur brûlant de patriotisme ».

Ils étaient couverts chacun d'un manteau bleu national. Ils montèrent également à l'obélisque, où ils firent des « vœux à l'Etre suprême pour la prospérité de la République ».

Le *Char des Mères de famille* portait les citoyennes épouses des citoyens Flambart, Jean Bellec dit Nantais, Hippolyte Huet, Mouton jeune, Lefort, Henry, Hayet, Desmaisons, Murizon, Constant Fouard, Anquetil, Morin, Dautresme, Pierre-Michel Grandin et quelques autres. La citoyenne Grandin était à la tête du char.

Chacune tenait devant elle ou sur ses genoux un ou plusieurs de ses enfants, habillés en blanc. Ces citoyennes, « qui brilloient toutes par leurs vertus civiques », étaient vêtues décemment de costumes divers, mais de couleurs claires. Elles montèrent aussi à l'obélisque et jurèrent d'élever leurs enfants dans les principes républicains.

Il y eut, dans le cortège, plusieurs autres voitures et charriots montés, notamment un *Char de Jeunes filles* bourgeoises, sur lequel se trouvaient les citoyennes Sophie Capplet, Eulalie Quesné, Jeannette Sevaistre, Victoire Bailly et les filles des citoyens Louis-Joseph Quesné, Jacques Delacroix, Mathieu Frontin, Robert Flavigny, Moyse Duruflé, Join-Lambert, Constant Le Roy, Joseph Flavigny, Ch. Louvet et autres. La citoyenne Eulalie Quesné était en tête du groupe de ces jeunes filles.

Nous avons sous les yeux une lettre de convocation qui avait été adressée à l'une d'elles, par le Comité organisateur. Nous la reproduisons dans ses principales parties :

« Sœur et amie,

« La Convention nationale a décrété, dans sa sagesse, que le 20 prairial il seroit célébré une fête à l'Être suprême et à la Nature.

« Désirant donner tout l'éclat et la pompe dont elle est susceptible dans cette commune, nous vous invitons de vouloir bien vous réunir pour former un char.

« Votre patriotisme, vos vertus et les heureux dons de la beauté et des grâces dont la Nature vous a comblée, seront un des plus beaux ornements de la fête que nous devons célébrer.

« Le citoyen Mauduit — c'était le chef des

« Amateurs de musique » — vous donnera les hymnes et les chants qui doivent être chantés...

« Guerre aux tyrans ! Paix aux bons citoyens ! »

Nous devons nous arrêter ici, afin de ne pas allonger outre mesure ce récit. Disons pour finir que le cortège se mit en marche à onze heures et que cette cérémonie extraordinaire ne prit fin que très avant dans la nuit.

On sait que la fête de l'Etre suprême fut célébrée à Paris avec un déploiement de luxe inouï. Cette journée qui fut comme l'apothéose de Robespierre, déjà considéré comme un dieu et auquel certains adressaient mentalement des prières, fut le point de départ de sa chute. Il ne mit que six semaines à se rendre, en plein enivrement de sa toute-puissance, de ce Capitole à la Roche Tarpéienne, c'est-à-dire à l'échafaud.

Nous reprenons l'ordre chronologique, que nous avons un instant abandonné.

Il paraît que notre municipalité était embarrassée à cause des prisonniers de guerre qu'elle allait avoir en garnison, car elle demanda aux autorités supérieures les lois du 22 mars 1792 et 25 mai 1793 (vieux style) qui étaient relatives à ce genre de prisonniers. Il lui fut répondu, le 13 prairial (1er juin) qu'on n'avait pu retrouver ces lois aux archives du département ni à celles du district.

En ce même temps, le citoyen Viger, directeur de la poste, mourut. La commune d'Elbeuf nomma, provisoirement, le citoyen Val-Dampierre à la direction des postes et messageries. Mais le District l'invita, par lettre du

17 prairial (5 juin), à lui désigner trois citoyens, bons républicains, capables de tenir l'emploi rempli précédemment par Viger.

Le Comité de surveillance, ayant reçu quatre exemplaires du Rapport de Robespierre sur les idées religieuses fait au nom du Comité de Salut public, décida, le 14 prairial (2 juin) d'en envoyer un exemplaire à chacun des Comités de surveillance de Caudebec, Orival et « Aubin ».

Vers ce même temps, Siblot, représentant du peuple, donna l'ordre de mettre en liberté provisoire le citoyen Petitgrand, détenu à la maison d'Yon, à Rouen.

Le 17 (5 juin), le Conseil général d'Elbeuf manda le citoyen Chefdrue et le chargea « de construire huit cheminées dans l'édifice cy devant Saint-Etienne », attendu qu'il devait arriver 150 prisonniers de guerre et qu'il était impossible de trouver d'endroit plus convenable pour les loger.

Le 19 (7 juin), le citoyen Siblot, représentant du peuple, ayant donné son adhésion à la liste des membres devant compléter le Conseil général de la commune d'Elbeuf, les citoyens Henry Hayet et Marin Duruflé furent désignés pour remplir deux emplois vacants d'officier municipal. Le Conseil général fut complété par les citoyens Adam, Fremont, Le Bailly, Maille jeune, Girard, Flavigny, Sevaistre et Menage, lesquels furent invités à se présenter pour prêter serment.

Voici le procès-verbal d'installation des nouveaux membres du Conseil général :

« Aujourd'hui 19e jour de prairial (7 juin), l'an II de la République françoise une et indivisible, en l'assemblée du Conseil général de la Commune en permanence et séance publique, présidée par le citoyen Saillant, maire, où étoient les citoyens Morin, Chefdrue, Duval, Fontaine, Grandin, Delarue, officiers municipaux; Désiré Murizon, agent national; Mouton, Lenoble, Bailly, Duchemin, Osmont, Hayet, Fouard, Join-Lambert, Jamay et Heullant, notables.

« En conséquence de la délibération de ce jour, qui a fixé l'installation des candidats qui doivent compléter le Conseil général de la commune à cette heure, et d'après les billets d'avertissement, se sont présentés les citoyens ayant été élus aux places et fonctions d'officiers municipaux et notables, conformément aux extraits des procès-verbaux des séances de la Société populaire de cette commune en dates des 17 floréal et 17 de ce mois, arrêtés et nommés provisoirement, conformément à l'arrêté du citoyen Siblot, représentant du peuple, daté de Rouen le 18 prairial l'an II de la République françoise une et indivisible. »

Suivent les noms des candidats:

« Pierre-Henri Hayet et Marin-Joseph Duruflé, officiers municipaux;

« Jean-Pierre-Alexandre Adam, Modeste Frémont, Pierre-Norbert Lebailly, Pierre-Jean Maille le jeune, Ambroise Girard, Ambroise Flavigny, Louis-Jean-Baptiste Sevaistre et David Constant Ménage, notables.

« Lesquels citoyens appelés individuellement et présents ont prêté le serment prescrit d'être fidèles à la Nation, à la loi, de maintenir de tout leur pouvoir la Constitution républicaine, l'unité et l'indivisibilité de la République, la liberté et l'égalité, de remplir avec fidélité les fonctions auxquels ils sont appelés et de mourir à leur poste plutôt que de l'abandonner.

« Lecture préalablement faite de l'arrêté du citoyen Siblot, représentant du peuple.

« Après quoy nous avons installé les officiers municipaux et notables présents qui ont pris séance ». — Suivent les signatures.

Les selliers et bourreliers d'Elbeuf furent mis en réquisition le 22 (10 juin).

Ce même jour, le Comité de surveillance dénonça à la municipalité les bouchers et les entrepreneurs de voitures d'eau comme ne respectant pas la loi du maximum. Le Comité fut invité à préciser ses accusations, afin qu'on put les examiner.

Ce jour encore, le citoyen Flavigny-Gosset réclama le prix d'une chaudière qu'il avait fournie à « l'atelier de la Montagne, suivant ce qui résultoit d'un certificat du citoyen Quentin, agent dudit atelier ». Sa demande fut renvoyée à la commune de Rouen, qui paya cette dette.

Une première mésintelligence surgit entre le Comité de surveillance et la Société populaire. Le premier avait nommé les citoyens Galeran et Duruflé pour aller compulser le registre de celle-ci ; mais le citoyen Henri Delarue fils, secrétaire de la Société populaire, refusa d'apporter ce registre chez le président. Le 23 (11 juin), le Comité de surveillance informa du différend le représentant du peuple Siblot, lequel ordonna la communication du registre.

Ce même jour notre municipalité reçut cette lettre, datée de Louviers :

« Liberté, Egalité, Fraternité ou la Mort !
« Les maire et officiers municipaux de la

commune de Louviers, aux maire et officiers municipaux de la commune d'Elbeuf.

« Citoyens, nos collègues,

« Nous vous faisons passer ci-jointe sur la réquisition qui nous en a été faite par le citoyen Macquin, commissaire des guerres, une lettre qui doit vous annoncer que 148 prisonniers de guerre, partant aujourd'hui d'Evreux et devant coucher ce même jour dans notre commune, se rendront demain dans la vôtre, lieu de leur destination.

« Salut et fraternité : DAGOUMER, maire ; J.-A. LEMAITRE, PETOU, LOMBARD.

« P.-S. — Nous vous prévenons que ces prisonniers, ne devant pas avoir demain de pain chez nous, il faudra que vous en fassiez tenir de prêt pour leur arrivée. — DAGOUMER, maire ; TURGARD, agent national ».

Le maire annonça immédiatement au Conseil général de la commune l'arrivée de ces prisonniers.

« L'édifice Etienne » leur fit assigné ; on établit un corps de garde de quinze hommes dans cette église. Le citoyen Claude Lefebvre, commandant le bataillon de la Liberté de la garde nationale, fut nommé leur officier en chef, et le citoyen Rigonneaux, commandant le bataillon de l'Egalité, son suppléant. On chargea le citoyen Renault, officier de santé, de donner les soins médicaux aux prisonniers, lesquels arrivèrent le lendemain.

Le 24 (12 juin), l'assemblée communale désigna trois citoyens par voie de scrutin, pouvant remplir les fonctions de directeur de la poste aux lettres, pour ensuite être approuvés par la Société populaire et afin que le District choisît l'un d'entre eux. Le maire, Zacharie

Osmont et Pinel, ancien curé de Saint-Jean, obtinrent le plus de voix. Quelques jours après ce vote fut annulé, en ce qui concernait Saillant, parce qu'il était maire, et Pinel parce qu'il avait été prêtre. Valdampierre et Petit furent présentés en leur place. Quant à Osmont, la Société populaire s'opposa à sa présentation parce qu'il n'était pas au nombre de ses membres ; mais la municipalité persista à le maintenir.

Nous avons mentionné de nombreux certificats de civisme délivrés à des citoyens d'Elbeuf, mais sans en donner la formule. Nous allons réparer cette omission, en observant que le texte du certificat ne variait que fort peu, au fond. Celui-ci est daté du 25 prairial (13 juin).

« Sur la demande faite par le citoyen Pierre-Nicolas Bourdon, fabricant, natif et demeurant en cette commune, âgé de 47 ans, taille de 5 pieds 4 pouces (*suit le signalement*) tendante à obtenir un certificat de civisme.

« Les lois à ce relatives duement exécutées, la censure faite à la Société populaire et subie en personne, son avis portant qu'elle y donne son adhésion ; le Conseil général délibérant, les conclusions de l'agent national entendues.

« Considérant que le pétitionnaire a accepté la Constitution républicaine le 14 juillet 1793 (vieux style), qu'il a bien et duement acquitté ses contributions patriotiques et autres, ainsi que son emprunt forcé et volontaire montant à dix mille livres, qu'il fait le service de la garde nationale en personne, son patriotisme bien connu, lui a, dans ces considérations, accordé le certificat de civisme par lui demandé».

Une visite sanitaire, faite le 26 prairial

(14 juin), constata que parmi les 148 prisonniers de guerre, 30 étaient atteints de la gale ; d'autres, malades, réclamaient de prompts secours ; plusieurs furent conduits à l'hôpital.

L'activité régnait toujours dans les fabriques, qui ne suffisaient pas à produire assez pour répondre aux demandes de l'administration militaire. On dut employer une partie des prisonniers de guerre à certains travaux. Quelques manufacturiers crurent qu'ils pouvaient profiter du moment pour gagner davantage et ne se conformèrent pas, dans leur fabrication, aux échantillons qui leur avaient été soumis comme types ; mais, le 28 prairial (16 juin), les fabricants qui avaient fourni des draps inférieurs ou mauvais furent invités à se rendre à Paris pour assister à l'expertise de leurs étoffes, qui devait être faite devant une commission militaire.

Ce même jour, les citoyens Desgenetez, ex-prêtre, déprêtrisé, et Duhamel, ancien curé de Saint-Etienne, reçurent un certificat de civisme. Duhamel était âgé de 68 ans, avait une taille de 5 pieds 7 pouces et portait perruque.

Le 1er messidor an II (19 juin 1794), le citoyen Flavigny envoya des boulets de canon et deux bouts de fonte, donnés par différents particuliers à la Société populaire « pour aider à terrasser les despotes coalisés et les ennemis de la République ».

Le citoyen Lambert reçut mission de faire venir du Havre 26 quintaux de potasse nécessaire à la fabrication elbeuvienne, qui avaient été accordés par la commission du Commerce à Paris.

La citoyenne Clotilde Masselin, mère d'un défenseur de la Patrie, reçut l'autorisation de loger dans le ci-devant couvent des Ursulines d'Elbeuf.

Depuis quelque temps, trois filles étaient détenues à la chambre de discipline. Le 1er messidor, le citoyen Capplet fils, officier de garde, reçut la lettre suivante :

« Liberté. — Egalité.

« Nous juge de paix provisoire de la ville d'Elbeuf, invitons l'officier de poste de la maison commune de ne laisser fréquenter qui que ce soit les filles Vaguet, Riault et Ribot pendant tout le temps de leur détention, excepté leurs père, mère, sœurs, frères et la femme Moissant, mareine de la fille Vaguet, seul à seul.

« Louvet père, juge de paix provisoire ».

Le même jour, le juge de paix provisoire dut faire placer la fille Riault, qui avait encore deux décades d'emprisonnement à faire, dans un local particulier, afin de la soustraire aux mauvais traitements de la fille Vaguet.

L'agent national Murizon adressa cet appel, imprimé chez Seyer et Behourt à Rouen, aux habitants de notre ville :

« Du 4 messidor, an deuxième de la République victorieuse, une et indivisible.

« Frères et amis,

« La République marque des triomphes sur tous les points où la coalition tyrannique fait, pour l'entamer, des efforts aussi inutiles que multipliés. Notre marine, foible sous le despotisme, est formidable sous le pavillon de la Liberté ; elle apprend à cette infâme Carthage qui osoit se dire la dominatrice des mers, que son orgueil doit tomber sous le courage des républicains.

« C'est la vertu énergique de nos représentants qui vous assure tous les succès qu'ils vous avoient préparés : c'est leur infatigable perspicacité qui, en prévoyant tout, écartant les intrigues et bravant les dangers, leur fait prodiguer leur sang, pour vous conduire au bonheur. Attentifs à tous vos besoins, l'empressement de les satisfaire en fait toujours la découverte.

« L'Etre suprême, cette providence infinie, dont l'existence est gravée dans le cœur même des plus pervers, dont le souffle intelligent anime la nature, manifeste sa puissance en protégeant son ouvrage. Jamais le sol de la République ne fut, par ses bontés, enrichi d'une plus brillante récolte.

« Cette espérance flatteuse et solide porte la tranquillité et la joie dans l'âme du patriote, et le découragement dans la fureur odieuse de nos ennemis. Ils espéroient ces monstres, qui n'ont pas même l'idée du stoïcisme républicain, qu'une disette factice abattroit la confiance d'une nation qu'ils désespèrent de vaincre par les armes, la ruse et les poignards de la perfidie ; mais ils apprendront, les lâches, qu'un peuple libre sait se distinguer, par une patience héroïque, dans les crises les plus difficiles, et que sa fermeté est la même dans ses foyers comme dans les combats, où sa valeur guide toujours la victoire.

« Nous touchons au moment de la jouissance, et sans doute nous ne sommes pas d'humeur d'abandonner le fruit de tant de combats et de tant de victoires ; sans doute, les travaux pénibles et les fatigues incroyables de nos chers compatriotes, le sang de nos enfants, la mort glorieuse de nos frères, les efforts magnanimes, le dévouement généreux de nos vertueux représentants, le martyre des amis du peuple, ne seront pas perdus pour la liberté! Leurs mémoires et tant d'exemples illustres ne seront pas anéantis pour la postérité, dont vous seriez les lâches assassins, si la douleur vous faisoit faire un pas rétrograde vers la servitude !

« Non, frères et amis, ces craintes puériles déshonoreroient votre grand courage : vous êtes patients comme vous êtes invincibles, et tels seront toujours votre caractère et votre puissance, tant que vous serez libres, égaux et unis.

« Ce sont ces principes sacrés qui sont la base de la conduite de nos administrateurs ; toutes leurs opérations sont dirigées par le niveau de l'égalité, et c'est surtout dans la circonstance actuelle que nous devons concourir avec eux à l'affermissement de ces sauve-gardes de la République. C'est maintenant que nous avons l'occasion de montrer que les liens de la fraternité nous enlacent tous, et que, membres épurés de la même famille, nous ne connoissons aucun motif d'exclusion ou de préférence, l'intérêt individuel se trouvant ainsi confondu dans l'intérêt général.

« C'est peut-être dans le moment où les subsistances sont plus rares, que la malveillance et l'égoïsme, méditant toujours votre ruine, voudroient profiter de la foiblesse et des plaintes de quelques-uns, pour jeter la méfiance et le trouble parmi nous. Mais rappelez-vous, frères et amis, que toutes les années précédentes, aux approches de la récolte, vous éprouviez difficulté de vous approvisionner ; et observez que cette rareté momentanée est

Désiré-Bernard MURIZON

l'effet naturel de la consommation de tous les objets qui doivent faire place à leur reproduction nouvelle. Si le besoin se fait sentir cette année d'une manière un peu plus pressante, considérez les nombreuses armées qui combattent pour vous et dont l'approvisionnement assure les triomphes. Sentez la nécessité d'une économie sévère dans la distribution égale de ce que nous possédons encore, (qui est au-delà de nos besoins) afin de déjouer les projets abominables et les manœuvres des méchants. Courage, citoyens, résistez, comme vous l'avez toujours fait, aux insinuations perfides de ceux qui auroient l'air de s'appitoyer sur vous, parce que vous n'auriez pas la quantité de subsistances que nous désirerions vous donner. Dénoncez-les : leur fausse pitié cache le poignard dont ils voudroient assassiner votre confiance et votre liberté.

« Souvenons-nous, frères et amis, que combattant pour la même cause, celle de la liberté et de l'égalité partageant la même gloire et les mêmes dangers, nous devons aussi participer également à la masse des subsistances, et qu'elles sont la propriété de tous.

« Que ceux d'entre nous donc qui auroient quelques ressources particulières n'hésitent jamais d'en faire part à leurs frères. Il nous est accordé un contingent de huit livres par individu pour cette décade ; ce taux est de rigueur pour tous, et il peut suffire, dans cette saison, à des républicains qui préfèrent les douceurs de l'indépendance aux chaînes dorées de l'esclavage (si elles pouvoient être dorées). Le terme pendant lequel vous éprouverez une réduction sera d'une courte durée ; car les épis commençant à plier sur leurs chalumeaux, tomberont, avant trois décades, sous la faucille du moissonneur.

« La nécessité d'une juste répartition exigeoit qu'il fût fait un recensement chez tous les citoyens indistinctement ; un arrêté du représentant du peuple et de l'administration du District l'a ordonné, et nous l'avons effectué dans notre commune ; l'excédent des huit livres, par individu, a été réparti, dans la proportion indiquée, aux citoyens qui en étoient dépourvus ; cette mesure étoit d'autant plus nécessaire pour nous, qu'elle peut tendre à désabuser l'administration du district de l'opinion flétrissante pour nous, que nous possédions des approvisionnements considérables. La municipalité a vu, avec la plus grande satisfaction, la déclaration de tous les bons citoyens, portant le caractère de la franchise et de la sincérité républicaine, et de leur empressement fraternel à faire part de la petite avance qu'ils avoient économisée sur leurs contingents précédents, ce qui, à très peu de chose près, nous a rempli pour cette décade, et c'est avec plaisir que je peux vous annoncer que vous pouvez être sans inquiétude sur les décades prochaines, puisque le District nous a assuré, par nos commissaires, que le contingent seroit scrupuleusement envoyé.

« De la persévérance, du stoïcisme, nous triompherons toujours de nos ennemis et de de la rage impuissante des féroces tyrans ; un convoi considérable est déjà dans nos ports ; une récolte abondante est proche ; bientôt nous recueillerons le fruit de nos travaux ; nous en jouirons à l'ombre de la Liberté ; nous chanterons les bienfaits de notre révolution, en célébrant les exploits de nos héros :

le bonheur et la paix établis parmi nous, seront le désespoir des esclaves qui n'ont pas osé nous imiter.

« Vive la République ! Vive la Montagne ! »

La chandelle, l'alun et le savon faisaient constamment défaut dans notre ville et dans tout le canton. Le 5 messidor (23 juin), le District accorda deux caisses de savon au canton, dont une pour la ville d'Elbeuf.

Deux places de gendarmes étant vacantes, elles furent remplies par deux gardes nationaux, qui reçurent les appointements ordinaires de ces cavaliers.

Ce même jour, le Conseil général, délibérant sur une lettre du District en date du 27 prairial (15 juin), et une autre du Comité de Salut public du 14 floréal, arrêta que les chefs de famille non propriétaires et n'étant point compris sur les rôles d'impositions auraient la faculté d'acheter pour 500 livres de biens communaux ou d'émigrés, conformément à la loi du 14 septembre 1793.

Le citoyen Marie donna sa démission de secrétaire municipal. Des affiches furent apposées pour inviter les citoyens qui désireraient remplir cet emploi à se présenter à la mairie.

Une somme de 11.185 livres fut mandatée pour payer les tailleurs d'Elbeuf ayant fourni des vêtements aux soldats de la première réquisition. Un autre mandat de 8.784 livres, délivré à la commune, était destiné à donner des secours aux familles des défenseurs de la Patrie.

Le lendemain, à Paris, on exécuta le garçon d'écurie Duthuit, dont nous avons parlé.

Le 7 messidor (25 juin), la commune, requise de fournir des matières nécessaires à la préparation des salpêtres et de la potasse, ordonna de « faire récolter, brûler et convertir en cendres toutes les plantes, herbes et arbustes étrangers, bruyères, genêts, joncs-marins, etc. ». La Société populaire en fut prévenue, et l'on désigna, séance tenante, un citoyen intelligent pour être chargé en chef des opérations. Le citoyen Malherbe père reçut mandat de les diriger.

A partir de ce jour, les lois furent lues publiquement sur la Montagne établie devant la maison de ville, et, chaque décadi, au « temple de l'Etre suprême », comme précédemment.

Les citoyens René-Cézar-Auguste Grandin père et Pierre Grandin fils, exposèrent que Grandin père avait acheté, en 1787, « une charge de secrétaire du ci-devant roi », mais que par le décret du 29 germinal, le Comité de Salut public avait arrêté « que le titre d'écuyer n'ayant été pris par le père et les enfants que pendant le temps que le père occupoit et portoit dans la famille une charge qui donnoit ce titre, ni le père ni les enfants n'étoient compris dans la loi du 27 germinal sur la police générale de la République » ; ils demandèrent d'être exemptés de se présenter tous les jours à la municipalité. Il fut fait droit à leur sollicitation.

Les deux moulins d'Elbeuf, devenus domaines nationaux comme biens d'émigrés, furent adjugés, le même jour, au citoyen Guillaume Thillaye, celui de Saint-Etienne au prix de 125.500 livres, celui de Saint Jean moyennant 133.400 livres. Nous relevons de l'acte d'adjudication les détails suivants :

« Moulin cy devant appelé de Saint-Etienne,

situé rue de la Montagne, section de l'Egalité, consistant en un moulin à bled faisant farine, tournant sur eau, comprenant un bâtiment de 43 pieds de long sur 32 de large, dont partie contient la roue du moulin qui est à couvert ; l'écoulement de l'eau se fait par une arcade en pierre. Le surplus dudit bâtiment contient le mécanisme du moulin, une écurie et une cour de 15 pieds sur 10 ; le tout borné au Nord le citoyen Delarue, au Midi, la rue, d'un bout au Levant le citoyen Delarue, et d'autre bout au Couchant le citoyen Poteau et le courant d'eau appelé le Puchot ».

Ainsi qu'on peut le remarquer, le moulin de Saint-Etienne était alors encore situé sur le côté opposé de la rue où il est actuellement. Il faisait partie, comme le suivant, du bail passé au citoyen Huault, fermier général.

« Moulin cy devant nommé moulin Saint-Jean, situé section de la Liberté, consistant en un bâtiment de 43 pieds de longueur sur 24 de large, dont partie contient la roue du moulin qui est à couvert ; l'écoulement de l'eau se fait par une arcade en pierre. Le surplus dudit bâtiment contenant le méchanisme du moulin, un caveau, au dessus une cuisine et au deuxième étage un grenier... »

Le citoyen Maille, membre du Conseil général d'Elbeuf, fut chargé de la rédaction d'une adresse de félicitation à la Convention nationale, « pour ses glorieux travaux et le décret rendu au sujet des fêtes décadaires, notamment celle dédiée à l'Etre suprême et à la Nature » Le Conseil décida que copie du procès-verbal de la fête à l'Etre suprême célébrée le 20 prairial lui serait également envoyée. Voici le texte de l'adresse :

« Citoyens législateurs,

« Vous avez consacré, par votre décret du 18 floréal dernier, une grande et sublime vérité, en reconnoissant par votre organe l'existence de l'Etre suprême et l'immortalité de l'âme.

« Le peuple françois avance à grands pas vers sa glorieuse destinée.

« Déjà le pervers Anglois s'applaudissoit des semences d'athéisme que des agents avoient jetés parmi nous pour anéantir la liberté.

« Déjà, dans le même dessein, les apôtres d'une nouvelle doctrine, à laquelle ils ne croyoient pas eux mêmes, avoient élevé leurs ridicules autels. Insensés ! Ignoraient-ils que vous étiez là pour punir de semblables forfaits ? Vous l'avez fait, et vous avez dignement rempli notre attente ; vous l'avez remplie en proclamant ces principes immuables, si consolants pour la vertu, si désolants pour le crime ; ces principes d'une justice éternelle qui protège notre liberté naissante et qui veille sans cesse sur les jours de nos représentants, en détournant les poignards dirigés contre eux par la tyrannie !

« Avec tous les François, nous l'avons honoré le 20 prairial cet Etre suprême, ce père de la Nature. Nous lui avons adressé nos vœux pour qu'il continue à vous couvrir de son égide invisible. Ce jour vit, par la pompe et l'allégresse générale, dans notre commune, la plus belle de toutes les fêtes. Il fut comme l'avant-coureur de l'existence heureuse que nous préparent les précieux germes dont vous venez d'ensemencer le territoire françois.

« Législateurs, achevez votre ouvrage ; continuez à tenir d'une main ferme les rênes que le peuple vous a confiés, et restez à votre poste jusqu'à la fin de vos glorieux travaux.

« Vive la Convention ! Vive la Montagne ! Vive la République ! C'est le vœu du Conseil général et révolutionnaire de la commune d'Elbeuf-sur-Seine ! »

Sur un ordre du District, le Comité de surveillance avait requis 150 hommes d'élite de la garde nationale pour se trouver le 11 messidor (29 juin) à deux heures du matin, place du Coq. Cette troupe se mit en marche sur le Buquet, où elle procéda à plusieurs arrestations ; mais un nommé Delacroix, ci devant notaire à Beaumont-le-Roger, qui se tenait caché dans ce hameau, sauta par dessus les haies et se réfugia dans la forêt de la Londe.

Parmi ceux qui furent arrêtés au Buquet, se trouvait le citoyen Tonnelier de Breteuil, ci-devant évêque de Montauban. On découvrit que cet ex-prélat était resté caché pendant treize mois chez le citoyen Guersent, ancien curé de Caudebec. Par mesure de sûreté générale, le Comité de surveillance d'Elbeuf lança un mandat d'arrêt contre Guersent, alors à Paris. De plus, des scellés furent apposés à son domicile, et la Convention nationale fut informée de l'affaire.

Au sujet de cette expédition au Buquet, nous reproduirons un extrait de « l'Analyse des Actes du Comité de surveillance d'Elbeuf », alors présidé par le citoyen Parfait Grandin, et ayant pour secrétaire le citoyen Get, orfèvre :

« 10 messidor an II. — L'agent national du district de Rouen nous ayant écrit le 7 courant, dont la lettre nous est parvenue ce jour, suivant les ordres du Comité du Salut public de faire des perquisitions nécessaires pour découvrir et s'emparer de Charles Forquet et sa sœur.

« Avis sera donné à la municipalité de cette commune que pour l'exécution d'une mesure de sûreté ordonnée par le district de Rouen, il prendra demain sur les trois heures du matin la force armée.

« Il sera écrit à l'agent national (Murizon) pour l'inviter à accompagner les membres du comité dans leurs recherches.

« Ordre sera donné au commandant de la garde nationale de tenir demain deux heures du matin des hommes d'élite (150) à la réquisition du Comité.

« 11 messidor an II. — Sur le procès-verbal des membres du Comité chargés par la délibération d'hier de faire des perquisitions au hameau du Buquet, il résulte qu'ils se sont transportés en la maison du nommé Delacroix, qu'ils y ont arrêté la femme Duteurtre, le nommé Tonnelier, étranger, le nommé Hervieux, garde des forêts nationales, et la nommée Rossetot, domestique, qu'ils ont fait conduire au corps de garde de la maison commune. Ils ont aussi vu un particulier, qu'on leur a dit être le nommé Delacroix, s'échapper par dessus les haies et s'enfoncer dans les bois, ainsi qu'il est plus au long énoncé dans le procès-verbal qu'ils ont déposé sur le bureau, signé d'eux et de l'agent national.

« La femme Duteurtre, Tonnelier, Hervieux et la fille Rossotot seront mandés pour être interrogés.

« Sur ce que ledit Tonnelier déclare qu'il connoît le citoyen Guersent, ci-devant curé de Caudebec-lès-Elbeuf, ledit citoyen Guersent sera mandé pour savoir s'il connoît ledit Tonnelier.

« D'après les interrogatoires, déclarations des susdits et le procès-verbal de perquisition des membres du Comité, est décidé que les susdits fille Duteurtre, fille Rose Solo, Tonnelier, Hervieux, seront mis provisoirement à la salle de discipline, et que le citoyen Guersent étant absent pour cause de voyage, il sera décerné un mandat d'amener contre lui.

« 12 messidor an II (séance de jour). — Le procès-verbal de perquisition en la maison du nommé Lacroix au hameau du Buquet en date du 11 courant faisant mention d'un particulier qui s'est enfui et soustrait à la loi lors de la perquisition des membres du Comité, les déclarations des personnes désignées étant que cet homme est le nommé Charles Delacroix, cy devant notaire à Beaumont-le-Roger, son évasion, les personnes et les papiers trouvés chez lui donnant lieu à le suspecter, ledit Charles Delacroix est déclaré fuyard.

« Ordre donné à la gendarmerie — dont Lacaille était alors lieutenant — de cette commune de poursuivre ledit Charles Delacroix et faire des recherches du nommé Forquet et sa sœur (l'abbé Forquet, curé de Portes, près Conches).

« Il sera écrit aux Comités de surveillance de toutes les communes de notre arrondissement pour qu'ils joignent leurs recherches aux nôtres.

« Pour obtenir des renseignements sur la personne dudit Tonnelier, détenu à la salle de discipline, il sera mandé de nouveau.

« D'après les interrogatoires et déclarations

du susdit Tonnelier, cy devant évêque de Montauban, maintenant en arrestation provisoire, considérant qu'il a cherché à le soustraire connaissant sa qualité d'évêque et les précautions qu'il prenoit pour le cacher ; par mesure de sûreté générale, il sera décerné un mandat d'arrêt, au lieu du mandat d'amener décerné hier contre ledit Guersent ; deux de nos membres iront poser les scellés chez lui et l'agent national sera requis pour les accompagner.

« 12 messidor an II (séance du soir). — Vu ce qui résulte du procès-verbal signé par les membres du Comité et l'agent national, des interrogatoires cy dessus, les susdits Rose Solot, fille Duteurtre, Hervieux et Tonnelier sont regardés comme suspects, suivant la loi du 5 septembre 1793.

« Ordre sera donné à la force armée de les conduire en la maison d'arrêt du district de Rouen, à qui avis en sera donné et toutes les pièces relatives à cette affaire seront envoyées.

« Les deux membres chargés d'apposer conjointement avec l'agent national les scellés chez le nommé Guersent font leur rapport qu'ayant visité les papiers et n'avoir rien trouvé de suspect, et que sa nièce leur a dit qu'il étoit à Paris et qu'il revenoit incessamment ; qu'à son retour elle lui remettroit le mandat d'amener qui lui avoit été signifié hier par le brigadier de la gendarmerie.

« Pour ne pas lui donner d'inquiétudes prématurées qui pourroient l'engager à se soustraire, le Comité suspend la signification du mandat d'arrêt qu'il avoit arrêté dans la séance de ce matin. »

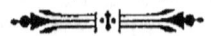

CHAPITRE XV
(DU 13 MESSIDOR AU 13 THERMIDOR AN II)
(JUILLET 1794)

Fête a l'occasion de victoires françaises. — Acquittement de Balleroy. — La fourniture de draps militaires. — Extraction de potasse. — Arrestation de notables elbeuviens. — Divisions intestines ; on demande un conciliateur. — Guimberteau a Elbeuf ; il reçoit les plaintes de la municipalité contre Balleroy — Après le 9 thermidor : curieuse proclamation de la municipalité ; le demi-dieu Robespierre n'est plus qu'un infame.

Le 13 messidor (1ᵉʳ juillet), à l'assemblée municipale, il fut donné lecture du Bulletin de la Convention dans lequel se trouvait l'analyse des victoires remportées par nos armées du Nord, des Ardennes et de la Moselle.

Le Conseil général arrêta que, le jour même, à six heures de l'après-midi, ce bulletin serait lu sur la Montagne et à tous les carrefours, « et pour prouver de plus en plus combien sa joie est grande et sa satisfaction des victoires remportées par nos frères d'armes — lisons-nous sur le registre municipal —, le Conseil arrête qu'il soit à l'instant fait part aux citoyens de la commune des succès des armées de la République... Ce jour devant être consacré à la joie qu'inspirent de si bonnes nouvelles, il a pareillement été arrêté que les boutiques (ateliers de fabriques) seroient fermées à six heures précises, les drapeaux tricolores arborés, et les citoyens invités à se livrer au mouvement de satisfaction que doit exciter dans l'âme des républicains l'affermissement de la liberté.

« Le Conseil a en outre arrêté que le Comité de surveillance, la justice de paix et les amateurs de musique seroient invités de coopérer à cette fête, chère à tous les vrais républicains, et célébrer par des airs patriotiques ces motifs d'allégresse publique ».

Dans sa séance du même jour, le Conseil de surveillance avait décidé qu'il se rendrait en corps à la fête pour partager la joie qu'inspirait à tous les bons citoyens la mémorable victoire que les armées de la République venaient de remporter sur les despotes et esclaves coalisés.

La commune de la Londe ayant envoyé au Comité le procès-verbal de la levée des scellés posés chez Hervieu, garde de la forêt nationale, arrêté par ordre dudit Comité, celui-ci en envoya une copie aux autorités du district de Rouen.

Le 14 (2 juillet), on écrivit au District pour lui demander « quelle somme on pouvoit allouer à l'organiste chargé de toucher l'orgue les jours de décade et de cérémonies, ainsi que le traitement du concierge du temple, qui a en même temps soin de l'horloge de la commune ».

La récolte du jardin du ci-devant couvent des Ursulines fut mise en adjudication le lendemain.

Le 16 messidor (4 juillet), le citoyen Flavigny fut nommé président du Comité de surveillance, et le citoyen Voranger secrétaire.

Une Ecole de Mars avait été créée dans la plaine des Sablons, près Paris, pour y recevoir les jeunes gens âgés de 16 à 17 ans, qui devaient y puiser « sous les grands maîtres qui la commandoient, les connoissances et les mœurs du soldat républicain, et s'y former dans l'art de détruire les tyrans et les ennemis de la Liberté ».

Des candidats avaient été demandés dans les districts ; celui de Rouen devait en fournir sept, bien constitués, de bonne conduite et intelligents. La ville d'Elbeuf n'en fournit aucun ; Caudebec faillit en faire admettre un, ainsi qu'en témoigne la lettre qui suit, adressée par les citoyens Dumort, maire ; Oursel et Morel, officiers municipaux ; Gouel, agent national, et Viel, greffier, à l'agence nationale du district de Rouen, le 17 messidor (5 juillet) :

« Citoyen, tard vaut mieux que jamais. Nous n'espérions pas avoir le plaisir de vous adresser un jeune citoyen tel que vous nous l'avez demandé ; mais ayant jetté les yeux sur le citoyen Sever-Ambroise Dantan, âgé de 16 ans, de la taille de cinq pieds trois pouces, lequel, par son zèle et son dévouement au service de la République, nous a requis de lui accorder acte de son courage ; pourquoy nous vous invitons de le mettre au rang de ses concitoyens et de l'admettre dans la classe destinée à son âge fleurissant. Nous sommes sûrs de sa sagesse et de son civisme ».

Malheureusement, quand le jeune Dantan arriva à Rouen, porteur de cette lettre, la liste des sept futurs élèves de l'Ecole de Mars était complète et ils se disposaient à partir pour Paris. Dantan revint, désappointé, chez ses parents.

Le citoyen Flavigny Gosset se rendit adjudicataire de cinq lots de labour saisis sur le ci-devant marquis de la Londe, émigré ; sept autres lots furent acquis par divers le 16 messidor, le tout au prix total de 16.385 livres.

Le 18 (6 juillet), le citoyen Valdampierre fut nommé directeur de la poste aux lettres, jusqu'au retour du beau-fils du feu citoyen Viger, dernier directeur, alors au service de la République.

On décida que la grange « de la ci-devant maison presbytérale d'Etienne » serait adjugée en location.

Le citoyen Louvet, juge de paix provisoire, fut invité à conserver ses fonctions jusqu'au retour du citoyen Balleroy, juge de paix, accusé au Tribunal révolutionnaire à Paris, mais acquitté. Cependant, Fosse, greffier de la justice de paix, qui apparemment ne voulait pas attendre le retour de Balleroy, donna sa démission, qui fut acceptée.

Un certificat de civisme fut délivré au citoyen Joseph Godet, âgé de 47 ans, né à Elbeuf, d'où il était parti, en 1766, pour fixer sa résidence à Cadix. « Par amour pour sa chère patrie, il avoit préféré abandonner les avantages réels d'un établissement de commerce qu'il avoit formé à l'étranger, à la honte et à la lâcheté de s'avouer vassal ou sujet du despote d'Espagne, que le gouvernement exigeoit dans les circonstances actuelles de guerre. Lequel dit Godet a été chassé par les ordres du despote de Madrid en date des 4 et 15 mars 1793... ; a fait don patriotique à la Nation, le 9 juin 1790, d'une somme de 1.200 livres, quoiqu'il fut domicilié en Espagne ; a équipé un volontaire de la première réquisition, etc. ».

Le 18 messidor également, on reçut à Elbeuf, de l'accusateur public du tribunal révolutionnaire de Paris, l'ordre d'apposer les scellés chez le citoyen Michel-Pierre Grandin, co-acheteur de la propriété de Fumechon.

Le soir de ce jour, il y eut un concert public, sous la direction du citoyen Quesné, chef de musique, des danses et des illuminations, pour fêter les prises de Mons, d'Ostende et de Tournay, par les troupes de la République, dont la nouvelle était parvenue le matin à l'administration municipale.

Voici un extrait du registre du Comité de surveillance :

« Séance du 19 messidor (7 juillet). — Depuis notre arrêté du 12 courant, n'ayant pu nous procurer aucun renseignement sur le nommé Guersent, ancien curé de Caudebec, le mandat d'arrêt décerné contre lui sera signifié et préalablement la nommée Louvat, nièce dudit Guersent, sera mandée et interrogée aux fins d'obtenir quelque connoissance du séjour qu'a fait l'évêque de Montauban chez son oncle.

« Marie Louvat a été entendue et renvoyée jusqu'à plus ample renseignement.

« Deux de nos membres sont nommés, accompagnés de Dubos, officier ministériel, pour se transporter au domicile du nommé Guersent et apposer les scellés sur ses papiers et effets ».

Le Comité de surveillance reçut, le 20 messidor (8 juillet), une lettre du citoyen Guersent, datée de Paris, dans laquelle il annonçait qu'il n'obéirait pas au mandat décerné contre lui. Le Comité ne prit pas immédiatement de mesure.

Nous avons dit que tous les fabricants de notre ville avaient été requis, par arrêté du représentant du peuple Siblot en date du 21 germinal, pour fabriquer 10.000 pièces de drap. Il avait été convenu que, pendant trois mois, tous ces draps seraient en bleu, vert dragon et écarlate, sauf une certaine quantité qui devaient être blancs. Ces trois mois terminés, les manufacturiers crurent qu'ils pouvaient reprendre leurs anciennes habitudes et teindre ainsi leurs draps de la couleur qu'ils jugeraient comme convenant le mieux à leur vente. Mais sur une lettre du citoyen Johin, commissaire de l'agence générale de l'habillement militaire, adressée au District, celui-ci manda le 21 messidor (9 juillet), aux fabricants elbeuviens, que la quantité de 10.000 pièces n'ayant pas été atteinte, ils devaient la compléter.

Nous avons relevé cette copie partielle de deux lettres, écrites par les agents généraux de l'habillement des troupes de la République, au citoyen Johin :

« 22 messidor an II (10 juillet).

« Nous te remettons le tableau des fournisseurs et des pièces sur lesquelles nos inspecteurs ont fait des réductions. Quelques-uns ont déjà souscrit, fais signer les autres ; et s'il y a des récalcitrans donne-nous leurs noms pour que nous les fassions connoître à la commission du commerce.

« Tu nous feras connoître au plus tôt ceux qui auront souscrit pour que nous disposions de leurs draps, et tu les feras rembourser incessamment, soit en versant sur le champ ou en déduction de leurs livraisons futures ; mais nous entendons que ce remboursement soit fait dans le plus court délay possible, pour que la République ne soit pas à découvert... » Signé : « Gibon, Michaud, Renard ».

« 5 fructidor an II.

« Tu nous fais part, par tes deux premières, du découragement que les réductions faites par les inspecteurs ont occasionné aux fabricants d'Elbeuf.

« Pour la première réduction, les parties intéressées y ont souscrit ; c'est affaire terminée. Quant à la seconde, nous nommerons réciproquement des arbitres pour revoir les marchandises. Nous en avons écrit à la Commission du commerce ; dès que nous aurons sa réponse, nous te la participerons... » Signé : « Michaud, Debrès, Dumeray ».

Nous publierons cet autre extrait des procès-verbaux du Comité de surveillance :

« Séance du 22 messidor (10 juillet). — Pour se procurer de nouveaux renseignements sur le nommé Guersent, dont on a intercepté ce jour une lettre à l'adresse de Désiré Cauchois, qui sera de suite mandé pour être interrogé.

« Le nommé Guersent étant sous le mandat d'arrêt, écrivant ce jour au Comité une lettre de Paris, en date du 19 courant, qu'il n'est pas décidé à obéir au mandat décerné contre lui, est déclaré fuyard.

« Par suite de l'instruction qui a été donnée au Comité de sûreté générale concernant le nommé Guersent, il lui sera écrit de nouveau et que copie de sa lettre adressée au Comité par le susdit, ainsi que celle interceptée à l'adresse de Désiré Cauchois lui seront envoyées.

« Vu l'absence dudit Cauchois, deux de nos membres sont nommés pour aller faire perquisition dans les papiers dudit Cauchois, pour s'assurer de sa correspondance avec ledit Guersent.

« En exécution de l'arrêté concernant Cauchois, les citoyens Galleran et Grandin ont déposé sur le bureau un procès-verbal dont il résulte qu'ils n'ont rien trouvé dans les papiers de Cauchois qui fut relatif à Guersent.

« Vu la déclaration de Désiré Cauchois de laquelle il ne résulte aucune charge contre lui, il a été renvoyé. Le déclarant ayant donné une nouvelle adresse relative à Guersent, elle sera envoyée au Comité de sûreté générale et à l'administration du District ».

Le même jour, le citoyen Lacaille, lieutenant de gendarmerie, se présenta en compagnie du citoyen Laurent Bouville, membre du Comité de surveillance de la Cambe, devant le Comité de surveillance de notre ville, auquel ils remirent 737 pièces concernant les droits féodaux trouvés dans la maison de Fumechon.

Le citoyen Mathieu Quesné dit Dumoulin fut mis en état d'arrestation à son domicile et placé sous la garde de deux sans-culottes, le 24 messidor (12 juillet). Le motif de cet acte fut la trouvaille faite, dans cette maison de Fumechon près la Cambe, acquise par lui et par le citoyen Alexandre Grandin, de papiers féodaux cachés sous un tas de paille. Son arrestation avait été ordonnée par les citoyens Louis-Joseph Flavigny, président, et Vorangé, secrétaire du Comité de surveillance et révolutionnaire d'Elbeuf.

Ce même jour 23 messidor (11 juillet), le Comité de surveillance reçut les signalements de Delacroix et de Mathais d'Alençon, ex-noble. Il reçut également, du Comité de surveillance de Montfort-sur-Risle, l'invitation de faire arrêter immédiatement les nommés Lizot père et fils.

La Société populaire d'Elbeuf n'avait pas les sympathies de celle de Rouen. Les membres de cette dernière dénoncèrent la nôtre et firent un rapport au District, dans lequel les Rouennais dirent qu'ils étaient « pénétrés du peu de patriotisme ou pour mieux dire de l'aristocratie et du fanatisme existant dans la commune d'Elbeuf ».

Les Rouennais voulaient, du reste, exercer une espèce d'autorité sur les sociétés des autres communes, même sur celles de l'Eure. C'est ainsi qu'ils parurent scandalisés de ce que la Société populaire d'Harcourt n'avait pas encore fait changer le nom de sa commune, qui était celui « d'exécrables scélérats, armés du fer et du feu pour détruire leur patrie ». Peu de temps après, la commune d'Harcourt prit le nom de « Champ-Social ».

Marie, secrétaire de la municipalité, ayant définitivement quitté son emploi, et personne ne s'étant présenté pour lui succéder, le secrétariat fut rempli, à tour de rôle, par les membres de la municipalité.

Les séances s'ouvraient au cri de : Vive la

République! et se tenaient toujours devant le peuple.

Dans celle du 25 messidor (13 juillet), le citoyen Maille reçut mandat d'aller à Rouen toucher une somme de 3.766 livres, pour la solde des prisonniers de guerre.

Le lendemain, la garde nationale, les autorités la musique et tout le peuple célébrèrent l'anniversaire de la prise de la Bastille.

Ce même jour, le Comité de surveillance, ayant appris par le bruit public qu'une dénonciation était partie depuis peu au Comité de Salut public et de Sûreté générale et à l'accusateur public de Paris ; qu'elle était notamment dirigée contre quinze citoyens d'Elbeuf, parmi lesquels se trouvaient quelques membres du Comité, celui-ci parut convaincu que cette dénonciation était l'œuvre de malveillants ayant des dissentiments particuliers contre ceux qu'ils avaient dénoncés. Il fut décidé que l'on écrirait à Paris et au citoyen Guimberteau, représentant du peuple en mission à Rouen.

Une pièce de ce jour porte au dos l'empreinte, en cire rouge, du sceau de la ville. Elle est de forme ovale ($28^{mm} \times 36^{mm}$) : On y lit : LA LOI, au centre ; MUNICIPALITÉ D'ELBEUF-SUR-S. Un cartouche, placé au bas, porte : CHEF-LIEU DE CANTON.

Vers ce temps, la garde nationale reçut l'ordre d'arrêter les individus suivants, dont elle reçut ou avait reçu les signalements :

Jacques Bellanger, cultivateur à Denis-d'Héricourt en Caux ; Charles d'Alençon, ex-noble, né à Nancy ; Charles Delacroix, ci-devant notaire à Beaumont-le-Roger ; Jacques Bricard, fuyard de Louviers ; Dupin, de la commune de Boscroger ; Lizot père et fils, « cy devant avocats au cy devant parlement de Rouen, demeurant à Brionne, même s'ils étaient porteurs de certificats de civisme ».

Le 26 messidor également, l'officier de police d'Evreux signala, au commandant de la garde nationale d'Elbeuf, cinq prisonniers de guerre qui étaient en fuite. Quelques jours après, deux autres s'échappèrent encore du même lieu et furent signalés à Elbeuf.

Un arrêté du 27 messidor (15 juillet) régla le service des paquets et dépêches adressés de Rouen aux communes du district. Les départs avaient lieu trois fois par décade, les duodi, quintidi et octidi, suivant des itinéraires déterminés. La tournée d'Elbeuf était fixée comme suit :

« Départ de Rouen, Amfreville la My-Voie, Belbeuf, Celloville, Crespin du Becquet, Aubin-la-Champagne, Quevreville, Imarre, Gouy, les Authieux (Port des Sans-Culottes), Tourville, Sotteville-sous-le-Val, Freneuse, Cléon, Aubin-jouxte-Boulleng, Caudebec, Elbeuf, La Londe, Orival, Oissel, Etienne-du-Rouvray et Sotteville-lès Rouen ».

Le même jour, le District reçut avis que le citoyen J.-B.-Pierre Grandin, offrait « 30 livres de poudre à giboyer, pour coopérer à la destruction des ennemis de la République ». Une note, datée du 3 thermidor suivant, nous apprend que cette poudre fut employée à la chasse aux loups, qui alors étaient nombreux dans nos forêts.

Le 29 (17 juillet), la commune décida de s'abonner, pour le prix de 72 livres, aux cahiers de musique patriotique publiés à Paris.

Le Conseil, considérant que les mesures les

plus promptes et les plus révolutionnaires devaient être prises pour l'extraction de la potasse prit cet arrêté :

« 1° Chaque jour, à six heures du soir, et tour à tour, deux compagnies de la garde nationale se transporteront dans les forêts nationales dépendantes de la Commune, pour y couper toutes les fougères, les genêts et autres plantes indiquées dans l'instruction de l'agent des salpêtres.

« 2° Les voitures nécessaires au transport desdits végétaux seront mises en réquisition.

« 3° Copie de cette délibération sera envoyée à la Société populaire et aux commandants de la garde nationale.

« La présente sera publiée au son de caisse et affichée à la porte de la maison commune ainsi qu'à celle du temple de l'Etre suprême ».

La suite du procès-verbal de cette séance n'est pas non plus sans intérêt. Un membre dit que la situation de la commune exigeait toute l'attention du Conseil général ; que l'erreur mettant en quelque sorte aux prises les patriotes les uns contre les autres, il en résultait des dénonciations faites au Comité de Sûreté générale de la Convention contre divers citoyens, d'où s'en suivaient parmi les habitants des divisions et une fermentation laissant craindre des désordres sérieux, et qu'en conséquence il était du devoir du Conseil général de les prévenir.

L'assemblée prit cet arrêté :

« Considérant que les causes de divisions qui se manifestent prennent un caractère alarmant... ; que ces causes paroissent de nature à exiger la présence d'une autorité supérieure, pour prendre connoissance des faits, rétablir la concorde parmi les citoyens et réunir par les liens de la fraternité tous les amis de la République ; arrête que le Comité de Sûreté générale de la Convention sera prié d'interposer la puissance qui lui est confiée, pour anéantir ces germes de discorde, par la médiation du représentant du peuple le plus à proximité de cette commune... »

Ce même jour, il fut décidé qu'il serait fait un cadran, d'après la nouvelle division des heures, pour l'horloge de « l'édifice Jean ».

L'agence nationale demanda que la cloche restant à « l'édifice Etienne » fut descendue et envoyée à Rouen.

Le 1er thermidor (19 juillet), le Comité de surveillance désigna, pour ses président et secrétaire, les citoyens Fécomme et Grandin.

L'arrestation de Quesné-Dumoulin et de Grandin était due à la dénonciation du juge de paix Balleroy. Revenu de Rouen, le 3 thermidor (21 juillet), son premier soin avait été de décerner un mandat d'amener, par l'officier du poste de garde nationale, contre Quesné-Dumoulin.

Le lendemain 4, le Comité de surveillance écrivit au District pour se plaindre de la conduite de Balleroy, qui non seulement empiétait sur les attributions du Comité, mais encore se faisait juge dans une affaire où il était dénonciateur.

Balleroy écrivit, le 5 (23 juillet), à l'agence nationale du District :

« Citoyen, je te renvoie les procès d'instruction sur Mathieu Quesné. J'ai voulu me concerter avec le Comité de surveillance et même, à son refus, avec la municipalité, mais en vain. Tu verras, par deux procès-verbaux et ma lettre à la municipalité, avec quelles singularités ces deux authorités agissent. Je l'engage, au nom du bien public, à leur écrire, afin que pareilles choses ne recommencent point. Il est bien triste de voir les lois ainsi méconnues et les affaires traîner en longueur ».

Ce même jour, le Comité de surveillance écrivit également à l'agent national du District, pour se plaindre de la collaboration de Balleroy dans l'affaire Quesné et Grandin, accusés d'être acquéreurs de biens de conspirateurs qu'ils voulaient soustraire à la République. Il résulte des pièces que nous avons vues que le Comité de surveillance était très favorable aux deux accusés que Balleroy voulait perdre.

Treize voitures furent réquisitionnées dans l'étendue du canton d'Elbeuf. Ce même jour, le corps municipal ordonna le curage « des puchots ».

Le 5 thermidor également, le signalement de Lescuyer, ci-devant maire de Mézières, fut remis aux gardes nationaux.

On prévint les prisonniers anglais qu'ils ne pourraient aller au marché qu'à midi, pour y faire leurs achats.

Il fut décidé que les arbres de Liberté seraient entourés « d'une boîte », aux frais de la ville.

Suit un nouvel extrait de l'Analyse des séances du Comité de surveillance, daté du 6 thermidor (24 juillet) et concernant les deux séances de ce jour :

« Vu la lettre qui nous a été adressée par l'administration révolutionnaire du District, de laquelle il résulte que nous sommes compétents à faire droit à la pétition de la fille Duteurtre en date du 23 messidor, tendant à lui faire délivrer tant pour elle que pour la fille Solot divers meubles restés sous les scellés de la maison du Buquet que nous croyons appartenir à Charles Delacroix ou à sa mère, pour parvenir à la connoissance nécessaire, le citoyen Patin, fermier, sera demandé.

« Les mesures que nous avions prises pour l'arrestation de Ch. Delacroix n'ayant pas eu le prompt succès que nous en espérions, et considérant que les pièces trouvées chez Delacroix peuvent être utiles au jugement de Tonnelier, ces pièces seront envoyées à l'administration du District.

« Le nommé Patin, fermier de Delacroix, en sa maison du Buquet, s'est présenté. Il nous a communiqué une promesse de bail de la veuve Delacroix, du Buquet.

« Ordre sera donné à la fille Duteurtre pour être présente à la levée des scellés apposés dans la maison de la veuve Delacroix au Buquet.

« Ecrire au Comité de surveillance révolutionnaire du district de Rouen pour lui donner avis que nous donnons ordre de retirer momentanément la fille Duteurtre de la maison d'arrêt des Gravelines, à Rouen, pour être présente à la levée des scellés apposés par le Comité sur ses meubles ».

Dans l'après-midi, on reçut avis de l'arrivée du citoyen Guimberteau. Tout le corps municipal se rendit au-devant de lui.

Le représentant Guimberteau, avant d'être membre de la Convention nationale, était juge au tribunal d'Angoulême. La Convention l'avait envoyé en mission à Rouen, où il résidait depuis quelque temps.

Guimberteau assista à l'assemblée générale du Conseil le lendemain 7 thermidor (25 juillet).

Il y prononça un discours « plein de philosophie et fondé sur les principes de l'égalité, de la liberté et de la fraternité ».

L'agent national lui exposa les motifs qui avaient déterminé le Conseil à le faire appeler, lesquels remontaient à 1789. Il fit un récit historique de la conduite patriotique de la commune qui, dès le commencement de la Révolution et depuis, s'était toujours montrée énergiquement animée de l'amour sacré de la liberté. Son discours fut vivement applaudi des tribunes et couverts par les cris de : Vive la République !

Le citoyen représentant du peuple prit à son tour la parole et « développa les sentiments fraternels qui devoient régner dans le cœur de tous les vrais amis de la République ».

Le Conseil général et les tribunes, vivement touchés et pénétrés des conseils et des paroles de paix apportées par le citoyen Guimberteau, accueillirent ses derniers mots par de nouvelles acclamations.

« En levant la séance, le digne représentant du peuple s'est épanché de la manière la plus loyale en nous donnant, avec les démonstrations de la plus sincère cordialité, l'accolade fraternelle ».

On décida de rédiger un exposé des faits et de le remettre le jour même au représentant Guimberteau. Voici le texte de ce mémoire :

« En 1789, au moment où la Bastille fut renversée par le génie de la Liberté, cette commotion électrique se fit aussitôt sentir dans notre commune. Tous nos concitoyens, par un mouvement spontané, prirent les armes pour la défense commune, et la cocarde tricolore fut arborée.

« La garde nationale fut organisée sous le nom de Volontaires patriotes qui, n'ayant aucune connoissance du service militaire, crurent ne pouvoir choisir de meilleurs chefs que les citoyens Zens et Desilles, tous deux officiers de fortune, qui se montroient zélés partisans de la Révolution qui se manifestoit. En effet, l'expérience a prouvé que leur commandement n'a jamais concouru qu'à la marche révolutionnaire qu'a constamment tenue la garde nationale.

« Au commencement d'octobre, les volontaires, ne pouvant suffire au service pénible de la garde et de la protection des subsistances, la municipalité se trouva forcée d'y appeler tous ceux de ses habitants qui pouvoient y concourir; ce qu'elle fit par un arrêté du 7 du même mois, publié et affiché. Tous se firent un devoir d'obéir à cet arrêté.

« Le citoyen Balleroy s'y refusa sous divers motifs et entre autres qu'il ne vouloit pas servir sous Zens, attaché à Lambesc, ce qu'il développa dans un écrit qui fut, alors, regardé comme séditieux et détermina la municipalité à rendre l'arrêté qui fait le sujet de ses plaintes.

« Le Conseil général n'a point ici à prononcer sur la conduite des uns ni des autres; mais, sans prendre parti pour personne, il doit déclarer que son intime conviction est que, dans cette affaire, la moralité des individus doit garantir la pureté de leurs intentions, qui n'avoient pour but que l'intérêt de la chose publique. Il n'en est pas moins vrai que cet événement n'a laissé dans l'esprit du citoyen Balleroy que trop d'impressions qui ont prouvé, dans diverses circonstances, qu'il en conservoit un vif ressentiment. De là ces haines, ces animosités particulières qui aveuglent souvent au point de confondre l'intérêt général avec l'intérêt privé.

« Des dénonciations entraînent Balleroy au Tribunal révolutionnaire, qui l'acquitte, après six mois de détention.

« De retour en cette commune, il manifeste des idées de vengeance, qu'on ne peut attribuer qu'au souvenir des dangers qu'il a courus.

« Il annonce dans la Société populaire qu'il a dénoncé plusieurs citoyens aux Comités de Salut public, de Sûreté générale et à l'accusateur public du Tribunal révolutionnaire. Le bruit se répand que la dénonciation est nombreuse. Chacun, malgré le témoignage de sa bonne conscience, craint pour soi : il redoute de se voir enlevé du sein de sa famille.

« L'inquiétude devient générale, et la fermentation se manifestant, le Conseil de la commune croit de son devoir d'en arrêter le cours, en instruisant le Comité de Sûreté générale de ce qui se passe et en l'invitant d'envoyer dans son sein un représentant du peuple pour prendre connoissance des faits et interposer sa médiation pour mettre fin à ces dissentions.

« La municipalité s'est portée à cette mesure avec d'autant plus de zèle que, dans cette affaire, les intérêts de la République ne lui paroissoient nullement compromis, sa surveillance active ne lui laissant aucun doute à cet égard. Autrement, elle se fut elle-même rendue dénonciatrice et elle eut infailliblement envoyé les coupables au tribunal qui en fait justice ».

Guimberteau se rendit ensuite au sein du Comité de surveillance, auquel il fit part du but de sa mission à Elbeuf.

Balleroy reçut cette lettre le 9 thermidor, datée de Rouen du 8 (26 juillet) :

« J'ai reçu ta lettre en date du 5, ensemble les pièces de Quesné, que j'ai envoyées aux membres du Comité de surveillance de la commune d'Elbeuf.

« L'intérêt général exigeroit qu'il régnât entre les autorités constituées un ordre et une harmonie parfaite. La moindre mésintelligence peut causer un très grand dommage à la chose publique. C'est avec peine que je vois les autorités constituées se diviser, quand le bien public exigent qu'elles marchent toutes d'un même pas pour le bonheur et la tranquillité des administrés... »

Les archives municipales conservent un autographe du représentant du peuple Guimberteau, ainsi conçu :

« LIBERTÉ »   « ÉGALITÉ »

« Au nom de la République françoise.

« Elbeuf neuf thermidor, dix heures du matin, de l'an deux de la République une et indivisible, Guimberteau, représentant du Peuple.

« Au Conseil général de la commune d'Elbeuf :

« Je vous envoie, citoyens, frères et amis, copie de la dénonciation signée du citoyen Balleroy, dont vous voudrez bien m'accorder la réception. Vous la communiquerez aux citoyens Lambert et Frémont, deux de vos membres, qui y sont dénommés, afin qu'ils répondent de suite aux faits les concernant. Ils me feront parvenir leur réponse pour que je la communique, à mon tour, à leur dénonciateur. Ensuite, je m'occuperoi de concilier les parties, et j'espère y parvenir, parce que je me plais à croire que chacun aime la Paix, l'Union et la Concorde. Au surplus, justice sera rendue : n'en doutez pas plus que du sincère attachement de votre frère et ami : GUIMBERTEAU ».

Le soir, Balleroy donna lecture, à la Société populaire, d'une lettre qu'il adressait au Comité de Salut public de la Convention nationale, dans laquelle il remettait sa démission de juge de paix et la fondait sur ce qu'il était environné d'ennemis, en montrant les habitants d'Elbeuf sous les couleurs les plus défavorables.

Instruit de cette lettre, le Conseil général prit, le 10 (28 juillet), cette délibération :

« Considérant que les magistrats du peuple ne peuvent garder le silence sur de fausses imputations qui ne sont que le fruit de l'altération des facultés morales de Balleroy, qui le dit lui-même dans sa lettre, il a été arrêté qu'il serait écrit au citoyen Guiberteau pour le prier instamment de détruire au plus tôt, auprès du Comité de Salut public, les funestes impressions que pourroit y avoir fait l'étonnante lettre de Balleroy, et de lui renouveler, au nom de la Commune, la loyale assurance de son attachement à la République et à ses dignes fondateurs ».

Ce jour-là, le représentant Guimberteau assista, avec les membres de la municipalité, à la cérémonie de la décade, dans le temple de l'Etre suprême.

La séance du Conseil général du 11 thermidor (29 juillet), fut ouverte, comme d'ordinaire, aux cris de vive la République! Nous citons textuellement le procès-verbal qui en fut dressé :

« D'après les nouvelles du jour, qui annoncent un nouveau triomphe de la liberté sur une conspiration d'autant plus dangereuse qu'elle étoit fondée sur une popularité insidieusement usurpée, conspiration déjouée par le courage et l'énergie de la Convention nationale, il a été arrêté que le Conseil se transporterait en masse chez le représentant du peuple Guimberteau pour féliciter la Convention, en sa personne, de l'énergie qu'elle a déployée contre les conspirateurs et leurs complices, en décrétant leur arrestation et, de suite, leur mise hors la loi. Arrêtons en outre qu'aussitôt que l'on en aura reçu la nouvelle officielle, il sera adressé une lettre de félicitations à la Convention. »

A la séance du Comité de surveillance de ce jour, les quatre commissaires qui avaient été envoyés vers le citoyen Guimberteau firent un rapport de l'accueil favorable qu'ils avaient reçu de lui. Le représentant du peuple s'était réjoui avec eux du nouveau triomphe de la Convention nationale sur les ennemis de la République ; mais avant de partir, il leur avait recommandé de redoubler de surveillance, s'il était possible, contre les traîtres et les malveillants.

On sait que l'événement auquel faisait allusion le représentant du peuple Guimberteau était la journée célèbre du 9 thermidor, qui avait vu la chute de Robespierre.

Le 12 thermidor (30 juillet), le Comité de surveillance d'Elbeuf écrivit à celui de Lille, en lui envoyant le signalement de Guersent, ci-devant curé de Caudebec, que l'on disait s'être réfugié dans cette ville, pour le faire arrêter, comme coupable d'avoir donné asile au ci-devant évêque de Montauban.

Les effets cédés par Guersent à sa nièce Louise Louvat, qui habitait avec lui, furent mis sous séquestre, par ordre du même comité.

La mère de Louise, la citoyenne veuve Louvat, offrit, deux jours après au Comité de surveillance, le citoyen Joseph Harel, laboureur à Caudebec, comme caution des effets de Guersent, estimés à 4.000 livres ; ce qui fut accepté.

Les nouvelles apportées ce jour-là furent jugées d'une assez grande importance pour en faire part au peuple elbeuvien. La municipalité fit annoncer, par le tambour, « que la Convention venait, encore une fois, de sauver la République, en déployant son énergie contre des traîtres prêts à assassiner la Patrie en la personne de ses dignes représentants ».

Les citoyens furent invités à arborer le drapeau tricolore et on les prévint que la lecture du Bulletin serait faite le jour même, à six heures du soir, « après quoi on iroit danser dans la prairie en réjouissance de cette heureuse nouvelle ».

A six heures, les membres du Conseil ceignirent leur écharpe et se transportèrent sur la Montagne, autour de laquelle la foule était assemblée : « La musique exécuta cet hymne si chéri des républicains, cet hymne qui nous a valu tant de fois des victoires et des conquêtes, l'hymne enfin des Marseillais, après quoi on fit la lecture du Bulletin.

« L'allégresse étoit peinte sur le visage des citoyens et ils la manifestèrent par les cris répétés de : Vive la République !

« Cette lecture faite, le Conseil, accompagné des corps constitués et précédé de la musique, ont été dans le plus grand ordre à la prairie, suivis d'un grand concours de monde, où, après avoir fait trois fois le tour de l'arbre de la Liberté, ils ont fait un grand cercle, pris par la main les citoyennes qui les entouroient et ont ouvert la danse.

« Cette ouverture faite et exécutée pendant quelque temps, le cercle s'est rompu pour en former plusieurs autres petits, et chacun s'est livré à la joie en dansant, tant au son de la musique qu'à la voix de plusieurs citoyens et citoyennes qui chantoient des chansons patriotiques.

« Après s'être livré aux plaisirs les plus purs, aux plaisirs vraiment républicains, le cortège s'est rallié sous l'étendard de la Liberté et est revenu, accompagné du public, avec autant d'ordre qu'il étoit parti, toujours au son du tambour, de la musique et aux cris mille fois répétés de : Vive la République ! Vive la Convention ! Vive la Montagne !

« Avant d'arriver à la maison commune, on s'est porté devant la maison du citoyen Guimberteau, représentant du peuple, où la musique a exécuté un morceau chéri des vrais républicains. Le représentant a témoigné la satisfaction qu'il ressentoit en voyant l'allégresse publique, et le cortège est revenu à la maison commune, où le Conseil général a repris sa séance ».

Alors un membre fit lecture de l'adresse à la Convention, conçue en ces termes :

« Quel bruit frappe soudain nos oreilles ? Quel évènement vient se placer dans les fastes de la République françoise ?

« La plus audacieuse conjuration menaçoit de nouveau la Liberté : mais la Liberté est immortelle !

« Il a donc subi la peine de ces forfaits, ce Catilina moderne, cet infâme Robespierre, s'il est encore permis de prononcer son nom !

« Il n'est plus, ce scélérat ambitieux, qui, dans le délire d'une popularité usurpée par cinq années d'hypocrisie, osa concevoir le projet insensé d'enchaîner le peuple par le peuple lui-même !

« Ils ne sont plus, les magistrats parjures, ces vils instruments du nouveau tyran qui préférèrent seconder ses horribles desseins à l'honneur de mourir à leur poste !

« C'est à vous, législateurs, c'est à vos courageux efforts que nous devons cette nouvelle victoire de la vertu sur le crime. Nous le devons aux braves frères de Paris, que l'horreur du despotisme a si promptement ralliés autour de la représentation nationale. Plus d'une fois, ils avoient sauvé la Liberté, et ils la sauveront toujours, parce qu'au milieu de vous et d'eux elle est impérissable !

« A la nouvelle du glorieux succès de cette nuit à jamais mémorable, tous nos citoyens ont manifesté les mouvements de leur joie. Nous nous sommes empressés de vous porter le tribut de notre allégresse dans la personne de Guimberteau, ce digne représentant du peuple. Nous lui avons juré, et nous vous renouvellons le serment de ne vivre que pour l'affermissement des principes que vous défendez vous-mêmes avec tant d'énergie.

« Vive la Convention ! Vive la République ! »

Le Conseil arrêta que cette adresse serait envoyée dès le lendemain à la Convention et что le double en serait remis à Guimberteau, et la séance fut levée aux cris de Vive la République ! Vive la Convention ! Vive la Montagne ! Périssent les tyrans !

Ajoutons que la chute et la mort de Robespierre jetèrent du trouble chez de nombreux politiciens de notre ville. Un moment indécis, ils suivirent bientôt le nouveau mouvement, et bientôt personne n'avoua plus avoir été robespierriste.

CHAPITRE XVI
(7 THERMIDOR AN II. — 25 JUILLET 1794)

Très curieuse pièce; les dessous de la Révolution a Elbeuf ; pourquoi la bourgeoisie s'était montrée si robespierriste; les frères Balleroy devant le Tribunal révolutionnaire ; comment ils avaient été acquittés ; terrible vengeance du juge de paix ; dénonciation contre quinze notables elbeuviens.

La fort curieuse pièce qui fera, seule, l'objet de ce chapitre est datée du 7 thermidor an II; elle fut donc très probablement déposée la veille de la chute de Robespierre.

Bien que renfermant nombre d'inexactitudes et que beaucoup des faits qui y sont rapportés aient été grossis ou dénaturés par son auteur, qui n'était autre que le juge de paix Balleroy, ce factum est trop intéressant pour n'être pas reproduit.

On y trouvera des détails inconnus jusqu'ici et d'autres véritablement dramatiques. Chacun se fera, à cette lecture, une idée des passions qui agitèrent pendant plus de cinq ans les deux principaux partis politiques de notre ville, et qui faillirent avoir les conséquences les plus funestes, d'abord pour les frères Balleroy et, plus tard, pour quinze membres des principales familles elbeuviennes.

Enfin, depuis l'écrit publié en 1789 par Balleroy aîné, nous n'avons guère enregistré que les plaintes et les accusations de ses ennemis ; il est donc juste que nous l'entendions à son tour :

« La République doit triompher sur tous les points de la France, et le peuple en doit éprouver partout les bienfaits.

« Cependant, en la commune d'Elbeuf, il y a eu une longue conspiration contre le peuple dans tout le cours de la Révolution. Elle a usé toutes les formes et, au temps de l'influence des Hébert et des Delacroix, elle a pris leurs exemples et leurs conseils. Voici les faits :

« Dans l'ancien régime, c'étoit l'exécrable Lambesc, le sabreur des vieillards aux Tuileries, qui étoit seigneur d'Elbeuf. Il y avoit plusieurs justices, et par conséquent des officiers de tout genre. Elbeuf est aussi un endroit de manufactures de draps, et les fabricants de l'ancien régime tenoient de Lambesc le privilège exclusif de travailler la laine. Ils étoient au nombre de 80 à peu près. Les fabriquants en général et surtout les plus fortunés d'entre eux faisoient cause commune avec les officiers et les valets de Lambesc, au préjudice de la liberté du commerce et des ouvriers qu'ils employoient.

« Les effets qui en résultoient :

« 1º Un complot, formé entre les uns et les autres, de n'admettre à la corporation des fabriquants de draps, que des fils de maître. On s'étoit entendu pour ne pas faire d'apprentifs et il en résultoit des procès portés même au Conseil.

« 2° Toutes les contributions publiques étoient renvoyées impitoyablement sur le peuple qui n'étoit pas fabriquant, et pour cet effet, la coalition avoit obtenu dès longtemps l'établissement d'un droit de tarif sur tous les comestibles qui entroient dans la ville, mais fixés dans une telle disproportion que les denrées de première nécessité payoient trois quarts de plus que les matières de fabrication.

« 3° Les contestations qui s'élevoient entre les fabriquants et les ouvriers étoient jugées dans un bureau de quatre fabriquants, présidé par le bailly de la haute justice qui étoit leur homme. De là, il résultoit les plus cruelles vexations sur la classe la plus laborieuse.

« Cette coalition d'officiers de Lambesc et de fabriquants se condensoit pour ainsi dire plus fortement tous les jours par les mariages entre les uns et les autres.

« Dans cet état, la commune d'Elbeuf offroit un contraste frappant. Les fabriquants avoient tous le ton et les airs de la noblesse et tous, en effet, tendoient à devenir propriétaires de fiefs et à acheter des charges d'anoblissement qui, dans l'ancien régime, étoient flétries du ridicule par l'épithète de « savonnettes à vilains ».

« Le surplus des habitants, tous boutiquiers et ouvriers qu'ils appeloient « la commune », comme s'ils n'en faisoient pas partie, éprouvoit des humiliations infinies. Ceux-ci, dès 1776, avoient tenté, par un procès, de faire supprimer les droits vexatoires du tarif, mais en vain, tant les fabriquants avoient de puissance.

« Dans cet état encore, il est évident que la Révolution françoise de 89 ne fut pas reçue à Elbeuf de leur part avec satisfaction ; elle renversoit leurs privilèges exclusifs et choquoit cruellement leur amour-propre. Elle ne le fut, en effet, qu'avec colère et délire. L'action infâme de leur patron qui sabra les vieillards aux Tuileries le 14 juillet *(sic)* ne fit que renforcer de son exemple leur aversion naturelle contre ce grand événement politique qui donnera le bonheur au monde par la Liberté et l'Egalité.

« Lorsque la France prit les armes à la destruction de la Bastille, la coalition suivit son système d'aristocratie. Le maire de la ville étoit nommé par Lambesc ; le secrétaire de la ville, qui faisoit tout, étoit le receveur d'alors, greffier de la haute justice, secrétaire de la haute justice et secrétaire à la corporation des fabriquants. Le procureur-syndic Bosquier, avocat, étoit d'ailleurs le conseil de cette corporation. Lambesc avoit là une espèce de gouverneur, Allemand d'origine, nommé Zens, conservateur de ses chasses, chef des haras de la province, et ayant instruit son maître dans les exercices militaires.

« Alors, la coalition constitua un Comité permanent et un corps de Volontaires ; celui-ci, pour la formation, s'assembla dans la cour du château de Lambesc ; Zens en fut le commandant. L'état-major étoit presque le comité permanent tout entier. Les armoiries de Lambesc furent conservées dans ce corps.

« Maîtrisés par la force des événements, ils semblèrent dans quelques occasions travailler à la chose publique ; par exemple, ils coururent à Poses, village sur Seine, pour dégager un bateau de bled que les habitants de ce lieu menaçoient, par le pillage, de ne pas laisser aller à Paris; mais, en général, ils n'agirent que par une conduite contre révolutionnaire en occasionnant la disette dans les halles, et Necker leur écrivit une lettre très dure à ce sujet; elle existe.

« Informés quelques jours d'avance de l'affaire de Versailles, les 6 et 7 octobre 1789, ils formèrent le projet de servir la cour du tiran dans leur pays, et pour cet effet, ils voulurent, avant cet événement, soumettre par un arrêté, leurs concitoyens qui n'étoient pas du corps des Volontaires à prendre les armes sous le commandement de Zens et sous la croix de Lorraine.

« Le soussigné, homme révolutionnaire par principe d'étude et d'amour populaire, tenta d'arrêter les progrès du complot liberticide. Il fit une protestation par écrit et signée qu'il ne vouloit prendre les armes que dans un corps de garde nationale composé de tous les citoyens, qui éliroient leurs chefs, et protesta de servir sous les agents de Lambesc. Son courage héroïque lui attira une arrestation, ensuite une détention de 48 heures sans manger, avec toutes les injures possibles, et enfin sa dégradation en place publique, à l'heure de midy, du titre de citoyen. Il fut déclaré incapable de servir la Patrie et honteusement chassé.

« Le soussigné, informé que la coalition avoit dépêché au Parlement de Rouen Le Cordier de Bigars, président de ce Parlement, pour le faire décréter de prise de corps, se sauva à Paris, où il resta neuf mois, jusqu'aux assemblées de communes pour la composition de la première municipalité révolutionnaire.

« Il revint à Elbeuf, précisément la veille, et on ne peut pas le taxer de cabale. Il parut à l'assemblée, et le peuple, toujours juste, le nomma officier municipal, malgré toutes sortes d'oppositions. Les pièces de toute cette horreur existent dans le procès qu'il a formé vainement, tant les ennemis du peuple avoient de puissance.

« Les chefs de ce grand crime contre-révolutionnaire sont Lambert père, Frontin, Bosquier, Durand et Flavigny des Iles, cy devant chevalier de Saint-Louis et deuxième commandant de la garde nationale. Bosquier et Durand sont incarcérés comme suspects.

« La coalition, furieuse de ce qu'aucun des Lambesciens n'avoit été appelé aux fonctions publiques par le peuple, continua de s'agiter, mais dans les ténèbres. Cependant, à l'époque où le peuple nomma le soussigné pour solliciter à l'Assemblée constituante la suppression du tarif, ce furent des calomnies contre lui, qu'elle traita de séditieux, d'incendiaire, de marastiste, de chef de gueux. On poussa l'audace alors, comme il n'avoit de fortune que son travail, de lui envoyer dans un paquet des guenilles couvertes de poux, et de lui présenter en pleine rue un morceau de pain, comme s'il n'en avoit point chez lui. Les individus auteurs de ce premier fait n'ont pas été connus; l'auteur du second est le nommé Bouic fils, fabriquant de draps.

« En même temps la coalition insultoit le peuple et les magistrats; quand la première municipalité prêta le serment devant le peuple dans la rue, il n'y eut point de moqueries que les Lambesciens ne firent aux officiers municipaux. Flavigny-Gosset se distingua ; il est neveu du garde-marteau de Lambesc. La coalition rendoit des honneurs aux mânes de Zens, que la Révolution a tué par les chagrins qu'il en a ressentis ; ils ont célébré ses obsèques avec toute la pompe militaire.

« Leurs fureurs contre le peuple et ceux qu'il avoit nommés à la municipalité à ces assemblées électorales vomirent des lettres anonymes et des calomnies jusque dans Rouen. Un nommé Jean-Baptiste Grandin, garde-marteau de Lambesc, propriétaire d'une terre cy devant seigneuriale, s'est signalé dans ce genre. Il alla même cracher sur le soussigné en pleine assemblée électorale et il en résulta une scène honteuse. Ce Grandin fut nommé administrateur, tant alors les administrations furent composées de la plus violente aristocratie.

« La municipalité tout entière fut menacée d'être jetée par la fenêtre du lieu de ses séances par le nouveau commandant de la garde nationale Henry Delarue père, fabriquant. Il y eut procès-verbal dressé, mais déchiré peu après. La municipalité fut obligée de prendre de là occasion de défendre à qui que ce soit d'entrer avec épée et autres armes.

« A la première élection du juge de paix, on vit la coalition employer tous les moyens pour porter à cette place le notaire du lieu, qui étoit maire. Ils augmentèrent leur parti de tous les prêtres, qu'ils engagèrent à leurs registres et qu'ils enregistrèrent le jour même de l'élection sur le livre de la garde nationale, aux fins d'avoir le droit de voter.

« Dans tous les instants, on les a vus agir

contre la Révolution Lorsque les rôles des contributions mobilières et foncières arrivèrent à Elbeuf, ils s'emparèrent du peuple pour les calomnier. Ils tinrent une assemblée illégale et firent par là une levée de boucliers contre la municipalité qui, pour réprimer leur audace, fut obligée de prendre une délibération qu'elle fit afficher.

« Leurs enfants insultoient le peuple, troussoient les femmes, cassoient les portes, injurioient les magistrats, surtout le juge de paix. Ils refusoient d'obéir dans la garde nationale aux réquisitions des corps constitués.

« Le juge de paix, parce qu'il avoit décerné un mandat d'arrêt contre un d'eux, Flavigny-Gosset l'aîné, précisément le neveu de Jean-Baptiste Grandin, garde-marteau de Lambesc, à cause qu'il avoit voulu soustraire à l'action de la justice un jeune homme qui avoit désarmé et blessé la sentinelle jusqu'à sang, manqua d'être assassiné. Ils jettèrent une grosse pierre dans les croisées de la maison d'un sans-culotte, Roger Cordier, au moment où il y étoit à souper, laquelle cassa la vitre et frappa la maîtresse à côté de laquelle il étoit à table. Les femmes, effrayées, se trouvèrent mal. Non contents de cela, ils en jettèrent une autre, une demi heure après, dans les fenêtres de la maison du juge de paix ; elles furent brisées, même la jalousie, et la pierre atteignit son lit. Ils retournèrent encore à la maison de Roger, et ils achevèrent de briser les fenêtres. Les auteurs, quoique soupçonnés, n'ont pas été connus individuellement, le juge de paix ayant bien voulu ne pas suivre d'instruction, mais le peuple en fut indigné.

« Lors du recrutement, ils ont travaillé à s'y soustraire ; les assemblées ont été troublées par des calomnies, même par des voies de fait. Le grillage du chœur d'une église où les citoyens étoient réunis, fut brisé. L'auteur de cette violence est le citoyen Delaunay le jeune, qui d'ailleurs s'étoit soumis volontairement par écrit d'aller défendre la Patrie sur les frontières et qui jusques ici a éludé son engagement.

« La Constitution républicaine n'a été acceptée dans Elbeuf que par 150 à 200 citoyens, tant le royalisme s'en étoit éloigné et en avoit dégoûté le peuple. C'étoit le juge de paix qui présidoit l'assemblée depuis le 10 août ; sentant ce tort, ils ont voulu le réparer par l'acceptation postérieure et tardive qui décèle leur anti républicanisme.

« Lorsque la République fut d'abord décrétée, le président des assemblées primaires resta en exercice pendant six semaines : c'étoit le juge de paix, qui siégea près de sept mois. Plus de vingt officiers municipaux furent nommés et donnèrent leur démission, de sorte que le président se trouva forcé à déserter le poste, motivé sur le peu de zèle et l'incivisme des citoyens nommés. Le district de Rouen en fut réduit à envoyer des commissaires.

« Il suffit de parcourir le registre de la garde nationale pour être convaincu de leur esprit anti-révolutionnaire, puisque toujours ils se sont fait remplacer, et il y a eu des occasions où les autorités constituées ont été obligées de prendre des mesures pour empêcher la cessation du service. Le registre des délibérations en porte une infinité de preuves.

« Aux événements des mois de mai et juin

1792, il y a eu, selon le bruit public, des adresses au Roy faites et colportées par quelques-uns de la coalition. Le soussigné, ayant été malade dans ce temps, n'en a eu connoisque par la voix publique. La Société populaire en a retenti. Ce sont précisément des Lambesciens qui en sont coupables, et le garde-marteau sans doute n'aura pas été des derniers à la signer, si ce n'est pas lui qui l'a rédigée. Le vérité sera connue.

« Il est encore une infinité de faits qu'il faut négliger ici, pour abréger cette dénonciation ; mais dans tout ce qui s'est passé jusqu'à cette époque, l'aristocratie, le royalisme se montroient tête levée ; mais après le 10 août 1792, elle a suivi le système qui ne restoit plus qu'au désespoir. Tout à coup, ils ont tenté de se montrer les plus ardents révolutionnaires. Dès 1791, ils avoient empêché, par la force d'inertie, l'établissement d'une Société populaire que le soussigné, avec l'agent national, avoit provoquée, et cependant, alors, ils ont semblé vouloir en former une, mais qu'ils ont eu l'adresse de composer si bien dans leur système qu'il en est résulté la plus terrible oppression. Les trois premiers présidents ont été trois beaux-frères, chose remarquable: Jean-Baptiste Grandin, garde-marteau de Lambesc ; Lambert, du Comité contre-révolutionnaire de 1789, et Henry Hayet; qui, doué d'un esprit plus sain, s'est depuis éloigné des complots de la coalition et s'est montré assez impartial. Le quatrième président est un nommé Frémont dit Pot-au-feu, maître teinturier des neveux du garde-marteau, lequel a pris le masque d'un patriotisme outré et qui, dans le fond, est très aristocrate et royaliste, a toujours refusé d'entrer dans les fonctions publiques jusqu'au moment actuel qu'il est notable.

« Soyons vrais et justes. Henry Hayet suggère une réflexion qu'il ne faut pas retenir ; c'est qu'en parlant des fabriquants de l'ancien régime en général, on n'entend pas parler de tous individuellement, mais seulement de l'esprit de la masse, qui a de mauvais effets. Il en est qui ont reçu la sagesse de secouer ce vieil esprit, comme il est quelques nouveaux fabriquants qui, étourdis de la grosse fortune qu'ils ont faite, ont eu la folie de s'en imprégner.

« A la première formation du Comité de surveillance, il n'est point d'intrigues que la coalition n'ait employées pour se faire nommer. Ils s'emparoient du peuple par ses préjugés sur le culte dont il n'étoit pas encore dégagé. Ils ont poussé le crime jusqu'à attenter à la vie d'un des présidents, qui étoit précisément le juge de paix. Ils soufflèrent les lumières, et il fut pris à la gorge. Le peuple pourtant les contint par des cris d'indignation. Les auteurs de ce crime sont Delaunay père et Bouic fils, fabriquants.

« Toujours, heureusement, leurs projets contre-révolutionnaires ont été contenus par la masse du peuple et le juge de paix, qui s'est toujours dévoué à la Révolution et qui, dès le principe, en avoit été martyr. Mais hors d'eux-mêmes de se voir déçus de toutes parts, humiliés du dédain dont il a payé leurs insultes, épouvantés de l'intensité de sa conduite révolutionnaire, ils formèrent le plus épouvantable projet qu'ait inventé la perversité humaine : celui de faire périr le juge de paix sur l'échafaud, par le glaive de la Loy !

« Voici leur intérêt. Ils redoutent le surveillant de leur conduite, cet ami imperturbable de la Révolution et qui leur est odieux par la haine qu'il leur porte.

« Mais le grand objet étoit de rétablir les abus de l'ancien régime, sous les formes républicaines, à l'égard de la fabrication des draps. Ils ne virent qu'avec colère l'établissement d'une foule de nouveaux concurrents que leur a suscités la liberté du commerce et qu'ils appellent dédaigneusement « les fabriquants de la Révolution ». C'est à écraser, c'est à ruiner ceux-ci qu'ils emploient toutes leurs mauvoises combinaisons. Le gouvernement a envoyé à Elbeuf un agent national qui, à certains égards, remplacera l'inspecteur qui dans l'ancien régime surveilloit la Manufacture ; cet agent national doit avoir un conseil de huit fabricants nommés dans la Société populaire. Or le grand point est que le conseil soit composé de l'ancien régime, dont l'esprit sera par conséquent de vexer par tous les moyens les nouveaux fabricants. Le juge de paix, par la conscience qu'il a et sa force de caractère, étoit un obstacle à l'exécution de ce dessein et la grande affaire étoit de s'en défaire.

« Un autre juge de paix, qu'ils auroient fait nommer à leur dévotion, bien partial, sans vergogne, bien dans leur système, auroit lors des contestations fréquentes qui s'élèvent entre les fabriquants et leurs ouvriers, appris à ceux ci à ne pas demander souvent justice avec espoir de l'obtenir. Ainsi, les formes seules auroient été changées, et le fond des abus eût été conservé.

« Ils ont tout fait pour remplir dans leur

épouvantable complot. Un nommé Lefort, fabriquant de draps, originaire de Pont-Audemer, connu sous d'odieux rapports, avait été camarade d'enfance avec Delacroix, représentant du peuple, lequel a été guillotiné. Ce Lefort, jusque là, avoit montré sinon de l'aversion, du moins de l'apathie sur la Révolution. Il s'étoit amusé à dépenser ses gros gains dans la bâtisse d'une espèce de château ; ils s'en servirent envers de Lacroix, son ami, pour faire autorité et protection.

« La fille de Henri Delarue, lequel avoit menacé les officiers municipaux de les jetter par la fenêtre, fut employée d'un autre côté à intriguer dans Rouen.

« Ils se servirent encore d'un nommé Védie, connu notoirement pour le plus détestable sujet. Libertin, mauvois mary, mauvois fils, accablé de dettes et maintenant sauvé d'Elbeuf pour éviter les poursuites.

« Ils allèrent même solliciter des libelles jusque dans les prisons à un malheureux du nom de Jolly, à la Tour normande, où il gémit encore pour ses bassesses contre-révolutionnaires, et qu'ils avoient jusque-là toujours justement méprisé.

« Le projet commença d'éclater. Le juge de paix fut calomnié à la Société populaire de Rouen. Un nommé Saint Amand qui, depuis, a été mis en arrestation, trop connu, fut amené à Elbeuf. Il descendit chez Henry Delarue pour perdre le juge de paix dans l'opinion du peuple. Il n'y réussit pas, mais il le traduisit à la Société populaire de Rouen. Il s'y défendit. A son retour, le peuple, qui l'avoit cru perdu, le reçut avec acclamation et lui présenta un superbe bouquet.

« La tentative ayant échoué, la coalition eut l'adresse de faire députer le juge de paix à la commission des subsistances, avec ce Saint-Amand qui sembla, de bonne foy ou non, revenu de sa prévention sur son compte ; de faire, pendant cette absence, recomposer le Comité de surveillance, dont plusieurs membres avoient donné leur démission, et de faire entrer leurs instruments, tels que ce Lefort, camarade de Delacroix, Frontin, du comité permanent de 1789, d'un nommé Duruflé, le plus déterminé aristocrate qu'il y ait peut-être, et beaucoup de ceux qui avoient refusé leur nomination en haine de la République.

« Pour aggraver davantage les calomnies, ils allèrent mendier des dénonciations. Quesné-Dumoulin, beau-frère d'Alexandre Grandin, arrêté par le Tribunal révolutionnaire et maintenant lui-même en arrestation, envoya chercher avec son cheval un nommé Lucas, officier municipal de Saint Didier, pour dénoncer le juge de paix, lequel Lucas, connu sous les plus détestables couleurs, est aussi en arrestation.
« Ceux qui veulent culbuter les Patriotes, di-
« sait Leprieur, de la Convention, seront cul-
« butés ».

« Triomphants de leurs préparatifs, ce fut alors qu'ils réalisèrent leur horrible dessein. Le frère du juge de paix fut le premier arrêté, et lui-même le lendemain. Tous les deux furent envoyés au Tribunal révolutionnaire comme les ennemis du peuple.

« Que de calomnies la coalition n'a-t elle pas inventées pour offrir un corps d'accusation, surtout contre le juge de paix ; à défaut d'actions, discours innocents dénaturés et invention de propos horribles ! Quesné-Dumoulin n'a-t il pas poussé la méchanceté jusqu'à taxer ce magistrat, connu par ses principes de probité rigide, d'avoir détourné à son profit une somme de 108 livres d'amende publique contre la preuve manifeste de sa libération, consignée dans les registres de la municipalité? L'agent national, par une explication et les preuves à la main, a couvert ce malheureux de sa propre turpitude.

« On conçoit que le juge de paix s'étoit efforcé de conjurer l'orage. Il avoit formé une Société populaire de vrais Sans-Culottes, auxquels devoient se réunir rapidement les républicains qui restaient dans la Société populaire maîtrisés par les Lambesciens. La vérité devoit sortir de là ; elle effrayoit la coalition ; hé bien ! ils sont parvenus à la détruire en faisant fermer l'église où elle se tenoit et en effrayant par des menaces d'emprisonnement et même par des emprisonnements. Un d'entre eux, allant dénoncer au Comité de surveillance l'un des auteurs de l'adresse au roy sur les journées du 31 may et 2 juin, fut incarcéré et relâché ensuite; il n'y a pas eu de procès-verbaux de dressés.

« Voilà deux crimes encore dont se rendirent coupables les meneurs du Comité de surveillance, lorsqu'il s'est agi de l'arrestation du juge de paix. Le premier, c'est le refus qu'ils firent d'entendre les témoins qu'il indiqua et l'entendre lui-même. En vain, il écrivit trois lettres à cet effet. Comme il y avoit des membres du comité contre-révolutionnaire de 1789, ils agirent tous de même... S'il eut été entendu et ses témoins, la majorité du Comité de surveillance lui auroit rendu la justice de le laisser en liberté.

« Le second crime ce sont les violences que Lefort et Duruflé entrants exercèrent sur tout le Comité pour obtenir l'arrestation. Ils menaçoient les membres honnêtes et prudents de ce Comité de les dénoncer aux représentants du peuple à Rouen. Delacroix, ami de Lefort, en étoit un, et il en faisoit un épouvantail ; ils menacèrent aussi du Comité de Salut public.

« Ces deux hommes, enfin, poussèrent l'audace jusqu'à dire que le Comité n'étoit pas compétent pour examiner, qu'il devoit seulement considérer les dénonciations sans regarder si elles étoient fausses ou vraies, et envoyer les dénoncés, fussent-ils innocents, au Tribunal révolutionnaire, qui seul avoit le droit de prononcer.

« Quel atroce système destructif des combinaisons de prudence de la Convention nationale, en le composant de douze membres et en disant qu'il en falloit sept de même avis pour mettre en arrestation.

« Le Tribunal révolutionnaire a fait triompher l'Innocence sur le Crime. La Vérité a présenté le complot dans toute sa noirceur. Les deux frères Balleroy ont été honorablement acquittés ! Que toute la France n'étoit-elle pas à ce jugement ! Elle auroit entendu le président demander aux témoins :

« Avez-vous porté les armes sous le com-
« mandement de Zens ? » Et quand ils avoient répondu « Oui » et qu'ils vouloient s'excuser sur la nécessité d'obéir il reprenoit :

« Quoi ! Vous accusez celui qui a eu le cou-
« rage de se laisser (dans votre opinion) tra-
« duire, dégrader, avilir sur la place publique,
« et qui par ce dévouement héroïque s'est cou-

« vert d'honneur et de gloire ! Pour être dignes
« de confiance, il faudroit que vous eussiez osé
« vous exposer comme lui à la mort, à l'in-
« famie. Loin de là, vous avez été spectateurs
« tranquilles, peut-être complices de cette
« horreur ! Il falloit prendre sa défense et pu-
« nir ses oppresseurs ! »

« La France auroit entendu ce magistrat dire au peuple, en résumant les débats :

« Citoyens, vous allez voir dans cette affaire
« un exemple frappant du bienfait de la loy
« nouvelle sur la réorganisation du Tribunal
« révolutionnaire, contre lequel les ennemis
« du peuple et les tyrans déclament dans toute
« l'Europe. Elle a voulu que les conspirateurs
« n'eussent pas de défenseurs ; rien de plus
« juste : l'ennemi de la Liberté, l'ennemi de
« la Patrie n'en doivent point avoir, ou ils se-
« roient ses pareils. Mais les amis du peuple,
« les républicains calomniés et opprimés en
« doivent trouver, selon la Loy, dans le Tri-
« bunal même. Hé bien ! les deux frères Bal-
« leroy sont des hommes révolutionnaires, et
« je me déclare leur défenseur ! Considérons
« la moralité sur laquelle elle a voulu que les
« dépositions des témoins fussent appréciées
« et les accusés jugés ».

« Icy, il a détaillé toutes leurs actions révolutionnaires et il a pris de là occasion de rappeler à la mémoire des François cette opprobre de notre histoire : la maison de Lorraine, si fatale à la France dans tous les siècles : Un cardinal de Rome qui porta Charles IX à tirer des coups de fusil sur le peuple françois; cette Catherine de Médicis, le fléau de l'humanité et la honte, pour ainsi dire, de la Nature,

« La France auroit entendu le président prononcer ces paroles après le jugement, en s'adressant aux deux frères Balleroy :

« Jeunes gens, vous venez d'éprouver la
« justice du Tribunal révolutionnaire, si indi-
« gnement calomnié. Il n'a pas écouté vos
« ennemis, parce que votre moralité est aussi
« révolutionnaire que la leur ne l'est pas.
« Suivez la carrière qui vous fut ouverte et
« où vous vous êtes montrés avec honneur et
« vertu. Allez, marchez, parcourez la terre de
« la Liberté, et, rendus dans vos foyers, fixez
« bien, non par vengeance — les républicains
« n'en doivent point avoir, le dédommage-
« ment de leurs maux est de bien mériter de
« la Patrie — mais pour l'intérêt suprême de
« la République, fixez bien tous ceux qui ne
« vous ont opprimés que parce qu'ils sont ses
« ennemis ; faites-nous les connoître, amenez-
« les devant nous ! La Loy veut que leur tête
« soit frappée de son glaive de mort et qu'ils
« disparoissent tous de la terre de Liberté ! —
« Allez ; vous êtes libres !.. »

« Hélas ! tandis que les deux frères Balleroy ont gémi dans les fers, quelles horreurs les meneurs de la coalition n'ont-ils pas commises, jusqu'à effrayer la coalition même.

« Tous les sans-culottes composant la Société régénératrice et les citoyens que la tirannie a révoltés ont été persécutés, soumis à des corrections, repoussés, chassés, menacés de prison ainsi que leurs femmes et leurs filles. Quelques-uns ont été emprisonnés. Voicy deux faits remarquables entre mille :

« Un tailleur, connu pour son intrépide républicanisme, de la Société des sans-culottes, a eu le courage de travailler boutique ouverte toute la journée de la fête de Toussaint dernière, sans craindre les fanatiques qui, encore attachés au culte, passoient devant sa maison en allant aux offices paroissiaux, et cependant ils sont parvenus à l'en exclure ; et comme il avoit dit : « Hé Lien ! j'y entreroi quand même, quand il viendra un représentant du peuple ». Ils ont eu la sottise de l'appeler « le Représentant du peuple », nom qui lui est resté.

« Un sans-culotte cordonnier, indigné d'un mensonge révoltant que professait à la tribune Henry Delarue fils, s'écrie, comme malgré lui : « Il en a menti ! » Il est immédiatement traduit devant le remplaçant du juge de paix et condamné à plusieurs jours de prison.

« Les enfants du peuple n'ont pas été à l'abri des persécutions. Ils fredonnaient des chansons aussi fautives que naïves et qui, par là, portaient la preuve qu'ils en sont les auteurs, et dont le refrain étoit :

> Vive la Loy !
> Vive la République !
> Vive Balleroy !

« Ils ont été menacés d'emprisonnement s'ils continuoient à chanter dans les rues.

« Les meneurs du Comité de surveillance ont menacé d'arrêter quelques sans-culottes qui, pour voir le juge de paix à la Conciergerie de Paris, en avoient obtenu la permission de l'accusateur public.

« Ils ont tourmenté, interrogé et menacé de prison des jeunes filles, des mères de famille, sous prétexte qu'elles faisoient signer des pétitions ; qu'elles avoient reçu des lettres des frères Balleroy. Ils ont arrêté même, pendant deux jours, une pétition qu'ils ont enfin rendue, après s'être consultés à Rouen.

« Les menaces de la Société, d'un autre côté, avoient fait arrêter un épurement tendant à en chasser les patriotes, les républicains que la tirannie avoit indisposés, dans la vue notoire d'en faire incarcérer quelques-uns ; et, pour cela, ils avoient fait ajourner cet épurement après l'époque où le juge de paix, dans leur pensée, devoit être mis à mort. Ils ont arrêté de brûler honteusement sur la place publique, le bouquet de fausses fleurs que le peuple lui avoit présenté à son retour de Rouen. Il faut voir leur virulente et dégoûtante délibération.

« L'épouvante et la consternation ont été mis à l'ordre du jour contre le peuple, jusqu'à ce qu'enfin l'agent national du district, indigné des excès dont il étoit témoin dans la Société populaire, les contint par ses représentations et fit respirer le peuple. A cette époque, voicy ce qu'il disoit dans la Société d'Orival, voisine d'Elbeuf :

« Je vois bien enfin que le citoyen Balleroy,
« juge de paix d'Elbeuf, détenu au Tribunal
« révolutionnaire, n'est que la victime des
« fabriquants d'Elbeuf. Ce sont des despotes,
« des égoïstes et des aristocrates ». Cela est consigné au procès-verbal de la Société.

« Mais jusqu'alors des sans-culottes ont eu des frayeurs, de longues maladies. Un père de famille ayant dix enfants, dont deux sont à la défense de la République, en est mort de révolution physique. Henry Delarue fils avoit fait un horrible calomnie contre lui, où il le traitoit d'agent de Pitt et de Cobourg, de brigand de la Vendée, d'homme de la Rougemare de Rouen. Ce citoyen, probe, franc et loyal patriote, ayant toujours été notable, officier municipal, électeur, n'a pu supporter cet excès d'outrage, quoique plusieurs de la Société, et jusqu'à Lefort lui-même, épouvanté de tant d'horreur, sont parvenus à faire déchirer l'affreux libelle.

« Avec quelle barbarie ne se sont-ils pas réjouis le jour du jugement des deux frères Balleroy ! Dans leur idée qu'ils étoient guillotinés, ils se sont livrés dans des danses publiques à d'horribles joyes et d'affreux propos. « Les témoins apporteront la tête de Balleroy, « disoient-ils ; et, en la jettant, ils en feront « tomber neuf autres ».

« Frémont Pot-au-feu chantoit des *De profundis* ironiques sur leur mort. Il y a eu des orgies dans différentes maisons, en attendant le courrier qui devoit le jour-même envoyer les témoins, apportant les nouvelles de leur condamnation. On convenoit même, dans les conversations, que leur mort étoit injuste, mais qu'elle étoit nécessaire pour la tranquillité des familles que leur existence pourroit compromettre. C'étoit un arrangement politique que leur mort !

« Mais le soussigné, dédommagé de ses maux par les félicitations, les acclamations du peuple qui lui a présenté des fleurs, des drapeaux, qui a fait des feux de joie, voit que les patriotes ne sont point encore en sûreté.

« A la Société populaire, il y a eu une opposition opiniâtre pour ne pas réintégrer les républicains qui en ont été chassés. A la séance du 24 messidor, n'y étant, les lumières ont été soufflées et les voies de fait ont failli éclater. A la séance du 28, Frémont, le maître-teinturier du garde-marteau de Lambesc, a eu l'audace, dans une diatribe insensée, de dire de Balleroy qu'il n'étoit qu'un homme méprisable, un homme connu en mauvaise part, et de conclure à ce qu'il fut chassé de la société.

« Balleroy s'est borné à représenter que ce Frémont méprise les citoyens qui sont honorablement acquittés au Tribunal révolutionnaire ; c'est sans doute qu'il respecte, qu'il plaint les condamnés et qu'il est par conséquent de ces aristocrates, de ces royalistes qui regardent la guillotine comme un autel où l'on immole des victimes ; que, sous ce rapport, Fremont compromettoit et outrageoit le Tribunal révolutionnaire.

« Balleroy, enfin, s'est contenté de demander que les abominables folies de Frémont fussent consignées dans le procès-verbal ; mais qui croiroit que la majorité de la Société est restée si immobile sur cette motion très mesurée, que Balleroy a cru de son devoir, de son honneur, de sortir pour un moment. Tant d'audace n'est pas sans intention, et déjà les ennemis du peuple parlent de vengeance ; tout annonce des projets sinistres ; tous les jours ce sont des pièges, et Balleroy en est à sentir qu'il étoit plus heureux dans sa prison.

« Dans cet état de choses le soussigné, mu par l'intérêt suprême de la République, fort de son innocence reconnue, de sa conduite révolutionnaire et au-dessus des petites passions indignes d'un républicain, a cru que le salut du peuple, à Elbeuf, tenoit à la punition éclatante de ses ennemis invétérés.

« Pour quoi il dénonce au Comité de Salut public, au Comité de sûreté générale, au citoyen Guimberteau, représentant du peuple envoyé dans la commune d'Elbeuf, à l'accusateur public du Tribunal révolutionnaire, enfin à toute la République, à tous les patriotes hommes probes et vertueux, comme auteurs et complices de conspiration contre le peuple, tendant à détruire la République, l'esprit populaire, la Liberté et l'Égalité, à supprimer les républicains, les cy-dessous nommés, à sçavoir :

« Jean-Baptiste Grandin, Lambert père, Frontin, Bosquier, Durand, Flavigny des Iles, Bouic fils, Delaunay père, Amable Delaunay fils jeune, Frémont dit Pot-au-feu, Quesné-Dumoulin, Lefort, Auguste Duruflé, Henry Delarue père, Henry Delarue fils.

« Le soussigné se soumet de fournir les preuves des faits cy dessus, tant matériellement que par témoins.

« Il finit par observer que dans l'exposé justificatif qu'ils pourroient faire, tant par la Société populaire que par le Conseil général de la commune, des actions utiles à la Révolution dans Elbeuf, soit en contribution, soit en levées d'hommes pour défendre la Patrie, institutions d'agences de secours, fêtes nationales, calme de séditions, ils en doivent tout le mérite à l'agent national et au juge de paix, et que c'est précisément le tableau qu'il a fait de sa conduite révolutionnaire par l'exposé de toutes ces choses, soit comme officier municipal, juge de paix, notable, commissaire des représentants du peuple et du District, qu'il a fait triompher son innocence sur leurs perfides complots.

« A Elbeuf, ce sept thermidor l'an deux de la République françoise une et indivisible, et signé par François-Pierre Balleroy, juge de paix de la commune d'Elbeuf, pour valoir de dénonciation qu'il affirme sincère et véritable, qu'il a paraphé à toutes les pages, requérant le citoyen Guimberteau, représentant du peuple, d'agir sur icelle par les moyens que sa sagesse lui suggérera. — BALLEROY ».

Il est presque certain que, sans le 9 thermidor, les quinze bourgeois elbeuviens dénoncés par Balleroy, auraient tous été traduits devant le Tribunal révolutionnaire, d'où ils ne seraient probablement sortis que pour monter à l'échafaud.

CHAPITRE XVII
(DU 14 THERMIDOR AU 14 FRUCTIDOR AN II)
(AOUT 1794)

La réaction thermidorienne. — Nouvelle arrestation des frères Balleroy ; leur transfert a Paris. — Proclamation de la Convention nationale. — Guimberteau a Elbeuf. — Les prisonniers anglais. — Mise en liberté des Elbeuviens dénoncés par Balleroy ainé. — Fin du Comité de surveillance d'Elbeuf. — Discours et départ de Murizon, agent national.

Le grand mouvement de réaction qui s'était opéré après le 9 thermidor, suivi de la mort de Robespierre et de ses principaux partisans, redonna du courage et de l'audace aux ennemis des deux frères Balleroy, qui, tout de suite, recherchèrent les moyens de les faire réemprisonner.

Dans sa séance du 14 thermidor (1er août), le Comité de surveillance appela devant lui de nombreux citoyens de la ville, pour les faire déposer contre le juge de paix et son frère.

Dans la même réunion, se présentèrent les citoyennes veuve Louvat et Marie-Anne Louvat, sœur et nièce du citoyen Guersent, ancien curé de Caudebec, qui proposèrent pour caution le citoyen Joseph Harel, laboureur en cette commune. L'ayant trouvé solvable le Comité l'agréa pour la représentation des effets mentionnés dans un acte de session du 7 floréal précédent et relatés dans le procès-verbal dressé par le Comité de surveillance le 13 thermidor, ou pour une somme de 4.000 livres si lesdits effets étaient soustraits. Sur la réquisition du citoyen Harel, le Comité autorisa la levée des scellés.

Vers ce temps, des plaintes se manifestèrent contre les prisonniers anglais. La facilité qui leur était donnée de travailler, au dire d'assez nombreux ouvriers, non seulement retirait le pain des citoyens de la commune, mais encore leurs fréquentes sorties de l'église Saint-Etienne fatiguaient le peloton de garde et scandalisaient le public. Le Conseil arrêta qu'il ne leur serait plus permis de sortir que pour acheter leurs subsistances.

Le blé vint encore une fois à manquer. Après avoir demandé des secours au District, la municipalité s'adressa, le 15 thermidor, à Guimberteau resté à Elbeuf, qui écrivit lui-même à Rouen. A 9 heures du soir, le citoyen Desgenetez rapporta du District l'autorisation de se pourvoir de subsistances dans dix-neuf « paroisses » des environs. Le lendemain, dès cinq heures du matin, Desgenetez partit avec deux adjoints, pour faire approvisionner notre halle par les cultivateurs des dix-neuf communes indiquées par le District. Cette expédition ne rapporta guère, car alors presque tous les greniers étaient vides et les blés nouveaux pas encore en état de maturité.

A la séance municipale tenue le matin du 16 (3 août), lecture fut donnée d'un arrêté du District, daté de la veille, concernant la formation d'une compagnie de moissonneurs et son embrigadement avec celle de Rouen. Le Conseil arrêta que cette pièce serait lue au temple de l'Eternel, à la Société populaire, proclamée au son de caisse et que les citoyens sachant faire la moisson seraient invités à se faire inscrire à la maison commune.

Gabriel-Auguste Charron, employé au secrétariat du district de Rouen, fut nommé secrétaire-greffier de la municipalité d'Elbeuf, aux appointements de 1.500 livres par an, outre les avantages attachés à l'emploi.

Un prisonnier anglais fut donné, le même jour, au citoyen Rigonneau, commandant de la garde nationale, pendant trois décades, pour raccommoder les chaussures des hommes de son bataillon.

Deux autres furent demandés pour la moisson, qui allait commencer, et accordés au citoyen Mariquier, cultivateur à Elbeuf.

Un certificat de civisme fut délivré au citoyen Behuc, ancien curé de Saint-Léger-du-Boscdel, domicilié à Elbeuf.

A la séance du soir, les citoyens Delarue et Lizé aîné apportèrent au Comité de surveillance un ordre de la Sûreté générale de la Convention, daté de la veille, de faire arrêter les Balleroy frères, lesquels étaient partis le matin pour Rouen. Inutile de dire que cette nouvelle combla de joie l'assemblée.

Immédiatement, deux membres du Comité furent envoyés à Rouen avec le citoyen Lacaille, lieutenant de gendarmerie, pour ne pas laisser échapper Balleroy aîné. En outre, le Comité envoya trois autres de ses membres, les citoyens Vorangé, Patallier et Fécomme, au devant du bateau d'Orival, par lequel on supposait que Balleroy pourrait revenir de Rouen. Enfin, les citoyens Lefort et Duruflé furent envoyés au débarcadère du bateau d'Elbeuf,

Une heure après, Vorangé, Fécomme et Patallier revenaient au Comité, amenant avec eux Magloire Balleroy, chez lequel des scellés furent apposés le soir même par les citoyens Grandin, Vorangé et Fécomme, accompagnés de l'agent national. Magloire Balleroy jeune fut ensuite déposé à la chambre de discipline, et le commandant du poste reçut l'ordre de ne le laisser communiquer avec personne. Le même soir encore, le Comité fit apposer les scellés chez Balleroy aîné, resté absent.

Les envoyés au bateau d'Orival, en passant devant le poste « d'Etienne » avaient demandé à l'officier de garde deux hommes pour les accompagner, qui leur furent donnés. Mais en route, l'un d'eux, nommé Saint-Pierre, perruquier, se doutant qu'il s'agissait de procéder contre les Balleroy, s'en retourna. Plainte fut portée contre lui, et le soir même, on incarcéra Saint-Pierre. Il était alors minuit ; et comme les membres du Comité de surveillance envoyés à Rouen n'étaient pas encore de retour, l'assemblée se sépara.

A la séance du Comité de surveillance du 17, les citoyens Huet et Get, qui étaient allés à Rouen avec le lieutenant de gendarmerie rapportèrent qu'ils avaient fait arrêter Balleroy, juge de paix

Quelques instants après, un délégué du Comité de surveillance de Rouen se présenta. Il annonça que son Comité avait saisi chez le nommé Talbot, imprimeur à Rouen, un discours de Balleroy aîné qui était à l'impression et dont il apportait une épreuve, avec le procès-verbal de saisie et de l'apposition des scellés sur la planche typographique.

Le Comité pria celui de Rouen de conserver dans ses archives le manuscrit du discours, et de faire rompre la planche de ce libelle.

Le Comité écrivit également à la Sûreté générale pour lui annoncer l'arrestation des frères Balleroy.

Le citoyen Félix Lefebvre, commandant de la garde nationale, fit lire, à partir du 17 et pendant plusieurs jours, aux hommes qui prirent le poste de la mairie, la proclamation suivante, adressée au Peuple français par la Convention nationale :

« Citoyens,

« Des conspirateurs hypocrites, frappés par vos véritables représentants, s'étaient réfugiés dans le sein d'une municipalité perfide. Ils rassembloient une force armée, provoquoient les citoyens contre la représentation nationale et menaçoient d'envahir les Droits du Peuple.

« Mais le danger est passé aussitôt qu'il est aperçu dans une commune célèbre qui fut le berceau et l'asyle de la Liberté.

« A peine les manœuvres des conspirateurs Robespierre, Saint-Just, Couthon et de leurs complices ont été connues, les sections de Paris ont environné la Convention nationale ; les citoyens ont fait aux représentants du peuple un rempart de leurs corps, de leurs armes un appui.

« Qu'il étoit beau et digne de vous, ce spectacle touchant des citoyens de Paris, rassemblés spontanément autour de la Convention nationale, dans la même nuit que des mains coupables sonnoient le tocsin dans la maison commune !

« Les ténèbres ont couvert quelques petits rassemblements de citoyens trompés ; mais le soleil n'a éclairé que des sections fidèles et des conspirateurs abandonnés.

« Cette solitude du crime a frappé tous les regards, en même temps que tous les vœux, tous les applaudissements, toutes les félicitations étoient portés de toutes parts à la Convention nationale.

« Le 31 mai, le peuple fit la Révolution ; le 9 thermidor la Convention nationale a fait la sienne ; et la Liberté a applaudi également à tous les deux.

« Puisse cette époque terrible, où de nouveaux tirans, plus dangereux que ceux que le fanatisme et la servitude couronnent, être le dernier stage de la Révolution ! Puisse-t-il surtout éclairer les citoyens sur les droits de l'égalité ! Aucun homme n'est rien en regard de la Patrie, et la Liberté n'admet ni primauté ni préférence. Un homme n'est qu'un homme devant la Loy, et tout usurpateur des droits du peuple n'est pas un homme, mais un coupable qui doit disparoître !

« Et vous braves républicains des armées, qui couvrez la République de triomphes, vous nous avez aidés à recueillir cette victoire sur les ennemis de l'intérieur. La Convention nationale les a reconnus aux larmes de regret qui couloient de leurs yeux, lorsque vos victoires étoient annoncées ! Continuez, par vos brillants succès, le deuil des ennemis du peuple ; nous continuerons de les démasquer et de les punir ! »

Cette proclamation fut transcrite sur le registre de la garde nationale d'Elbeuf.

Le citoyen Lacaille, lieutenant de gendarmerie, reçut, le 18 thermidor, l'ordre de conduire Balleroy aîné à la prison de la Force à Paris ; cette conduite, sur la demande du prisonnier, fut faite en voiture et à ses frais.

Pendant ces opérations, le Comité de surveillance recevait la déclaration d'un grand nombre de citoyens d'Elbeuf sur ce qu'ils connaissaient des frères Balleroy.

Le lendemain 19 (6 août), le Comité écrivit au Comité de surveillance d'Orival de faire saisir et de lui envoyer tous les effets appartenant aux frères Balleroy, déposés chez le citoyen Chantelou de cette commune.

On sait que les membres de la Convention en mission dans les départements ne faisaient généralement pas grande chair et étaient soumis, comme les autres citoyens, aux petites misères de la vie matérielle. Nous en trouvons une nouvelle preuve dans la lettre qui suit, adressée à Guimberteau par la municipalité :

« Ta lettre d'hier nous ayant annoncé que la citoyenne Béranger ne peut plus te fournir de pain, c'est avec bien du plaisir que nous nous sommes empressés d'y pourvoir, en donnant ordre qu'il te soit délivré la quantité de bled qui te sera nécessaire pendant le séjour que tu comptes encore faire dans notre commune... »

Parmi les individus dont la garde nationale d'Elbeuf avait le signalement pour les arrêter, se trouvaient alors :

J. B. Moulin-Laporte, ci devant intendant de Nancy, âgé de 50 ans, et sa femme, âgée de 45 ans ;

Thilloy, administrateur du district de Sedan en 1792, âgé de 50 ans ;

« La nommée Rozen, femme de Broglie, âgée de 28 ans... visage agréable », et la nommée Jeanne Passot, sa compagne, ex-religieuse.

Le Comité de surveillance d'Elbeuf écrivit le 20 thermidor (7 août), au District révolutionnaire de Rouen :

« Frères et amis, nous vous donnons avis que, en vertu d'un ordre du Comité de sûreté générale, nous avons mis en arrestation les nommés Pierre-François Balleroy, juge de paix de cette commune, et Magloire Balleroy, son frère. Le même ordre porte d'en envoyer un à la maison d'arrêt de la Force et l'autre à Picpus, à Paris ; ce que nous avons exécuté envers de Balleroy, juge de paix, et nous nous disposons à faire partir l'autre.

« Salut et Fraternité : GALLERAN, président, Joseph FLAVIGNY, secrétaire pour absence ».

Le citoyen Lacaille, de retour à Elbeuf, reçut l'ordre, le 22 (9 août), de conduire à la maison d'arrêt de Picpus, Balleroy jeune. — Le départ se fit le lendemain, devant une foule considérable.

Par lettre datée du 23 thermidor (10 août), le Comité d'Elbeuf invita le Comité de surveillance du Muséum de Paris à entendre une nommée Fanchon, servante d'auberge à Gaillardbois, et autres, pour obtenir un renseignement tendant à prouver que Magloire Balleroy avait eu des relations avec Robespierre.

La fête anniversaire du 10 août annoncée

la veille par le tambour et la cloche de l'édifice Jean, commença à quatre heures de l'après-midi, par la lecture des lois sur la Montagne et des morceaux de musique. La foule et la municipalité se rendirent ensuite dans la prairie, où l'on alluma un feu de joie au milieu des danses.

Ce même jour, le citoyen Saillant, maire, fut désigné pour aller toucher, à Rouen, une somme de 999.038 livres, tant pour payer des draps de troupes que pour « le prest » des prisonniers anglais.

Le 25 (12 août), le Comité désigna les citoyens Flavigny, Grandin et Frontin pour visiter la caserne des prisonniers anglais.

Nous trouvons dans *a Terreur à Rouen*, par M. F. Clerembray, le passage suivant, se rattachant à des faits dont nous avons déjà parlé :

« L'ex-prêtre marié Mathieu-Noël Rioust et sa femme étaient compromis gravement par leurs relations avec l'ex-évêque de Montauban, Le Tonnelier de Breteuil, qu'ils avaient rencontré chez Guersent, curé constitutionnel de Caudebec-les-Elbeuf. La citoyenne Rioust, interrogée par Roumy-Grout, du Comité de surveillance de Rouen, le 25 thermidor, et dont les réponses jettent de suggestives clartés sur les liaisons des notabilités qu'elle cite, avait parlé avec complaisance marquée de leurs « principaux amis » à elle et à son mari : Legendre, président du tribunal criminel, Eudeline le jeune, Bernays et Cabissol... »

M. Clerembray ajoute, en note : « Quand fera-t-on l'histoire de tous les ecclésiastiques qui, comme Guersent, ont joué en province un rôle si important et si peu défini ? »

Disons tout de suite que Le Tonnelier de Breteuil, ancien évêque de Montauban, que le curé Guersent avait caché chez lui pendant treize mois et que la garde nationale avait arrêté à la Londe, mourut à la Conciergerie de Rouen, peu après son emprisonnement dans cette ville.

Le Comité de surveillance et révolutionnaire informa le District, le même jour 25, que le citoyen Alexandre Grandin, détenu au Tribunal révolutionnaire sur une dénonciation de Balleroy, qui l'avait faussement accusé d'échanges frauduleux, venait d'être acquitté par le Comité de sûreté générale. Et comme cette cause était liée à celle de Quesné Dumoulin, il ne restait plus à la charge de ce dernier que le délit de papiers féodaux trouvés à son domicile de Combon. Les pièces de cette dernière affaire furent envoyées au district de Bernay.

La feuille de prêt du mois de thermidor pour les prisonniers de guerre en dépôt dans notre ville fut ainsi établie :

6 sergents à 19 s. 4 d. par jour.	174 l.
9 caporaux à 13 s. 4 d. —	180
132 fusiliers à 7 s. 4 d. —	1.452
Total............	1 806 l.

Sur cette somme, il fut retenu pour la masse d'habillement, linge et chaussure 8 sols par jour pour chaque sergent ; 6 sols 6 deniers pour chaque caporal, et 5 sols par fusillier. Chaque homme recevait une ration de pain journalière de 24 onces. — Le prisonnier manquant, ancien soldat des gardes du roi d'Angleterre, était décédé à l'hôpital d'Elbeuf.

Le 30 (17 août), les citoyens Patallier, président, et Jean-Pierre Lefort, secrétaire du Comité de surveillance, envoyèrent au District l'analyse des opérations du Comité depuis le commencement du mois, dans laquelle se trouvent la nomenclature des poursuites intentées contre les frères Balleroy et Guersent, ancien curé de Caudebec.

Cette séance fut la dernière tenue par ce comité. Le même jour, on lut, au temple de l'Etre suprême, la loi supprimant les Comités révolutionnaires et de surveillance. — Les liasses de papiers et les registres du Comité d'Elbeuf furent envoyés, quelque temps après, au Comité de surveillance du district de Rouen, conformément à la loi du 7 fructidor.

Dans les premiers jours de ce mois, le Comité de sûreté générale fit mettre en liberté plusieurs citoyens d'Elbeuf qui, après dénonciation, avaient été transférés à Paris. Nous relevons les noms suivants parmi les libérés : Pascal Andrieu, Bosquier, Salembier, celui-ci était de Paris, mais avait été arrêté par les soins du Comité d'Elbeuf,

Furent aussi remis en liberté par les autorités de Rouen et de Bernay, les citoyens Le Roux et Quesné-Dumoulin ; ce dernier, malade, n'avait pas quitté son domicile, où il était gardé par deux sans-culottes.

Parmi les bourgeois elbeuviens transférés à Paris après la dénonciation de Balleroy, se trouvait le citoyen Grandin, marié depuis peu. Sa jeune femme avait suivi ses traces et était parvenue à pénétrer dans sa prison la veille du jour où il devait comparaître devant le Tribunal révolutionnaire. L'impression que lui causa l'arrestation de son mari et la crainte de le voir monter sur l'échafaud firent blanchir ses cheveux complètement et en une seule nuit.

Un certificat fut délivré à la femme Grosselin, afin de faire sortir son mari de la prison où il avait été enfermé sur une dénonciation qu'il était agent du ci-devant prince de Lambesc.

La commune de « Didier-des-Bois » fit savoir à celle d'Elbeuf, le 5 fructidor (22 août), qu'elle consentait à envoyer du blé à notre halle à condition qu'on fournirait des subsistances à ses pauvres.

Les communes qui s'étaient abstenues d'alimenter le dernier marché d'Elbeuf furent dénoncées. Plusieurs s'excusèrent en disant qu'elles avaient été réquisitionnées pour fournir des blés à l'armée des Côtes de Cherbourg.

Le 7 fructidor (24 août), le District prit connaissance d'une lettre qui lui était adressée par les citoyens J.-B.-Pierre Grandin et Louvet père, membres de la Société populaire, disant que dans la séance de cette société tenue le 4 du même mois, « un discours énergique avoit été prononcé par le citoyen Murizon, agent national, dans lequel il rassuroit ses concitoyens contre les inquiétudes que la malveillance avoit cherché à faire noître dans leurs esprits à cause des subsistances, et les engageoit à la persévérance et au stoïcisme qui nous fera triompher toujours de nos ennemis et de la rage impuissante des tyrans ».

La Société ajoutait, dans sa lettre, que la commune d'Elbeuf avait réuni une souscription, pour l'augmentation de la marine, qui se montait à 34.632 livres 10 sols dont 600 en or. L'administration du district décida qu'une mention civique serait jointe au procès-verbal du discours prononcé par le citoyen Murizon et que l'on noterait l'empressement de la commune à souscrire pour la construction d'un vaisseau de ligne.

Le 9 (26 août), un congé d'un mois, « pour prendre l'air natal », fut accordé au citoyen Murizon, agent national. Duruflé, officier municipal, remplit ses fonctions par intérim. Dans le certificat accordé à Murizon avant son départ, nous lisons « qu'il avoit toujours donné des preuves d'un civisme et d'un républicanisme le plus épuré ». — Il paraît que Murizon partait avec l'intention de ne jamais revenir, ou du moins de ne rentrer à Elbeuf qu'après apaisement de l'effervescence causée par la nouvelle arrestation des frères Balleroy dans une partie de la population.

Le 11 (28 août), on décida que les bruyères que l'on brûlait chaque jour à l'effet d'obtenir du « salin », seraient remises aux manufacturiers et teinturiers, pour être consumées sous leurs fourneaux, et faire ainsi d'une pierre deux coups.

Des mesures furent prises pour l'ouverture de la foire qui devait se tenir le 15 fructidor, jour de la ci-devant Saint-Gilles.

De nouveaux certificats de civisme furent remis ce jour-là à trois anciens prêtres : Desgenétez, Duhamel et Bourgeois. Il y fut constaté qu'ils avaient remis leurs lettres de prêtrise et qu'ils avaient subi, en personne, la censure de la Société populaire. — Chevalier dit Beaufort, ancien concierge du château ducal, et Rodier père obtinrent aussi un certificat de civisme, quelques jours après.

Le 13 (30 août), sur la motion d'un membre du Conseil général de la commune, que la trop grande liberté donnée aux prisonniers de guerre dégénérait en abus, en ce qu'ils s'enivraient dans les cabarets et se portaient à des excès contraires au bon ordre, il fut fait défense aux aubergistes et cabaretiers de leur donner à boire.

Ce jour-là, le maire et un de ses collègues étant entrés, revêtus de leur écharpe, chez le citoyen Hervieu, boucher, à l'effet de constater la quantité de suif qu'il possédait et l'ayant sommé, au nom de la loi, de peser cette marchandise, Hervieu s'y refusa et se répandit en invectives et propos insultants contre le citoyen maire. Le boucher fut poursuivi.

Et comme « l'agiotage certain des bouchers, en général, mettoit les malheureux ouvriers dans le cas de manquer de chandelle l'hiver suivant », la commune demanda au District quelles mesures elle pouvait prendre pour réprimer cet abus.

CHAPITRE XVIII
(15 FRUCTIDOR AN II AU 9 VENDÉMIAIRE AN III)
(SEPTEMBRE 1794)

Tentative pour rétablir la célébration du dimanche ; proclamation municipale contraire. — Auguste Duruflé, nommé juge de paix. — Les sans-culottides de l'an II. Les Carabots. — Les fournitures de draps militaires ; liste des fabricants et des sommes payées. — Signalements.

A la séance du 17 fructidor (3 septembre) tenue au District, les administrateurs furent informés que l'on racontait dans la ville de Rouen le récit d'un accident grave arrivé à l'un des bateaux d'Elbeuf. Renseignements pris, on reconnut qu'il n'était rien survenu, mais que certaines personnes exprimaient des craintes sur la solidité des barguettes faisant le service entre les deux villes.

La municipalité d'Elbeuf, invitée à faire visiter ces bateaux, envoya un charpentier pour les inspecter et dresser ensuite un rapport.

Quelques jours après, le conducteur des

« voitures par eau », mandé au District, déclara que ses deux bateaux à voyageurs et celui affecté spécialement au transport des marchandises étaient en bon état. Il ajouta qu'il en était propriétaire comme les ayant acquis du nommé Rioust « ci-devant homme d'affaires de Lambesc », mais que les titres de propriété étaient restés entre les mains du citoyen Michel Grandin, qui avait cautionné son acquisition.

Seize lots de labours sis à la Londe, ayant appartenu au ci-devant marquis Louis-Paul Le Cordier de Bigars, trouvèrent quatre acquéreurs, le 17 fructidor, pour le prix de 115.670 l.

Le citoyen Michel-Pierre Grandin, ancien membre de la municipalité, qui avait donné sa démission comme étant « fils du cy devant secrétaire du tyran et n'ayant pas encore acquis la vétérance », demanda à rentrer dans l'administration municipale. Le 20 fructidor (6 septembre), le maire fit demander l'avis du District sur ce point. Grandin fut réintégré dans ses fonctions.

Nous avons dit que le citoyen Murizon, procureur de la commune, avait obtenu un congé pour se rendre dans son pays natal, d'où, par parenthèse, il ne revint que longtemps après, malgré les vives injonctions qui lui furent adressées pour reprendre son poste.

Le départ de Murizon, que l'on considérait comme l'un des plus ardents révolutionnaires d'Elbeuf, rendit quelque espoir aux catholiques et aux monarchistes de notre ville, assez nombreux dans la classe ouvrière et parmi les boutiquiers. Quant à la bourgeoisie, elle était toujours aussi attachée au gouvernement révolutionnaire que par le passé.

Pendant « la foire Gilles », la nouvelle circula, dans les ateliers des fabriques, que les décadis allaient être supprimés et les dimanches rétablis ; que les prêtres allaient de nouveau dire la messe et célébrer les autres offices religieux comme autrefois ; que Murizon étant parti d'Elbeuf, on n'avait plus à le craindre et qu'il n'y avait qu'à tenir bon pour obtenir le retour à l'ancien état de choses, et qu'en attendant, chacun pouvait travailler les jours de décadi, ce que d'ailleurs un certain nombre d'Elbeuviens n'avaient jamais cessé de faire.

Mais le citoyen Duruflé, suppléant de l'agent national Murizon, ayant été informé de ces bruits, résolut de les faire cesser. Il présenta une requête à l'assemblée municipale tendant à obtenir que deux officiers municipaux, chacun ceint de son écharpe, fissent une proclamation aux divers carrefours de la ville, pour détruire l'effet produit par les réactionnaires.

Dans sa séance du 21 fructidor (7 sept.), le corps de ville prit la délibération suivante :

« Considérant qu'il est de son devoir d'étouffer dès leur naissance des desseins pernicieux qui ne peuvent être attribués qu'à la malveillance, et de prémunir ses concitoyens contre les effets du poison distillé par les malintentionnés, en leur rappelant que la Convention nationale a décrété que le décadi seroit un jour de repos consacré aux louanges de l'Eternel et à la lecture des lois ; elle a décrété également que les travaux des autorités constituées seroient interrompues pendant ce jour solennel ; mais le fanatisme, relevant sa tête hideuse et suivant toujours son système abominable, celui de tromper le peuple, donne une fausse interprétation à l'article de cette loi sage qui regarde les autorités constituées, en répandant avec une supercherie fallacieuse que cette loi ne concerne que les autorités constituées.

« Quoi donc, lorsque la nation françoise a reconnu un Etre suprême, qu'elle lui a élevé des temples, ils resteroient déserts dans les jours augustes consacrés pour lui rendre nos hommages ? Quoi donc, le fanatisme triomphant oseroit se flatter du vain espoir de voir redresser ses autels renversés ?

« Non, citoyens, vous respecterez l'ouvrage de vos législateurs et de vos représentants. Vous n'écouterez pas la voix de l'imposture et vous marcherez d'un pas ferme dans le sentier glorieux qui vous a été tracé à travers tant d'opposition.

« Mais si, contre notre attente, nous avions la douleur de voir se reproduire des germes dangereux de fanatisme ; si les jours de décade, consacrés au repos par la loi, se trouvoient encore employés aux travaux ordinaires, de quel œil d'aversion regarderoit-on ceux qui se rendroient coupables d'une aussi damnable indifférence ?

« Nous vous le déclarons, leur civisme nous paroîtroit plus que suspect. Nous les regarderions comme des hommes que la République réprouve, et nous les recommanderions à la surveillance des bons citoyens ».

En conséquence, le lendemain, deux officiers municipaux, entourés d'un piquet de garde nationale et précédés du tambour municipal, parcoururent la ville et lurent cette proclamation sur la place de la Révolution (du Coq), au carrefour de la Réunion (place du Calvaire), au milieu de la rue de la Seine-

Inférieure (Saint-Jean), au carrefour de l'Egalité (jonction des rues du Thuit-Anger et des Ecameaux), au carrefour de la Montagne (porte de Rouen) et dans la rue de la Liberté (Notre-Dame).

Sur plusieurs points, cette lecture fut accueillie par des murmures. De plus, elle resta à peu près sans effet, car beaucoup continuèrent à travailler chez eux pendant les fêtes décadaires, et il ne nous paraît pas qu'aucune poursuite ait été exercée contre les contrevenants à la proclamation municipale.

Le 24 fructidor (10 septembre), la commune s'informa si le citoyen Joly, officier municipal, mis en état d'arrestation, élargi ensuite, pouvait rentrer dans ses fonctions. Il est à noter, ajoutait notre municipalité, « que le Conseil général d'Elbeuf a été renouvelé et régénéré par le représentant du peuple Siblot ». — L'administration du district passa à l'ordre du jour, motivé sur ce que Joly avait été remplacé lors de l'épuration des autorités constituées d'Elbeuf.

Le lendemain, on réduisit à six hommes le « poste d'Etienne » chargé de surveiller les prisonniers.

Le 27 (13 septembre), sur la demande de la Société populaire, l'administration municipale ordonna de faire substituer, aux draps mortuaires, un drap tricolore, dont l'usage avait été déjà abandonné, de faire distribuer les locaux des jardins et cour du château, pour en faciliter la vente, et de faire niveler la rue de la Liberté et le chemin conduisant à l'abreuvoir.

La Société populaire, dans la séance tenue le même jour, désigna trois citoyens au District, afin que celui ci put en choisir un pour remplir les fonctions de juge de paix du canton, en remplacement de Balleroy. Le 29 (15 septembre), le district porta son choix sur le citoyen Aug. Duruflé.

Le 29 également, on prit des mesures pour rendre plus actif et plus économique le brûlement des bruyères.

Les fabricants furent convoqués pour délibérer sur le parti à prendre relativement aux réductions que l'administration de la guerre voulait faire subir aux draps d'Elbeuf.

On décida de faire un drap avec la laine des troupeaux du citoyen Morin, cultivateur à Bretteville, qui assurait qu'elle approchait de la qualité de celles d'Espagne.

On sait que l'année républicaine se terminait par cinq jours complémentaires, dits sans culottides, pendant lesquels se célébraient les fêtes de la Vertu, du Génie, du Travail, de l'Opinion et des Récompenses.

Le premier jour des sans-culottides de l'an II (17 septembre 1794), les citoyens Get, président, et Parfait Grandin, secrétaire du Comité de surveillance, écrivirent au District que, conformément à la loi du 7 fructidor, le Comité avait cessé ses fonctions, et qu'il allait transmettre au Comité révolutionnaire de Rouen tous les papiers restés entre ses mains.

Le deuxième jour des sans-culottides, on procéda à l'installation du Comité de surveillance du dictrict de Rouen. Parmi les membres nouveaux, nous trouvons le citoyen Delarue fils, fabricant à Elbeuf.

Ce même jour, le citoyen Leblond réclama 300 livres qui lui étaient dues pour ouvrages faits « à la ci-devant église Jean ». — Il fut renvoyé vers le citoyen Lenoble, ancien vicaire, chargé de faire des recherches sur les registres et dans les papiers du ci-devant trésor paroissial.

Le troisième jour (19 septembre), la municipalité d'Elbeuf, désirant que les ouvriers ne manquassent pas de travail, autorisa les fabricants à faire teindre leurs laines fines en telles couleurs qu'il leur plairait.

Le relevé de dix-neuf bordereaux d'achats de draps pour le compte de l'armée de la République faits, par le citoyen Johin à Elbeuf, porte la date du cinquième jour des sans-culottides. Le total de ses achats s'élevait à 12.946.190 livres.

Pendant la période révolutionnaire, on donna aussi le nom de « carabots » aux sans-culottes. Les carabots formaient des Sociétés dans plusieurs villes de Normandie, notamment à Caen et à Rouen. Ils portaient au bras un ruban sur lequel était cette devise : « L'exécution de la loi, ou la... » ; le mot final, que nous remplaçons par des points, l'était sur le ruban par une tête de mort. Le mot carabot, mais pris en mauvaise part, est encore employé dans quelques villages normands. Cependant, ce furent les carabots qui formèrent le noyau de l'armée fédéraliste mise en déroute près de Vernon.

Le 1er vendémiaire an III (22 septembre), la municipalité fit part au District du mauvais état où se trouvait « la chaussée servant au hallage des bateaux sur le territoire d'Elbeuf » et demanda qu'elle fut repavée.

Les Archives municipales conservent les reçus donnés à la commune d'Elbeuf, comme intermédiaire du gouvernement, de sommes payées à plusieurs fabricants, pour fournitures de draps militaires.

Pierre Grandin aîné reçut 83.423 livres ; Pierre Hayet et fils, 50.385 ; Jean-François et Augustin Delarue 61.224 pour 48 pièces et demie ; Pierre Lejeune 5.148, pour 4 pièces ; Chefdrue frères, 28.652 ; Patallier frères, 31.318 ; J.-B. Petitgrand fils 15.975 ; Jules Heullant, 13.143 ; Guilbert père et fils, 13.794 ; Morin, 3.422 ; Couronné, 1.737 ; Pierre Hayet et fils (2e facture), 7.311 ; Jérome Bachelet, 2.462 ; Petitgrand fils (2º facture), 6.336 ; Jean-Louis Fouard, 3.222 ; Victor Cartier, 5.645 ; Augustin Dévé, 5.308 ; Poisson, 5.181 ; Prosper Potteau, 5.398 ; Jacques La Croix, 2.151 ; dame Martin, 1.636 ; Mathieu Viard, 1.856 ; Mathieu Delarue, 18.860 ; J.-B. Tienterre, 11.961 ; Morin, 4.469 ; François Mouton, 3.750 ; Louis Duruflé, 2.929 ; Pierre Hardren, 2.528 ; Bailly, 12.239 ; veuve Potteau, 5.090 ; Amb. Chefdrue, 39.005 ; Jacques Lecallier, 37.615 ; Pierre Lecallier, 2.852 ; J.-B. Dehors père et fils, 4.624 ; Pierre Lefebvre, 2.129 ; Jean-Etienne Hazé, 1.880 ; Jacques Chefdrue fils, 4.337 ; Bruno Anquetil, 60.241 ; Louis-Robert Flavigny et fils, 22.396

Comme la collection de ces reçus nous fournit la liste complète des fabricants de notre ville à cette époque, nous les mentionnerons tous. Nous nommerons donc encore les suivants :

Jean Glin, 15.937 livres ; François Héraux, 9.522 ; Jacques Bertin et Cie, 3.501 ; J.-W. Dupont, 1.490, pour deux pièces ; Jacques Hareng, 1.344, pour trois demi-pièces ; Robert Folie fils, 6.555 ; Jacques Hareng (2e facture), 799 ; Jean Delaruelle, 1.831 ; Pierre-Nicolas

Bourdon, 11.778; Louis Delarue et fils, 20.605; Jean-Pierre Hazet, 12.121 ; Heullant père, 21.513 ; Heullant fils aîné, 19.353 ; Pierre Hayet et Cie, 3.160 ; Bourdon fils, 14.377 ; Fontaine, 10.043 ; J.-B. Hareng, 793, pour une pièce ; Lejeune et Cie, 15.537 ; Pierre Patallier, 2.187, pour trois pièces ; Thomas Déparois, 2.078, pour six demi-pièces ; Pierre Patallier (2e facture), 4.383 ; Désiré Cauchois, 1.688 ; Joseph Godet, 20.152 ; Louis Hamoy, 1.126 ; David D..., 13.403 ; Pierre Lejeune fils, 12 176 ; L. Delaunay et fils, 49.878 ; Grandin aîné, 4.907, pour six pièces ; Alex. Bouic, 21.920 ; Pierre Fautelin, 7.043 ; Pierre Corblin et Cie, 5.617 ; Laurent-Clément Cauchoix, 2.968 ; Parfait Grandin et Parf. Maille, 7.239 livres ; Pierre Dugard Sevaistre, 5.515 ; Jacques Leroy, 9.295.

Une autre série de reçus nous fournit les sommes et noms suivants :

Flavigny-Gosset aîné, 19.764 livres ; David Ménage, 17.141 ; Capplet et Murizon, 5.400 ; Tousé et Cie, 4.323 ; Vve Amable Bérenger et fils, 9.452 ; Pierre Maille aîné, 23.473 ; Norbert Lefebvre, 16.492 ; Lhernault, 4.635 ; Moyse Duruflé, 21.299 ; Ambroise Querrier, 3,421 ; Nicolas Cauchois, 2.134 ; Alex. Lefort, 7.581 ; César Morel et Cie, 5.467 ; Jean Portrait et Cie, 2.631 ; Denis Bunel et Cie, 8.249 ; Lejeune et Cie (deuxième facture), 23.889 ; Louis-Joseph Flavigny, 30.827 ; veuve Constant Le Roy, 27.253 ; Jean Delaruelle (2e facture), 2.237 ; Ratienville et Dotrême, 19.912; Mlle Louvat, 4.198 ; J.-P.-Constant Lenoble et Cie, 5.467 ; Sauvage, 7.724 ; Voranger, 3.318 ; Jacques Lemercier, 3.087 ; Moyse Duruflé (2e facture), 6.865 ; Alex.-Pierre Grandin,

47 981, pour 38 pièces ; Cartier (2e facture), 6.229 ; Jacques La Croix (2e facture), 3.430 ; J.-B. Tienterre (2e facture), 5.221 ; Augustin Dévé (2e facture), 2.247 ; Claudet et Dehayes, 1.889 ; Louis-Joseph Godet (2e facture), 7.319 ; J.-P. Le Bailly et fils, 10.055 ; Pierre Hayet et Cie (2e facture), 6.595 ; D. Ménage, 19.986 ; Mathieu Viard, 4.287 ; Prosper Potteau, 7.125 ; Alex. Mancel, 1.914 ; Pierre Dugrenié, 5.407 ; Mathieu Quesné père, 14.330 ; Tellier fils, 3.841 ; J.-B. Dehors, 11 364 ; Constant Duruflé, 19.496 ; Le Cesne, 15.968 ; J.-B. Cavé, 18.625 ; Mathieu Quesné ainé, 10.983 ; veuve Constant Le Roy, 25.009 ; Jean-Pierre Hazet, 45.623 ; J.-P.-Alex. Adam, 30.480 ; Pierre-Louis Beaudouin et Cie, 2.794 ; Robert Folie père et Cie, 4.313, et un autre, dont la signature est illisible, 1.788 livres.

En tenant compte des noms répétés deux fois, on trouve encore plus de cent-dix maisons de fabrication dans cette liste et environ cent-trente fabricants. — Tous les draps dont il s'agit avaient été commandés pour le service des armées en campagne.

Le citoyen Johin, agent de l'habillement militaire, avait la prétention de faire une retenue de 5 pour 100 sur les sommes dues aux fabricants pour les draps livrés dans le mois précédent. La municipalité s'y opposa, déclarant que ce serait un acte de despotisme, injuste et contraire aux intérêts de la République, car elle aurait pour effet d'arrêter les travaux de la fabrique, les manufactures comptant sur l'intégrité de ce qui leur était dû pour payer leurs matières premières et le salaire des ouvriers.

Le 3 vendémiaire (24 septembre), il fut

donné, au corps municipal, lecture d'un arrêté du District, nommant le citoyen Auguste Duruflé aux fonctions de juge de paix, en remplacement de Balleroy.

Le Conseil ordonna la destruction de tous les signes de la royauté, tels que fleurs de lys et autres. Le citoyen Fontaine, ceint de son écharpe, fit la publication de cet arrêté aux carrefours.

Il arrêta également que les sections de la ville se nommeraient désormais Nord et Sud. La section du Nord commençait « à la maison du citoyen Rivette jusques et y compris la Cerisaie ». Le côté opposé serait la section du Sud.

Le 8 (29 septembre), on envoya au District l'état des frais occasionnés par le brûlement des plantes forestières ; il s'élevait à la somme de 1.069 livres.

Vers ce temps, trois masures et cinq labours anciennement appartenant au marquis de la Londe et sis en cette commune, furent adjugés à divers pour le prix total de 33.523 liv.

Nous avons relevé le signalement de quelques bourgeois de notre ville, figurant sur des pièces du commencement de l'an III; les voici :

Pierre-Michel-Constant Grandin, 40 ans, fabricant, taille de 5 pieds 3 pouces, poil brun, yeux brun, front rond, visage long, marqué de petite vérole ;

Jean-Baptiste-Parfait Grandin, 59 ans, fabricant, taille de 5 pieds 7 pouces, poil gris châtain, yeux gris, front ordinaire, nez long, verrue au bas de la joue gauche ;

Ambroise Flavigny, 45 ans, fabricant, taille de 5 pieds 3 pouces et demi, poil châtain, yeux roux, front haut, nez aquilin, visage marqué de petite vérole ;

Alexandre Flavigny, ancien capitaine d'infanterie, rentier ; demeurant chez Parf. Grandin, 55 ans, taille 5 pieds 3 pouces et demi, poil châtain, yeux bleus, front haut, nez ordinaire, visage marqué de petite vérole ;

Bosquier, anc. avocat, 43 ans, taille 5 pieds, poil brun, yeux bruns, front ordinaire, nez gras, visage plein ;

Augustin Henry, 35 ans, officier de santé, taille 5 pieds 4 pouces, poil châtain, yeux bleus, front ordinaire, nez ordinaire, visage marqué de petite vérole.

On remarquera que sur six personnes prises au hasard, quatre avaient été atteintes par la variole et en portaient les marques.

CHAPITRE XIX
(10 vendémiaire au 11 nivose an III)
(octobre décembre 1794)

Adresse de la municipalité a la Convention. Vente du chateau de la Londe. — L'hospice refuse les malades, faute de moyens pour les soigner ; la citoyenne Flavigny. — Les Elbeuviens blessés a la guerre. Départ des prisonniers anglais. — Un bateau de blé pris dans les glaces. — Le citoyen Flavigny député a la Convention. Le « maximum » pour les draps d'Elbeuf.

Le 11 vendémiaire (2 octobre), il fut fait défense, par ordre du District, à tous fabricants et teinturiers de teindre aucuns draps ou laines en autres nuances que les cinq couleurs nationales, jusqu'à ce que la nouvelle réquisition de draps fut remplie. Les fabricants furent invités à déclarer la quantité de pièces terminées et de celles en cours de fabrication. Ceux qui ne firent point cette déclaration ne purent participer aux distributions d'huile d'ensimage, savon, etc.

Un nouveau certificat de civisme délivré à

J.-P. Lenoble, ancien vicaire de Saint-Jean, nous apprend qu'il s'était établi fabricant de draps à Elbeuf. Le citoyen Pinel, ci-devant curé, en reçut un le même jour également.

Le 12 (3 octobre), le citoyen Chedrue, maçon, présenta au District un mémoire de 1.721 liv. 18 sols pour travaux faits « à la cy devant église Etienne d'Elbeuf ». Il fut renvoyé à la municipalité de notre ville pour qu'elle donnât son avis.

Nous trouvons encore sur les registres du district, à la date du 16 vendémiaire (7 oct.), la note suivante :

« On reçut une lettre de la Société populaire d'Elbeuf, annonçant l'heureux effet qu'a produit sur le peuple de cette grande commune la lettre adressée par le District, le 6 de ce mois (27 septembre), à la municipalité dudit lieu, relativement aux subsistances. Ce peuple juste et raisonnable, observe la Société, a témoigné par ses applaudissements, à la lecture de cette lettre, qu'il est plein de confiance dans ses administrateurs. La Société finit par le recommander à la sollicitude de l'administration pour l'approvisionnement de son marché, en l'assurant qu'il a adopté pour sa devise : « Force, Union, Constance » et que son seul cry de ralliement sera toujours : « Vive la République ! Vive la Convention ! »

Le zèle des gardes nationaux, pour la récolte des bruyères, se ralentissait beaucoup. Le Conseil arrêta, le 14 (5 octobre), que la liste de ceux qui, à l'avenir, ne répondraient pas aux appels serait immédiatement adressée à la Société populaire.

Le citoyen Desgenetez, malgré son dévouement et son activité, ne pouvant suffire à faire alimenter la halle par les cultivateurs, le Conseil lui donna cinq adjoints.

A cette époque le drap tricolore pour les morts n'était pas encore acheté.

Le 19 (10 octobre), un nouveau certificat de civisme fut délivré au vieux citoyen Louis-Charles-Alexandre Flavigny, ancien curé, qui avait remis ses lettres de prêtrise, acquitté ses contributions patriotiques, etc.

Le 23 (14 octobre), on mit en réquisition toutes les étoffes de laine fabriquées ou en fabrication, en stipulant qu'elles seraient payées au maximum. Une commission fut nommée pour choisir et classer « les draps, les calmoulks en toutes couleurs et mélangées, propres à la confection des redingotes nécessaires à nos frères d'armes ». Les citoyens Louvet, Joseph Flavigny et Grandin, officier municipal, furent adjoints à Jobin pour procéder à cette opération, lequel renonça à sa prétention de rabais. Les fabricants furent donc payés intégralement de leurs fournitures. Il n'y eut d'exception que pour Louis Delarue, dont les draps avaient été refusés par la commission militaire et étaient revenus avec la marque de rebut. Delarue avait reçu, pour ces draps, une somme de 57.828 livres, qu'il remboursa le 7 brumaire.

Une autre commission municipale reçut mandat de faire la recherche de tous les noyers en état de servir à la fabrication des fûts de fusil.

Le 25 (16 octobre), il fut demandé que la municipalité fît enlever les terres dont on avait retiré le salpêtre et qui obstruaient la cour de la Société populaire.

Les prisonniers de guerre furent demandés

pour ramasser les faines des hêtres, afin d'en retirer l'huile. Le 26 (17 octobre), cinquante de ceux qui étaient dans l'église Saint-Etienne partirent pour la Londe, et le reste pour Rouen. Les deux commandants Lefebvre et Rigonneau furent chargés de leur conduite.

Le 29 (20 octobre), les fabricants de draps « d'Aubin-jouxte-Boulleng » adressèrent une pétition au District, afin d'obtenir de la laine.

Une nouvelle adresse, œuvre du citoyen Girard, fut envoyée, par la municipalité, à la Convention, le même jour. En voici le texte :

« Législateurs,

« Qu'elle est imposante et majestueuse l'attitude que vous venez de prendre à la vue des dangers qui menaçoient cette liberté !

« Qu'ils sont admirables et consolants les principes de justice que vous avez développés dans votre Adresse au Peuple françois et que vous avez substitués si sagement aux maximes de sang et de terreur enfantées par le crime !

« Aussi la France reconnoissante vous exprime-t-elle toute la joie qu'elle en ressent, en vous adressant de tous les points de la République son hommage et son parfait dévouement.

« Jamais, législateurs, vous ne vous en montrâtes plus dignes, et jamais le peuple ne sentit mieux le besoin de se rallier autour de vous.

« En effet, après avoir terrassé le monstre hypocrite qui s'élevoit au trône sur les ruines impures des Capets, vous avez, dans votre sollicitude paternelle, répandu un baume consolateur et bienfaisant sur les plaies encore ouvertes de ce peuple généreux et magnanime.

« Vous lui avez promis de maintenir le gouvernement révolutionnaire, et il en sent la nécessité ; mais vous lui avez promis en même temps de récompenser la vertu et de punir le crime. Vous lui avez promis de faire respecter ses propriétés, de protéger les sciences et de vivifier le commerce, trop longtemps négligé. Enfin, vous lui avez assuré la jouissance de ses droits et vous l'avez prémuni contre les pièges toujours renaissants de l'intrigue et de l'aristocratie.

« Par là, citoyens représentants, vous avez ranimé la confiance, si nécessaire pour l'achèvement du grand œuvre qui vous a été confié. Par là, vous avez détruit les projets liberticides qui pouvoient encore exister, et vous avez porté le désespoir et la mort dans l'âme des scélérats qui seroient tentés d'imiter le dernier tyran.

« Pères du peuple, soyez donc fermes et inébranlables dans les principes sacrés que vous venez de proclamer à la face de l'Europe qui vous contemple ! Foudroyez tout ce qui peut entraver votre marche révolutionnaire et bienfaisante ! Achevez l'ouvrage que vous avez commencée et donnez promptement au peuple françois le bonheur qu'il attend de notre Constitution républicaine.

« Le courage que vous avez montré, le 10 thermidor, et tout ce que vous avez fait depuis, nous garantissent l'effet de vos promesses ; et notre commune, en applaudissant à votre adresse, qu'elle a lue avec tout l'enthousiasme que produit l'amour de la liberté, vous jure l'union la plus parfaite, comme elle jure la mort aux tyrans, aux scélérats et aux factieux !

« Vive la République ! Vive la Convention ! »

Cette adresse fut signée des membres du

Conseil général d'Elbeuf et envoyée à la Convention le lendemain.

Le 30 (21 octobre), les corps constitués, la musique et un grand nombre de citoyens se rendirent « au temple de l'Eternel », pour célébrer les nouvelles victoires remportées par les armées de la République. On y chanta « l'hymne des Marseillais et autres propres à animer et réjouir les esprits ».

Le 1er brumaire (22 octobre) une troupe de vingt cinq Liégeois, hommes, femmes et enfants, arriva à Elbeuf, dans le but de s'y fixer et de prendre part aux travaux de la fabrique.

Le 2, les quatre-vingts communes qui fournissaient la halle d'Elbeuf avant 1789, furent mises en réquisition de reprendre cet approvisionnement.

Nous avons parlé du château que le marquis Le Cordier de Bigars avait fait construire à la Londe. (Voir la gravure que nous avons publiée dans notre tome V page 77). Cette magnifique habitation, avec ses dépendances, fut vendue le 7 brumaire (28 octobre), à deux citoyens, dont l'un au moins habita notre ville, pour le prix de 315.000 livres. Les acheteurs se nommaient Lafosse et Lettré.

Il ne reste rien de ce château, qui passait à juste titre pour l'un des plus beaux et des plus riches de Normandie. On trouvera donc quelque intérêt à sa description :

Il se composait « d'une belle et bonne maison de maître, bâtie en briques, les encoignures, pilastres, bayes de portes et de croisées en pierre de Saint Leu. Cette maison, appelée le château de la Londe, distribuée ainsi qu'il suit :

« Corps de bâtiment de 150 pieds de long

sur 30 pieds de profondeur, non compris l'avant-corps.

« Au milieu de la devanture, du côté du Levant, se trouve un perron qui a dans sa base 48 pieds de long sur 18 de large ; il est à couvert au moyen d'un péristile soutenu par quatre colonnes avec ornements.

« A chaque bout du gros bâtiment se trouve une galerie formant un demi-cercle, ayant 18 pieds de large sur 45 pieds dans sa partie moyenne.

« Chaque galerie se termine à un pavillon ayant 26 pieds de face sur 22 pieds de largeur.

« Le pavillon du côté du Nord sert dans le bas de garde-manger et laverie ; au premier étage une lingerie, au deuxième un grenier au linge sale.

« La galerie attenante au pavillon contient la cuisine, dans laquelle une citerne, une office, un grand cabinet et l'escalier qui conduit au rez-de-chaussée du gros bâtiment.

« Ce bâtiment consiste, dans le milieu, en un grand vestibule ayant sur le devant deux croisées et une porte qui ouvrent sur le grand perron.

« La même répétition se trouve sur le derrière.

« A la suite du vestibule, au Midi, un salon d'assemblée ; à la suite, deux grandes pièces, le tout boisé et parqueté, et les cheminées à chambranles de marbre.

« Au côté opposé du vestibule, une grande salle à manger, avec une décharge couverte de marbre ; à la suite, une grande pièce, un cabinet de toilette, un boudoir, les cheminées de chambranles de marbre, et une salle de bains.

« Le pavillon qui termine la galerie étoit cy devant à usage de chapelle.

« Cette même galerie contient une chambre à feu, trois grands cabinets et une salle de billards.

« Au-dessus de la galerie, une grande tribune donnant sur la cy devant chapelle ; une chambre à feu et trois cabinets à l'entresol, dont un de commodité.

« Au premier étage, huit belles chambres ouvrant sur le corridor, avec neuf cabinets servant de chambres de commensaux.

« Au deuxième étage, deux chambres à mansardes ouvrant sur le corridor, dont six à feu.

« A chaque bout du corridor, une ouverture qui communique sans escalier au grenier. Au milieu du même corridor, un grand appartement avec cheminée, servant de garde meubles.

« Sur les appartements, à côté de la salle à manger, vers le Nord, sont deux chambres à feu, deux cabinets, un réservoir, un chauffoir pour les bains et un cabinet de commodités.

« La devanture du bâtiment, sur toute sa longueur, est pavée en grés et ciment, sur une largeur de 26 pieds, avec une citerne et deux citerneaux.

« A l'entresol de la galerie Nord, trois chambres à feu, dont deux à chambranles de marbre, et deux cabinets.

« Sur le derrière du grand bâtiment, un perron dont les angles sont coupés, portant dans sa base 30 pieds sur 12, et en superficie 24 pieds sur 6.

« Il y a aussi un pavage sur toute sa longueur, en grés et ciment, sur une largeur de

15 pieds, avec deux citerneaux. L'avant-corps du milieu est de 2 pieds surmonté d'un timpan orné.

« Aux deux bouts, le bâtiment fait aussi avant-corps de 2 pieds 4 pouces sur 22 de large.

« Sous la dite maison, une cave voûtée divisée en sept caveaux qui ont leurs murailles en brique et fermées à portes. A chaque bout du gros bâtiment, un escalier à rampe de fer.

« Nota : La majeure partie des salles, chambres et appartements sont lambrissés et quelques uns garnis de devantures d'armoires.

« Sur la devanture, au Levant, une cour d'honneur, avec une avant-cour, divisée par un petit mur sur lequel il y avoit un grillage en fer, le tout orné de quatre statues et de quatre grands vases avec leur piédestal le tout en pierre, et quatre statues avec piédestal en briques.

« Sur les deux cours, une avenue de deux rangées d'arbres de thilleuls. Les dites cour et avant-cour contenant ensemble cinq acres et demie.

« Derrière la maison, une pièce de terre, contenant onze acres trois vergées quinze perches, distribuée en parterre, verger et bosquets, avec deux rangées doubles en thilleuls servant de décoration, treize statues et six vases dont un cassé, le tout en pierre avec leur piédestal en briques ».

Notons en passant que la treizième de ces statues était l'*Hercule terrassant l'hydre de Lerne*, du célèbre Pierre Puget, que l'on voit actuellement dans le grand escalier du Musée de Rouen.

« Les cour, avant-cour et pièce de terre clos

HERCULE TERRASSANT L'HYDRE DE LERNE, DE PUGET (parties retrouvées

au Midi par un mur de brique et borné du même côté par un clos nommé la Briqueterie et une pièce de terre en labour qui composeront les articles 6 et 7 cy après ; d'un côté, au Nord, le jardin potager, divisé par un mur à hauteur d'appui en brique, et la cour ou masure cy après, divisée par un petit mur sur lequel il y avoit une grille de fer ; d'un bout, au Levant, le chemin tendant d'Elbeuf au Bourg-theroulde et par enhachement la masure dont est cy devant parlé, et d'autre bout la Nation, à la représentation dudit émigré Cordier, pour une petite partie de terrain dépendant de la commune de Saint-Ouen du Thuit-Hébert (Thuit-Heudebert, ancien nom de Saint-Ouen du Tilleul), district de Pont-Audemer, à même de laquelle pièce on a formé un fossé appelé le Saut-de-Loup, qui clôt au Couchant ».

Lorsque l'on mit en vente ce magnifique domaine que plusieurs riches Elbeuviens convoitaient, la partie dont on vient de lire la description formait le premier lot. Le second se composait de ce qui suit :

« Le jardin potager, dont est cy devant parlé contenant trois acres, dans lequel deux bassins, une serre chaude bâtie en brique, avec son vitrage ; elle contient 30 pieds de long sur 8 de large ; ledit jardin est clos en mur de brique. Sur icelui s'ouvre l'orangerie, qui est bâtie sur la masure ci-après ; elle contient 50 pieds de long sur 24 de large, est bâtie en brique, les encoignures et bases en pierres de taille. Sur icelle un grenier en mansarde.

« Ledit jardin borné au Midi le 1er article, d'autre côté l'article 4 ci-après, d'un bout au Levant la masure et l'orangerie qui en font partie, et d'autre bout au Couchant un chemin ».

Le 3e lot se composait de :

« Une masure contenant 7 acres 3 vergées 10 perches, bornée au Midi les cour et avant-cour de la maison de l'article 1er, d'autre côté le clos du Neufbosc, d'un bout la rue tendant au Bourgtheroulde et à Elbeuf et le cimetière de la commune de ce lieu, chacun en partie, et d'autre bout le terrain de la Futaye, le jardin potager et une portion de bosquets de l'article 1er, chacun en partie.

« La dite masure édifiée de vingt-et un bâtiments, le premier édifié sur la grande porte voûtée présente un corps de carré bâti de briques et pierres, couvert en tuiles. Le milieu fait avant-corps qui donne au premier un appartement de 19 pieds en carré avec une cheminée à chambranle de marbre ; au deuxième, un autre appartement de même grandeur en mansarde.

« Les autres bâtiments à gauche en entrant sont : 1° un bâtiment en briques et pierres, servant de remise, avec grenier ; il contient 50 pieds de long sur 22 de profondeur, couvert en tuiles ; 2e un colombier en briques et pierres, couvert en tuiles, terminé par une lanterne, il contient 26 pieds de diamètre ; 3° une écurie de 22 pieds de long sur 9 et demi de large ; 4° une sellerie, au premier deux chambres et un grenier par dessus, contenant 24 pieds de long sur 19 de large ; 5° une autre écurie en briques et chaînes de pierres, avec une voûte en brique, au-dessus un grenier, mesurant 126 pieds de long sur 32 de large ; 6° un bâtiment en brique nommé le Grand Commun, ayant 24 pieds sur 12 de large ; 7° une laiterie de 14 pieds en carré ; 8° une volière à haut côté.

« Les bâtiments en entrant à gauche sont :
« 1º La maison du fermier, ayant 71 pieds sur 22 de large ; 2º un poulailler à haut côté, de 18 pieds sur 19 de large ; 3º un mauvais bâtiment en bauge, de 54 pieds sur 22, servant d'écurie ; 4º un bâtiment en briques et pierres, de 124 pieds sur 31, servant de pressoir, grange, tasserie, avec cave voûtée de 32 pieds de long ; 5º un autre bâtiment mesurant 30 pieds sur 18, avec deux cuisines et chambres en galetas ; 6º une remise, avec grenier dessus, de 54 pieds sur 26 de largeur ; 7º un bâtiment de 38 pieds sur 32.

« Nota : Entre les bâtiments de gauche et de droite, un terrain non planté, de trois acres, au milieu duquel est un puits ayant 5 pieds de diamètre, garni de sa méchanique, couvert, et peint en petit gris ».

Ce puits, qui est encore une des curiosités de la Londe, mériterait d'être restauré ; il possède toujours sa « méchanique » et deux immenses seaux ; mais le coquet édicule qui le surmonte menace ruine.

« Derrière le bâtiment à droite, la masure est plantée d'arbres fruitiers. Il y a une très grande mare et quatre bâtiments, qui sont une écurie de 18 pieds sur 14 ; une étable à porcs, de 20 pieds sur 9, un bâtiment de 48 pieds sur 16, et un four de 30 pieds sur 20 non compris la butte ».

La mare dont il vient d'être parlé, est connue à la Londe, sous le nom du Vivier. Il y avait autrefois plusieurs barques sur ses eaux et on y a pêché des carpes énormes. Le Vivier est toujours visité, et il le mérite.

Ce lot comprenait encore un bâtiment de 56 pieds sur 18, et la masure était close de murs, dont partie à hauteur d'appui, mais ceux-ci étaient surmontés d'un grillage en fer du côté de l'avant-cour et de la cour d'honneur, et d'un grillage en bois pour une autre section.

Nous croyons devoir donner cette description qui n'a jamais été publiée. En entrant dans des détails, notre lecteur se rendra mieux compte de ce que fut le domaine de la Londe, dont il ne reste aujourd'hui que bien peu d'édifices.

Le 4ᵉ lot se composait d'un clos « appelé la Futaye, contenant 4 acres et demie et 12 perches, clos de murs aux trois quarts en brique, le surplus par un petit mur sur lequel est un grillage en bois qui sépare de la masure article 4. Dans ce clos, une portion de terrain ayant servi pour le chenil, le tout borné au Midi l'article 2, au Nord l'article 5, au Levant l'article 3, au Couchant un chemin ».

Le 5ᵉ lot consistait « en une autre masure, sans bâtiments, contenant 9 acres et demie et 10 perches, nommé le Clos du Neufbosc, borné au Midi par les articles 3 et 4, au Nord une rue, au Levant le chemin du Bourgtheroulde à Elbeuf et au Couchant un chemin ».

Le 6ᵉ lot se composait d'un « clos en labour avec murs en briques, contenant 8 acres et demie et 10 perches, borné au Midi par la sente du Moulin, au Nord l'article 1ᵉʳ par la cour d'honneur, au Levant le chemin d'Elbeuf au Bourgtheroulde, au Couchant la pièce de de terre ci après :

« Nota : Ces six articles ont pour clôture extérieure le même mur de briques ; ils composent un seul et même objet qui se trouve divisé par des murs de communications.

« Article 7e. — Une acre et demie de terre en labour faisant partie d'une pièce de 29 acres 15 perches, bornée au Couchant par la Nation à la représentation de l'émigré, par l'emplacement d'un moulin à vent situé sur la commune de Ouin du Thuit-Hébert.

« Article 8e. — Une pièce de terre en labour, contenant 14 acres, faisant aussi partie de la pièce de 29 acres 15 perches.

« Article 9e et dernier. — Une pièce de terre nommée l'Avenue, en labour, située devant la masure article 1er, avec une avenue d'une rangée de thilleuls de chaque côté, icelle pièce contenant 11 acres 2 vergées, bornée des deux côtés par la Nation, à la représentation de l'émigré Cordier et plusieurs en partie, d'un bout le grand chemin tendant de Rouen au Neubourg et d'autre bout le bois taillis ».

Le tout, enchéri par le citoyen Flavigny-Gosset, d'Elbeuf, jusqu'à la somme de 314.000 livres, fut adjugé pour 315.000 livres au citoyen Pierre-Emmanuel Bonjour, demeurant à Rouen, rue Thyonville.

Le même jour 7 brumaire, à Elbeuf, on réclama de nouveau « que la cloche d'Etienne fût descendue ».

Le 9 (30 octobre), on décida de faire une réparation à la couverture du « temple de l'Eternel », et de payer 40 sols par jour les ouvriers chargés de récolter les pommes de terre plantées dans les deux cimetières. — Après leur arrachage, ces pommes de terre furent transportées dans le temple.

Le 13 (3 novembre), on afficha et quelques jours après on lut « au temple de l'Eternel » un arrêté du Comité du commerce de la Convention, portant en substance que les fabricants étaient libres de vendre au prix des détaillants ou du gros, « lorsqu'ils faisoient l'un et l'autre ». — On lut également au temple un arrêté des représentants du peuple près les Côtes de Brest « tendant à faire cesser toutes les horreurs que commettoient les Chouans ».

Le citoyen « chargé de sonner la cloche de Jean » se présenta à l'assemblée municipale, et, après avoir obtenu la parole, invita le Conseil, au nom des ouvriers, à vouloir permettre que la cloche fut sonnée à l'heure où les travailleurs des fabriques avaient coutume de prendre leur repas, et cela « jusqu'au moment où l'horloge seroit raccommodée ». L'assemblée accueillit favorablement cette demande, et ordonna que la cloche fut mise en volée à midi, jusqu'à nouvel ordre.

Le 15 (5 novembre), on reçut une adresse du District, recommandant la stricte observation du décadi. Elle fut adressée à la Société populaire et lue au temple.

La municipalité reçut également l'avis que la citoyenne Flavigny avait refusé de recevoir un malade à « l'hospice d'humanité d'Elbeuf » parce que cet établissement était absolument dénué de fonds. Le citoyen Delarue, officier municipal, offrit d'avancer 300 livres, qui furent acceptées, et le malade entra à l'hospice. On écrivit au District pour lui rappeler une demande de secours précédemment faite en faveur de cette maison de charité, dont les immeubles avaient été confisqués comme biens nationaux.

On annonça qu'il y avait au Havre, à Brest et à Cherbourg des savons destinés à la fabrique de notre ville, qui en était alors dépourvue.

Le citoyen Charles-Antoine Mauduit, organiste et instituteur, demanda à être payé « pour le temps qu'il avoit touché l'orgue de Jean ». Quelques jours après, on lui accorda 300 liv.

Le citoyen Parfait Maille « salpêtrier de la commune » fut dispensé, en raison de ses fonctions, de monter la garde. On accorda la même dispense au citoyen Desgenetez, chargé de l'approvisionnement des marchés.

Le 21 brumaire (11 novembre), l'administration municipale informa le District qu'elle avait mis en réquisition 1.390 pierres à fusil, qui furent envoyées au magasin de l'arsenal établi à Rouen, « dans la ci-devant église Gervais ».

Le citoyen Flavigny réclama, le 1er frimaire an III (21 novembre 1794) une somme de 2.400 livres par lui remise à la Commune, à titre d'avances, pour la décoration du temple de l'Eternel. Le citoyen Flavigny rentra dans ses fonds.

Le 3 (23 novembre) la Commune fut informée qu'on lui adressait trois barils de morue. Un commissaire se rendit à Rouen pour en prendre livraison. Cette morue fut distribuée aux citoyens nécessiteux.

Une pièce datée du 7 (27 novembre), nous apprend que le citoyen Michel His, d'Elbeuf, avait été chargé « de la garde des meubles et effets du ci devant château de la Londe ».

Nous avons sous les yeux un état des blessés militaires originaires d'Elbeuf ou des environs, en résidence dans notre ville, à la date du même jour. Ils étaient au nombre de vingt-six, dont voici les noms : Mollet, Bunel, Le Roy, Soron, Bouchery, Viel, Osmont, Folie, Sénéchal, Malherbe, Masselin (de la Londe),

Saint-Amand (de Thuit-Signol), Harel, Riberpré, Bouffard, Delahourde, Battaille, Cudorge, Hervieux, Bourdet, Guillot, Quesnot, Auger, Béranger, Faupoint et Bourgeois. Il y avait, en outre à Elbeuf, douze autres militaires en convalescence.

Les prisonniers de guerre quittèrent Elbeuf le 14 frimaire (4 décembre). Depuis le 24 prairial (12 juin) précédent, date de leur arrivée, jusqu'au jour de leur départ, on leur avait délivré 420 quintaux de paille pour leur coucher.

Le 17 frimaire (7 décembre), Duval, Girard, Alex. Adam et Pierre-Henri Hayet, membres du « Conseil général révolutionnaire de la commune d'Elbeuf », écrivirent à l'agent national de l'administration du district révolutionnaire de Rouen :

« Frère et ami,
« Pour satisfaire à ta lettre du 26 brumaire, nous te remettons cy joint le tableau des armes qui se trouvent déposées dans notre commune. Elles consistent, comme tu le verras, en treize sabres dont les lames sont de la longueur requise et trois dont les lames n'ont que vingt-deux pouces. Salut et fraternité ».

Les citoyens Lenoble, Bourgeois et Desgenetez, ci-devant prêtres, et le citoyen Maille furent invités à rechercher les titres des « cy devant trésors des églises Etienne et Jean » pour les envoyer ensuite au District.

On arrêta que l'Arbre de liberté mort l'été précédent, serait remplacé.

Au 28 frimaire (18 décembre), l'ancien couvent des Ursulines était occupé par 50 ou 56 locataires, quelques-uns seulement en état de payer le prix de la location. La plupart des autres étaient de pauvres gens, des femmes surtout, dont les maris ou les fils étaient partis à la défense de la Patrie.

Le 30 frimaire (20 décembre), on afficha « dans la salle décadaire » — l'église Saint-Jean — une adresse au Peuple français.

Le 5 nivôse an III (25 décembre), l'ancien vicaire Desgenetez, alors préposé aux subsistances et s'acquittant de sa mission avec infinité de tact et de zèle, se trouva dans l'embarras : l'argent lui manquait, et n'y avait point de grain pour la prochaine décade.

Ayant exposé la situation à la municipalité, les membres présents souscrivirent entre eux une somme de 9.250 livres, à titre d'avance.

Desgenétez exposa également au Conseil que des subsistances achetées à Rouen pour les besoins immédiats avaient été chargées sur un bateau, mais que ce bateau était retenu par les glaces, à Bédanne, et en danger de périr.

Le Conseil ordonna de réquisitionner tous les chevaux et voitures avec des conducteurs, de les faire assembler dans la nuit, à trois heures du matin, devant la maison de ville, pour aller ensuite décharger le bateau et rapporter les grains à Elbeuf. Naturellement, ces voitures, au nombre de douze, durent passer par Pont-de l'Arche ; l'administration de cette ville fut priée de les laisser circuler.

La citoyenne Flavigny, administratrice de « l'hospice d'humanité », désespérée de ne pouvoir secourir les malades, faute de ressources, informa la Ville, le 7 nivôse (27 déc.) de son intention de se démettre de ses fonctions.

Le corps municipal écrivit une lettre très

flatteuse à la citoyenne Flavigny: « ... D'un autre côté, convaincus, par l'expérience que vous possédez, les vertus que vous désirez être trouvées dans la personne qui pourroit vous remplacer, le Conseil vous invite à rester à un poste que vous avez si dignement et si efficacement rempli depuis quatorze années... »

Ensuite, le Conseil arrêta qu'il serait fait une quête provisoire « par les citoyens Michel Grandin, Sevaistre, Joseph Duruflé et Nicolas Louvet, avec une telle citoyenne qu'ils jugeront à propos de s'adjoindre. En conséquence, Il sera fait une proclamation énonciative des besoins dudit hospice, pour exciter la commisération des citoyens. Il sera fait part de cette mesure à la citoyenne Flavigny, en l'invitant de rester à son poste. Arrêté en outre que le citoyen Girard est invité à rédiger une proclamation, et les citoyens Maille et Frémont invités de la proclamer dès demain dans cette commune, revêtus de leurs écharpes, précédés d'un tambour et accompagnés de deux fusiliers ».

La proclamation et les quêteurs firent merveille, car moins de deux jours après, il avait déjà été recueilli 2.334 livres 5 sols, qui furent remis par Sevaistre à la citoyenne Flavigny, suivant et au fur et à mesure de ses besoins.

Le 9 (29 décembre), le citoyen Joseph Flavigny fut député vers la Convention nationale, par la ville d'Elbeuf, pour faire des réclamations motivées par une loi prononçant la cessation prochaine des réquisitions en matière de subsistances. Il s'adjoignit aux députés envoyés par la ville de Rouen, pour le même objet. — A Paris, Flavigny s'occupa aussi d'obtenir des secours pour l'hospice.

Ce même jour, le citoyen Brument, reconnu incapable d'instruire les enfants, reçut l'ordre de cesser un enseignement dont les effets étaient à peu près nuls. Brument réclama une commission municipale pour juger de ses capacités. Il lui fut répondu que le mémoire qu'il avait présenté pour obtenir le paiement de ses gages était plus que suffisant pour cela.

Le 11 (31 décembre), on reçut l'arrêté du Comité de commerce de la Convention nationale, daté du 14 frimaire précédent, fixant le maximum du prix du drap de la fabrication de notre ville. Il était ainsi conçu :

« Art. 1er. — Le maximum des draps qui se fabriquent à Elbeuf demeure fixé, pour chaque aune prise en fabrique, savoir :

« Draps cinq-quarts de large, première qualité, 33 livres ; deuxième qualité, 30 livres ; troisième qualité, 28 livres ; quatrième qualité, 26 livres.

» Art. 2. — Le prix des couleurs à ajouter à ceux des draps ci-dessus seront fixés par un arrêté postérieur.

« Art. 3. — Les draps à poil lainés et lissés des deux côtés seront payés comme les draps cinq-quarts ci-dessus, suivant leur qualité et leur couleur.

« Art. 4. — Les draps cinq-huit dits apprêtés et à poil recevront à raison de leur largeur une diminution de moitié sur le prix fixé pour les draps cinq quarts, et les autres draps de quatre quarts neuf-huit auront une augmentation de prix proportionnée au maximum fixé par les draps cinq-quarts ».

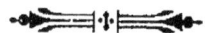

CHAPITRE XX

(DU 12 NIVÔSE AU 11 GERMINAL AN III)
(JANVIER-MARS 1795)

LES ÉCOLES PRIMAIRES. — ASSOCIATION POUR PROCURER DES SUBSISTANCES A LA VILLE. — DÉPÔT DE BLÉ DANS LE TEMPLE DE L'ETRE SUPRÊME. — LES RUES DU NORD ET DU BASSIN. — FIN DE LA SOCIÉTÉ POPULAIRE. — PLAINTE CONTRE L'AGENT NATIONAL MURIZON. — DÉMISSIONS ; AUTRE PLAINTES. — ABANDON DU TEMPLE. — LE PEUPLE RÉCLAME LA RÉOUVERTURE DES ÉGLISES ; TROUBLES.

L'hiver devenait de plus en plus rigoureux. La Seine était prise depuis longtemps et rien n'annonçait un dégel. Le 15 nivôse an III (4 janvier 1795), un membre de la municipalité proposa que « vu la rigueur de la saison, la pénurie de bois et de chandelle, on suspendît le service de la garde nationale ». On agréa cette proposition ; cependant il fut entendu que les ordres de service seraient donnés comme par le passé, mais que les hommes resteraient chez eux, tout prêts à marcher au premier ordre qui leur serait donné.

Cette mesure n'eut d'effet que pendant deux jours. Le 17 (6 janvier), l'administration reçut l'avis que « des brigands bien montés et armés » parcouraient le district d'Amiens et dévastaient les campagnes; on rétablit le poste.

A l'effet de toucher leur traitement, les citoyens Duhamel, Lebourgeois et Desgenétez, ci-devant prêtres, demandèrent un certificat de civisme, qui leur fut délivré.

Le 19 (8 janvier), une lettre très pressante, en faveur de l'hospice d'humanité d'Elbeuf, fut adressée par la municipalité aux administrateurs de la commission des secours publics à Paris.

La municipalité autorisa les citoyens Pinel, ancien curé, Gamare, apothicaire, Lejeune et Letellier à faire une quête dans les maisons de la ville en faveur du citoyen Duval, boulanger, rue Meleuse, dont la maison avait été incendiée trois jours auparavant. — Cette quête produisit la somme de 722 livres 5 sols.

Ce même jour, la municipalité invita l'agent national à prendre des mesures pour éviter un incendie au ci devant couvent des Ursulines, où plusieurs individus faisaient du feu dans le corridor et des cabinets dépourvus de cheminée.

Ce même jour encore, un maçon de notre ville réclama au District le payement « de 3.300 briques fournies pour la réparation des cheminées de l'édifice qui sert de logement aux prisonniers de guerre ».

Vers ce temps, des plaintes furent portées contre le citoyen Belliard, greffier de la justice de paix du canton d'Elbeuf, notamment par l'agent national « d'Etienne du Rouvray ». Le District invita Belliard à venir présenter sa défense. Quelques jours après, de nouvelles plaintes furent déposées contre lui ; il paraît qu'il venait si tard à l'audience que les justiciables étaient partis quand il arrivait.

Le 22 nivôse (11 janvier), un de ses amis se rendit à Rouen, au District, où il dit, pour excuser Belliard, que « c'étoit la rigueur de la saison, en interrompant le cours de la rivière par les gelées, qui forçoit le greffier qui demeure à Tourville, à venir par Rouen pour se rendre au tribunal et à faire ainsi un détour de quatre lieues. Il excuse encore Belliard parce qu'il a donné des soins à son épouse, qui vient de faire ses couches et de donner un enfant mâle à la République, qui un jour sera un défenseur de la Patrie s'il est animé du même zèle et des mêmes sentiments que son père a toujours manifestés depuis le principe de la Révolution ».

La plaidoirie de l'ami fit sensation ; le District renvoya sa décision à une séance ultérieure ; mais un arrêté du représentant du peuple Duport ordonna le remplacement de Belliard par le citoyen Pérout, de Rouen. Note en fut envoyée au citoyen Gosselin, juge de paix du canton d'Elbeuf.

D'une enquête faite également le 22 nivôse par le District, il résultait que les deux maisons ci-devant presbytérales d'Elbeuf n'avaient pas été vendues et continuaient d'être habitées par les ci-devant curés.

Cette enquête était faite dans le but d'établir des écoles primaires dans les anciens presbytères. Le corps municipal de notre ville exposa que, dans le cas où ceux-ci ne suffiraient pas, on pourrait utiliser le château du ci-devant prince de Lambesc et le couvent des ci-devant Ursulines, possédant l'un et l'autre beaucoup de bâtiments, cours et jardins.

Il y avait, à cette date, six écoles primaires pour les garçons et quatre pour les filles. Le nombre des premiers était de 344 élèves et celui des filles de 356. Plusieurs écoles étaient dans le ci devant couvent, les autres chez les instituteurs, où les enfants étaient très mal, faute de place.

Le citoyen Guersent, ci devant curé de Caudebec et réputé émigré, demanda main-levée provisoire du sequestre mis sur ses biens.

Le 23 (12 janvier), on reçut une lettre du District portant injonction à la municipalité et aux comités révolutionnaires de s'opposer « à tous rassemblements fanatiques ou royalistes, de faire arrêter tous orateurs ou auteurs principaux de ces rassemblements ».

A cette époque, plusieurs fabricants de drap d'Elbeuf, étant sous les drapeaux, furent mis en réquisition pour fabriquer des draps de troupe ; ils obtinrent de rentrer dans leurs foyers.

A la séance municipale du 30 nivôse (19 janvier), le citoyen Maille donna lecture d'une proclamation qu'il avait rédigée en collaboration avec le citoyen Girard, sur l'invitation de la municipalité :

« Le Conseil général de la commune, sans cesse occupé du bonheur de ses concitoyens et vivement pénétré du désir de maintenir la sûreté et la tranquillité publiques,

« Considérant que dans trois décades la commune va être privée des subsistances qui lui étoient ordinairement fournies par le district de Rouen, s'empresse d'appeler aujourd'hui l'assistance de tous ses concitoyens, et vient les inviter, au nom de la Patrie, au nom de toutes les vertus sociales, de faire sous le plus court délai une masse d'avances, chacun en proportion de ses facultés, à l'effet de former l'association la plus importante, en un mot une association pour les subsistances.

« Le Conseil général, considérant encore que pour rendre cette mesure plus efficace et les moyens plus salutaires, il faut les employer avec célérité ; il faut dépêcher sans délai dans les districts fromenteux des commissaires actifs et intelligents, avec les fonds nécessaires au payement des subsistances qu'ils trouveront à acheter.

« Vous êtes, en conséquence, citoyens, invités à vous bien pénétrer de l'importance de cette association tutélaire et bienfaitrice, dont les avantages sont incalculables.

« Que chacun de vous, citoyens, de tous les arts, de tous les métiers, accoure faire sa souscription à la maison commune, pour les avances qu'il pourra faire dans une circonstance qui appelle à grands cris vos secours et vos efforts.

« Cette souscription sera, pour chaque citoyen, le plus glorieux certificat de civisme, car c'est souscrire pour l'existence de ses concitoyens, de ses frères, que de faire en cette circonstance critique les fonds nécessaires pour leur procurer des subsistances. C'est écarter de son pays tous les malheurs qui pourroient l'affliger ; c'est acquérir des droits à la reconnoissance publique, aux souvenirs les plus chers, puisque les noms des prêteurs désintéressés et généreux seront inscrits en caractères ineffaçables sur les murs de cette enceinte et dans le cœur des citoyens, comme les bienfaiteurs de leur patrie et les meilleurs amis du peuple ! »

Cette proclamation fut acceptée. Immédiatement, le citoyen Grandin, officier municipal, s'inscrivit pour 10.000 livres ; mais la souscription publique ne fut fixée qu'au 5 pluviôse.

Ce jour-là, on apprit que la ville avait des subsistances assurées pour un mois de plus, par suite d'une avance de 1.800.000 livres faite par le gouvernement au District.

Le 5 pluviôse (24 janvier), 24 hommes de la garde nationale se transportèrent dans une partie de la forêt de la Londe pour empêcher la continuation des délits forestiers qui s'y commettaient.

Le 8, mourut Jean-François Routier, officier de santé, âgé de 74 ans. Il était né à Surville, de Jean-Louis Routier et de Marguerite Flavigny, et s'était marié à Monique Rouvin.

Le 9 (28 janvier), un nommé Buffard, prisonnier, s'évada de la prison d'Elbeuf, par un trou qu'il fit dans le mur. La responsabilité retomba sur le poste de la garde nationale qui avait occupé la mairie la veille et n'avait pas prévenu le suivant de l'existence du prisonnier, et notamment au sergent Taurin, lequel avait reçu l'ordre de garder le prisonnier et ne l'avait pas remis à son successeur.

Le 17 (5 février), quatre pièces de terre, sises à Sotteville-sous-le-Val, ayant appartenu à Nicolas Bouchard, prêtre déporté, furent adjugées au prix de 12.080 livres. — Quatre jours après, deux labours situés en cette même commune, saisis sur Nicolas Le Roy, également prêtre déporté, furent vendues par l'administration du district, moyennant la somme de 8.525 livres.

La grande occupation pendant le mois de pluviôse fut d'acheter et de charrier des blés. La ville d'Elbeuf loua un magasin à Rouen ; mais, à cause de la débâcle de la Seine, le pont de bateaux de cette ville étant ouvert, il fallut faire les transports par Pont-de-l'Arche. Des commissaires partirent d'Elbeuf avec 40 mille livres dans leur poche pour aller acheter des blés à Pontoise.

Le 22 (10 février), le Conseil municipal défendit de sortir masqué dans les rues « vu les licences que l'on se permettoit sous le masque, etc. »

Au 25 pluviôse (13 février), une partie du temple de l'Etre suprême était convertie en dépôt de blés, où l'on fit une distribution aux sept commissaires de section.

Le 27, notre municipalité exposa au citoyen Duport, député du peuple en mission dans le département, l'état de détresse dans lequel se trouvait notre hôpital et lui réclama des secours.

L'acte de naissance des rues du Nord et du Bassin se trouve dans une délibération municipale du 1er ventôse an III (19 février 1795). Nous reproduisons textuellement cette pièce :

« Par le citoyen Lingois a été mis sur le bureau un plan de distribution du terrain de l'émigré Lorraine, originairement fait dresser par la commune et adopté par le District et le Département. Il a en même temps fait part d'une lettre d'envoi dudit plan à lui adressé par le Département, par laquelle cette administration paroît désirer que l'on donne aux deux rues marquées audit plan tout autre nom que ceux de Marat et Pelletier, et invite en conséquence ledit citoyen Lingois de se concerter avec la municipalité pour lui donner d'autres noms.

« Sur quoi délibéré et l'agent national entendu, le Conseil a arrêté que celle où se trouve la démarcation du bassin sera appelée la rue du Bassin, et l'autre la rue du Nord ».

Le 4 ventôse (22 février), « les citoyens Joseph Flavigny et Jacques Lecallier, président et secrétaire de la Société populaire », déposèrent sur le bureau de la municipalité les registres et sceau de cette société.

Le lendemain, des membres de la Société populaire demandèrent au Conseil communal l'autorisation « de s'assembler paisiblement et sans armes, comme par le passé ». Le Conseil passa à l'ordre du jour, parce qu'ils y étaient autorisés par la loi.

Une déclaration de ce même jour nous montre combien était difficile l'approvisionnement en subsistances. Petit et Sauvage, commissaires de la ville, avaient parcouru les communes du Neubourg, Beaumont, Conches, Damneville, Evreux, Chavigny, Grosmenil, Misérey, etc. On leur avait promis, mais sans engagement écrit, quatre sacs de farine à Barquet, autant à la Commanderie et quelques autres en diverses communes, au prix de 20 sols la livre y compris les frais. A Pontoise, on ne put rien acheter.

Il fallut restreindre la consommation du pain. En outre, on exposa la situation au District.

Notre administration municipale avait reçu l'ordre du District, de mettre en vente les bancs, armoires, confessionnaux et autres objets en boiserie existant dans les ci-devant églises et sacristies. L'adjudication était même annoncée pour le primidi de la troisième décade (21 ventôse). Le 13 ventôse, la municipalité demanda à Rouen s'il falloit comprendre dans cette vente » les deux chaires qui se trouvaient incrustées et scellées dans les piliers », en observant que celle de Jean servait à proclamer les lois de la République.

Ce même jour, 13 ventôse (3 mars), notre municipalité écrivit au District :

« Fin de brumaire dernier, le citoyen Murizon, agent national, nous dit qu'il avoit besoin de faire une absence de quinze jours ; comme il venoit d'en faire une de quatre décades, nous lui représentâmes qu'il en seroit peut-être de même. Il nous répondit que non, en souriant. Le citoyen Chefdrue, officier municipal, membre du bureau ayant des comptes à rendre, ne jugea pas à propos de nous prévenir de son absence. Il partit avec le citoyen Murizon. Après avoir séjourné l'un et l'autre à Paris et dans les départements, ils ont poussé dit-on, jusques aux Pyrénées.

« Le Conseil général, étonné de ne pas avoir de leurs nouvelles, fut cependant informé qu'ils étoient à Bayonne. On leur écrivit à chacun une lettre pressante, pour les inviter de se rendre à leur poste et de venir sans délai partager nos travaux : depuis plus de quatre décades, il ne nous a été fait aucune réponse, et feindront probablement de n'avoir pas reçu nos lettres.

« Nous ne pouvons savoir où finira leur course. Nos travaux cependant ne diminuent pas. En outre, un de nos collègues, le citoyen Jean-François Delarue, officier municipal et officier public, doit quitter notre commune sous huit jours ; il nous a offert sa démission, que nous ne voulons pas accepter. Nous lui avons objecté qu'ayant été placé par les représentants du peuple, il devoit s'adresser à eux pour cet objet ; il n'en persiste pas moins.

« Ces absences ou démissions pourroient jeter le découragement parmi plusieurs d'entre nous. En vous dénonçant ces abus, nous vous invitons d'y remédier efficacement, afin que leurs suites ne soient pas dans le cas d'interrompre nos travaux ou de surcharger ceux qui s'y livrent avec zèle, en négligeant leurs affaires personnelles ».

Autorisation d'acheter des blés étrangers, jusqu'à concurrence de 100.000 livres, pour le compte de la ville, fut envoyée, le 16 ventôse, à un négociant du Havre.

Le lendemain (7 mars), on supprima l'atelier de salpêtre. — Ce même jour, on reçut le signalement de quatre individus condamnés aux fers, qui s'étaient évadés de Bourgtheroulde.

L'ancien vicaire Lenoble donna sa démission de notable et d'officier public. Le citoyen Ménage fut nommé provisoirement par délibération du 15, pour dresser les actes d'étatcivil, fonctions qu'il n'accepta pas. Quelques jours après, Delarue, également officier public, démissionnaire, fut remplacé par le citoyen Grandin, qui lui-même démissionna presqu'aussitôt.

Ces démissions successives furent l'objet d'une délibération du Conseil général de la commune d'Elbeuf, qui prit l'arrêté suivant :

« Considérant que les démissionnaires n'allèguent que de vains prétextes pour abandonner lâchement leur poste, puisque, quant au citoyen Lenoble, il avoit donné d'abord pour motif de sa démission la loi concernant les anciens prêtres, ensuite son changement de domicile et présentement celui de la foiblesse de sa vue ; et que, quant aux citoyens Grandin et Ménage, dont le peu de zèle a plus d'une fois provoqué les reproches du Conseil général, ils ne justifient que trop, par leur désertion, la frivole excuse de leurs affaires particulières, comme s'ils pouvoient, sans rougir, les mettre en balance avec les affaires publiques.

« Considérant encore que l'admission de semblables motifs seroit un des plus funestes exemples et ne tendroit rien moins qu'à la désorganisation du Conseil général, déjà affoibli par l'étonnante conduite des citoyens Benjamin Chefdrue, officier municipal, et Murizon, agent national, tous deux absents depuis près de quatre mois, le premier sans congé, le second après en avoir demandé un de quinze jours seulement.

« Considérant enfin que, par la loi, tout fonctionnaire public étant forcé de rester à son poste, il n'appartient pas au Conseil général de prononcer sur aucune demande en démission, il est de son devoir d'en référer au District, pour l'informer de cette désertion de la part des citoyens Grandin, Ménage et Lenoble, ainsi que de l'absence irrégulière des citoyens Chefdrue et Murizon ».

En attendant, les démissions ne furent point acceptées et sommation fut faite aux démissionnaires de conserver leur poste ; mais ils n'en tinrent aucun compte. Quant à Murizon, une lettre de cette époque nous apprend qu'il était toujours à Bayonne.

Plusieurs habitants de la Londe et communes voisines s'étant portés chez divers cultivateurs sous prétexte qu'ils manquaient de subsistances et s'y étant livrés à des excès, le Directoire du district écrivit, le 17 ventôse (7 mars), « au juge de paix du canton d'Elbeuf, séant à Lessard, pour l'inviter à faire repasser, par l'exprès qui lui remettoit la lettre, tous les renseignements qu'il connaissoit sur ce sujet... »

Le 26 du même mois (16 mars), le District délivra un mandat de 700 livres au citoyen Joseph Flavigny, et dit que « en le lui faisant passer, il lui sera fait et à son collègue des remerciements du zèle et de l'empressement qu'ils ont mis à remplir les vues du bien public de l'administration ». Il s'agissait d'une mission à Paris, et cette somme de 700 livres était destinée à couvrir Flavigny de ses frais de voyage et autres.

La réaction s'accentuait de jour en jour. La loi du 3 ventôse concernant les cultes et la suppression des sociétés populaires en furent les premiers effets.

A la faveur de cette loi, l'ancien vicaire Lebourgeois donna avis à l'administration municipale qu'il exerçait chez lui les fonctions de ministre du culte catholique. Cette déclaration porte la date du 21 ventôse an III (11 mars 1795).

A partir de cette époque, les lois ne furent plus lues dans le temple, mais seulement à la maison commune. L'inscription placée sur l'église Saint-Jean fut enlevée.

Les fabricants de draps n'ayant pas voulu effectuer le remboursement des cinq pour cent sur leurs produits fabriqués et payés par l'Etat et exigés par le Comité de salut public, le conseil communal prit le parti de les assigner ; mais comme le nombre des affaires eut été trop considérable pour une même audience, on décida d'en assigner six seulement dont les noms seraient tirés au sort, lequel désigna : Chefdrue fils aîné, Joseph Delacroix, Pierre Guilbert, Hébert jeune, Pierre Maille aîné, et Pierre Saint-Pierre et Papavoine.

Au 1er germinal (21 mars), les citoyens Murizon et Chefdrue étaient encore absents d'Elbeuf. La lettre suivante, qui nous a été communiquée par M. E. Murizon, petit-fils de l'agent national, nous apprend une mésaventure dont celui-ci fut la victime pendant son voyage dans le midi :

« Citoyens, il m'a été volé hier 1er germinal de 3e année républicaine, une large montre d'or, ouvrant à pompe, à cadran anglais, chiffre romain et à quantième, portant au fond de la boëtte le n° 174, sans chiffre ni nom d'horloger sur la platine. Le ressort du cadran ne ferme pas bien. Il y avoit un cordon noir portant une clef de doublé, et un cachet d'argent gravé d'attributs de guerre et de commerce, avec le chiffre D. M. surmonté du bonnet de la Liberté.

« Vous êtes prié de la retenir si elle vous étoit présentée soit avec, soit sans cordon, et d'en faire parvenir l'avis aux citoyens Chefdrue et Murizon, maison du *Bucha,* à Rochefort ».

Les approvisionnements en grains de la ville diminuaient chaque jour, et comme les administrateurs ne savaient où acheter du blé pour les remplacer, ils écrivirent une longue lettre, le 3 germinal (23 mars), au citoyen Duport, représentant du peuple, en mission dans le département. Nous n'en reproduirons que la fin :

« Nous pouvons encore, par nos épargnes, alimenter faiblement pendant environ une décade, les ouvriers de notre commune ; mais passé ce temps, nous serons obligés de les abandonner à eux-mêmes, si quelque authorité supérieure ne prend en grande considération la crise horrible qui nous menace et si dans ce court intervalle nous ne recevons pas de secours.

« Dans une position aussi accablante et dont vous sentez vous-même les funestes conséquences, nous nous empressons de réclamer votre sollicitude paternelle ; nous vous conjurons même, au nom de l'humanité, au nom de la tranquillité publique, d'employer l'autorité déposée dans vos mains pour procurer des subsistances à nos malheureux concitoyens, qui souffrent depuis longtemps avec une constance vraiment républicaine, et qui en recevant de vous l'existence béniront de plus en plus la Convention et son digne représentant... »

Nous allons reproduire l'intéressant procès-verbal de la séance tenue à la maison de ville, le 5 germinal (25 mars) :

« La séance ouverte aux cris de : Vive la République ! lecture a été faite du procès-verbal de la séance précédente.

« Un concours immense de citoyens s'étant tumultueusement présenté à la maison commune muni d'une pétition souscrite d'un grand nombre de signatures, ayant pour objet l'ouverture d'une église pour l'exercice du culte, le citoyen maire, après avoir inutilement tenté de leur faire renoncer à leur demande, a convoqué le Conseil, et lesdits citoyens s'y étant présentés en foule, ils y ont d'un cri unanime réitéré leur demande.

« En vain leur a-t-on représenté que le Conseil ne pouvoit prendre sur lui d'y déférer ; en vain leur a-t-on cité la loi qui déclare les ci-devant églises propriétés nationales, et leur a-t-on lu celle du 3 ventôse sur l'exercice des cultes ; leurs cris répétés ont été : « Il nous
« faut nos églises ! Nous les voulons ; nous
« consentons en payer le loyer ! Il nous en
« faut sur le champ les clefs ! »

« Alors, le Conseil ayant nommé un de ses membres commissaire pour porter au District le vœu de ses concitoyens, malheureusement exprimé avec trop de chaleur, les a invités d'en nommer deux d'entre eux pour se joindre à son membre, à l'effet de faire valoir leur réclamation : « Envoyez des commissaires au
« District, si vous voulez, se sont-ils écriés
« d'une voix unanime, aucun de nous n'ira
« avec eux. Nous ne voulons pas même atten-
« dre leur réponse ; nous voulons les clefs sur
« le champ, et nous ne désemparerons pas que
« vous ne nous les ayez remises ! »

« Le Conseil persistant toujours dans son refus de les leur livrer, leur dit qu'ils ne les auroient pas avant la décision du District et le retour de son commissaire. Alors, perdant toute retenue, ils ont monté par dessus la barre, se sont mêlés avec les membres du Conseil, et, réitérant leurs cris, ils ont dit que dussent-ils coucher à la Commune, ils ne désempareroient pas que les clefs ne leur fussent remises, et se sont même opposés à ce qu'aucun membre ne sortît.

« En cet état, le Conseil voyant que ses représentations étoient inutiles et que ces citoyens menaçoient de se porter à des excès dont les suites alloient devenir fâcheuses, et considérant que le consentement à la location pouvoit concilier les intérêts de la Nation avec le désir desdits citoyens, a arrêté que les clefs leur seroient provisoirement remises, parce que de suite il sera dressé procès-verbal des effets existant dans ladite église ; lesquelles clefs ont été remises au citoyen Voranger, ci-devant bedeau de la ci-devant paroisse d'Etienne, et a en outre arrêté l'envoi du présent au District par le citoyen Revel.

« Fait, clos et arrêté en Conseil général les jours et an que dessus, à trois heures de relevée ».

Suivent les signatures. Le compte-rendu de la séance se termine ainsi :

« Par suite du mouvement qui vient d'avoir lieu, le Conseil arrête : 1° Que les commandants seront requis de veiller à ce que le bon ordre soit exactement maintenu ; 2° à ce que chaque homme de garde reste exactement à son poste ; 3° en cas de rassemblement devant la maison commune, d'empêcher les citoyens d'y entrer, sous prétexte de pétition ou tout autre, en plus grand nombre que dix ; 4° d'employer de suite tous les moyens possibles et particulièrement ceux de douceur pour dissiper toute espèce de rassemblement et de donner à cet effet toute consigne nécessaire ».

Les registres du District nous donnent à la date du 6 germinal, quelques renseignements sur les suites de cette affaire. Nous citons encore textuellement :

« L'agent national de la commune d'Elbeuf, par sa lettre du 5 de ce mois, informe l'administration que des troubles fanatiques se sont manifestés dans cette commune dont la loy du 3 ventôse a été le prétexte. On reçoit, en même temps, un procès-verbal dressé par la municipalité, ledit jour 5 de ce mois, relativement à ce même événement, dont il résulte qu'une tourbe insensée, après avoir inutilement tourmenté le maire et l'agent national pour obtenir l'ouverture des deux temples, s'étoit assemblée extraordinairement, et que, sans respect pour l'art. 3 de la loy du 3 ventôse concernant la liberté des cultes, dont il lui a été donné lecture, elle a contraint par la force la municipalité à céder à sa demande.

« Sur quoy délibéré : l'administration, considérant qu'il est instant de prendre des mesures pour supprimer de pareils mouvements, l'agent national entendu, arrête :

« 1° Il sera envoyé copie du procès-verbal et de la lettre de la commune d'Elbeuf au Comité de surveillance du district et au Comité de Sûreté générale.

« 2° Qu'il sera donné avis de ces envois à la commune d'Elbeuf, en l'invitant à faire passer à l'administration la pétition qui lui a été présentée par les citoyens relativement à l'ouverture de l'église, et en lui témoignant, au surplus, l'étonnement et le mécontentement de l'administration d'avoir cédé à la pression d'une tourbe insensée et fanatique et de s'être, par là, rendue en quelque sorte complice de l'infraction faite à la loy ».

Le 8 germinal (28 mars), la municipalité fit enlever le blé déposé dans « le temple »; on le transporta dans une des chapelles, qui fut close par des planches.

Le lendemain, le Conseil municipal eut connaissance de la lettre du District relativement « à l'insurrection » du 5. L'administration supérieure ayant demandé le nom de ceux qui « y avoient le plus marqué », la Commune en venir une vingtaine.

« Après leur avoir représenté leurs torts et demandé s'ils consentoient que les clefs fussent remises à la municipalité, ils répondirent qu'ils n'avoient pas plus fait que les autres ; que, pour s'être trouvés devant, ils n'étoient pas plus coupables ; au contraire, ils avoient été poussés par ceux qui étoient derrière, que, n'étant pas en possession des clefs, ils ne pouvoient les remettre ; qui si eux et tous les autres avoient demandé l'ouverture des églises, c'est qu'il étoit à la connoissance de tout le monde qu'elles étoient ouvertes dans le département de l'Eure et particulièrement à Louviers, chef-lieu de district ; qu'ils croyoient qu'il ne devoit y avoir qu'une loi ; que bien que ce fut le vœu général, ils ne s'opposoient pas à ce que les clefs fussent remises ; mais qu'ils invitoient le Conseil non seulement à le manifester au District, mais encore à l'appuyer.

« Après quoi, les clefs remises par le citoyen Voranger, sur la demande du Conseil, il fut arrêté qu'il en seroit fait part au District et qu'il lui seroit envoyé copie de la pétition avec les noms des signataires ».

L'agent national requit qu'il fut commandé un planton de douze hommes toujours prêts pour dissiper les rassemblements, jusqu'au rétablissement complet de l'ordre. Le Conseil écrivit en ce sens aux commandants de la garde nationale.

Dans une lettre adressée par la municipalité au District, le 11 (31 mars), nous trouvons quelques renseignements complémentaire sur cette affaire :

« Les mêmes femmes qui nous avoient demandé les clefs de la ci-devant église avec tant d'opiniâtreté, ont entendu la lecture de votre lettre avec calme ; elles ont écouté paisiblement nos reproches, et les clefs nous ont été remises.

« Le peuple jusqu'alors avoit été fort tranquille ; mais excité par l'exemple des communes environnantes qui sont du département de l'Eure, par celui même de Louviers, chef-lieu de district, où le culte s'exerce dans les anciennes églises, il a cru pouvoir les imiter ; il a dit que la loi devoit être égale pour tous les départements, et voilà, de son propre aveu, ce qui l'a porté à s'insurger.

« Nous vous le répétons : il est rentré dans l'ordre, mais nous ne pouvons vous dissimuler que son vœu, fortement prononcé, est d'obtenir les églises pour le culte. Tôt au tard il reviendra à la charge, et c'est à vous, citoyens, à nous tracer la conduite que nous aurons à tenir, s'il se porte à quelque nouvel excès.

« Organes de la loi et des authorités supérieures, nous nous ferons toujours un devoir de les faire respecter. Mais la chose n'est pas toujours facile, dans notre commune surtout, dont les sept huitièmes des habitants sont des ouvriers peu instruits et plus disposés, conséquemment, à se laisser entraîner aux insinuations perfides du fanatisme : nous en avons eu le malheureux exemple, puisque, comme vous l'avez vu par notre procès-verbal, nous nous sommes tout à coup trouvés tellement pressés par la multitude que nous n'avons pu sortir ni les uns ni les autres pour commander la force armée... »

A la vérité, la municipalité était en faveur des manifestants, qu'individuellement elle encourageait dans leur réclamation, mais en priant chacun de ne point se livrer à des violences, le temps devant venir à leur aide. Des prêtres invitèrent eux mêmes le peuple au calme, des avis leur ayant été donnés que toutes les églises seraient rendues au culte à bref délai.

CHAPITRE XXI
(DU 12 GERMINAL AU 11 FLORÉAL AN III)
(AVRIL 1795)

LES MUNICIPAUX DÉMISSIONNAIRES. — DÉGATS DANS LA FORÊT. — DES ECCLÉSIASTIQUES REDEMANDENT LEURS LETTRES DE PRÊTRISE. — LA FAMINE A ELBEUF. — LA VILLE MENACÉE D'UNE « DESCENTE » DE RURAUX ; MOUVEMENT DANS LE ROUMOIS. — LES FÉLICITATIONS DU CONVENTIONNEL CASENAVE. — COMPOSITION DE LA MUNICIPALITÉ RÉORGANISÉE. — COMMENT SE FAISAIT LE SERVICE DU POSTE. — LE CI-DEVANT CURÉ GUERSENT.

Le 12 germinal (1er avril), le Conseil manda les citoyens Grandin, Delarue, Ménage, Lenoble et Bailly, démissionnaires, et leur déclara que s'ils persistaient à abandonner leur poste avant d'être remplacés, l'administration se trouverait dans l'obligation de leur appliquer la loi.

Ménage répondit que le déménagement de sa fabrique l'empêchait de s'occuper des affaires publiques avant quinze jours.

Grandin consentit à conserver ses fonctions jusqu'à son remplacement.

Lenoble allégua de nouveau sa mauvaise vue.

Bailly opposa que sa profession d'émouleur était trop pénible déjà, pour y ajouter d'autres affaires.

Delarue dit que ce n'était pas les circonstances actuelles qui l'avaient porté à démissionner, mais parce qu'il habitait maintenant une autre commune.

Ces réponses furent transmises au District, en même temps que l'avis d'une nouvelle démission, celle du citoyen Frémont. Le lendemain, le citoyen Mouton père démissionna à son tour.

Le 14 (3 avril), le représentant du peuple Duport, en mission dans le département, ordonna à Grandin et à Ménage de conserver leurs fonctions.

Ce même jour, deux pétitions, l'une adressée au Conseil et l'autre au District, demandaient l'ouverture provisoire « de la ci-devant église d'Etienne, à la charge d'en payer le loyer, pour l'exercice du culte catholique ».

La pétition avait été présentée au District par des commissaires nommés par la population ; mais le trouble qui existait ce jour-là à Rouen n'avait pas permis à l'administration de leur donner audience. Dans les bureaux, on leur avait dit que « vu leur obéissance de payer la location, l'église leur seroit accordée, l'administration l'ayant fait ailleurs ».

Le Conseil municipal d'Elbeuf délibéra sur celle qui lui était adressée particulièrement et prit cet arrêté :

« Considérant que les communes environnantes sont toutes en possession des églises ; qu'on assure que celle de Caudebec l'a obtenu d'une autorité supérieure... ;

« Le Conseil, l'agent national entendu, a arrêté que les clefs de l'édifice Etienne seront remises aux pétitionnaires, à la charge d'en payer la location et d'obtenir à bref délai l'agrément du District ».

Le 17 germinal (6 avril), plusieurs citoyens de la commune d'Elbeuf demandèrent à louer ou à acquérir l'église de Jean de ladite commune. Leur pétition fut envoyée au Département pour être transmise à la commission des revenus nationaux ».

L'agent général de l'habillement des troupes de la République s'étant plaint à notre corps municipal de ce que plusieurs fabricants paraissaient disposés à changer la fabrication de leurs draps et à les teindre en diverses couleurs commerciales, le maire en informa les manufacturiers. Mais, en même temps, il répondit à l'agent de l'habillement :

« Nous ne devons pas vous cacher les raisons qui nous font craindre que le succès de nos démarches ne soit pas aussi complet que nous le désirons.

« 1º En faisant fabriquer en couleurs, nos manufacturiers ne font que reprendre leur genre accoutumé depuis l'origine de nos fabriques, qu'ils n'avoient suspendu que depuis les demandes qui leur avoient été faites pour les besoins de la République. Ces demandes ayant cessé depuis quelques mois, il n'est pas surprenant qu'ils ayent repris leur ancienne fabrication, et même qu'ils ayent donné une autre destination aux draps qu'ils avoient fait pour le gouvernement, puisque l'espoir de les lui vendre s'évanouissoit et qu'ils ne peuvent alimenter leurs ouvriers que par les débouchés de leurs marchandises.

« La demande qui leur est faite en restitution des 5 0/0 qu'ils croient avoir perçu loyalement, et le non payement de leurs dernières fournitures qui en est la suite, paroissent avoir jeté parmi eux un découragement nuisible aux fournitures que vous réclamez de leur zèle ».

Le citoyen Frérot, garde national des biens nationaux « ayant appartenu à l'émigré le Cordier dit la Londe » eut beaucoup de tourments pendant la période révolutionnaire, car la forêt était envahie par une foule de personnes qui y coupaient du bois, non seulement pour leur usage personnel, mais encore pour le vendre.

Il écrivit bien des fois aux autorités des cantons d'Elbeuf, d'Orival et de Bourgtheroulde, et à l'administration du district sans qu'on prêtât beaucoup d'attention à ses plaintes. Il lui arriva même une aventure qu'il raconte dans une lettre, datée du 18 germinal (7 avril), adressée au Directoire :

« Citoyens, j'ai cru devoir ne pas laisser ignorer à l'administration que les habitans de la ville d'Elbeuf se porte en masse à la dévastation de la vente du Val Larron, distante de 400 pas de la ville ; cette vente est pour être mise en coupe l'année prochaine.

« Les procès-verbeaux des gardes ne suffise pas pour arretter cette dévastation...

« ... La municipalité d'Elbeuf est insousiante sur ses délits, les délinguand entre dans la ville en leure présence. J'ai porté mais plainte en la maison commune plusieure fois et leur ay passé ma déclaration... cela n'a fait prendre aucune mesure pour réprimé cet abus.

« Dernièrement, je me suis transporté en la maison commune pour avoir un piquet de garde nationale, pour me prêter main forte. Je n'ay pu l'obtenir qu'après beaucoup de résistance en ver l'agent national, et après l'avoir obtenu, quant nous fument en marche dans la forest, la garde étant composée en plus grande partye de délinguand, nous nous trouvâmes forcé de les renvoyer, par les menaces que ses citoyens faisoient aux gardes ».

Les bois du Val-Larron ne faisaient point partie des 4.000 arpents saisis sur Le Cordier de Bigars, marquis de la Londe, aliénés à Lemercier.

On sait que ce vallon est aujourd'hui traversé dans toute sa longueur par le chemin d'Elbeuf à la Londe, partant de la route de Bourgtheroulde et dont un embranchement se dirige sur le hameau du Buquet. Il doit probablement son nom fâcheux à quelque événement dans lequel des voleurs dévalisèrent des passants, car il y existait un antique sentier, dont les traces sont encore visibles, qui, de tout temps, fut assez fréquenté.

L'église Saint-Etienne réouverte, il fallut des desservants. Aussi, dès le 18 (7 avril), les citoyens Henri Duhamel, Lebourgeois et Desgenétez, ci-devant curé et vicaires « de la ci-devant paroisse d'Etienne » adressèrent une pétition à la municipalité pour réobtenir leurs lettres de prêtrise. Cette demande fut portée devant le Conseil, le lendemain. L'assemblée décida de s'informer au District de ce qu'elle devait faire.

Quelques jours après, le citoyen Lenoble

réclama également ses lettres de prêtrise. On lui dit d'attendre la réponse du District en ce qui concernait les précédentes.

Les citoyennes Marie et Thérèse Bachelet, journalières, et Pauline Maillard, orpheline, présentèrent une pétition accompagnée d'une rétractation des citoyens qui avaient, le 11 septembre 1792, dénoncé et fait déporter Louis-Nicolas Bachelet, prêtre habitué de Saint-Jean. Le Conseil, après avoir vérifié les signatures et constaté qu'elles étaient les mêmes sur la rétractation comme sur la dénonciation, appuya la pétition.

Le 31 (10 avril), la commission des secours publics adressa une somme de 8.000 livres pour l'hospice d'Elbeuf. Les citoyens Sevaistre et Hayet, administrateurs de l'établissement, se rendirent à Rouen pour toucher cette somme.

Dans la journée, le District reçut une nouvelle demande de secours en grains pour la ville d'Elbeuf, menacée d'un soulèvement du peuple, comme il s'en était produit un à Rouen. Il fut également informé que le corps de ville comptait neuf démissionnaires ou absents et que d'autres, surchargés par les travaux municipaux, menaçaient aussi de se retirer.

Ce même jour, Pierre Dubloc, tambour de ville, obtint une augmentation d'appointements, à condition de battre, quand il en serait requis : « à la place du Coq, sur le milieu de la Rigole, au bord de l'eau, à la porte à Robert, à la porte de Paris, au carrefour de la rue Neuve et de la Justice, à la porte du Neubourg, au carrefour du Couvent, à la ruelle aux Bœufs, à la porte du Thuit-Anger, à l'église d'Etienne, à la porte de Rouen et dans le bas de la rue Notre-Dame ».

Le citoyen Ménage fut dénoncé définitivement à l'agent national du District, pour ne pas vouloir dresser les actes de l'état civil.

Le 24 (13 avril), on dénonça également la commune de Cesseville, qui s'était opposée à la sortie des grains achetés pour Elbeuf.

Le 26 germinal (15 avril), deux gendarmes de Bourgachard déposèrent à la prison d'Elbeuf un nommé Joseph Mouchard, accusé d'avoir assassiné sa mère.

Le procès-verbal de location du jardin de l'ancien couvent des Ursulines est daté du 27; il mentionne l'existence d'une « chapelle ci-devant de Lorette étant au bout du jardin ». Le citoyen Augustin Delarue, fabricant, s'en rendit locataire par le prix de 869 liv. 19 sols, pour l'année.

La famine n'avait jamais été plus grande à Elbeuf qu'à cette époque. Malgré les ordres du District, les communes refusaient de livrer des blés. Le citoyen Maille fut chargé de rédiger une proclamation ayant pour but d'engager les citoyens ayant quelque réserve de partager avec les ouvriers.

Le 28 germinal (17 avril), on apprit à l'Hôtel de Ville que, par suite des excès commis par certains individus dans les villages environnants, la ville était menacée « d'une descente ». Le Conseil prit cette délibération :

« Considérant que les événements sont malheureusement notoires et que le bruit de la descente appréhendée pour demain se renouvelle, a envoyé chercher les deux commandants de la garde nationale et le brigadier de la gendarmerie pour leur faire part de ses inquiétudes et aviser avec eux aux moyens d'y remédier.

« Lesdits commandants arrivés ont observé qu'ils étoient dans l'intention de faire tout ce qui dépendroit d'eux pour arrêter et prévenir les malheurs dont la commune est menacée ; mais qu'ils avoient la triste expérience qu'ils ne pourroient guère compter sur la majeure partie de la garde nationale, surtout depuis les mesures que l'affreuse pénurie de subsistances a nécessitées et le manque absolu d'armes et de munitions. Que cependant ils alloient prendre les dispositions convenables pour, au besoin, faire une vigoureuse résistance ; mais qu'ils croyoient à propos de prévenir sur le champ le District de ce qui se passe et de leur demander le secours d'une force armée ».

Trois cents hommes furent commandés pour le lendemain et on se tint prêt à battre la générale en cas d'une menace sérieuse. On distribua les quelques fusils et sabres dont la commune avait la garde, et il fut décidé que le Conseil se réunirait le lendemain et resterait en permanence.

Des avis arrivèrent dans la matinée du lendemain. Il paraissait certain « que la troupe de malveillants s'étoit jetée sur le Roumois », et que s'il n'y avait rien craindre pour le jour même, il en était autrement pour les suivants.

Une lettre de Marcouville arriva. Elle annonçait que, la veille, une bande de 500 personnes des communes voisines, notamment de la Londe et de Boscroger, s'y était portée en masse et avait fait « des menaces terribles, suivies de perquisitions les plus rigoureuses, entre autres chez un cultivateur où, à force de mauvais traitements, ces individus avoient fini par faire dire où étoient deux sacs de bled qu'il possédoit et dont ils s'étoient emparés, ainsi qu'ils avoient agi ailleurs les jours précédents. Ils n'avoient pas dissimulé leurs projets sur Elbeuf et avoient annoncé hautement qu'ils y descendroient au premier moment et même la nuit ».

Cette lettre peu rassurante fit prendre une nouvelle délibération au Conseil général de notre ville :

« Considérant que le danger n'est que trop réel et que les forces de la Commune ne suffisent pas pour en imposer aux brigands, dont il paroît que le nombre accroît chaque jour faute de répression, et qu'il est de son devoir d'en instruire les autorités supérieures et d'en solliciter les secours qu'exigent les circonstances ;

« Le Conseil a arrêté que le District seroit informé du danger de notre situation présente et sollicité de pourvoir au plus tôt notre commune d'une force armée, qu'il paroît indispensable de porter à cent hommes de cavalerie, pour contenir les brigands qui nous menacent.

« Qu'en conséquence, copie de la présente délibération lui sera portée de suite par le citoyen Maille.

« Arrêté, de plus, qu'il sera donné ordre aux commandants de la garde nationale de tenir prêts chaque jour dix hommes par compagnie pour se rendre au premier ordre ; en outre d'établir une patrouille de 50 hommes indépendamment du service ordinaire et de rappeler à chacun des gardes nationaux l'exactitude qu'exige de leur part la permanence à laquelle ils sont requis ».

Ce même jour, le trop célèbre général Danican, qui commandait à Rouen, écrivit à la commune d'Elbeuf qu'il allait lui envoyer deux pièces de quatre, les canonniers nécessaires pour leur service et cent hommes d'infanterie.

Disons en passant que le général Auguste Danican, alors âgé de 32 ans, avait déjà été destitué. De Rouen, il fatiguait la Convention de ses dénonciations contre les généraux ayant été comme lui en Vendée. Il trahit la République plusieurs fois et, par contumace, fut condamné à mort. Réfugié à Londres, sa vie ne fut qu'une suite de méprisables intrigues ; il mendia le pain de la trahison et se mit à la solde de l'Angleterre pour une pension de 12.000 fr. En 1799, il combattit la France dans un corps d'émigrés. On l'accusa d'avoir trempé dans l'assassinat des plénipotentiaires français à Rastadt. Le restant de sa vie valut celle qu'il mena pendant la Révolution et l'Empire. Danican ne mourut qu'en 1848.

La municipalité d'Elbeuf fit part de ses craintes au District : « Nous n'avons ni armes ni munitions, et nous ne pouvons pas trop compter sur notre garde nationale, dont la majeure partie, étant sans pain, refuse ou ne fait que mollement le service ; elle est composée en plus grand nombre d'ouvriers, dont les intentions peuvent être bien douteuses pour prévenir les suites funestes que pourroit occasionner la faim, peut-être encore plus la malveillance...

Cette lettre se continuait en prévenant que la ville ne disposait d'aucunes subsistances pour les hommes et les chevaux. «Cette force étrangère aideroit à rehausser le courage de nos citoyens, calmeroit les vives inquiétudes où nous sommes plongés et seroit bien plus faite pour en imposer aux brigands, qui ne viendroient ici que pour piller ou dévaster les propriétés... »

Des commissaires, envoyés par notre corps municipal à Doudeville pour y prendre des blés accordés par le District, étant revenus et ayant annoncé qu'il n'y avait rien dans ce bourg, la municipalité envoya d'autres délégués au District, ce même jour, avec une lettre exprimant le désespoir dans lequel se trouvait toute la ville, restée complètement sans pain.

L'attitude de notre municipalité dans les circonstances que nous venons de rapporter, avait été signalée au représentant Casenave. Il adressa une lettre de félicitations au District, qui fut transmise à Elbeuf. En voici le texte :

« Les délibérations des 28 et 29 germinal que vous m'avez adressées de la part de la commune d'Elbeuf par votre lettre, méritent au Conseil général les plus grands éloges.

« Sa conduite dans les circonstances où elle s'est trouvée est une preuve évidente des bons principes qui l'animent. Elle a sçu allier à beaucoup de prudence et de sagesse, l'énergie qui convient à des magistrats qui sont sincèrement préoccupés du désir de faire respecter les lois, en veillant à la sûreté des personnes et au respect des propriétés.

« Empressez-vous de leur transmettre ma lettre comme un témoignage authentique que je dois à leur zèle civique, qui a contribué à prévenir des désordres qui auroient gravement compromis la tranquillité publique.

« Je vais adresser à la Convention nationale

toutes les pièces qui me sont parvenues. Je lui enverrai aussi copie de la lettre que je vous écris, et je ne doute pas qu'elle ne partage ma satisfaction. Comptez sur l'activité de mes mesures pour assurer le succès de celles que vous avez déjà adoptées pour faire régner le bon ordre. — CASENAVE ».

Le représentant Antoine Casenave, originaire des Basses Pyrénées, était alors âgé de 32 ans. Il avait voté la détention de Louis XVI jusqu'à la paix et poursuivi Marat de ses attaques. C'était un modéré. Plus tard, il entra aux Cinq-Cents et fut l'un des préparateurs de la Constitution de l'an VIII. Il fit, plus tard encore, partie du nouveau Corps législatif et devint membre de la Chambre des représentants, en 1815. Il mourut en 1818.

Au commencement de floréal, notre municipalité fut invitée à remettre les lettres de prêtrise à ceux qui en feraient la demande.

Le 1er floréal (20 avril), le Conseil alloua 300 livres par an à Viard, chargé « depuis la clôture des églises de les tenir propres et monter l'orloge de celle de Jean ».

Ce même jour, le procureur-syndic du district envoya à notre commune un arrêté du citoyen Casenave, représentant du peuple en mission dans la Seine-Inférieure, prescrivant le renouvellement de la municipalité elbeuvienne.

Le Conseil général communal se réunit en séance plénière le 4 (23 avril), à dix heures du matin. « Le citoyen Thiessé, procureur-syndic près le District » était présent. Il donna lecture de l'arrêté de Casenave, mentionnant « l'urgence de renouveler promptement la municipalité de la commune d'Elbeuf, qui se désorganisoit tous les jours » et en fixa la composition comme suit :

Maire : Nicolas Saillant ;

Officiers municipaux : Pierre-Henri Hayet, Pierre Duval, Jacques Quesné fils, Jacques-Pierre Delacroix, J.-B. Petitgrand, Augustin Boivin, Jacques Lécailier (ces cinq derniers étaient fabricants de draps) et Pierre-Martin Hayet, rentier.

Procureur-syndic : Marin-Joseph-Mathieu Duruflé.

Notables : Pierre Maille jeune, J.-P. Lebailly, Nicolas Osmont, Jean Jamay, Nicolas-Constant Fouard, Ambroise Flavigny, J.-P.-Alex. Adam, Join-Lambert, Louis Sevaistre, Ambroise Girard, Jean Cherel aîné, Joseph Flavigny, Vinet fils aîné, Mathieu Quesné fils, Letellier fils, Leroy-Mettais, Lecardé.

Les présents prêtèrent serment à l'instant même ; les absents furent prévenus de venir prendre leur poste, après avoir également prêté serment.

Le citoyen Boivin fut chargé de l'état-civil pour la section du Nord, et le citoyen Ambroise Flavigny du même service pour celle du Sud. Celui-ci demanda à ne remplir cette fonction que pendant trois mois et à en charger les autres membres de la municipalité à tour de rôle, ce qui fut accepté.

Le rapport du citoyen Mouton fils, officier chef de poste le 6 floréal (25 avril), va nous apprendre comment était parfois fait le service de la garde nationale :

« ... La garde a été complétée le plus mal possible. Trois citoyens des Écameaux ont manqué, ce sont les nommés Gervais, Lefebvre et Morel. De plus, le citoien Saval ne s'est pas trouvé au poste et a bravé la garde nationale en se présentant plusieurs fois à la place du Coq. Le citoien Saint-Amand a abandonné son poste, quitté sa faction et laissé son arme dans la guérite. Le citoien Petitgrand fils a quitté son poste et mis sa pique aux mains du caporal et n'a pas reparu. De sorte que moi, officier du poste, ai été obligé de me mettre dans la guérite pour y faire la faction et ne pas laisser le poste vacant. Le commandant m'a trouvé lui-même dans la guérite ».

Quelques jours après, le citoyen Pierre-Nicolas Bourdon, officier de garde, nota dans son rappport que, s'étant absenté, tous les hommes du poste disparurent pour aller chercher du pain, de sorte que le service ne put être fait. — Les jours suivants, pareils faits se renouvelèrent.

Un détachement de hussards arriva à Elbeuf le même jour, 6 floréal. Il se composait de vingt cinq hommes, commandés par le citoyen Minage, adjudant-major. Les fourrages pour les chevaux furent emmagasinés provisoirement dans « la ci-devant église Jean », et quelques jours après dans le local occupé précédemment par la Société populaire.

Le lendemain 7 (26 avril), le citoyen Capplet fils, officier de la garde nationale, se plaignit de ce que sur douze hommes commandés pour le poste, il s'en était présenté cinq seulement. Les absents furent remplacés à leurs frais.

Nous lisons sur l'un des registres du District :

« 7 floréal an III. — Le Directoire, vu la pétition du citoyen Le Roy-Métais au représentant du peuple en mission près le département de la Seine-Inférieure, tendant à être remplacé dans ses fonctions de notable dans la commune d'Elbeuf, fonctions auxquelles il a été appelé par arrêté...

« Considérant que tout bon citoyen ne peut se refuser à aider de ses lumières ses concitoyens et à partager les charges publiques lorsqu'il il y est appelé ;

« Considérant aussi que les motifs allégués par le pétitionnaire ne sont que des prétextes frivoles, parce qu'il ne s'agit pas ici d'être jurisconsulte, et que les fonctions qui lui sont confiées ne doivent l'occuper que quelques heures par jour ;

« Est d'avis que le pétitionnaire soit conservé membre du Conseil général de la commune d'Elbeuf ».

Le citoyen Lebailly, aussi notable d'Elbeuf, avait également remis sa démission à Casenave. Le Directoire du district statua ainsi sur son cas :

« ... La demande du pétitionnaire nécessite quelques attentions à cause de sa profession d'émouleur. Il est certain qu'il ne s'y livre que le matin, et qu'il lui reste conséquemment plus de temps qu'il ne lui en faut pour s'occuper de la chose publique, d'où il suit qu'il a plutôt consulté sa convenance particulière que l'intérêt général, rejette », etc.

Les désertions du poste par les gardes nationaux, se renouvelant continuellement, firent l'objet d'une délibération municipale le 8 floréal (27 avril) :

« Considérant que depuis l'affreuse pénurie de subsistances, les citoyens de cette commune et particulièrement les ouvriers, obligés de parcourir les campagnes pour se procurer des vivres, se dispensent de satisfaire au commandement qui leur est fait pour le service et donnent pour excuse des motifs puissants.

« Considérant aussi qu'il n'est guère possible à des magistrats du peuple de sévir contre des infortunés qui, obligés de perdre un temps considérable pour pourvoir à leur subsistance, se trouvent encore commandés d'un service qui leur devient singulièrement à charge eu égard aux circonstances.

« Considérant encore que plusieurs officiers et sous-officiers de la garde nationale de cette commune ne sçavent ni lire ni écrire, et que la loi veut que tout officier soit au moins en état de rédiger un procès-verbal.

« Le Conseil, le procureur-sindic entendu, a arrêté qu'il seroit écrit au représentant, au District et au général Dalicant — lire Danican — pour les inviter à procéder, dans le plus bref délai, à une nouvelle organisation de la garde nationale de cette commune ; et vu l'urgence des mesures à prendre concernant cet objet, il a été arrêté que le citoyen Félix Lefebvre, commandant en chef d'un bataillon de laditte garde nationale, seroit invité de se porter à Rouen vers les suslittes authorités pour solliciter l'effet le plus prompt du présent ».

Le 9 (28 avril), le District fut, en effet, informé que la garde nationale de notre ville était en pleine désorganisation, par suite du manque de subsistances ; la majeure partie des citoyens la composant étant obligés de se répandre au loin dans les campagnes « pour trouver une heure de vie et prolonger ainsi leur misérable existence ».

Le 11 floréal (30 avril), les citoyens Pierre-Henri Hayet, Duval et Saillant, maire, membres du Conseil général révolutionnaire de la commune, écrivirent au procureur syndic du District :

« Frère et ami,

« ... Vous nous demandez des renseignements sur le compte du citoyen Jean-François Guersent, qui a obtenu le 12 ventôse dernier un certificat de résidence en notre commune.

« Nous vous dirons donc que ce citoyen, ci-devant curé à Caudebec, où après avoir prêté serment en cette qualité, il n'a cessé de se montrer sur la ligne du patriotisme. Depuis, il s'est occupé de fabriquer quelques draps dans notre arrondissement, où il résidoit, lorsqu'en messidor dernier, l'arrestation du ci-devant évêque de Montauban ayant donné lieu à quelques recherches contre lui, de la part du Comité de surveillance de notre commune, il prit le parti de s'y soustraire par la fuite. Ce qui nous a fait croire que la terreur de ce temps-là y eut plus de part que la crainte de poursuites fondées sur la loi, c'est qu'il reparut avec assurance peu de temps après le 9 thermidor et que, depuis cette époque, il est constamment resté au grand jour. Au surplus, nous n'avons appris à son égard rien qui puisse porter atteinte à son civisme... »

Le même jour, en réponse à une lettre de la commune d'Elbeuf, dans laquelle étaient exposées les souffrances de notre population par le défaut de vivres, le District autorisa la municipalité elbeuvienne à contracter un emprunt volontaire de 500.000 livres pour acheter des grains ; mais cet emprunt n'eut pas lieu.

Ce même jour encore, à l'effet d'acheter des médicaments aux pauvres malades, le Conseil général d'Elbeuf arrêta qu'une quête serait faite en ville par les citoyens Constant Bourdon, Lefort, Grandin et Moïse Duruflé, lesquels « s'adjoindroient chacun une citoyenne à son choix ». Cette quête produisit la somme de 1.885 livres 13 sols 9 deniers, qui fut remise à l'agence communale de secours.

CHAPITRE XXII
(DU 12 FLORÉAL AU 13 THERMIDOR AN III)
(MAI-JUILLET 1795)

Horrible famine ; des malheureux paturent l'herbe ; d'autres meurent de faim. — Chantelou et Gosselin. — Reprise du culte catholique. — Arrivée de nouveaux prisonniers de guerre. — Adresse au Comité de Salut public. — Nouvelles démissions municipales. — On réorganise la garde nationale. — Une bonne opération financière.

Le 14 floréal, le Conseil général de la commune fit passer à l'administration du district une pétition qu'il se proposait de présenter au représentant du peuple en mission dans le département et par laquelle, après avoir exposé l'état de détresse et de famine où les habitants de la commune se trouvaient réduits, il réclamait un secours en grains à prendre sur ceux mis à la disposition du Conseil général, et invitait le Directoire à donner son adhésion à cette pétition :

« Sur quoy délibéré, le procureur sindic

entendu, les administrateurs du District arrêtent d'attester à qui il appartiendra qu'il est à leur connoissance que la commune d'Elbeuf est dans une situation digne de la sollicitude des représentants du peuple, tant à raison des besoins de sa population et de ses manufactures qu'à raison de la constance qu'elle a mise et qu'elle met à souffrir la mauvaise fortune. Les administrateurs du district ne pouvant venir à son secours, n'ayant point de grains à leur disposition, la recommandent spécialement à la justice et à l'humanité du représentant du peuple ».

Dans la pétition adressée au représentant du peuple, alors en mission au Havre, notre municipalité exposa que les ouvriers ne pouvaient plus travailler, faute de nourriture, que plusieurs d'entre eux étaient morts de faim, et que beaucoup d'autres étaient exposés au même sort. Elle se terminait ainsi : «Veuillez arracher 6.000 infortunés à une mort inévitable en nous procurant au plus tôt des subsistances, quelles qu'elles soient, sur celles mises à votre disposition... »

Le 16 floréal (5 mai), le Directoire statua en ces termes sur la démission donnée par le citoyen Saillant, maire :

« ... Considérant qu'il a été appelé en la place qu'il occupe par la confiance de ses concitoyens ; que son zèle, son patriotisme et sa sollicitude pour ses administrés la lui ont justement conservée, et qu'il importe au bien particulier de cette grande commune que le citoyen Saillant reste à la place dont il a si bien rempli les devoirs, est d'avis que, loin d'accepter la démission du citoyen Saillant, il soit invité à rester à son poste et encouragé par le citoyen représentant à continuer des fonctions où il s'est acquis l'estime et la confiance générale de ses concitoyens ».

Les quinze communes du canton souffraient presque autant de la famine que notre ville ; aussi une entente se fit-elle pour acheter en commun des subsistances à l'étranger. On décida, le 18 floréal (7 mai), d'y employer une somme de 264.057 livres prêtée par le gouvernement.

Des commissaires d'approvisionnement furent nommés. Les choix se portèrent sur Duval pour Elbeuf ; Robert Tardif pour Grand et Petit-Couronne, Moulineaux et la Bouille ; Jean Chantelou pour Orival, Caudebec et la Londe ; J.-P. Védie pour Freneuse, Tourville, Sotteville, Cléon et Saint-Aubin, et Louis Vachelet pour Oissel et Saint-Etienne.

Une autre commission intercommunale fut chargée de la comptabilité.

La copie d'une lettre, datée du 26 floréal (15 mai), adressée à la ville de Rouen probablement, que nous trouvons dans les archives municipales, fait un terrible tableau de la situation : « ... Nos malheureux concitoyens sont tellement affamés, qu'un grand nombre d'entre eux sont réduits à pâturer dans les champs comme les animaux. Veuillez donc prendre en considération leur malheureuse position et nous mettre à même de les sauver de la mort la plus affreuse ».

Il paraît qu'à cette date, le citoyen Jean Chantelou, d'Orival, était procureur de la partie rurale du canton d'Elbeuf ; car c'est de ce titre qu'il se qualifie dans une lettre du 27 (16 mai) adressée au procureur-syndic du District.

Dans cette lettre, Jean Chantelou, qui plus tard fut président de l'administration du canton d'Orival, puis maire de cette commune, se plaint du juge de paix du canton d'Elbeuf, à propos des événements ayant eu lieu dans les journées des 5 et 6 germinal. Le juge de paix ne cessait de dire que c'était Chantelou qui le contraignait à poursuivre les auteurs de ces troubles, que c'était Chantelou qui les avait envoyés chercher par des cavaliers pour les conduire à l'audience de la justice de paix, et que s'ils étaient malheureux, c'était à lui, Chantelou, que le juge de paix en faisait remonter la cause.

Le juge de paix disait encore que Dieu ferait bientôt connaître la vérité ; mais en attendant, il engageait les citoyens soupçonnés à ne pas coucher chez eux. Chantelou ajoutait :

« J'ai vu un bateau chargé de marchandises pour le compte de la République, destiné pour Paris, qui a été arrêté à Oissel, où les habitants ont pris 92 sacs d'orge appartenant à la commune de Paris qui étaient dedans. Comme le juge de paix informait contre les auteurs, il dit à tous que c'est moy qui fais suivre cette affaire, de manière que l'on m'en veut beaucoup dans cette commune.

« Hier, deux hommes et une femme ivres sont venus m'accabler de sottises et de menaces, en répétant tout ce que leur avait dit le juge de paix...

« Je prends le parti de vous écrire pour vous prier de faire votre possible pour faire cesser le citoyen Gosselin, juge de paix, de me calomnier... Je ne parle pas du maire d'Orival, qui est son gendre et n'en dit pas moins que lui ; mais comme il est connu dans la commune pour un mauvais sujet, on ne fait pas beaucoup de cas de ce qu'il dit... »

Quelques jours après, le juge de paix fut appelé à Rouen par le procureur syndic du District.

Le 27 également, ni l'officier ni les fusiliers commandés pour le service de la garde du poste, ne se présentèrent. Le commandant Lefebvre reçut mission d'aller à Rouen pour conférer avec le général Danican, qui avait promis de se rendre à Elbeuf pour réorganiser la garde nationale, mais n'en avait rien fait.

Le 29 (18 mai), le poste fut encore désert, chacun des hommes commandés étant allé en campagne pour essayer de se procurer des vivres. Le Conseil municipal, afin d'alléger le service, décida qu'il consisterait, jusqu'à nouvel ordre, à prendre la garde à la chute du jour et à faire des patrouilles jusqu'à deux heures du matin, après quoi les hommes pourraient se retirer chez eux et y rester en permanence, prêts à prendre les armes au premier signal.

Le 1er prairial (20 mai), on reçut une lettre du District demandant « l'état des terroristes pouvant se trouver à Elbeuf ».

Les assignats « à face royale » avaient été démonétisés ; il s'en trouvait dans la caisse municipale pour 3.255 liv., que l'on échangea contre ceux de la dernière émission dits nationaux.

Le commune avait été avisée du prochain départ des hussards. Le 8 prairial (27 mai), on remontra au général Danican que la garde nationale était complètement désorganisée et que depuis huit jours tout service avait cessé ; que les hussards, en plusieurs circonstances, avaient favorisé l'arrivage de subsistances ; qu'il importait à la sûreté publique qu'une force armée restât dans notre ville pour en imposer aux malveillants. En conséquence, le général était prié de laisser ces cavaliers à Elbeuf.

Cette lettre fut inutile. Le lendemain, les hussards quittèrent notre ville. Le Conseil, assez inquiet sur les suites que pourrait avoir ce départ, fit un appel aux citoyens de bonne volonté pour établir un poste, jusqu'à la réorganisation de la garde nationale.

A cette époque, des blés arrivaient de temps à autre du Havre, où le citoyen Desgenétez, agent d'Elbeuf, opérait pour le compte de notre ville.

Le représentant Casenave se plaignit au District de ce qu'il se formait des rassemblements aux portes des édifices consacrés au culte. Il fut répondu par la municipalité que le cas ne s'était pas présenté à Elbeuf.

On reçut de Paris, le 13 prairial (1er juin), une lettre du citoyen Tourneville, par laquelle il informait notre municipalité « qu'il avoit aperçu, au faubourg Antoine, des citoyens d'Elbeuf grands partisans de Balleroy et en cette qualité terroristes », lesquels avaient échappé à sa vigilance, et il invitait notre administration municipale de lui envoyer les noms de ceux qui pouvaient être rangés dans cette catégorie.

Notre commune répondit qu'elle ne voyait pas qui ces gens pouvaient être, ne connaissant personne de ce genre à Elbeuf.

Ce même jour, un grand nombre de femmes et d'enfants se présentèrent devant le Conseil et demandèrent « avec chaleur et menaces des subsistances » et annoncèrent qu'ils reviendraient le lendemain en plus grand nombre, attendu, dirent les femmes, qu'elles manquaient de pain ainsi que leurs enfants. Le Conseil envoya immédiatement des commissaires à Rouen pour demander des vivres.

Le lendemain, le citoyen Desgenetez fit savoir qu'il avait obtenu 500 quintaux de blé pour le District, et qu'il espérait qu'une partie serait réservée à la ville d'Elbeuf.

Le Conseil, au reçu de cette lettre et le besoin de nourriture devenant de plus en plus pressant, adressa une proclamation aux citoyens aisés, les invitant à partager leurs vivres avec ceux qui en étaient totalement dépourvus, et pour cela les priait d'envoyer ce qu'ils pourraient à la maison commune.

La journée du lendemain 15 prairial (3 juin) fut marquée par les déclarations des citoyens Henri Duhamel, Louis Thomas Picot, Charles Portien Pinel, Charles Lebourgeois et Noel Desgenétez, ministres du culte catholique, d'exercer les actes de leur ministère dans les églises d'Elbeuf.

Quelques instants après, le Conseil reçut deux pétitions demandant, l'une la libre disposition de « l'édifice de Jean pour l'exercice du culte catholique, la seconde la remise de divers objets provenant de la dépouille de cette église et restés à la maison commune ». Ces deux pétitions reçurent un accueil favorable.

Il en fut de même pour une troisième, demandant la remise des tableaux, lustres et et autres objets « ayant ci-devant servi à la décoration de l'église d'Etienne ».

Deux autres prêtres, les citoyens Michel

Eudier et André Levillain, avaient demandé à exercer les fonctions sacerdotales dans leur domicile respectif, sans avoir fait soumission aux lois. Comme ils ne célébraient pas d'offices religieux publiquement, ils n'avaient pas été empêchés.

L'ancien bedeau de Saint-Jean, Zacharie Osmont, dont nous avons déjà cité quelques curieuses appréciations sur la Révolution, conclut en ces termes :

« Enfin, après tous désordres dont le soidisant temple de la Raison, où on n'avait respecté la chaire que pour y faire lecture des Lois par un orateur de la Société ; car sans cela elle auroit été coupée et hachée par les malfaisants; en 1795, le 3 de juin, après bien des démarches faites et vertu des lois qui laissaient la liberté des cultes, cinq citoyens : Pierre Passot, épicier ; Ambroise Flambart, fabricant ; Pierre Bénard, charpentier ; Baptiste Luce, fabricant; Nicolas-Victor Deshayes, s'étant intéressés pour recouvrer ladite église et ayant eu les clefs à l'heure de midi, la veille du Saint-Sacrement, il se trouva, dans cette demi-journée, un grand nombre de citoyens zélés pour rétablir et célébrer de leur mieux ladite fête, qui fut solennisée avec toute la pompe ordinaire. S'étant présentés quatre chantres de bonne volonté, Victor Huet, Louis Bisson, Zacharie Osmont, l'auteur du présent récit, et Louis Viard, et l'ancien curé, le sieur Portien Pinel, ayant officié... »

Les dévastations dans les églises de notre région n'avaient pas été très grandes. On n'en avait guère enlevé que les cloches et les matières d'or et d'argent, le fer et le cuivre, à cause des besoins de la défense nationale. Les œuvres d'art avaient été respectées, au moins généralement, grâce souvent aux anciens curés ou vicaires qui entrèrent dans les administrations municipales. C'est ainsi, par exemple, que fut conservé le magnifique jubé de Moulineaux, don d'un Garin, ancien bailli d'Elbeuf, ainsi que les boiseries des autres églises.

Une colonne de 150 prisonniers de guerre arriva à Elbeuf le 18 prairial (6 juin). Quinze hommes de la garde nationale firent des patrouilles toute la nuit. Les prisonniers quittèrent Elbeuf le lendemain.

Les cendres provenant des bruyères brûlées et restées sans emploi furent vendues à la criée, le 21 prairial (9 juin), « dans le cimetière attenant à l'église de Jean ». Il y en avait 26 muids ; on en retira 164 livres. Le premier muids avait trouvé preneur pour 14 liv. 15 s., mais les autres ne furent adjugés que pour 6 livres chacun.

Un état, daté du 22 prairial (10 juin), constate que les terres en culture dans le territoire d'Elbeuf « se composent de 30 arpents 60 perches en bonnes terres, de 171 arpents 98 perches de terres médiocres, et de 59 arpents 45 perches de mauvaise terre. En plant, il y a de quoi faire 66 muids et demi de cidre ».

La famine continuant toujours, le Conseil général de notre ville prit la résolution, le 25 prairial (13 juin), de s'adresser au Comité de Salut public, à Paris, auquel il exposa l'état misérable de notre population, restée presque sans secours de la part du District, depuis la cessation des réquisitions.

« Nos ouvriers ne se sont soutenus jusqu'à présent qu'en parcourant les campagnes à dix et quinze lieues d'étendue pour se procurer une

LE JUBÉ DE MOULINEAUX

foible quantité d'aliments qu'ils n'obtenoient de l'impitoyable laboureur qu'avec les plus grands sacrifices, soit en assignats soit en meubles.

« Mais actuellement, qu'ils sont dépouillés de tout et se trouvent réduits à se nourrir des végétaux les plus grossiers et les plus mal sains, tels que la vesce, pois gris, herbes et racines, exténués de fatigue et de faim, leurs bras se refusent aux travaux accoutumés ; la famine se montre à eux avec toutes ses horreurs, et déjà plusieurs y ont succombé !

« Nous le disons en vérité, rien ne peut égaler leurs souffrances, que la patience avec laquelle ils les endurent. Et il est encore vrai de dire que s'ils souffrent patiemment, c'est qu'ils savent que la liberté doit être le prix de leurs maux, et c'est sous ce rapport qu'ils sont dignes de l'attention du gouvernement.

« C'est donc à vous, citoyens, que nous nous adressons pour venir au secours de nos malheureux concitoyens dans la situation affreuse qui les accable, en assurant à 5.860 individus une livre de subsistances par jour sur celles qui arrivent journellement au Havre, ainsi que vous l'avez fait pour différentes communes qui, comme la nôtre, ne récoltent ny seigle ny froment... »

Cette pétition fut adressée au citoyen Henri Delarue fils, d'Elbeuf, résidant à Paris, avec prière de l'appuyer auprès du Comité de Salut public.

Le lendemain, le même Comité fut prévenu qu'en vertu de la loi du 30 germinal précédent, la ville d'Elbeuf était dans l'intention de faire un emprunt de 500.000 livres pour acheter des subsistances.

Le 29 (17 juin), on reçut une lettre du citoyen Desgenétez qui causa beaucoup de satisfaction dans notre ville. Il annonçait qu'il venait d'arriver au Havre huit navires chargés de blé et autant de riz. Le Conseil délégua le citoyen Saillant, maire, pour aller au District solliciter une partie de ces subsistances. Séance tenante, des membres de la municipalité furent chargés de rédiger un mode d'emprunt pour réunir une somme suffisante aux achats prémédités.

Le 2 messidor (20 juin), on reçut un décret de la Convention nationale, daté du 28 prairial, concernant la réorganisation de la garde nationale.

Le Conseil général arrêta que les citoyens sans fortune, domestiques, journaliers et manouvriers, qui désireraient faire partie de la garde nationale, seraient prévenus de se faire inscrire ; que les citoyens désireux de se former en compagnie de grenadiers ou de chasseurs devraient également en faire la déclaration.

Les piques en possession des anciens gardes nationaux furent rapportées à la maison commune.

Vers cette époque, le citoyen Vitecoq donna sa démission d'instituteur public. Brument, instituteur également, réclama de la municipalité une des chambres occupées par l'agence de secours en la ci-devant maison conventuelle des Ursulines. Il en fut référé à l'agence, qui accorda le local demandé.

Un certificat de civisme fut délivré, le 7 messidor (25 juin), à la citoyenne Françoise Sauvée, ex-religieuse de Saint-François de Louviers, domiciliée à Elbeuf depuis cinq mois.

Quelques jours après, pareils certificats furent délivrés aux citoyennes Marie-Rose Patallier, ex-religieuse de la Visitation de Rouen ; Aimée Quesné, ancienne carmélite de Saint-Denis, et Hortense Delacroix, ex-religieuse de la Visitation de Sainte-Marie de Rouen.

Le 9 (27 juin), on décida que les lois seraient publiées au son de caisse, dans les rues et carrefours de la ville.

On arrêta que la farine serait vendue jusqu'à nouvel ordre, au prix de 3 livres 10 sols la livre de poids, et l'on remit 70.000 livres au citoyen Desgenetez pour acheter du riz au Havre. Malheureusement, Desgenetez ne put rien acheter. A cette nouvelle, on écrivit au District, et Desgenetez fut prié de réclamer auprès du représentant du peuple alors en mission au Havre.

Le 12 (30 juin), les deux commandants de la garde nationale furent requis pour faire dresser par chaque capitaine la liste, par ordre de domicile, de tous les citoyens existant dans l'arrondissement de leur compagnie, âgés de 16 à 60 ans. Les citoyens peu fortunés devraient donner les motifs de leur refus, le cas échéant. Les tableaux des inscrits seraient ensuite remis au comité militaire municipal, pour être divisés en compagnies de 77 hommes chacune. Enfin une réunion générale des inscrits aurait lieu le décadi suivant à dix heures du matin, « pour la section Nord en l'édifice de Jean et pour la section Sud en celui d'Etienne ».

Il paraît que les rues d'Elbeuf n'étaient pas encore remarquables par leur propreté ; car, le 13 messidor (1er juillet), le procureur de la Commune fut invité à prendre les voies convenables pour faire enlever les immondices dont elles étaient infectées et qui corrompaient l'air.

Ce même jour, le citoyen Lebailly, fabricani, abandonné de sa femme depuis six mois, déposa une demande en divorce.

Le 15 (3 juillet), le citoyen Marin-Joseph Duruflé, procureur de la commune d'Elbeuf, se rendit à Oissel comme commissaire délégué par le Directoire du district, pour installer la nouvelle municipalité de ce bourg.

Le même jour, l'administration départementale reçut une lettre du Conseil général de la commune d'Elbeuf tendant à obtenir une quantité de subsistances sur celles qui étaient à la disposition du département. Le Directoire, consulté, déclara que « n'ayant aucune connoissance des dits bleds et des fonds sur lesquels ils ont été payés, il ne peut donner d'avis sur la pétition, et atteste, au surplus, que la commune d'Elbeuf est dans un état de pénurie réellement alarmant, et que sa position, comme celle de toutes les autres communes rurales du district, mérite de fixer toute la sollicitude du Directoire du département ».

Une note des registres des délibérations du District de Rouen mentionne que parmi les émigrés se trouvait le sieur Dupont, d'Elbeuf.

On reçut, le lendemain, une lettre du citoyen Desgenetez annonçant que le prix du riz était de 12 à 13 livres la livre de poids ; il demandait s'il fallait en acheter à ce cours. On lui répondit de ne point traiter au dessus de 6 livres la livre. Et comme le citoyen Casenave, représentant du peuple se trouvait ce jour-là à Elbeuf, le Conseil s'empressa de lui remettre une pétition en demande de subsistances.

Le 19 (7 juillet), on ordonna le curage « des puchots » par les riverains et à leurs frais.

Les fabricants adressèrent une pétition au Comité des finances pour obtenir de la petite monnaie, qui manquait à peu près complètement et rendait impossible le payement des ouvriers. La municipalité appuya cette demande.

Le 21 (9 juillet), on reçut avis du District que des brigands se répandaient chez les cultivateurs, sous prétexte de s'y faire délivrer des grains. La Commune était invitée à mettre tout en usage pour réprimer ce brigandage ; ce qu'elle ne put faire, puisque sa garde nationale n'était pas encore réorganisée. Du reste « les brigands » ne se montrèrent pas aux environs de notre ville.

On reçut également l'avis de l'arrivée prochaine des citoyens Forfait, ingénieur en chef de la marine, et Drappier, ingénieur des travaux publics, chargés d'améliorer les passes de la rivière et d'examiner le chemin de haage.

En raison de la cherté croissante des subsistances, le salaire de la citoyenne Revel, concierge de la maison de ville, fut porté de 150 à 1.000 livres.

A cette époque, le riz valait, en assignats, 7 livres la livre et la farine de blé 4 livres.

Le district d'Orléans fit faire des recherches à Rouen et à Elbeuf au sujet de 23 cuillers et fourchettes en argent, provenant du dépôt qui lui avait été fait de l'argenterie de feu citoyen Brissac, massacré à Versailles. Cette argenterie portait deux écussons ; celui de droite : *d'azur, à deux poissons de sable*, et celui de gauche : *de sable, à trois bandes dentelées surmontées d'une couronne* et ornée d'un manteau ducal. Il avait été également volé un cachet d'argent représentant un sanglier, et divers autres objets, notamment un couteau de chasse et une paire de boucles.

Deux officiers municipaux et cinq notables ayant remis leur démission, Casenave, représentant en mission dans le département, arrêta le 30 messidor (18 juillet), que :

Les citoyens Pierre Thomas Adam et Nicolas Louvet seraient nommés officiers municipaux, en remplacement de Duval et Quesné fils.

Les citoyens Cavé fils, Patallier, Langlois, Pierre Lejeune et Amable Corblin seraient notables, en remplacement de J. Flavigny, Adam, Vinet, Jean Cherel et Tellier.

Plusieurs des nouveaux fonctionnaires refusèrent d'accepter le mandat qu'on voulait leur confier.

Le 3 thermidor (21 juillet), le citoyen J.-B. Desgenetez, prêtre, rectifia sa déclaration du 15 prairial précédent et déclara qu'il se proposait « d'exercer le ministère d'un culte connu sous la dénomination de culte catholique, apostolique et romain, dans l'étendue de cette commune et notamment dans les églises de Saint-Etienne et de l'hospice ».

Le 5 thermidor (23 juillet), des habitants de la rue Meleuse demandèrent, par pétition, l'ouverture « de l'église de l'hospice d'humanité ». Le Conseil fit droit à leur requête.

L'affiche suivante fut placardée sur les murs d'Elbeuf, le lendemain :

« Art. 1er. — Les individus qui seront convaincus d'avoir cherché à alarmer les citoyens, en répandant de fausses nouvelles, pour empêcher ou retarder l'organisation de la garde nationale et pour porter atteinte à l'ordre public, seront sur le champ mis en arrestation.

« Art. 2. — Tous provocateurs à la rébellion, ou distribution de signes ou d'emblêmes qui caractériseroient l'intention d'allumer la guerre civile, en excitant le fanatisme, le terrorisme ou le royalisme, seront mis en état d'arrestation et livrés aux tribunaux, ainsi que tout individu qui enfreindra les lois et réglements relatifs à la conservation des bois et à la récolte des grains et fruits, que des malintentionnés ont osé cueillir dans quelques communes avant leur maturité.

« Art. 3. — Les autorités constituées veilleront avec le plus grand soin à l'exécution des instructions qui leur ont été données concernant les passeports.

« Art. 4. — Les gardes nationales du département seront organisées dans huit jours au plus tard, après la publication du présent.

« Quiconque élevera des obstacles à l'exécution de la loi relative à l'organisation de la garde nationale sera mis de suite en arrestation... »

Ce même jour, le citoyen Pierre Dugard reçut mission d'aller implorer des secours à Paris, en faveur de l'hospice d'Elbeuf.

Le 10 (28 juillet), le citoyen Vilain reçut sa commission de gardé-champêtre. Ses appointements furent fixés à 3.000 livres par an, « eu égard aux circonstances ».

Un restant de riz fut mis en vente, par la municipalité, au prix de 100 sols la livre.

Une troupe de 163 prisonniers de guerre étant arrivée à Elbeuf, notre municipalité prévint les cultivateurs que ces hommes étaient à leur disposition pour la récolte.

Pour terminer ce chapitre, nous relevons les résultats d'une curieuse opération financiale faite par le canton d'Elbeuf.

On sait que l'Etat avait avancé une somme de 264.057 livres à notre canton, pour acheter des blés ; cependant, malgré toutes les diligences faites, les commissaires ne purent en acquérir que pour 8.899 livres ; mais ayant échangé le numéraire contre des assignats, ils firent un bénéfice de 36.420 livres, de sorte qu'après avoir payé les grains achetés, il leur resta une somme de 291.578 livres, de laquelle ils rendirent les 264.057 livres prêtées, leur laissant le blé pour rien et en outre une somme de 27.520 livres, qui fut répartie entre toutes les communes du canton, à proportion de leur population.

La ville d'Elbeuf reçut 7.369 livres, Caudebec 3.141, Orival 1.314, Saint-Aubin 1.376, Cléon 664, Tourville 1.010, Sotteville 475, Freneuse 603, la Londe 2.092, Grand-Couronne 1.368, Petit-Couronne 1.858, Oissel 2.889, la Bouille 1.129, Moulineaux 486, Saint-Etienne-du-Rouvray 1.746.

CHAPITRE XXIII
(DU 14 THERMIDOR AN III AU 10 NIVÔSE AN IV)
(AOUT-DÉCEMBRE 1795)

Les officiers de la garde nationale. — Le banditisme a Elbeuf. — La rue Meleuse. — La famine ; affreuse situation du peuple. — Nouvelle organisation administrative ; les 5e et 6e cantons de la Seine-Inférieure. — Vente en détail du chateau d'Elbeuf et de ses dépendances. — Autres démissions municipales.

L'administration municipale appuya, le 16 thermidor (3 août), une pétition du citoyen Valdampierre, directeur de la poste aux lettres, tendant à obtenir un facteur commissionné pour la distribution des lettres en ville.

Le Directoire de Rouen écrivit le 18 (5 août) à la commune d'Elbeuf, pour lui faire part de la manière inconsidérée avec laquelle le citoyen Desgenetez s'était comporté envers l'administration, en refusant de prendre la part de subsistances qu'on lui offrait, sous prétexte qu'elle n'était pas suffisante.

Le 24 (11 août), le Directoire prit un arrêté

portant invitation au représentant du peuple en mission au Havre, de solliciter des secours en grains, en faveur des communes d'Elbeuf, Darnétal, Orival, la Bouille et Canteleu, « formant un total de 16.646 individus dénués de toutes ressources et qui étoient voués aux horreurs de la famine sy on ne leur subvenoit ».

Par suite de la disette, le nombre des malades augmentait à l'hospice, et comme les ressources de cet établissement étaient très loin de suffire à ses besoins, notre corps de ville implora, en sa faveur, le Comité général de secours à la Convention nationale, par une pétition datée du 28 thermidor (15 août).

Le 1er fructidor (18 août), l'administration du district manda aux administrateurs de l'Hospice civil d'Elbeuf que la commission de secours venait de mettre à sa disposition une somme de 4.000 livres, qu'elle pourrait toucher incessamment chez le payeur général.

Le sieur Moulin, deuxième commissaire du canton d'Elbeuf, chargé du transport des paquets et de la correspondance de l'administration du district avec les communes, fut réintégré dans ses fonctions, d'où il avait été exclu, à condition que son service ne donnerait plus lieu à des plaintes.

Les compagnies de grenadiers, de chasseurs et du centre de la garde nationale du canton étaient alors organisées ; il ne restait plus qu'à nommer l'état-major. On arrêta qu'il y serait procédé le 6 fructidor (23 août), à deux heures, « en l'édifice de Jean ». Cependant, la commune de Caudebec était en retard ; elle fut invitée à hâter la formation de ses trois compagnies.

An III (1795)

Le décadi 10 fructidor (27 août), le bataillon assemblé sur la place d'armes, en présence des autorités, reconnut ses chefs.

Nicolas Lefebvre en était le commandant.

Les compagnies du centre avaient pour capitaines : la 1re Robert Bourdon, la 2e Nicolas Louvet fils, la 3e Faisque, la 4e Michel Grandin, la 5e Henri Lefebvre.

« Les dites compagnies, réunies à celles des grenadiers et chasseurs, rangées en bataille (les trois compagnies de Caudebec n'étant pas comparues quoique dûment convoquées). Nous, maire, officiers municipaux et procureur de la commune, nous nous sommes portés au centre du bataillon, le maire en avant, ayant à sa gauche le chef de bataillon l'épée à la main, lui a dit : « Jurez vous fidélité à la Nation, haine « à la royauté et obéissance aux lois de la Ré- « publique ? »

« A quoi il a répondu : « Oui, je jure fidé- « lité à la Nation, haine à la royauté et obéis- « sance aux lois de la République ! »

Alors le maire fit battre un ban. Puis, s'adressant aux gardes nationaux, il s'écria :

« Citoyens, au nom du peuple français, vous reconnaîtrez le citoyen Nicolas-Félix Lefebvre pour votre chef de bataillon, et vous lui obéirez en tout ce qu'il vous ordonnera pour la sûreté des personnes, la garantie des propriétés et le service de la République ! »

Le maire donna « l'accolade fraternelle au commandant, et le récipiendaire se décora des marques distinctives de son grade.

« Ensuite ledit commandant fit battre deux bans et reçut de même l'adjudant et le porte-drapeau, aux mains duquel l'étendard fut remis par un officier municipal.

Le drapeau fut sur le champ escorté par des hommes pris dans les différentes compagnies; puis le commandant, s'étant porté à la droite du bataillon, reçut tous les officiers, en finissant par la gauche.

« Après quoi, chaque capitaine a également fait battre deux bans, et chacun a reçu les cinq sergents et les huit caporaux de sa compagnie.

« Ce fait, la municipalité, précédée du drapeau et de son escorte, est rentrée à la maison commune ».

A l'assemblée municipale du 15 fructidor (1er septembre), il fut donné lecture de l'arrêté du Département portant convocation des assemblées primaires au décadi 20 du même mois.

Le Conseil arrêta qu'il serait dressé deux listes des citoyens âgés de vingt-un ans et plus, lesquelles serviraient à établir la quantité d'électeurs pour chaque section en raison du nombre de ses votants. La section Nord voterait à l'édifice Jean, celle du Sud à celui d'Etienne.

On sait que ces assemblées primaires avaient pour objet de nommer des électeurs, afin de procéder à la réélection des deux tiers des membres de la Convention nationale.

Le 25 (11 septembre), le District écrivit à la municipalité d'Elbeuf pour l'inviter à faire connaître les motifs des refus opposés par divers officiers de la garde nationale du grade qui leur avait été conféré. Ces motifs devaient être transmis au représentant du peuple en mission dans la Seine-Inférieure, qui, seul, était compétent à prononcer sur ces cas.

Le 3e jour complémentaire de l'an III (19

septembre 1795), les citoyens Maille, Amb. Flavigny, Charles Louvet et Godet père furent priés de faire, chacun accompagné « d'une citoyenne de son choix », des quêtes en faveur de l'hospice d'humanité, qui, une fois encore, se trouvant denué complètement de ressources, ne pouvait plus soigner ses malades.

Le 5e jour (21 septembre), on apprit que la vente des biens « de l'émigré Lorraine, situés à Elbeuf, et se composant d'un château et terrasse, basse-cour, avenue et potager » était fixée au 11 vendémiaire suivant.

Un membre de la municipalité représenta à ses collègues que les biens compris dans chaque lot seraient vendus séparément ; que les lots seraient ensuite réunis pour tenter une surenchère ; mais rien ne précisait, pour le cas où la vente n'aurait pas lieu en masse, que les acquéreurs de parcelles seraient tenus de se conformer au plan concernant les rues projetées.

« Ces deux rues, dit-il, présentent à nos concitoyens, outre une circulation plus commode et les moyens d'augmenter les maisons, qui manquent dans Elbeuf, une nappe d'eau d'une utilité majeure pour le quartier du Mont-Roti, qui n'a point de fontaine ni de courant d'eau.

« Je pense donc, citoyens, qu'il est très urgent de réclamer, auprès du District, l'exécution du plan ; autrement, nos habitants seroient en droit de demander par la suite l'ouverture d'une rue qui partait du n° 8 et allait tendre au n° 9, que les anciens princes ont supprimée de leur autorité et sans aucune formalité ».

Copie de cette délibération fut envoyée au

District, pour valoir de réclamation à l'exécution du plan.

L'an III de la République se termina dans de nouvelles craintes. Les habitants de notre ville ayant remis leurs armes pour la défense de la Patrie, ils n'avaient guère de moyens pour s'opposer aux vols fréquents qui se produisaient dans chaque propriété.

Depuis quelques jours, des gens sans aveu et sans domicile s'assemblaient dans les bois, à la Roche à Deux-Trous ou autres cavités des roches d'Orival, où ils complotaient des expéditions nocturnes qu'ils mettaient à exécution la nuit suivante : draps sur les rames, laines, vêtements, linge, fruits, légumes, tout leur était bon.

Ces voleurs, tous armés, étaient déguisés et travestis, et opéraient sous les ordres de chefs, sur des coups de sifflet. Quand des propriétaires s'opposaient à leurs rapines, il les menaçaient de leurs armes. Leur nombre, qui grossissait toujours, était alors d'environ soixante.

La municipalité d'Elbeuf demanda au District des fusils pour armer les patrouilles de garde nationale, afin d'en imposer à ces dangereux malfaiteurs.

A la séance municipale du 2 vendémiaire an IV (24 septembre 1795), le procureur de la Commune dit que le citoyen Tienterre et la mère des citoyens Balleroy, ayant justifié de la mise en liberté des citoyens Balleroy frères, l'avaient requis de procéder à la levée des scellés apposés chez eux ; mais qu'il croyait que, par rapport à Balleroy ci-devant juge de paix, il y avait des mesures particulières à prendre, à cause de divers papiers apparte-

LA ROCHE A DEUX TROUS — Son entrée triangulaire.

nant à des particuliers et à d'autres concernant la justice de paix.

Le Conseil décida que le juge de paix en exercice assisterait à la levée des scellés et qu'il réclamerait les papiers signalés par le procureur de la commune.

Malgré des lettres pressantes adressées aux quatre-vingt-quinze communes qui devaient apporter leur récolte à la halle, aucun arrivage n'avait eu lieu. Le corps municipal en fit part au District, en lui annonçant que les ouvriers n'avaient d'autre alternative que mourir de faim ou de parcourir les campagnes et de prendre du grain de force chez les paysans.

Le 6 (28 septembre), des voitures de blé, venues de Cesseville et du Mont-Poignant, traversèrent notre ville et se dirigèrent sur Rouen. La foule s'amassa et peu s'en fallut qu'une nouvelle émeute surgît. Le corps municipal délégua les citoyens Delacroix et Duruflé auprès du représentant du peuple Casenave, alors à Rouen, « pour lui peindre la position affreuse de notre commune, l'impossibilité où se trouvait le Conseil de protéger de pareils abus — l'achat des blés ailleurs qu'aux marchés — et l'inviter de prendre des mesures pour contraindre les cultivateurs à approvisionner les halles et particulièrement celle d'Elbeuf », à laquelle il n'était venu que 14 quintaux de blé depuis la loi du 4 thermidor précédent.

Le 8 (30 septembre), il fut décidé que le service de la garde nationale, qui s'était déjà beaucoup relâché, serait fait pendant vingt-quatre heures par tous les hommes commandés. Quelques jours après, le Conseil municipal, se basant sur les vols fréquents commis à Elbeuf, « les événements de Paris, la malveillance qui s'agitoit en tous sens et l'ordre récent donné par le Comité de sûreté générale d'examiner scrupuleusement les passe-ports des étrangers », arrêta que des punitions seraient infligées aux gardes nationaux qui ne feraient pas exactement leur service.

Une contestation à propos d'un alignement nous fournit d'intéressants détails sur l'état de la rue Meleuse. Disons d'abord que l'emprise d'environ sept pieds que le citoyen Viard prétendait faire sur cette rue avait excité une réclamation générale des habitants. Le District envoya le citoyen Drapier, ingénieur, pour procéder à une enquête.

Le Conseil général de la commune releva quelques erreurs dans le procès-verbal : « Si les effets de la ravine, y fut-il dit, ne se font sentir que tous les cinquante ou soixante ans, pourquoi le ruisseau de la rue Meleuse a-t-il une profondeur de plus de deux pieds et demi du niveau du pavé contre les maisons ? Pourquoi tous les propriétaires de la rue Meleuse et de la Grande-Rue — la rue de la République actuelle — ont ils pratiqué des éclairs élevés, avec des coulisses, pour se garantir de la ravine, et pourquoi Viard donne-t-il au moins trois pieds aux éclairs de sa nouvelle bâtisse ? »

Viard offrait de faire passer la ravine dans le Puchot ; mais il lui fut opposé que cela causerait un dommage incalculable à la fabrique, car les grandes ravines entraînaient avec elles « des arbres, des pierres et deux cents tombereaux de bizards et de sables ».

Cette délibération nous apprend encore qu'il était question de rétrécir la place du Coq, devant l'Hôtel de Ville, ce à quoi la municipalité s'opposa.

Un acte du 11 vendémiaire (3 octobre) mentionne « la ruelle Banastre, donnant d'un bout à l'autre dans les champs ». Une pétition demandait qu'elle fût rétablie.

Le 13 (5 octobre), à la suite d'une lettre du représentant Casenave à son collègue Duval, le Conseil municipal arrêta qu'une pétition serait adressée à ce dernier et au Comité de Salut public, afin de les engager à prendre des mesures pour l'approvisionnement de la halle par les cultivateurs qui avaient coutume de le faire avant 1790.

Dans cette pétition, le corps de ville représenta qu'autrefois il se vendait chaque semaine à Elbeuf environ 450.000 livres de blé, et que le 4 vendémiaire, premier jour où il en avait été apporté depuis la nouvelle récolte, la quantité en vente ne s'était élevée qu'à 1.437 livres; le 9, l'apport n'avait été que de 354 l., et le 11, que de 400 livres, quantités à peu près nulles pour les 22.000 individus qui devaient s'approvisionner à notre halle.

Le lendemain, la municipalité écrivit dans le même sens au citoyen Duval, représentant du peuple en mission dans l'Eure.

Quelques jours après, il fut répondu au Directoire du district, qui avait demandé le prix du pain à Elbeuf :

« Nous sommes bien fâchés de ne pouvoir pouvoir satisfaire aux désirs de votre lettre... Nous vous attestons qu'il y a plus de deux ans qu'il ne s'est vendu, chez les boulangers de notre commune, une seule livre de pain, et malheureusement nous n'avons pas l'espoir de leur en voir vendre de sitôt, puisque nous ne voyons pas un seul grain de blé. Aujourd'hui jour de marché, nous n'en avons pas vu une once... »

Le 13 (15 octobre), le Département accorda douze fusils à la garde nationale d'Elbeuf.

Le recensement de la population elbeuvienne qui fut fait cette année-là, accusa 5.862 habitants, soit 400 de plus qu'en 1774.

Le 24 vendémiaire (16 octobre), il fut procédé à une nouvelle division territoriale du département de la Seine-Inférieure, conformément à la Constitution de l'an III.

Aux termes de cette Constitution, toute commune dont la population excédait 5.000 habitants formait à elle seule une administration municipale.

Dans chaque commune de moins de 5.000 habitants, il y avait seulement un agent municipal et un adjoint. La réunion des agents municipaux du canton formait la municipalité cantonale, ayant à sa tête un président pris dans son sein.

La ville d'Elbeuf forma le 5e canton de la Seine-Inférieure. Le 6e canton eut pour chef-lieu Oissel et se composa de ce bourg et des communes de Tourville, Cléon, Freneuse, Sotteville-sous-le-Val, Caudebec-lès-Elbeuf, Orival, Grand-Couronne, Petit-Couronne, la Londe, Moulineaux et Saint-Etienne-du-Rouvray. La fonction de maire fut abolie, les affaires des communes devant se traiter dans l'assemblée municipale au chef lieu de canton.

Le 28 (20 octobre), on réorganisa les commissions municipales. Les officiers publics pour les actes de l'état-civil furent les citoyens Boivin (section du Nord) et Lecardé (section du Sud).

A cette date, le citoyen Saillant, qui était encore maire d'Elbeuf, se mit à la recherche du représentant Duval, à l'effet de fixer l'arrondissement qui devait fournir la halle. Il se rendit d'abord à Evreux où il apprit que Duval venait de partir pour Rouen. Il y courut; Duval était retourné à Evreux. Saillant se se rendit de nouveau dans cette ville, où il arriva quelques instants après que le représentant du peuple avait repris la route de Rouen. Ces contre-temps étaient d'autant plus à regretter que notre ville n'avait pas la moitié du grain nécessaire à la consommation de ses habitants. Le 1er brumaire (23 octobre), Saillant retourna à Rouen, mais Duval n'y était déjà plus.

Une note postérieure mentionne qu'à cette époque la route d'Elbeuf à Pont-de-l'Arche, d'une longeur de 1.393 mètres sur le département de la Seine-Inférieure, n'avait encore que 760 mètres d'exécutés.

Le 2 brumaire (24 octobre), notre municipalité implora de nouveau, à la Convention, des secours pour notre hôpital. Au prix des subsistances et autres nécessités pour le service de cet utile établissement de charité, une somme de 60.000 livres était nécessaire pour le moment.

Le même jour, les citoyens Duhamel, Desgenetez, Pinel et Lebourgeois, prêtres d'Elbeuf, firent individuellement cette déclaration: « Je reconnois que l'universalité des citoyens françois est le souverain, et je promets soumission aux lois de la République ». Le citoyen Pinel déclara en outre « avoir l'intention d'exercer le culte catholique dans l'édifice cy devant Saint-Jean ». Le citoyen Lebourgeois passa la même déclaration pour l'église Saint-Etienne.

Ce même jour, on reçut l'avis que les assemblées primaires se tiendraient le décadi 10 brumaire. Les ministres du culte catholique reçurent un exemplaire de cette convocation pour la lire dans les églises.

Le 5 (27 octobre), les citoyens Nicolas Louvet et Norbert Lefebvre, et les citoyennes Glin et Godet furent nommés membres de l'Agence de secours.

Le 8 (30 octobre), le Département invita notre municipalité à recueillir toutes les piques existant en ville, afin d'en faire une adjudication.

Le 10 (1er novembre), malgré les proclamations faites, les affiches et l'appel au son de la cloche, il ne se présenta personne « aux édifices de Jean et d'Etienne, lieux indiqués pour les assemblées primaires ».

Un nouvel appel fut fait pour le lendemain. A cette deuxième convocation, il se présenta quelques citoyens, mais pas en quantité suffisante pour composer les bureaux.

Une troisième convocation fut annoncée pour le 12 (3 novembre). A la section du Nord ou de Saint-Jean, il se trouva 19 votants, sur lesquels 14 donnèrent leurs voix au citoyen Duruflé pour les fonctions de juge de paix. A la section Sud ou de Saint-Etienne, sur 14 votants, 9 donnèrent leurs suffrages à Duruflé, qui fut déclaré élu.

Dans l'après-midi, les citoyens Parfait Grandin, Louvet père, Lecarlé, Tienterre, Lejeune père et Nicolas Patallier furent élus assesseurs du juge de paix ; le premier avait recueilli 9 voix, le dernier 6.

Le soir, les citoyens Nicolas Bourdon et Charles Louvet furent élus officiers municipaux, par 21 et 22 voix.

Le lendemain 13 (4 novembre), les élections ayant été continuées, il se trouva 26 votants. On nomma officiers municipaux les citoyens Ambroise Flavigny, par 23 voix ; Alexandre Grandin, par 22, et Pierre Lejeune fils, par 14.

Le 15 (6 novembre), des commissaires reçurent mandat d'aller trouver les citoyens Duval et Frémanger, représentants du peuple, et de leur exposer « l'extrême disette dans laquelle était plongée la population d'Elbeuf » et de leur demander des secours.

On délégua les citoyens Saillant et Sevaistre pour assister à la vente des domaines du ci-devant prince de Lorraine, annoncés pour être vendus au District le surlendemain 17 (8 novembre), et y défendre les intérêts de la Ville.

La vente eut lieu comme le désirait la Commune, en stipulant qu'au cas où les acquéreurs voudraient bâtir, ils devraient respecter le plan relatif aux rues du Nord et du Bassin.

On divisa la propriété en 21 lots, dont la désignation suit, avec les noms des acquéreurs et le prix des adjudications :

1er objet. — « Un bien sis en la municipalité d'Elbeuf, provenant de Charles-Eugène de Lorraine dit Lambesc, ex-prince, émigré, loué par l'administration du district, pour 3, 6 ou 9 années, qui ont commencé au jour de Michel 1793 (vieux style), au citoyen Teinturier, tapissier, à Rouen, rue Eau-de Robec, 16, moyennant 740 livres de loyer par an ; ledit bien divisé en deux lots.

« Le premier consiste en une cour d'entrée pavée à sec en caillou bizard, ayant 71 pieds de profondeur et 90 pieds de largeur, close de murs dans ses costés, non close sur la rue. Au fond de cette cour est édifiée un principal corps de bâtiment saisissant toute la largeur de la cour. Cette construction est en maçonnerie ; elle offre un rez de chaussée et un attique, avec le comble couvert en ardoise ; les croisées des premier et second étages sont décorées de balcons ; l'intérieur est distribué de plusieurs grandes pièces, telles que salles, sallons, antichambre, cabinets et grenier.

« Derrière et de plein-pied, au premier étage du principal corps de bâtiment, il y a un terrain contenant 146 pieds de profondeur, distribué en terrasses plantées de tilleuls et soutenues par des murs de maçonnerie, ayant dans le haut 119 pieds de largeur, au moyen de la portion qui est réservée au deuxième lot. A costé, vers le Levant, est une moyenne cour, dans laquelle sont plusieurs bâtiments à usage de cuisine, office, bûcher et autres accessoires régnant depuis la rue, le long du presbytère et faisant enhachement sur l'ancien cimetière.

« Nota : L'acquéreur sera tenu de supprimer les portes, croisées, jours, vues et égouts des bâtiments de cette moyenne cour, qui ouvrent, donnent ou tombent sur le terrain du presbytère et de l'ancien cimetière, aussitôt que ce dernier terrain sera vendu.

« Cedit premier lot se trouvant borné d'un costé vers l'Orient par le terrain du presbytère et celui de l'ancien cimetière, d'un bout la rue Saint-Etienne, d'autre bout la possession du citoyen Parfait Grandin et d'autre costé le deuxième lot, au moyen d'un mur à construire en maçonnerie, en ligne droite, à partir du pignon vers l'Ouest du principal corps de bâtiment, à rendre contre la possession du citoyen Parfait Grandin, à la distance de 41 pieds du mur existant qui borne la possession du citoyen Anquetil, sous la condition que l'épaisseur du mur à construire sera prise sur le terrain du premier lot ; l'acquéreur de ce lot contribuera aux frais du mur pour deux tiers et l'acquéreur du second lot de l'autre tiers ».

Ce premier lot fut adjugé au citoyen Jean-Charles Blard pour le prix de 215.000 livres.

« 2e objet. — Un autre bien contigu au lot précédent et faisant partie de la location dudit citoyen Teinturier, borné dans toute sa longueur depuis la rue Saint-Etienne jusqu'à la possession du citoyen Parfait Grandin étant vers le Sud-Ouest. Il consiste en un terrain faisant terrasse sur ladite rue Saint-Etienne, jusqu'au pignon du principal corps de bâtiment du premier lot ; il y a un petit bâtiment en maçonnerie qui ne consiste qu'en un rez-de-chaussée. Ce lot se trouve borné d'un costé et dans toute sa longueur par la possession du citoyen Anquetil, d'un bout la rue Saint-Etienne et d'autre bout la possession du citoyen Parfait Grandin ».

Ce lot eut pour acquéreur, moyennant 10.400 livres, le citoyen Pierre-François-Louis Lemercier.

« 3e objet. — Un autre bien, même commune, en face de la maison ayant appartenu à de Lorraine, à gauche de la rue Saint-Etienne arrivant de Rouen, provenant aussi dudit de Lorraine ; ledit bien contenant deux acres divisé en 19 lots, y compris deux rues qui y sont percées pour la commodité des acquéreurs, la première desquelles se nomme la rue du Nord et aura 20 pieds de large dans toute sa longueur, et la deuxième rue du Bassin qui aura 24 pieds de large ; ledit bien loué en deux parties par l'administration du District, pour 3, 6 ou 9 années, qui ont commencé au jour de Michel 1793 (vieux style) aux citoyens Louis Martin, demeurant à Elbeuf, moyennant 525 livres de loyer par an, et Flavigny-Gosset, demeurant aussi audit Elbeuf, moyennant 600 livres par an.

« Le premier de ces lots, qui est le 3e dudit Lorraine, présente sur la rue Saint-Etienne une face de 66 pieds au moyen d'une petite portion de bâtiments du lot cotté 4, avec lequel la muraille de division sera commune, et sur la rue du Nord 80 pieds ; il contiendra 132 toises de superficie, avec un bâtiment en maçonnerie... »

Ce 3e lot fut adjugé au citoyen Jacques-Maurice Bazille moyennant la somme de 300.000 livres.

« Le lot cotté 4 a 40 pieds de face sur la rue Saint-Etienne ; il contient 76 toises de superficie, avec des bâtiments sur la rue et sur un costé... ; pour diviser ce lot d'avec le troisième, il sera fait un mur... »

Il fut adjugé au citoyen Charles-Adrien Aubé pour le prix de 100.000 livres.

« Le lot cotté 5 prend son ouverture sur la rue du Nord, avec une face de 50 pieds ; il contient environ 136 toises de superficie, avec un bâtiment à usage d'étable ; le terrain est en nature de pré... »

Le citoyen J.-M. Bazille s'en rendit acquéreur moyennant la somme de 64.000 livres.

« Le lot cotté 6 prend son entrée par la rue

du Nord sur laquelle il a une façade de 73 pieds ; il contient 174 toises de superficie, avec une remise ; le terrain est en nature de pré... »

L'acquéreur fut Moyse Chefdrue, qui le paya 41.200 livres.

« Le lot cotté 7 prend son entrée rue du Nord, avec une face de 162 pieds et contient 362 toises de superficie ; il est en nature de jardin cultivé ».

Il fut payé 35.000 livres par le citoyen Moyse Chefdrue, acquéreur du précédent, qui, plus tard, y fit ouvrir l'impasse portant son nom, où est actuellement une école communale de garçons.

« Le lot cotté 8 a son entrée rue du Nord et par une petite rue anciennement publique ; il a 124 pieds de façade sur la rue du Nord, contient 185 toises, est de forme triangulaire et en nature de pré... »

Ce fut le citoyen Benjamin Chefdrue qui l'acheta, moyennant 5.500 livres.

« Le lot cotté 9 présente sur la rue Saint-Etienne une face de 47 pieds et 105 de long sur la rue du Bassin ; il contient 137 toises ; il est en partie cultivé en jardin avec arbres fruitiers en espalier... »

Il fut adjugé, moyennant 27.200 livres, au citoyen Alexandre-François Bouic fils, lequel se rendit également acquéreur des trois suivants.

« Le lot cotté 10 a son entrée rue du Bassin, avec 105 pieds de façade et 46 de large ; sa superficie est de 134 toises ; il est de nature de jardin avec arbres fruitiers en espalier ».
— Adjugé au prix de 18.000 livres.

« Le lot cotté 11 a une face de 70 pieds sur

la rue du Bassin, 170 pieds de profondeur, et contient 330 toises ; il est en potager, avec arbres fruitiers en espalier et en bouquet ; il y a une petite fontaine de source qui verse son eau dans une autre fontaine se trouvant dans le 12e lot ; l'acquéreur sera obligé de maintenir et entretenir à frais communs avec celui du 12e lot les deux bassins de source qui se trouvent sur lesdits lots ; les conduites passant dans la rue seront entretenues et réparées, ainsi que le grand bassin qui sera public, aux frais de la commune ; lesdits acquéreurs ne pourront détourner ni divertir le produit des deux sources... » —Adjugé moyennant 77.600 livres.

« Le lot cotté 12 a son entrée sur la rue du Bassin avec une face de 88 pieds et 150 pieds de profondeur ; sa superficie est de 344 toises ; le terrain est en potager, avec arbres en espalier et en bouquet, avec fontaine de source... »
— Le citoyen Bouic le paya 53.700 livres.

« Le lot cotté 13 est de forme circulaire du costé de la rue du Bassin et en face dudit bassin ; il a 65 pieds de largeur et une longueur moyenne de 135 pieds ; sa superficie est de 243 toises, plantée d'arbres fruitiers en espalier et en bouquet... »

Le citoyen Jean-Baptiste Tienterre s'en rendit adjudicataire moyennant 43.400 livres.

« Le lot 14 a son entrée rue du Bassin avec face de 94 pieds, sur 110 pieds de profondeur ; il est en nature de potager avec arbres en espalier et en bouquet ; sa superficie est de 287 toises ; il est borné au Levant par la nappe d'eau du moulin de Saint-Jean... »

Il fut adjugé pour le prix de 21.200 livres au citoyen Germain-Joseph Duchemin.

« Le lot cotté 15 a son entrée rue du Bassin ou sur celle de la Rigolle, où il a une face de 58 pieds et 138 de long sur la rue du Bassin ; il est en potager avec quelques arbres fruitiers et contient 295 toises... »

On l'adjugea au même moyennant 12.000 l.

« Le lot cotté 16 est entre les rues du Nord et du Bassin, avec entrée sur la rue Saint-Etienne sur laquelle il a une face de 47 pieds, sa longueur est de 105 pieds, sa superficie de 137 toises ; il est en nature de jardin... »

Il fut adjugé au citoyen Désiré-Bernard Murizon, moyennant 12.000 livres, lequel se rendit également acquéreur du suivant, au prix de 18.100 livres.

« Le lot cotté 17 est entre les rues du Nord et du Bassin, avec face sur celle-ci de 103 pieds de long, sur 46 de large ; sa superficie est de 134 toises...

« Le lot cotté 18 est entre les rues du Nord et du Bassin, avec face de 81 pieds sur cette dernière et 45 pieds de large ; il contient 97 toises... »

Le citoyen Pascal Rivette s'en rendit acquéreur moyennant 10.000 livres.

« Le lot cotté 19 est entre les rues du Nord et du Bassin avec face sur celle-ci de 105 pieds avec 45 pieds de largeur, eu égard à la partie circulaire ; il contient 100 toises... »

Le citoyen C.-A. Aubé en fut l'adjudicataire pour le prix de 10.100 livres.

« Le lot cotté 20 est entre les rues du Nord et du Bassin, avec face sur cette dernière de 130 pieds et 46 pieds de large ; eu égard à la partie circulaire, il contient 146 toises... »

Le citoyen Benjamin Chefdrue l'acquit pour la somme de 10.300 livres.

« Le lot cotté 21 et dernier est entre les rues du Nord et du Bassin avec face sur cette dernière de 108 pieds, sur 45 pieds de large ; sa contenance est de 141 toises.... »

Il fut adjugé au citoyen D.-B. Murizon moyennant 12.700 livres.

« Les acquéreurs des lots 20 et 21 seront obligés de maintenir et entretenir à leurs frais le conduit sous terre pour l'écoulement du trop plein et pour le vuide du grand bassin d'eau qui est dans la rue du Bassin ».

Le château du ci-devant duc d'Elbeuf et ses dépendances furent donc adjugés moyennant une somme totale de 1.080.700 livres. Ainsi qu'on a pu le remarquer, le 3e lot, situé à l'angle Ouest des rues du Nord et de Saint-Etienne, fut vendu beaucoup plus cher que le château proprement dit.

La demi-lune qui se trouvait devant le château de la rue Saint-Etienne, fut supprimée peu après la vente, car on commença des constructions sur son emplacement.

Notons en passant que le premier Elbeuvien qui, comme locataire, occupa le ci-devant château, fut le citoyen Béranger ; on lui donna et il garda le surnom de « Petit Prince ».

Plusieurs des élus des dernières sssemblées primaires ayant remis leur démission, de nouvelles réunions furent annoncées pour le 21 brumaire (12 novembre).

A la section du Sud, il ne se présenta qu'un seul électeur. A celle du Nord, on réussit mieux : on put former le bureau. Les citoyens Lefebvre, Frémont, Chefdrue et Passot furent élus assesseurs du juge de paix ; les citoyens Robert Flavigny père et Mathieu Quesné fils furent élus officiers municipaux, au premier tour de scrutin, et les citoyens Félix Lefebvre, Joseph Delacroix et Adam également officiers municipaux après trois votes consécutifs. Cette élection se fit par les seuls membres du bureau, aucun autre électeur ne s'étant présenté.

Le 22 (13 novembre), on décida de placer une pompe en bois sur le puits de la maison commune, en remplacement d'une autre en cuivre, devenue hors d'usage.

Ce même jour, on apprit, à Elbeuf, qu'un décret de la Convention nationale renvoyait les hôpitaux en possession provisoire des propriétés qui avaient été saisies sur eux. Une commission municipale fut chargé de faire rentrer les arrérages de rentes et autres sommes dues à « l'hospice d'humanité » de notre ville.

Malgré le texte formel de la loi, le meunier qui exploitait les deux moulins d'Elbeuf se faisait payer de son travail en nature, car le blé était alors bien plus recherché que l'argent. Obligé par la municipalité de se conformer à la loi, il demanda jusqu'à 32 livres pour la mouture d'un quintal de grain. Cette prétention souleva un murmure général, qui l'amena à abaisser ses prix jusqu'à 24 ou 26 livres par quintal, alors qu'à Rouen la meunerie ne réclamait que 10 livres pour le même poids de blé. Les réclamations du public devinrent tellement pressantes, que notre administration se vit contrainte, le 22 brumaire (13 novembre) de dénoncer le meunier de notre ville.

Pendant la 2e décade de brumaire, plusieurs citoyens moururent littéralement de faim. Ces faits douloureux furent dénoncés au District. Jamais, à aucune époque, la détresse de subsistances n'avait été plus affreuse, malgré un travail abondant pour ceux qui pouvaient s'y livrer.

La misère était tellement grande que plusieurs élus, les citoyens Alexandre Grandin, Charles Louvet, Ambroise Flavigny et Lejeune fils, refusèrent, le 27 (18 novembre) d'accepter les fonctions publiques auxquelles ils avaient été appelés.

De nouvelles assemblées avaient été annoncées pour le 4 frimaire (25 novembre) pour la nomination de membres de la municipalité, en remplacement des nouveaux démissionnaires ; mais on ne put constituer les bureaux. Les citoyens Adam et Delacroix, qui devaient les présider, déclarèrent le jour même à leurs collègues de la Commue que « désespérant de jamais pouvoir réussir à assembler les électeurs, ils invitaient le Conseil à les dispenser de cette corvée, aussi désagréable qu'inutile, et à regarder leur mission comme terminée ».

L'assemblée délibéra, après avoir entendu le procureur de la Commune ; voici le texte de sa délibération :

« Le Conseil, convaincu par l'expérience combien il est désagréable d'administrer un peuple affamé, et considérant que la pénurie de subsistances où se trouve cette commune est probablement le motif qui éloigne tous les citoyens des fonctions administratives, motif qui, malheureusement, ne paraît pas prêt de cesser, a dispensé les citoyens Delacroix et Adam de continuer à se porter aux sections, et a arrêté que la présente sera envoyée au District, avec invitation de pourvoir au remplacement de la municipalité actuelle, par tous les moyens qui sont en son pouvoir ».

Le 6 (27 novembre), on publia un arrêté du Comité de sûreté générale faisant défense de vendre ou de porter des cannes à épée, sabres, poignards, bâtons ferrés et plombés.

En vertu de plusieurs arrêtés, les habitants de notre ville achetaient du blé là où ils pouvaient en trouver quelques mesures ; cependant, il arriva que cinq d'entre eux, qui avaient réussi à s'en procurer un peu, moyennant très haut prix, à environ cinq lieues d'Elbeuf, s'étaient vu dépouiller de ce grain par la municipalité du Neubourg, qui l'avait confisqué. Ces citoyens déposèrent une plainte devant notre Commune, qui, sur le champ, dépêcha un commissaire auprès du représentant Duval, afin d'obtenir main-levée du blé sequestré.

Le citoyen Patallier, chargé de cette mission, obtint la main levée ; mais en même temps, il annonça que les arrêtés sus-mentionnés étaient rapportés depuis quelques jours.

Le Conseil municipal prit, par suite, cette délibération :

« Considérant que l'arrêté du représentant du peuple Duval, qui faisoit la seule quoique faible ressource des habitants de la commune, va les mettre dans l'état affreux et désespérant d'une famine complète, il est de son devoir d'en instruire l'authorité supérieure, à laquelle la loy confie le soin d'y porter remède.

« Le Conseil général a arrêté que cette désolante situation seroit mise sous les yeux du ministre de l'intérieur, avec l'instante sollicitation de faire alimenter nos concitoyens, soit en faisant approvisionner nos halles, autrefois si abondamment pourvues et qui, aujourd'hui, ne fournissent plus même un seul grain, soit de toute autre manière qu'il lui paroîtra le plus convenable, et qu'en conséquence le citoyen Dupont sera prié d'y employer de nouveau et au plus tôt ses bons offices ».

Le lendemain, on reçut une lettre du ministère de l'intérieur, en réponse à une pétition que la commune lui avait adressée le 9 de ce même mois de frimaire (30 novembre), par laquelle il rappelait que les halles devaient être fournies par les cultivateurs qui avaient coutume de le faire autrefois.

Le Conseil municipal envoya immédiatement copie de cette lettre au Département de l'Eure, avec invitation de faire approvisionner la halle d'Elbeuf conformément aux prescriptions ministérielles.

Ce même jour, on lut une lettre du citoyen Mabire, commissaire ordonnateur des guerres, demandant un compte général des 11 millions 664.150 livres 14 sols 11 deniers pour le payement des draps fournis par les fabricants de notre ville, du 29 brumaire an II au 7 prairial de la même année (du 19 novembre 1793 au 26 mai 1794).

Notre municipalité ne savait plus où aller ni à qui s'adresser pour obtenir des subsistances. Elle prit le parti de recourir encore au ministre de l'intérieur.

Elle lui représenta la situation d'Elbeuf, ville de la Seine-Inférieure, ne possédant presque pas de terres agricoles dans son canton, enclavé dans le département de l'Eure, dont les cultivateurs portaient leurs récoltes aux districts de Louviers, de Pont Audemer ou de Bernay.

Les ouvriers étaient donc obligés d'aller dans les campagnes acheter eux-mêmes du blé, mais les cultivateurs, regorgeant d'assignats, regardaient avec dédain ceux que le peuple d'Elbeuf leur offrait en échange d'un peu de grain, et pendant ce temps des ouvriers tombaient dans les rues de notre ville par le manque de nourriture.

La pétition concluait, naturellement, à une demande de secours en nature. Elle fut adressée à un de nos concitoyens du nom de Dupont, alors à Paris, qui, en de semblables circonstances, avait rendu plusieurs services à notre ville, avec prière de la remettre au ministre.

Cette pétition ne produisit aucun résultat immédiat. Notre municipalité implora alors le département de l'Eure de laisser circuler des grains achetés pour notre ville. Sa lettre se terminait par ces mots :

« Au nom de l'humanité souffrante et pour ainsi dire désespérée, nous vous conjurons de ne pas détourner les yeux de cette population de 6.000 habitants affamée, dont il nous sera peut être impossible de contenir les excès affreux ! »

En même temps, nos administrateurs municipaux écrivirent au citoyen Duval, représentant du peuple en mission dans l'Eure, pour lui annoncer que les ordres qu'il avait donnés pour l'alimentation d'Elbeuf, par des communes de l'Eure, n'avaient pas été remplis.

Du 14 au 19 frimaire, de nouveaux appels à l'humanité furent adressés de tous les côtés : aux départements de l'Eure et de la Seine-Inférieure, à la commune du Neubourg, au ministre, au citoyen Dupont, à Paris, mais sans succès.

Au moment où l'hôpital rentrait dans ses

biens, il se présenta d'autres difficultés. Pour des raisons que nous ne connaissons pas, les citoyens Louvet et Duruflé refusèrent les fonctions d'administrateurs de l'hospice. En outre, la citoyenne Flavigny remit également sa démission d'administratrice, alléguant qu'elle quittait la ville ; cette démission ne fut pas acceptée par le Conseil.

Un détachement du 22e régiment de cavalerie, qui alors avait son état major à Bourgtheroulde, vint à Elbeuf le 3 nivôse an IV (24 décembre 1795).

Le 5 (26 décembre), un détachement du 92e régiment d'infanterie, commandé par le citoyen Lebeuf (?) de Tourneville, adjudant-général, vint également à Elbeuf.

A une lettre du Département, datée du 6 (27 décembre), la commune répondit que « le défaut de subsistances était un obstacle insurmontable pour activer le service de la garde nationale ».

Onze jeunes fabricants, les citoyens Robert Bourdon, Auguste Bourdon, Alex. Béranger, Désiré Bailly, Constant Godet, Laurent Patallier, Louis Delacroix, Louis Béranger, Pierre Dugard, J.-B. Lejeune et Mathieu Sevaistre, avaient été réquisitionnés par le Comité de Salut public. Le ministre de la guerre les autorisa à rester provisoirement chez eux, pour continuer la fabrication des draps de troupe.

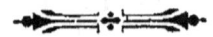

CHAPITRE XXIV
(du 16 nivôse au 12 messidor an IV)
(janvier-juin 1796)

Elbeuf est concurrencé par Verviers. — La famine cause de nouvelles souffrances ; 4.000 Elbeuviens sans pain depuis huit mois. — La garde nationale ; réélections d'officiers ; trouble scandaleux ; mauvaises volontés. — Réouverture de l'hôpital. — Dépréciation complète des assignats.

La réunion de la Belgique à la France, récemment proclamée, fit naître pour la fabrique d'Elbeuf une concurrence fâcheuse. Les draps de Verviers, dit M. Ballin, séduisirent les consommateurs par leur finesse, accompagnée du coup-d'œil le plus brillant, et allaient devenir l'objet d'une préférence presque exclusive. Pour échapper à la ruine qui les menaçait, nos fabricants s'empressèrent d'adopter, à l'instar de leurs rivaux, des machines propres à procurer la perfection de la filature et des apprêts.

M. Ballin, qui écrivait en 1834, cite parmi les établissements ayant adopté les premiers le filage mécanique de la laine, ceux de Robert Flavigny et d'Amable Delaunay ; mais nous avons vu que des métiers à filer étaient déjà établis dans notre ville depuis 1784. Ceux dont parle M. Ballin furent sans doute des machines plus perfectionnées que les premières.

Le citoyen Capplet, maître teinturier, perfectionna beaucoup la teinture par des procédés qu'il importa d'Angleterre.

Le 17 nivôse (7 janvier 1796), les administrateurs du Département écrivirent à la commune d'Elbeuf :

« Nous apprenons avec douleur, citoyens, le peu de zèle que mettent vos administrés au service plus que jamais indispensable de la garde nationale.

« La disette de subsistances peut-elle être une raison plausible de s'en dispenser ? N'en seroit-ce pas, au contraire, une de redoubler de zèle pour empêcher le désordre d'aggraver des maux déjà trop réels ?

« ... Une nouvelle lettre du ministre de l'intérieur vous accorde, pour l'ancien arrondissement de votre halle, les communes qui en étaient antérieurement chargées. Nous nous occupons déjà de vous faire jouir de ce bienfait et nous espérons qu'en retour vous ferez de nouveaux efforts pour tirer vos concitoyens de l'apathie coupable à laquelle ils s'adonnent ».

Les cordonniers d'Elbeuf avaient été mis en réquisition pour faire des chaussures destinées à l'armée. Ils répondirent, le 21 (11 janvier), qu'ils ne demandaient pas mieux que de travailler, mais qu'il fallait qu'on leur fournît du cuir et des clous, car ils en manquaient.

La faim poussa, le 22 (12 janvier), une foule d'ouvriers, hommes, femmes et enfants, devant la Maison de ville ; mais ces malheureux sachant que les officiers municipaux souffraient eux-mêmes de la famine se retirèrent, beaucoup en versant des larmes de douleur.

Presque chaque jour on apprenait de nouvelles morts causées par le manque de nourriture, alors que beaucoup de granges du département de l'Eure étaient pleines de blés.

On obtint enfin du département de l'Eure que les cantons voisins approvisionneraient notre halle, le mardi de chaque semaine. Voici les quantités de blé qui furent fixées comme minimum à envoyer à Elbeuf : Bourgtheroulde 40 quintaux ; Tourville-la-Campagne 40 ; Bourgachard 30 ; Brionne 20 et Harcourt 20 ; soit au total 150 quintaux par semaine.

La municipalité eut avis de cet arrêté le 26 (16 janvier). Aussitôt, « considérant qu'il n'y avoit pas un instant à perdre pour tirer les malheureux habitants d'Elbeuf de l'affreuse famine qui les dévoroit », le Conseil municipal envoya des commissaires dans les cinq cantons ci-dessus désignés pour signifier l'arrêté et faire des réquisitions.

Le 30 (20 janvier), vingt-huit hommes du 22e régiment de cavalerie et cent hommes du 92e régiment d'infanterie vinrent à Elbeuf.

Ce même jour, on décida que les séances de la justice de paix se tiendraient dans le local ci-devant occupé par le Comité de surveillance.

A cette date, l'emprunt forcé ordonné par la Convention avait fourni, à Elbeuf, la somme de 4.177.666 livres en assignats qui, au cours du change, donnait une somme de 41.777 livres 15 sols.

Le 1er pluviôse (21 janvier), anniversaire du supplice de Louis XVI, l'administration municipale de la commune d'Elbeuf, la justice de paix, le receveur de l'enregistrement, le directeur de la poste aux lettres et autres fonctionnaires publics, s'assemblèrent sur la place d'armes, où, en face du peuple et entourés d'un détachement du 22e régiment de cavalerie et d'un autre du 92e d'infanterie, de la garde nationale et de la brigade de gendarmerie, ils prêtèrent serment de dévouement à la République et jurèrent haine éternelle à la royauté.

Malgré les ordres du département de l'Eure, il ne vint point de blé à la halle du 6 pluviôse (26 janvier). Le Conseil municipal dénonça les cinq cantons aux autorités supérieures.

Le 12 (1er février), on reçut l'avis, du canton de Rouen, que des brigands désolaient la contrée. Une note de ce même jour nous apprend qu'on lisait à Elbeuf *la Vedette Normande*, dont des exemplaires étaient régulièrement envoyés dans notre ville.

Le 18 pluviôse (7 février), sur une lettre du District, il fut fait défense aux prêtres des deux églises d'annoncer le culte au son de la cloche.

La famine durait toujours, les cultivateurs refusant d'apporter leurs grains à Elbeuf, malgré les injonctions des autorités supérieures. Le 20, la municipalité écrivit au département de l'Eure, pour l'en informer, et comme cette démarche demeura sans résultat, notre ville en référa au ministre de l'intérieur le 26 pluviôse (15 février).

A cette époque, il y avait environ deux ans et demi que les boulangeries d'Elbeuf étaient toutes fermées, et il y avait huit mois que plus de 4.000 Elbeuviens n'avaient pas mangé une bouchée de pain. Leur nourriture se composait de bouillie faite avec les farines qu'ils pouvaient se procurer en les payant au prix de l'or, de choux, de carottes et de navets, mais ces divers légumes étaient alors complètement épuisés.

Notons en passant que ce fut le 4 ventôse (23 février) que Bonaparte reçut le commandement en chef de l'armée qui allait combattre en Italie. Quelques jours après, il épousa Joséphine de Beauharnais.

Le 5 ventôse (24 février), le Conseil municipal décida qu'à l'avenir il ne tiendrait ses séances que tous les jours pairs, à cinq heures du soir ; ces dates correspondaient avec les arrivées du courrier de Paris.

Ce même jour, le ministre écrivit au département de l'Eure afin qu'il tînt la main à l'approvisionnement du marché d'Elbeuf.

Le 6 (25 février), le Conseil, à la suite de morsures faites à des chiens par un animal enragé, obligea les propriétaires de chiens à les tenir à la chaîne. Quelques jours après, il ordonna la destruction des chenilles, qui s'étaient montrées en grandes quantités.

Les jardins des anciens presbytères de Saint-Jean et de Saint-Etienne furent adjugés, le 11, le premier au citoyen Pinel, ancien curé, moyennant 3 livres, le second au citoyen Desgenetez, prêtre, moyennant 6 livres. Personne ne couvrit le prix que chacun d'eux en avait offert.

La garde nationale était complètement désorganisée depuis longtemps déjà. La municipalité, désirant le rétablissement de la milice municipale, adressa une convocation générale aux habitants d'Elbeuf, pour le 15 ventôse (5 mars), à l'effet de nommer des officiers. Il se présenta cinq ou six citoyens seulement.

Le Conseil communal prit un arrêté fixant au décadi 20 (10 mars) du même mois la reprise du service du poste.

Un état daté du 16 ventôse (6 mars), adressé au Département, porte que « les habitants d'Elbeuf, affaissés sous le poids du malheur et de la famine, attendent la mort comme le seul remède à leurs maux ».

Le 5 germinal (25 mars), en réponse à une demande du Département, l'assemblée municipale répondit qu'il n'y avait que le citoyen Jean-Pierre Lenoble de soupçonné d'avoir rétracté ses serments ; mais qu'il avait cessé toute fonction ecclésiastique et que, depuis environ deux années, il avait embrassé la profession de fabricant de draps.

Cependant, comme il était de notoriété publique qu'il avait exercé et exerçait probablement encore chez lui le culte catholique, le citoyen Marin Duruflé, commissaire du pouvoir exécutif à Elbeuf, demanda son arrestation. L'assemblée municipale intima au brigadier de gendarmerie de faire mettre le citoyen Lenoble en prison. Mais quelques jours après, le Département ordonna de cesser toutes poursuites contre l'ancien prêtre.

A cette époque, le citoyen Picot, demeurant à Elbeuf, exerçait les fonctions de ministre du culte catholique dans l'église de Caudebec.

Les 23 et 24 (12 et 13 avril), il fut procédé à la nomination des officiers de la garde nationale.

Voici la liste des principaux gradés de chaque compagnie de la garde nationale, après les élections :

1ʳᵉ. — Mathieu Dupont, capitaine ; Robert Bourdon fils, lieutenant ; Radier aîné, sous-lieutenant. — L.-J. Quesné, M. Caignon, N. Louvet, D. Ménage, J. Lebailly, sergents.

2ᵉ. — Pierre-Nicolas Bourdon, capitaine ; Robert Flavigny père, lieutenant ; Charles Louvet, sous-lieutenant. — S. Touzé, L. Bachelet, Fautelin fils, Aug. Delarue, J. Glin, sergents.

3ᵉ. — Mathieu Delarue, capitaine ; Jacques Heullant, lieutenant ; Louis-Joseph Godet, sous-lieutenant. — A. Charrier, L. Patallier, A. Bourdon, C. Godet fils, A. Godet fils, sergents.

4ᵉ. — Mathieu Sevaistre, capitaine ; Alex. Grandin, lieutenant ; Constant Duruflé, sous-lieutenant. — Lecène, A. Chefdrue, C. Vinet, M. Chefdrue, A. Dévé, sergents.

5ᵉ. — Pierre Lejeune fils, capitaine ; Louis Lainé, lieutenant ; Jacques Lainé, sous lieutenant. — J. Delacroix, T. Oursel, J. Tirel, Hébert jeune, Ph. Mouchard, sergents.

6ᵉ. — Robert Bourdon père, capitaine ; Aug. Henry, lieutenant ; Mathieu Bourdon, sous-lieutenant. — Goubert, P. Andrieu, Pierre Guilbert (l'ancien prisonnier de Louviers), A. Gancel, Bellec dit Nantais, sergents.

Le premier des cinq sergents de chaque compagnie était chargé de la comptabilité et portait le titre de sergent-major.

Le 24, le citoyen Félix Lefebvre fut élu chef du bataillon, Laurent Patallier adjudant, et Nicolas Louvet fils porte-drapeau.

Au commencement de germinal, un détachement du 22ᵉ régiment de cavalerie était venu à Elbeuf, pour le service de la correspondance. Le 24 du même mois, le citoyen Buffard, maréchal-ferrant de notre ville, reçut un mandat de 4.230 livres pour le ferrage des chevaux de ces soldats.

On se souvient d'une jeune fille qui avait été pensionnaire chez les Ursulines. Une pièce datée de germinal an IV mentionne un passeport pour l'Amérique, qui lui fut délivré sous le nom de Armante Renée de la Hougue dite des Bosquets. Elle était originaire de Saint-Domingue, où elle possédait des propriétés.

Le décadi 30 germinal (19 avril), la garde nationale fut convoquée pour reconnaître ses officiers ; mais nombre de garde nationaux, au lieu de se ranger dans leur compagnie respective, s'attroupèrent et troublèrent l'ordre. Laurent Cauchois, cabaretier ; Pascal Vaguet, boucher ; Nicolas Deshayes, fabricant, Constant Flavigny, boulanger, et un autre furent désignés comme ceux ayant « le plus manqué à la municipalité et au respect que tout bon citoyen doit aux lois et à ceux qui en sont les organes ».

L'assemblée municipale ayant reconnu que la conduite de ces cinq citoyens tendait à susciter une révolte et qu'ils étaient particulièrement les auteurs du trouble qui s'était élevé, les déféra à la justice de paix.

Voici quelques extraits de procès-verbal donnant des détails sur cette journée :

Après le commencement de la cérémonie, Laurent Cauchois avait pris la parole et dit que lui et ses amis s'opposaient formellement à la réception des citoyens Lefebvre et des autres officiers, qu'ils voulaient leurs anciens, que l'organisation dernière était mal faite, qu'ils ne monteraient point la garde sous les ordres de ce commandant, que la convocation n'avait été faite que la veille et que ce délai n'avait pas permis à tout le monde de se trouver à l'élection, que la réception devait se faire un dimanche, etc.

Il fut répondu par le maire que l'élection avait été faite conformément aux lois.

Le groupe des cinq répliqua par des huées et demanda la récusation du commandant, parce que dans une rixe, qui avait eu lieu pendant la nuit du 8 au 9, entre un nommé Goubert et le poste composé de huit hommes, Lefebvre avait dit que Goubert serait mis en prison.

Le maire répondit que ce n'était ni le moment ni le lieu d'exposer leurs réclamations, et les somma, au nom de la loi, de laisser continuer la réception des officiers.

Pendant un moment de silence, le citoyen Saillant fit battre un ban, et le commandant Lefebvre, placé à sa gauche, tenant son épée nue, jura haine à la royauté et fidélité à la République.

Alors le maire, s'adressant aux gardes nationaux et à la foule, s'écria : « Citoyens, vous reconnaîtrez le citoyen Nicolas Lefebvre pour votre chef de bataillon ; vous lui obéirez en tout ce qu'il vous commandera pour la sûreté des personnes, la garantie des propriétés et le service de la République ! »

Le groupe des cinq voix cria : « Non, non, non ! Nous ne le suivrons pas ! » Mais les amis de l'ordre dirent « Oui ! oui ! » Le maire donna l'accolade fraternelle au commandant, qui, à l'instant, se décora des marques de son grade.

La cérémonie se continua par le serment et

la reconnaissance des autres officiers. Le groupe des cinq renouvela ses huées.

Enfin, la réception finie, la municipalité se retira et le drapeau fut reconduit chez le commandant, par des hommes pris dans toutes les compagnies.

Quelques jours après, une pétition signée de quatre-vingt cinq noms demanda une nouvelle réorganisation de la garde nationale, mais, parmi les pétitionnaires, l'un avait signé trois fois et dix autres n'étaient pas gardes nationaux. Il ne fut pas tenu compte de cette pétition, après la réponse qu'y fit notre administration municipale.

Dans le but d'éviter l'agiotage sur les coupures d'assignats, la municipalité, le 1er floréal (20 avril), invita les citoyens Fontaine et Bonami, percepteurs à Elbeuf, de ne pas échanger de gros assignats contre des coupures de 50 sols et au-dessous et d'exiger des contribuables les appoints des sommes qu'ils devaient au trésor public.

Le 7 (26 avril), la citoyenne Rose Quesné, veuve Le Roy, se rendit adjudicataire d'une masure et de quatre labours sis à Elbeuf, saisis sur Jacques Le Roy, prêtre déporté.

Le même jour, la municipalité écrivit au Directoire du département :

« Il y a ici un parti décidé à ne pas monter la garde, particulièrement depuis la scène scandaleuse du 30 germinal. Il est bon que vous sachiez que nous ne faisons commander que onze hommes, trois officiers et huit fusiliers, et que sur ce dernier nombre il en manque trois, les cinq qui restent ont lieu de se plaindre de la surcharge de faction qu'ils sont obligés de faire.

« Du 5 au 6, il n'y avait au poste que deux officiers et deux fusiliers ; le service n'a pu être fait. Des malveillants ont renversé la guérite. Nous vous demandons de rendre exécutoire la taxe de remplacement... »

Dans l'après-midi du 11 floréal (30 avril), un incendie éclata chez les citoyens Ferand frères, propriétaires du four à plâtre et maîtres maçons.

Le 14 (3 mai), la municipalité accepta une offre que lui avait faite le Département de lui prêter la somme de 84.577 livres pour être employée à l'achat de subsistances. Cet emprunt n'eut pas lieu, par suite de l'alimentation de notre halle.

A l'assemblée municipale de la commune et du canton d'Elbeuf tenue le 18 floréal (7 mai), les citoyens Hayet et Adam, commissaires nommés pour faire le recouvrement des arrérages dus à l'hospice d'humanité, dirent que, pour remettre cet établissement en activité, le citoyen Noël Desgenétez était chargé, par des citoyens qui ne voulaient pas être connus, d'offrir à titre gratuit 15 quintaux de blé, 60 livres de beurre, 8 muids de petit cidre, 100 livres de sel, 3 cordes de bûches, 3.000 cotrets et 50 bourrées, de rente.

De plus, le citoyen Desgenétez faisait l'offre d'avancer 2 muids de petit cidre, un quart de vin, 50 livres de sel, 50 livres d'huile à brûler, 50 livres de chandelles, 2 cordes de bûches, 50 bourrées, 40 livres de savon, 1.000 livres de viande, 24 livres de sucre, à condition qu'il aurait la jouissance des maisons et jardins de l'hospice pendant huit années.

L'administration municipale, heureuse de ces propositions, les accepta à l'unanimité. De plus, elle remit aux nouveaux administrateurs une somme de 37.492 livres en assignats qu'elle avait précédemment reçue pour le compte dudit hospice. On put donc remettre quatre lits en service.

Le 21 (10 mai), les citoyens Galleran et Noël Desgenetez furent informés qu'ils étaient nommés administrateurs de l'hospice d'humanité. Ce même jour, la citoyenne Flavigny fut priée de reprendre ses fonctions de directrice, qu'elle avait remplies « depuis si longtemps avec un zèle et une activité au-dessus de tout éloge ».

L'administration municipale, le 27 floréal (16 mai), appela l'attention du Département sur l'utilité qu'il y avait d'ouvrir une rue à travers les jardins du ci devant couvent et de le vendre partiellement « pour multiplier les habitations infiniment rares à Elbeuf ». Elle réclama en outre, l'ouverture d'une autre rue « sur le terrain du ci-devant presbytère de Jean, pour communiquer à celle tendante directement à la rivière ».

Un bien situé à Freneuse, possédé par J.-B. Charles Binet, prêtre déporté, fut adjugé le 1er prairial (20 mai), moyennant 7.150 livres. — Le 27 du même mois, un autre immeuble de cette commune, saisi sur le sieur Desportes, également prêtre déporté, fut vendu pour le prix de 32.525 livres.

Louis Joseph Dubos, nommé commissaire de police, prêta serment le 2 prairial (21 mai). Quelques jours après, les citoyens Michel-Pierre Grandin, Auguste Boivin et Henri Delarue fils furent désignés par le Département pour remplir les fonctions d'officiers municipaux.

On suivait à Elbeuf avec intérêt les événements de la guerre, dont les nouvelles n'arrivaient cependant que fort tardivement. A cette époque, le jeune général Bonaparte, à la tête de 43.000 hommes et possesseur d'une somme d'environ 50.000 livres qu'on lui avait remise au départ de France, venait de conquérir une partie de l'Italie sur les Autrichiens, commandés par un général de valeur. L'armée française avait fait son entrée à Milan le 15 mai.

Nous avons parlé incidemment d'une affaire d'alignement rue Meleuse, concernant la propriété Viard, que la ville ne gagna que grâce aux capacités et au zèle apporté par le citoyen Dupontet, avocat à Paris, car Viard ayant fait agir des influences, et la ville avait été sur le point d'être déboutée de sa juste réclamation.

Cette affaire était terminée depuis longtemps déjà, mais le citoyen Dupontet, dont le désintéressement était vraiment trop grand, n'avait même pas réclamé les frais et debours qu'il avait faits. Le 7 prairial (26 mai), la municipalité, en lui adressant de nouveaux et vifs remercîments, le pria de lui envoyer la note de ce qui lui était dû.

Jeanne Onfroy, ancienne supérieure des Ursulines, mourut à Elbeuf le 8 (27 mai), à l'âge de 75 ans.

On célébra la fête des Victoires le décadi 10 prairial (29 mai) ; mais l'enthousiasme du peuple elbeuvien ne paraît pas avoir été très grand pour les nouvelles fêtes, telles que celles de la Jeunesse, des Epoux, de l'Agriculture, car nous n'avons trouvé aucun procès-verbal ; c'est à peine même si leur date est mentionnée sur les registres municipaux.

Le 13 prairial (1er juin), la municipalité

décida que les hommes commandés pour le service de nuit resteraient chez eux, parce que le poste manquait de bois et de chandelle, et qu'il n'y avait aucuns fonds pour en acheter.

Quelques jours après, on commença l'échange des assignats contre des mandats.

Le 17 (5 juin), en réponse à une lettre du Département, il fut répondu que la ville avait exposé que si elle devait contracter un emprunt pour payer ses dettes, il devrait être porté à 600.000 livres en assignats. Mais depuis cette époque, les assignats ayant perdu de valeur d'une manière effrayante et baissant chaque jour, il était impossible de fixer l'importance de l'emprunt. D'ailleurs, les assignats étaient refusés partout, et l'on ne pouvait se procurer aucune chose qu'en contre-échange d'une autre ou au moyen de monnaie métallique. La lettre de notre municipalité se terminait par ces lignes :

« La loi s'oppose à ce que nous asseyions l'emprunt en valeurs métalliques, le discrédit du papier, qui s'augmente de jour en jour, nous interdit la faculté de nous en servir. Dans cette alternative, quel parti devons-nous prendre? En vain dirons-nous à nos fournisseurs, en leur présentant des mandats : « C'est de l'argent » Ils ne croiront pas à ce mistère politique. Ils sauront bien nous répondre :
« Ils perdent 90, 92, 95 pour cent ; si vous
« voulez de la marchandise avec cette valeur,
« payez-la à ce taux...

« Ce n'est pas tout. Vous n'ignorez pas que l'on ne peut plus acheter rien qu'au comptant, et nous n'avons aucuns fonds disponibles dans notre caisse. De plus, dénués de bois, de chandelle, nous sommes malgré nous à la veille de

ASSIGNATS, BILLETS DE CONFIANCE etc.

faire cesser le service de la garde nationale, au moins pour la nuit... Nos fournisseurs nous tourmentent ; nos employés se fatiguent de ne rien recevoir du tout depuis plus de trois mois, et de n'avoir reçu, depuis très longtemps, que des valeurs qui devenoient absolument nulles pour eux ; le découragement s'empare de leur âme et ils sont décidés à quitter leur poste s'il ne leur est promptement subvenu par des valeurs réelles.

« Veuillez donc, citoyens, nous seconder dans cette circonstance, ou nous serions obligés d'abandonner nous-mêmes un poste dans lequel nous demandons depuis longtemps à être remplacés... »

Le 30 (18 juin), notre municipalité reçut « la foible somme de 36.000 livres de promesses de mandats pour échanger les assignats ». On écrivit au Département que cette somme était insuffisante pour une ville de l'importance d'Elbeuf et de sa manufacture.

Le 5 messidor (23 juin), la ville reçut un second paquet contenant 150.000 livres en promesse de mandats. L'échange des assignats put donc s'étendre davantage.

On peut se rendre un compte exact du discrédit dont étaient frappés les assignats, par ce fait, consigné sur le registre de corresponces conservé aux archives municipales, que les indigents eux-mêmes les refusaient comme aumône ; ce papier ne valait absolument rien, car il en fallait une liasse pour se procurer une chandelle d'un sou.

Par suite de cette crise monétaire, le service de l'hôpital dut être encore interrompu.

Le 10 messidor (28 juin), il arriva à Elbeuf, pour 42 500 livres de promesses de mandats ;

la confusion était telle au Département, que notre ville n'avait été débitée que pour 40 mille livres. Notre municipalité avertit la direction départementale de cette erreur.

Au moyen de la somme totale de 228 mille 500 livres de promesses de mandats, on remboursa trente fois plus d'assignats, soit pour 6.855.000 livres.

Pendant les deux dernières décades avant l'arrivée des mandats, aucune espèce de viande ne fut mise en vente à Elbeuf. Pendant les deux décades qui suivirent, les bouchers ne purent se procurer de bestiaux qu'en échange de numéraire.

Le 12 messidor (30 juin), on procéda à la formation d'une colonne mobile de garde nationale. Mathieu Delarue en fut nommé capitaine, Robert Bourdon fils aîné et Etienne Lami, lieutenants ; Louis Béranger et Jacques Heullant fils, sous-lieutenants ; A. Bourdon, C. Godet fils aîné, Louis Bachelet et Ambroise Chefdrue, sergents. Cette colonne comptait, en outre, 9 caporaux et 72 fusiliers.

CHAPITRE XXV
(DU 13 MESSIDOR AN IV AU 11 NIVÔSE AN V)
(JUILLET-DÉCEMBRE 1796)

FÉLIX LEFEBVRE, PRÉSIDENT DE L'ADMINISTRATION MUNICIPALE DU CANTON-VILLE D'ELBEUF (12ᵉ MAIRE). — LES LOUPS. — NOUVELLES VENTES DE BIENS NATIONAUX. — DIFFICULTÉS D'ADMINISTRATION. — CRAINTE DE L'ARRIVÉE DE BRIGANDS ; ADRESSE A LA GARDE NATIONALE. — ENLÈVEMENT DU VICOMTE DE CHAMBRAY.

Par suite de la nouvelle division administrative, le canton d'Elbeuf ne se composait donc plus que de notre ville seulement ; mais le citoyen Saillant continuait encore ses fonctions de maire, en attendant qu'un président de l'administration municipale du canton-ville d'Elbeuf fût nommé.

David Delarue, Félix Lefebvre et Auguste Boivin, nommés officiers municipaux par le Directoire exécutif du département, se présentèrent à l'assemblée municipale du 18 messidor (6 juillet), à laquelle ils avaient été convoqués pour être installés dans leurs fonctions ; mais ils refusèrent de les accepter.

Boivin allégua qu'il avait des motifs pour décliner l'honneur qu'on lui voulait faire, étant en instance devant le Directoire et ne pouvant prêter serment avant qu'il ait été statué sur sa demande.

Delarue et Lefebvre dirent être disposés à entrer dans l'administration, mais à condition qu'elle fût assez nombreuse pour former une majorité ; or, en dehors de Boivin, il y avait deux autres vacances, les citoyens Grandin et Delarue ne se présentant pas. Pour faire preuve de bonne volonté, le citoyen Lefebvre demanda à être relevé de ses fonctions de commandant de la garde nationale, afin qu'il pût donner tous ses soins aux affaires municipales, les deux postes étant incompatibles, du reste.

Quelques jours après, les difficultés s'aplanirent et, le 28 (16 juillet), Félix Lefebvre fut nommé président de l'administration municipale du canton, à l'installation de laquelle on procéda ce même jour.

Alexandre Grandin, qui avait été nommé chef de bataillon en remplacement du démissionnaire, déclara, ce même jour, qu'il refusait l'honneur de commander la garde nationale. Peu après, on nomma commandant le citoyen Mathieu Delarue, mais il refusa également d'accepter le poste.

Vers ce temps, les habitants des Ecameaux et du Buquet demandèrent qu'il fût pris « des mesures pour s'opposer aux invasions d'une grande quantité de loups qui les menaçoient ». La commune d'Elbeuf saisit le Département de cette demande, d'une urgence absolue, car, en deux mois, quinze chevaux et une vache avaient été dévorés, dans ces deux hameaux seulement ; aussi personne n'osait-il plus laisser de bestiaux au pâturage.

Le citoyen Lebrasseur, seul instituteur existant à Elbeuf, cessa ses fonctions à partir du 1er thermidor (19 juillet).

La fabrication des draps était toujours aussi active. Nous en trouvons la preuve dans une pétition du citoyen Chefdrue, demandant l'aliénation d'une portion de l'ancien couvent des Ursulines et l'ouverture d'une rue, conformément au plan dressé par le citoyen Bouet, ingénieur, envoyé par le District.

L'assemblée municipale du canton, délibérant sur cette pétition, reconnaît également « qu'il y a disette de maisons et de logements pour les habitants de la commune d'Elbeuf, par l'accroissement prodigieux des établissements de manufactures, et que les ouvriers sont journellement forcés de s'expatrier, faute de locations ».

Le 8 (26 juillet), la ville envoya à Rouen, dans une caisse, ficelée et cachetée, pour 6.913.750 livres d'assignats, provenant des échanges faits contre les nouveaux mandats.

Les fêtes de la Liberté, des 9 et 10 thermidor (27 et 28 juillet), ne durent pas être plus brillantes que les précédentes, car l'assemblée municipale du canton écrivit au District, à ce sujet, que le manque absolu de fonds ne lui permettait pas d'organiser de réjouissances officielles, mais qu'une invitation était adressée aux habitants.

Un détail : Pendant que l'assemblée délibérait, le citoyen Cavé, fusilier de la garde nationale, entra dans la salle et déclara aux officiers municipaux qu'il était seul au corps de garde et qu'il y avait quatre heures qu'il était en faction. Une autre note nous apprend que, journellement, on trouvait des fusils détériorés par les gardes nationaux de service.

Vers ce temps, l'ancien maire Saillant déposa les comptes de son administration entre les mains du citoyen Lefebvre, président de l'assemblée cantonale et municipale d'Elbeuf.

Ce qui restait des petites halles avait été soumissionné par un amateur. L'assemblée municipale s'en émut et exposa au Département que « la vente de la carcasse des bâtiments en forme de halle serait préjudiciable aux intérêts de la ville et de ses marchés, que cet immeuble était un bien communal, et que les halles provenaient d'une usurpation faite sur la rue par les ci-devant ducs d'Elbeuf ; mais que, malgré cette usurpation, le public en avait toujours joui pour boucherie, halles, foires et marchés ».

Dans une note adressée au Département, le 16 thermidor (3 août), nous trouvons que les deux églises d'Elbeuf étaient très fréquentées par le peuple qui, dit l'auteur, « paroît y être très attaché, et chaque jour de cy devant dimanche, le concours y est considérable ».

Le 22 (9 août), la municipalité du canton invita les habitants, par voie du tambour de ville, à célébrer, le lendemain, la fête du 10 Août, et à suspendre tous travaux.

Le 24 (11 août), vers onze heures du soir, un officier municipal, passant devant le poste, en vit les volets fermés ; aucune sentinelle n'était devant la porte. Une heure après, il se fit du tapage à cent pas de là ; on cria : A la garde ! mais personne ne vint. Néanmoins, le lendemain, l'officier de garde déposa un rapport par lequel il déclarait que la nuit s'était passée tranquillement. On dénonça ce faux rapport à la municipalité, laquelle ordonna de déférer l'officier et ses hommes au conseil de discipline.

Le 27 (14 août), les citoyens François Heraux, Pierre Saint-Pierre, J. B. Papavoine et Claude Paupelin se rendirent acquéreurs, par acte passé au Département, « de la maison cy devant conventuelle des Ursulines d'Elbeuf, pour le prix de 97.220 livres, à la charge par eux d'abandonner la surface de terrain nécessaire à l'ouverture d'une rue projetée, conformément au plan ».

Le 30 (17 août), le citoyen Pierre-Nicolas Bourdon fut nommé commandant de la garde nationale par les officiers des six compagnies; mais l'élu refusa également de prendre ce commandement. La municipalité cantonale décida d'exposer au Département les refus successifs faits par trois citoyens d'accepter ce poste.

Le service de la garde se faisant de plus mal en plus mal, la municipalité prit un arrêté par lequel elle menaçait de faire infliger des punitions aux défaillants.

Le 8 fructidor (25 août), le directeur de la poste aux lettres demanda à la Commune de mettre en soumission l'entreprise du transport des dépêches entre Pont-de-l'Arche et Elbeuf. Le directeur des postes de Pont-de-l'Arche désirait que ce courrier ne fût tenu de venir à Elbeuf que tous les deux jours.

L'assemblée municipale opposa que les dépêches de Paris arrivaient habituellement trop tard pour qu'il fût possible d'y répondre le même jour, de sorte que la réception des réponses n'avait lieu que le quatrième jour. En conséquence, on résolut d'écrire à l'administration des Postes pour obtenir un service plus actif.

Ce même jour, on décida que les places à la foire Saint-Gilles seraient louées au profit de la commune.

Le lendemain, le Conseil décida également de faire droit à une pétition du citoyen Benefaut, entrepreneur de spectacles, demandant le local de la ci devant Société populaire pour y donner des représentations pendant la foire, moyennant un loyer de 6 livres par représentation.

Le 12 fructidor (29 août), le citoyen Nicolas Saillant se rendit adjudicataire d'un petit terrain situé vis-à-vis le moulin Saint-Jean, près la Rigole, ayant appartenu au prince de Lambesc. Il le paya 180 livres.

Le citoyen Pierre-François Lemercier acheta le 17 (3 septembre), trois lots de biens nationaux, consistant en : 1º Un jardin situé dans le ci devant cimetière Saint Etienne, ayant appartenu au bénéfice-cure de cette paroisse, pour le prix de 660 livres ; 2º la portion de jardin portant le nº 12 du plan de division de l'ancienne propriété du duc d'Elbeuf, pour le prix de 2.640 livres ; 3º les trois portions nºs 9, 10 et 11 de la même propriété, moyennant 7.480 livres.

Les ventes de biens d'émigrés et autres, confisqués par l'Etat, se poursuivaient également aux environs d'Elbeuf. Quatre jours après les achats dont nous venons de parler, le citoyen David Prestrel se rendit acquéreur de l'ancienne maison presbytérale de la Londe, avec les cour, jardin et bâtiments en dépendant, pour la somme de 4.040 livres ; plus d'un labour en trois pièces, sis en la même commune et ayant appartenu à l'émigré Le Cordier de Bigars, pour le prix de 4.752 livres, et enfin d'une parcelle de terre du même domaine, qui lui fut adjugée moyennant 308 liv.

Le 10 (27 août), sur la plainte de plusieurs habitants de notre ville, on destitua le citoyen Dubos de ses fonctions de commissaire de police, qu'il cumulait avec celles d'huissier. Le citoyen Jean-Louis Sever Andrieu lui succéda.

Ce même jour, le citoyen Fontaine, receveur des impositions, fut dénoncé à la municipalité comme concussionnaire. On dressa un état de sa caisse et de ses registres.

La Commune arrêta, le 14 (31 août), que « tous les jeudis et samedis (vieux style), la grande halle ouvrirait à midi pour le public, et à une heure pour les boulangers.

Le 24 (10 septembre), un membre de la municipalité exposa à ses collègues que « passant nombre de fois devant l'édifice de Jean, il avoit remarqué la grand'porte dudit édifice ouverte pendant l'exercice du culte, et qu'il y avoit lieu de croire que c'étoit une affectation de la part du ministre qui y exerçoit ». L'administration écrivit au citoyen Pinel d'avoir soin de tenir cette porte fermée.

Le même jour, le citoyen Patallier, adjudant, fut nommé commandant de la garde nationale. Le nouvel élu n'accepta point cette nomination. Par suite, les six capitaines durent prendre le commandement à tour de rôle.

La fête du 1er Vendémiaire an V (22 septembre 1796), ne fut pas plus solennelle, à Elbeuf, que les précédentes. Le Conseil invita les citoyens à la célébrer, mais on n'éleva point d'autel à la Patrie, les fonds manquant pour cela.

Le 3, il fut enjoint au citoyen Laurent Patallier, adjudant major de la garde nationale, de tenir la main à ce que les hommes de garde portent tous la cocarde, et les officiers les insignes de leur grade respectif.

Le 12 (3 octobre), on mit en adjudication les places des halles à blé, des bouchers et cordonniers. Les premières étaient contre les murs de l'ancien « cimetière Jean ». Il y en avait quatorze.

Le même jour, l'administration défendit de « jouer à la toupie ou fer plat et autres jeux dangereux, dans les rues, carrefours et places publiques ».

De graves dissentiments s'étant élevés entre notre municipalité et l'administration du département de la Seine-Inférieure, notre corps de ville lui adressa, le 13 (4 octobre), la peu respectueuse lettre qui suit :

« Nous connaissons, citoyens, la hiérarchie des pouvoirs ; nous savons que votre administration est supérieure à la nôtre, et cependant nous avons comme vous la voie de la dénonciation ; mais nous ne la prendrons pas et nous attendrons la vôtre...

« Nous demanderons alors au ministre si l'intention du gouvernement est que les administrations supérieures exigent de celles inférieures qu'elles administrent sans ressources et sans moyens.

« Au reste, citoyens, nous vous donnons avis que nos secrétaire et employés nous ont donné leur démission pour le 20 de ce mois, et que, fatigués de leur promettre des fonds sans pouvoir leur en donner, nous l'avons acceptée. Ils nous ont promis cependant de nous seconder jusque là. Mais le 21, si nous n'avons de vous aucune nouvelle satisfaisante, les portes de l'administration seront fermées et toute espèce de correspondance sera absolument interdite entre nous.

« Nous tâcherons cependant de justifier le choix de nos concitoyens en faisant tout ce qui dépendra de nous pour maintenir dans notre cité la paix et la tranquillité ; mais absolument dénués de toutes ressources, nous ne nous occuperons nullement de tout ce qui sera étranger à notre commune... »

Il convient d'ajouter que les employés municipaux n'avaient pas été payés depuis près deux ans.

Le 15 (6 octobre), un membre de la municipalité exposa au Conseil que « dans l'espace de la rue dite du Bassin, qui devait être construite dans la basse-cour du ci-devant château, il existait un escalier de pierres avec sa rampe de fer et divers arbrisseaux ; qu'en outre, dans une autre à ouvrir, il existait une porte avec des ferrures... » La municipalité décida que, pour en tirer parti, ces ferrures seraient mises en adjudication.

Le 19 (10 octobre), le citoyen Pinel, « ministre du culte à l'édifice Jean », fut invité à faire fermer la porte de l'église pendant les offices, sous peine de se voir appliquer les rigueurs de la loi.

Le 21 (12 octobre), le citoyen Charron, secrétaire de la municipalité, donna sa démission, motivée sur ce qu'on ne le payait pas.

Le 23 (14 octobre), on afficha dans les deux « édifices de Jean et d'Etienne » un arrêté défendant l'usage des cloches et de toute autre espèce de convocation publique pour l'exercice du culte ».

Sur la demande des citoyens Galeran et Desgenétez, administrateurs de l'hospice d'humanité, on autorisa de faire des quêtes pour venir en aide à cet établissement.

Un événement politique et militaire important se produisit le 26 (16 octobre) : la signature du traité de Campo-Formio entre la République française et l'Autriche. Ce traité mit fin à la première campagne de Bonaparte en Italie.

Au 27 vendémiaire (18 octobre), le citoyen Fontaine, percepteur des impositions pendant les exercices 1792, 1793 et huit mois de 1894, qui avait été arrêté et transféré à la « prison de Lô, à Rouen », était remis en liberté, et il reprit ses fonctions le 28.

Le 17 brumaire (7 novembre), le citoyen Joseph Cavalier, d'Elbeuf, sous-lieutenant aux grenadiers de la 39ᵉ demi-brigade, fut tué au combat de Cagliano, en Italie.

Une note de ce jour mentionne qu'il y avait quatre huissiers à Elbeuf, dont un ne faisait presque rien. Un autre, au contraire, citait seul au juge de paix, ce qui constituait une sorte de privilège, dont les autres se plaignaient.

De sévères reproches furent adressés, le 19 (9 novembre), au commandement de la garde nationale, à cause du mauvais service du poste, où l'on ne voyait plus de factionnaires ni de jour ni de nuit, malgré le bruit public qui annonçait le voisinage de brigands.

A cette époque comme antérieurement, la plupart des manufacturiers et commerçants élevaient des porcs pour leur subsistance. On avait même pris l'habitude de les laisser vaguer dans les rues, ce qui n'était pas sans danger pour les enfants. Le 26 brumaire (16 novembre), la municipalité invita le citoyen David Delarue, commissaire du pouvoir exécutif par intérim, à faire cesser cet état de choses.

Nous ne pouvons passer les dates des 15, 16 et 17 novembre 1796, sans rappeler qu'après trois jours de bataille, Bonaparte remporta la célèbre victoire d'Arcole, avec 15.000 hommes, contre 45.000 Autrichiens. Quand les détails de cette bataille furent connus à Elbeuf, un vif enthousiasme éclata dans toute la population.

Le citoyen Etienne Chantelou se rendit acquéreur le 21 (11 novembre), moyennant le prix de 8.900 livres, d'une maison sise à Orival, dans laquelle existaient un fourneau à chaux et deux fours à plâtre; plus d'une petite portion de bois et d'une terre en friche sur la roche, le tout confisqué sur Le Cordier de la Londe, émigré.

Le 5 frimaire (25 novembre), le citoyen Laurent Patallier acheta deux lots de biens nationaux ayant appartenu à la fabrique paroissiale de Saint-Jean, se composant d'une portion de l'ancien cimetière entourant l'église, et de « la chambre dite du Trésor, le grenier au-dessus et l'escalier hors d'œuvre ». Il paya le premier lot 900 livres et le second 720 liv.

A la suite de la loi défendant l'importation des marchandises anglaises, la municipalité nomma, le 12 frimaire (2 décembre), deux de ses membres pour faire des perquisitions chez les commerçants soupçonnés d'en posséder.

Ce même jour, le citoyen Henri Grandin fut

délégué pour représenter le commerce et l'industrie d'Elbeuf à une conférence devant avoir lieu à Paris, devant le ministre des finances, au sujet de traités de commerce à négocier avec plusieurs puissances étrangères.

Ce même jour encore, le citoyen Louis-Jacques Grandin accepta les fonctions d'administrateur de l'hospice d'humanité, pour se joindre aux citoyens Galeran, Desgenétez, Lebourgeois et J. Delacroix, ses collègues.

Le 22 (12 décembre), les mesures prises les années précédentes contre les mascarades furent renouvelées. On interdit même aux directeurs de bals publics de recevoir des personnes masquées. Le même arrêté faisait défense de jouer aux dés dans les rues, place et lieux publics, de porter des flambeaux ou torches de paille ou de corde, de tirer des fusées et pétards, et d'allumer des feux dans les rues.

Nous trouvons, à cette même date, sur les registres municipaux, le texte de cette délibération.

« Vu l'adresse de l'administration centrale du Département à ses concitoyens...

« Considérant que les tristes vérités qu'elle renferme nécessite des mesures de sûreté ; qu'il n'est que trop vrai que l'isolement, l'insouciance et l'apathie des citoyens honnêtes et vertueux les rendent, quoique en grand nombre, très faibles ; qu'au contraire, le rassemblement des brigands, leur union, leur intelligence, la méditation qu'ils font de leurs crimes, les rendent forts, quoiqu'en bien plus petit nombre.

« Considérant que le seul moyen de déjouer les projets de ces malfaiteurs, c'est de leur montrer une contenance ferme et imposante, en faisant exactement son service de jour et des patrouilles de nuit.

« Considérant aussi que le service de la garde nationale ne consiste pas seulement à faire ses heures de faction, comme beaucoup de citoyens se l'imaginent, mais encore à rester au corps de garde, pour la surveillance des étrangers, le maintien de l'ordre et la sûreté individuelle et publique.

« Considérant d'ailleurs que nombre de citoyens, tout en manifestant le désir de faire exactement leur service, ne le font pas parce que, disent-ils, ils ne veulent pas être plus rigoristes que leurs camarades et par eux bafoués.

« Considérant, enfin, qu'il se commet de temps à autre des avaries dans le corps de garde, qui n'auroient pas lieu si les officiers étoient à leur poste, et qu'il est temps de les rendre garants et de forcer les apathiques à se faire du bien à eux-mêmes... »

Suit le texte d'un réglement nouveau pour la garde nationale.

Le citoyen Hayet, commissaire du Directoire exécutif, se plaignit du relachement des officiers municipaux dans leur service. A la séance du 2 nivôse (22 décembre), il ne se présenta que le président Lefebvre et le citoyen David Delarue.

Henri Delarue, autre membre de la municipalité, protesta le lendemain contre la note du commissaire Hayet, qu'il déclara être aussi injuste que déplacée ; attendu que, plusieurs fois, on avait été obligé de l'envoyer chercher chez lui et même ailleurs, pour assister aux séances.

Le 3 (23 décembre), en réponse à une lettre

du Département, il fut déclaré que la ville d'Elbeuf comptait 5.097 habitants.

Ce même jour, la Commune prit un arrêté concernant les fossoyeurs.

Le 11 nivôse (31 décembre), les autorités municipales furent mises en émoi : elles venaient d'apprendre qu'une bande de trente à quarante hommes armés venait d'enlever, entre Orival et Moulineaux, un prisonnier de marque que la gendarmerie conduisait à Caen.

Ce prisonnier était le vicomte de Chambray. Arrêté une première fois, le 7 septembre précédent, et remis en liberté le 15 novembre, par le citoyen Aroux, directeur du jury, il avait été mis de nouveau en état d'arrestation. On le conduisait de Rouen à Caen, quand il fut délivré, près d'Orival, par le citoyen de Mauduit et ses compagnons, la plupart masqués.

Le vicomte de Chambray était considéré comme le chef du conseil des Chouans. Après son enlèvement, il passa par Elbeuf, avant que les autorités de notre ville eussent été prévenus de sa fuite, et alla se cacher à Saint-Martin-la-Corneille, au manoir de la Galitrelle, chez Mme de Franqueville, sa parente.

Le vicomte de Chambray était le neveu du célèbre bailli de ce nom et le père de l'historien de la *Guerre de Russie*. Pendant son séjour à la Galitrelle, il y créa un joli jardin anglais.

CHAPITRE XXVI
DU 12 NIVÔSE AN V AU 11 NIVÔSE AN VI
(ANNÉE 1797)

PLAINTES AU DÉPARTEMENT CONTRE LA GARDE NATIONALE. — ÉLECTIONS MUNICIPALES COMPLÉMENTAIRES. — ENQUÊTE SUR UNE INHUMATION RELIGIEUSE. — LES FÊTES PUBLIQUES DÉLAISSÉES. — DÉMONSTRATION POPULAIRE RELIGIEUSE. — L'ABONDANCE DES VIVRES ; LA PLACE MANQUE SUR LE MARCHÉ. — LES POIDS ET MESURES EN USAGE A ELBEUF. — CÉRÉMONIE FUNÈBRE EN L'HONNEUR DU GÉNÉRAL HOCHE. — DAVID DELARUE, PRÉSIDENT DE L'ADMINISTRATION MUNICIPALE DU CANTON D'ELBEUF (13e MAIRE). — NOUVELLE ORGASATION DE LA GARDE NATIONALE.

Le 16 nivôse an V (5 janvier 1797), la municipalité demanda l'autorisation de faire exécuter le plan des rues d'Elbeuf, afin d'avoir un alignement invariable pour l'avenir.

Le 22 (11 janvier), à la suite de la démission plusieurs fois renouvelée du citoyen Andrieu, Laurent-Clément Cauchoix fut nommé aux fonctions de commissaire de police, avec appointements de 600 livres par an.

En réponse à une circulaire du Département, enjoignant à notre municipalité de redoubler de zèle en ce moment où les émigrés et prêtres déportés rentraient clandestinement en France, il fut dit, le 25 (14 janvier), par la municipalité :

« Nous manquons de moyens d'exécution. Les citoyens de notre canton — c'est-à-dire la ville d'Elbeuf seule — sont d'une apathie désolante pour leurs intérêts. Le service de la garde nationale est fait avec la plus grande nonchalance ; les citoyens regardent comme au-dessous d'eux de monter la garde ; il faut même quelquefois employer la rigueur pour leur faire payer la taxe de remplacement... Sitôt le tour arrivé, plus de sentinelle au poste... Le conseil de discipline ne s'assemble pas... Notre garde nationale est absolument inutile, puisqu'en cas d'alerte nous ne pouvons compter sur personne. On ne fait pas de patrouilles de nuit. Il y avait au poste douze fusils en état ; actuellement ils n'ont ni batterie, ni baguettes, ni platines, ni capucines. Vous ne pouvez donc compter sur l'exécution d'aucune loi reposant sur l'activité de la garde nationale ».

Sur la réquisition du citoyen Hayet, commissaire du Directoire exécutif, les membres de la municipalité furent invités à assister à la fête qui devait être célébrée à l'occasion de l'anniversaire de la mort du dernier roi.

Une nouvelle défense de couvrir les maisons en paille fut faite aux habitants d'Elbeuf, le 2 pluviôse (21 janvier).

Le 12 (31 janvier), en réponse à une lettre du Département, la municipalité fit savoir qu'aucun Elbeuvien ne s'était présenté pour obtenir une bourse au collège Egalité, de Rouen.

Au 14 pluviôse (2 février), le citoyen Jacques Grandin, d'Elbeuf, était président de l'administration centrale du département de la Seine-Inférieure.

La citoyenne Marie-Anne Louvat, nièce du ci-devant curé Guersent, acheta le ci-devant presbytère de Caudebec, avec les bâtiments, cour et jardin, le tout clos de murs, plus une terre en légumier entourée de haies, ayant appartenu au bénéfice cure de cette paroisse, pour le prix de 4 500 livres. L'adjudication lui en fut faite le 26 pluviôse (14 février).

Le 12 ventôse (2 mars), l'administration municipale fut invitée à faire des recherches au sujet d'un vol de 87.000 livres en numéraire, commis par quinze brigands sur la route de Paris à Caen.

A la suite d'une pétition présentée par les héritiers de « Louis-Nicolas Bachelet, ex-chapelain de la ci-devant charité d'Elbeuf », qui, après la dénonciation de six habitants de notre ville, s'était embarqué à Dieppe, le 13 août 1792, à destination de l'Angleterre, et considérant que, d'après la loi du 26 fructidor an III, les biens des ecclésiastiques déportés devaient être restitués à leurs héritiers, la municipalité déclara, le 22 ventôse (12 mars), que les bénéfices de la loi précitée devaient être appliqués aux pétitionnaires.

Une assemblée primaire des électeurs fut fixée au 1er germinal (21 mars) pour donner des successeurs aux citoyens Henri Delarue, Alexandre Grandin et Flavigny-Gosset.

La réunion eut lieu dans l'église Saint-Jean. On procéda d'abord à l'élection d'un bureau.

Les citoyens Augustin Henry, Prosper Durand et Michel-Guillaume Bosquier furent nommés électeurs, par 147, 141 et 124 voix, sur 194 votants.

Le lendemain, de nouveaux votes nommèrent les citoyens Flavigny-Gosset jeune, Alexandre Grandin et J.-P. Delacroix aux fonctions d'administrateurs municipaux, par 111, 108 et 100 voix, sur 132 votants. — Le 12 germinal suivant (1er avril), ces citoyens prêtèrent serment de haine à la royauté et à l'anarchie ; ils furent ensuite proclamés administrateurs municipaux.

Dans cette même séance, David Delarue fut nommé président de l'administration municipale, en remplacement du citoyen Nicolas-Félix Lefebvre.

Par jugement militaire, rendu à la Haye, en conseil de guerre de l'armée du Nord, le 16 germinal (5 avril), le nommé Jean Dubrecq, caporal à la 54e demi-brigade, né à Elbeuf, âgé de 32 ans, fut condamné à la peine de mort, « pour viol avec voies de fait ».

Le 2 floréal (21 avril), les héritiers de Le noble, prêtre déporté, décédé, furent mis en possession de ses biens.

Une délibération du 29 (18 mai), nous apprend que le citoyen Lemercier « faisait bâtir au-delà du cintre formé par la haie vive donnant sur la rue en face du château ». Des commissaires furent nommés pour vérifier l'état de « la demi-lune de la basse cour » de de château.

Le 21 floréal (10 mai), à des renseignements demandés par la municipalité du canton d'Orival, la nôtre répondit :

« Nous avons appris effectivement que, le

7 germinal dernier, des citoyens de Caudebec étoient venus enlever le corps du citoyen Macrel, décédé en notre commune; qu'ils étoient revêtus de chaperons, marque distinctive d'une corporation ci-devant appelée la Charité, que le cortège étoit précédé d'une croix, qu'ils avoient chanté des psaumes, himnes ou cantiques.

« Le 8 de ce mois, des citoyens, aussi de Caudebec, sont venus enlever le corps du citoyen Picot, ministre exerçant ci-devant le culte catholique audit Caudebec, mais ils ne s'étoient revêtus d'aucune marque distinctive; il y avoit seulement sur le coffre du défunt une étole. Un citoyen précédoit le cortège, portant négligemment une croix d'argent sur le bras, et ils chantèrent aussi des psaumes, himnes ou cantiques... »

Le Département avait invité notre municipalité à faire solenniser la fête de la Reconnaissance. La Commune reconnut bien « qu'il importoit d'inspirer au peuple le goût des institutions pouvant contribuer à l'amélioration des mœurs et à l'affermissement de la République, mais le triste état de la caisse municipale ne permettoit point de faire de dépense pour ces sortes de fêtes ». Elle invita les citoyens, par une proclamation, « à célébrer le 10 prairial (29 mai), la fête de la Reconnoissance, et la commission des travaux à s'occuper d'un mode de fêtes nationales qui présente sans frais toute la dignité qu'elle enjoint ».

Six membres de l'administration municipale se présentèrent, le 10, à une heure de l'après-midi à la maison commune, pour la célébration de la fête. « Après avoir vainement attendu jusqu'à deux heures, sans avoir vu aucun citoyen de la garde nationale, ni autres disposés à les accompagner pour la cérémonie, ils se retirèrent ».

Un état, daté du 21 prairial (9 juin), nous fournit les prix de plusieurs denrées à Elbeuf. La livre de pain (16 onces) valait 3 sols, le bœuf et la vache 8 sols, le veau 6 sols, le mouton 8 sols, le porc 10 sols ; le quintal de foin 4 livres 10 sols, de luzerne 3 liv. 15 sols, de trèfle 3 livres, de paille 3 livres ; le boisseau d'avoine (mesure de Paris) 25 sols, de son 14 sols.

Le 27 (15 juin), il se fit un rassemblement d'hommes armés ; ils étaient précédés d'un tambour et se dirigèrent vers l'église Saint-Jean, à l'effet d'y faire célébrer le culte. Des coups de fusil furent tirés.

Le Conseil se réunit immédiatement. Il y fut dit que les citoyens composant ce rassemblement s'étaient cru autorisés à le faire par les conclusions du commissaire du Directoire exécutif, sur une pétition par eux présentée à l'administration. Mais l'assemblée fit défense, par le tambour et par affiches, de renouveler de pareilles démonstrations.

La Gazette Française, publiée à Paris, ayant dénaturé le récit de cet événement, notre municipalité lui intima l'ordre de faire une rectification dans le numéro suivant.

Le 30 prairial (18 juin), le citoyen Mathieu Dupont fut élu commandant de la garde nationale, et le citoyen Henry, adjudant. Tous deux refusèrent d'accepter le grade qu'on leur décernait.

La fête de saint Jean approchait, une partie de la population se proposa de reprendre les usages d'avant la Révolution et de célébrer cette fête populaire par des feux de joie. La municipalité, en ayant été avertie, prit un arrêté le 5 messidor (23 juin), par lequel elle défendit d'allumer des feux pour danser autour. Elle s'appuya sur ce que la plupart des maisons de la ville étant bâties en bois, un coup de vent pouvait déterminer un incendie. « On peut se livrer, dit-elle, aux plaisirs et à la joie, que l'administration est bien éloignée d'interdire à ses concitoyens, sans allumer de feu dans les rues, carrefours ou quai ». Il fut interdit, en outre, de tirer des fusées et des pétards.

Ce même jour, il fut dit au Conseil que « la partie de la rue de la Rigole donnant au bout du bas jardin du ci devant château étoit inondée par le trop plein du Bassin ; que cela provenoit de ce que l'on avoit débouché une barbacane, qui donnoit un libre cours à cette eau ; que la rue de la Rigole étant depuis longtemps une voie publique, on devoit veiller à ce que le passage restât ouvert ».

Des ordres furent donnés en conséquence, et l'on arrêta, en outre, que des vidanges seraient apportées afin d'élever le terrain de la rue de la Rigole.

A l'occasion de la fête de l'Agriculture, qui devait être célébrée le 10 messidor (28 juin), la municipalité adressa une nouvelle proclamation, en notant encore une fois qu'elle n'avait pas de fonds à dépenser. Le jour de la fête, il ne se présenta pas plus de garde nationaux qu'à la précédente.

Le 20 messidor (8 juillet), le citoyen André Gancel fut promu au grade de chef de bataillon de la garde nationale, et le citoyen Auguste Bourdon à celui d'adjudant, qu'ils acceptèrent ;

mais à cause d'une nouvelle organisation projetée par l'administration supérieure, on différa à leur réception, ainsi qu'à celle des autres officiers élus.

La fête du 14 juillet, qui devait être célébrée le 26 messidor, eut le sort des fêtes précédentes, malgré les invitations et proclamations de la municipalité.

Une lettre du 1er thermidor (19 juillet), signée du greffier du tribunal criminel du département des Deux-Nèthes, séant à Anvers, annonça à la municipalité d'Elbeuf que les citoyens Jacques-Nicolas Le Roy et Gabriel-Henri Guenet, tous deux prêtres déportés, seraient renvoyés devant tribunal criminel de la Seine-Inférieure.

Vers le 2 thermidor (20 juillet), « le citoyen Chefdrue, artiste » reçut mandat de construire un talus sur pilotis à la fontaine du Sud, sur une longueur de 42 pieds de long. — Une note mentionne le mauvais état « des puchots ».

La fête du 9 thermidor (27 juillet) passa inaperçue à Elbeuf.

Le lecteur a sans doute remarqué que nous ne disions plus rien des difficultés de l'alimentation publique, qui, pendant de trop longues années, avaient causé tant d'embarras à nos administrateurs municipaux et de si vives angoisses à notre population.

C'est que l'abondance était revenue et, en même temps que les ouvriers avaient dans les fabriques du travail très suivi, les objets d'alimentation, le blé surtout, parvenaient à nos marchés par grandes quantités et à bas prix. Il arriva même que nos halles furent si bien garnies par des approvisionnements de tous genres, apportés par un nombre considérable de cultivateurs, que la place manqua. Il fallut que l'administration municipale prît des mesures pour remédier à la confusion qui se produisait chaque jour de marché ; c'est ce qu'elle fit le 12 thermidor (30 juillet).

Les marchands et les cultivateurs qui se présentaient, occupaient toute la longueur de la rue Saint-Jean, la place du Coq et une longue étendue dans les rues de la Barrière et de Saint-Etienne — aujourd'hui rue de la République.

Les bouchers s'installaient sur l'emplacement des petites halles, près de l'église Saint-Jean ; à leur suite et jusqu'à la place du Coq étaient les marchands de légumes.

Les marchands de marée étaient rue de la Barrière, et, à la suite, dans la direction du Cours se trouvaient les quincailliers ; en face d'eux, étaient les étaux des merciers et des fripiers.

Les marchands de volailles, de beurre, d'œufs, les marchands de poterie et de vaisselle occupaient la rue Saint-Etienne (rue de la République).

Le 22 thermidor (9 août), il fut répondu au Département qu'il existait bien deux presbytères en bon état dans notre localité, mais que la ville d'Elbeuf ne possédait aucun instituteur pour les occuper.

A la fête ordonnée pour le 23 thermidor, en souvenir du 10 août, il ne se présenta personne encore pour accompagner la municipalité qui, par suite, ne se dérangea pas non plus.

On sait combien, avant le système métrique, les poids et mesures présentaient de différences dans les diverses provinces et parfois même d'un lieu à un autre du même bailliage. Une délibération municipale, du 2 fructidor (19 août) va nous dire la valeur des mesures usitées à Elbeuf.

Le citoyen Guillot, jaugeur-vérificateur des poids et mesures, inspecteur des moulins du canton, exposa que plusieurs personnes avaient demandé « à faire jauger leurs aulnes, mais qu'ayant remarqué qu'il existoit particulièrement deux mesures en ce canton, une de trois pieds sept pouces huit lignes dite de Paris, et l'autre plus longue de deux lignes », il lui avait paru que la première était la plus usitée à Elbeuf; que le citoyen Langlois, ancien jaugeur, lui avait dit qu'il existait une décision du ci devant bailliage de Pont-de-l'Arche qui avait fixé l'aune d'Elbeuf conformément à celle de Rouen, qui était de trois pieds sept pouces huit lignes.

En ce qui concernait les mesures de capacité, il avait visité de nombreuses mesures étalonnées et reconnu que le boisseau usité depuis longtemps à Elbeuf contenait 16 pots.

Quant au pot, il était de notoriété que celui de notre ville avait toujours eu trois trente-deuxièmes de moins que ceux de Paris et de Rouen.

Le conseil municipal ayant considéré qu'il n'y avait à Elbeuf aucun étalon, mais qu'il ne pouvait exister d'incertitude que sur l'aune, les contenances du boisseau, du pot liquide et de la livre étant constantes dans le canton, adopta l'aune de trois pieds sept pouces huit lignes, qui était celle de Paris, Lyon, Rouen, Bordeaux et autres grandes villes, avec lesquelles les manufactures commerçaient le plus fréquemment.

L'administration arrêta également qu'elle achèterait des poids de 52, 26, 13 et 6 livres, d'un marc en cuivre de 4 livres composé de ses diminutifs, ainsi que diverses mesures pour les grains, lesquels poids seraient étalonnés et déposés au secrétariat de la municipalité, pour y avoir recours au besoin.

Le 7 (24 août), on décida d'ouvrir un registre pour l'inscription des citoyens devant former la garde nationale et, en même temps, celle des citoyens actifs, c'est-à-dire pouvant prendre part aux élections.

Le 22 (8 septembre), à l'assemblée municipale du canton, il fut donné lecture de la proclamation du Directoire exécutif en date du 18 de ce même mois, et de « la loi du 19 concernant des mesures de salut public relatives à la conspiration royaliste ».

Hayet, commissaire du Directoire exécutif, en arrêta la promulgation. A l'instant, les citoyens Jacques-Pierre Delacroix, Alexandre Grandin et Flavigny-Gosset, qui avaient été élus par le peuple, cessèrent leurs fonctions et se retirèrent.

Le troisième jour complémentaire de l'an V (19 septembre), après avoir prêté serment de haine à la royauté et à l'anarchie, et fidélité à la République, le citoyen Prosper Delarue fut installé dans les fonctions d'administrateur municipal.

La fête du 1er vendémiaire an VI (22 sept.) se borna, à Elbeuf, à la prestation de serment par les membres de la municipalité, de la justice de paix et les fonctionnaires publics.

Le lendemain, le citoyen Chefdrue fut installé dans les fonctions d'administrateur municipal.

Ce même jour, les citoyens Pinel, Bourgeois et Desgenétez, prêtres du culte catholique, prêtèrent un nouveau serment. Le citoyen Rivette, ex-frère de la Charité, quoique n'y étant pas obligé, voulut également prêter serment de haine à la royauté et de fidélité à la Constitution de l'an III.

A une lettre du ministre de la police générale, il fut répondu, le 22 (13 octobre), qu'il n'existait à Elbeuf aucun théâtre public ni d'amateurs.

Pour exécution d'un arrêté du Département ordonnant la destruction de tous les signes extérieurs d'un culte quelconque hors l'enceinte des lieux réservés pour les cérémonies religieuses, le commissaire de police dressa un procès-verbal de constat. Le même fonctionnaire dressa un autre état, conformément à un second arrêté du Département, ayant pour but « de purger les communes des émigrés et des prêtres insoumis ».

Une loi ayant ordonné de célébrer le 30 vendémiaire (21 octobre) par toute la France, une cérémonie funèbre en l'honneur du général Hoche, mort à l'âge de 29 ans, la municipalité s'adressa « au citoyen Murizon, artiste », qui s'était fait autrefois une réputation pour l'organisation des cérémonies locales, et lui demanda d'en dresser un programme. Murizon rédigea d'abord la proclamation suivante :

« Citoyens, le vainqueur de Wissembourg, celui qui débloqua Landau et pacifia la Vendée, Hoche, enfin, n'est plus ! La Parque inhumaine vient de trancher ses jours à la fleur de ses ans et au comble de sa gloire !

« Courage, valeur, intelligence, dons de la nature et de l'esprit, le héros que nous pleurons les réunissoit tous. Nous devons honorer sa mémoire.

« Et vous jeunes guerriers qui avez suivi sa même carrière ; vous encore plus particulièrement qui, rentrés dans vos foyers, vous reposez depuis deux ou trois ans à l'ombre des lauriers qu'il s'est efforcé de cueillir, vous serez, sans doute, les premiers à rendre hommage aux travaux de ce grand homme.

« Si vos affaires domestiques, le besoin d'alimenter vos fabriques et de procurer aux parents de vos frères d'armes les nécessités de la vie, vous ont arrachés malgré vous des drapeaux de la gloire, vous allez par un saint enthousiasme démontrer à vos concitoyens que vos vues étoient pures.

« Vous aussi, militaires, qui avez vieilli sous les drapeaux de Mars et qui, couverts de blessures ou courbés sous le poids des ans, méritez vous-mêmes des honneurs, vous y assisterez sans doute, et vous y fixerez les regards des jeunes gens qui se feront un devoir d'emprunter vos lumières, pour donner à cette pompe funèbre toute la majesté qu'elle exige ».

Par ces considérations, et vu la loi du 5 du même mois, la municipalité arrêta ce qui suit :

« Le 30 de ce mois il sera, au carrefour de la Liberté, élevé en l'honneur du général Hoche, un cénotaphe orné de trophées militaires, d'inscriptions à la gloire du héros et surmonté d'une urne cinéraire.

« La cérémonie funèbre sera annoncée le matin par deux tambours drapés en noir qui parcourront la ville.

« La justice de paix, les fonctionnaires publics invités par la présente proclamation, se réuniront avec l'administration à la maison commune à deux heures de relevée. La garde nationale, la gendarmerie, les anciens militaires, les jeunes gens de la première réquisition et les amateurs de musique, pareillement invités, se rendront à la même heure à la place d'armes...

« A trois heures, les corps constitués, revêtus de leurs marques distinctives, et les fonctionnaires publics, accompagnés de la force armée, se rendront à la place de la Liberté, et se placeront en demi cercle en face dudit cénotaphe.

« Le président de l'administration tiendra à la main une couronne de laurier et chaque administrateur une palme ou branche verte.

« Les défenseurs de la Patrie seront rangés en demi-cercle du côté opposé aux corps constitués. Les deux autres côtés seront occupés par les citoyens, avec des sentinelles pour que l'on ne dépasse pas la ligne du cercle.

« Alors les deux tambours feront un roulement de cinq minutes, qui sera suivi d'une décharge par les défenseurs. Ensuite le roulement recommencera après qu'il sera fait un grand silence.

« Le président avancera quelque peu et prononcera l'oraison funèbre du héros, à la fin de laquelle il sera fait un autre roulement et une décharge roulante. Après un instant de silence, le roulement recommencera et sera continué.

« Pendant ce temps, le président, les corps administratifs judiciaires et les fonctionnaires publics feront trois fois le tour du cénotaphe ; le président y déposera la couronne de laurier et chaque administrateur sa palme.

« Cela fait, les corps constitués et fonctionnaires publics crieront : Vive la République

Alors les défenseurs feront une troisième décharge, puis reconduiront le cortège à la maison commune.

« Et vu que la garde nationale se trouve en ce moment sans commandant ni adjudant, l'administration nomme le citoyen Jamet commandant temporaire pour ladite cérémonie ».

Le procès-verbal de la cérémonie nous apprend que ce programme fut suivi ponctuellement. La « palme ou branche verte » des officiers municipaux consista en un rameau de chêne. Les musiciens firent entendre plusieurs morceaux avant la fin de la cérémonie, qui impressionna vivement tous les Elbeuviens et les habitants des communes voisines, accourus en masse pour assister à cette manifestation.

Ce fut la dernière réunion que présida le le citoyen Nicolas-Félix Lefebvre. Le citoyen David Delarue, élu président de l'administration municipale du canton quelques jours auparavant, entra en fonctions le 2 brumaire.

Le 4 brumaire (25 octobre), le citoyen Cauchois, commissaire de police, reçut l'ordre de faire la recherche de tous les signes extérieurs de culte religieux, prohibés par les lois, et d'en établir un rapport.

A cette époque, il n'y avait toujours qu'un seul pompier municipal pour les cas d'incendie ; il avait un traitement de 150 livres par an, mais, sur cette somme, il devait entretenir la pompe en bon état.

Le 10 brumaire (31 octobre), on afficha en ville le texte d'une lettre du citoyen Hardi, représentant du peuple, annonçant qu'un traité venait d'être signé entre le commissaire du Directoire exécutif et l'empereur.

Le 18 (8 novembre), il fut fait défense aux habitants de tirer à la cible dans les rues, par suite du danger que présentait cet exercice pour les personnes pouvant se trouver à portée des tireurs.

Ce même jour, la municipalité demanda l'autorisation d'éclairer la ville, restée dans l'obscurité depuis des années, au moyen de réverbères.

Le 22 (12 novembre), il fut procédé à la réorganisation de la garde nationale « dans l'édifice Jean ».

Voici le résultat de cette opération :

1re compagnie : Voranger, capitaine ; L.-J. Quesné père, lieutenant ; Beaudouin aîné, sous-lieutenant ;

2e : Rigonnaux, capitaine ; Joseph Flavigny père, lieutenant ; Lahourde, sous-lieutenant ;

3e : Claude Lefebvre, capitaine ; Andrieu, lieutenant ; Taurin, sous-lieutenant ;

4e : Math. Sevaistre fils, capitaine ; Huet, cardier, lieutenant ; Riberpré, sous-lieutenant ;

5e : Fécomme, capitaine ; Adam, lieutenant ; Levalleux, sous-lieutenant ;

6e : André Gancel, capitaine ; Henri Delacroix, lieutenant ; A. Bouic, sous-lieutenant.

Le lendemain on procéda à la nomination des sergents et des caporaux.

Le 29 (19 novembre), les officiers et sergents procédèrent à l'élection de l'état-major. Le citoyen Claude Lefebvre fut nommé chef de bataillon, Rigonneau adjudant, et Modeste Fremont porte-drapeau.

Le 6 frimaire (26 novembre), une nouvelle réunion eut pour objet de remplacer les officiers promus à un grade supérieur et les non-acceptants.

Enfin, le 10 (30 novembre), eut lieu la reconnaissance des officiers et autres gradés, après la prestation du serment prescrit par la loi.

L'un des registres concernant les ventes des biens nationaux, déposés aux Archives du département, mentionne que, le 9 frimaire, le citoyen Charles-Vallery-Porcien Pinel, vivant de son revenu, se rendit acquéreur, moyennant la somme de 4.500 livres, de « l'ancienne maison presbytérale de Saint-Jean, composée d'une cuisine et salle au rez terre, deux chambres sur icelles, avec grenier dessus, plus un hangar dans une petite cour mesurant neuf toises de superficie et un petit jardin en très mauvais état, sans arbres ni espaliers, très ombragé par des bâtisses nouvelles, ayant trente une toises superficielles ».

Au 12 frimaire (2 décembre), la célébration des décades ne se faisait plus ; mais sur une lettre du ministre de l'Intérieur, il fut arrêté que chaque décadi serait observé, provisoirement, par l'administration et la justice de paix.

Ce jour-là, notre municipalité fut invitée de donner aide et protection au citoyen Gomot, qui se proposait de faire monter des marchandises du Havre à Paris, au moyen de navires voiliers.

Elle fut également invitée à faire desservir le poste par la garde nationale « à cause des crimes qui se commettoient journellement dans les environs ». La municipalité répondit au Département qu'elle n'avait que « peu de moyens pour satisfaire à la dépense de bois, chandelle, entretien d'armes, payement du tambour et autres » et le pria de lui en fournir.

Depuis quelque temps, les citoyens Macé et Petit donnaient des bals publics. Il leur fut écrit, le 22 (12 décembre), de verser le quart de leur recette à l'hospice ; mais par suite d'un accord, Macé s'engagea à verser 12 livres et Petit 6 livres dans la caisse de cet établissement, pour le temps qui s'écoulerait jusqu'au 2 ventôse suivant (20 février).

Le 19 (9 décembre), l'administration municipale, informée qu'un citoyen qui vendait un tableau représentant « l'arrivée de Buonaparte à Paris », avait été insulté par la multitude, ordonna au brigadier de gendarmerie et au commissaire de police de veiller à ce qu'il ne fut pas troublé davantage.

Le 1er nivôse (21 décembre), naquit à Elbeuf Pierre-Michel-Victor Grandin qui, plus tard, devint l'un des principaux manufacturiers de notre ville et son représentant au Corps législatif, sous les gouvernements de Charles X, Louis-Philippe et de la République.

Par une pétition adressée au Corps législatif, notre municipalité demanda, le 4 nivôse (24 déc.), d'être autorisée à prélever chaque année sur les contribuables une somme de 3.000 livres, pour éclairer les rues, qui, depuis longtemps, étaient plongées dans la plus complète obscurité, de sorte que des vols fréquents avaient lieu. Cette pétition mentionne également que les ouvriers des fabriques travaillaient très tard pendant l'hiver et ne regagnaient leur domicile qu'à une heure avancée de la nuit.

En 1797, la population d'Elbeuf était retombée à 5.097 habitants.

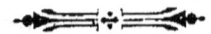

CHAPITRE XXVII

(DU 12 NIVÔSE AU 12 PRAIRIAL AN VI)
(JANVIER-MAI 1798)

CONCORDANCES DES CÉRÉMONIES CATHOLIQUES AVEC LES DÉCADIS. — CHANGEMENTS DANS L'ADMINISTRATION. — BALS ET REDOUTES. — PROJET DE DESCENTE EN ANGLETERRE. — LA FÊTE DE LA SOUVERAINETÉ DU PEUPLE. — LOUIS LEMERCIER, PRÉSIDENT DE L'ADMINISTRATION MUNICIPALE DU CANTON D'ELBEUF (14e MAIRE). — LA FÊTE DES EPOUX. — DÉNOMINATION DES RUES ET PLACES. — LA FÊTE DES VICTOIRES ET DE LA RECONNAISSANCE.

Le 12 nivôse (1er janvier 1798), on publia un arrêté du Département interdisant le son des cloches hors le cas de convocation des assemblées de citoyens autorisées, d'incendie, d'attaque de brigands et autres événements imprévus pouvant nécessiter l'assistance des citoyens. La municipalité ordonna, en outre, que les citoyens Félix Lefebvre et Prosper Delarue feraient « remonter les cordes des cloches des édifices Jean et Etienne et se feraient remettre les clefs des clochers ».

A cette même date, on décida que les ministres du culte seraient invités à célébrer leurs fêtes les jours de décade et qu'il serait fait défense aux marchands d'étaler le décadi dans les rues et sur les places publiques, à l'exception de ceux vendant des comestibles, et enfin, lorsque les marchés tomberaient le décadi on les tiendrait la veille.

A l'assemblée municipale de ce même jour, un membre exposa « que la paix étant cimentée avec toutes les nations d'Europe, il ne s'agissoit plus que de dompter l'Angleterre ; il pensoit que tous les François devoient hâter de seconder le gouvernement dans la descente en Grande-Bretagne et que le plus sûr moyen étant de faire les fonds de l'armement, il croyoit convenable d'inviter les citoyens du canton à faire une souscription volontaire, à l'effet d'opérer cette grande entreprise ». L'assemblée municipale décida, séance tenante, d'ouvrir un registre pour recevoir les souscriptions.

L'administration municipale de notre ville, conformément à une délibération prise, invita les citoyens Le Bourgeois et Pinel, ministres du culte catholique, « à fixer à l'avenir l'exercice de leur religion aux jours de décadi, l'intention formelle du gouvernement étant de consacrer ces jours aux fêtes et au repos ». La lettre adressée à chacun des deux prêtres se terminait ainsi : « Nous ne doutons pas qu'animés comme nous du même esprit républicain, vous ne ferez tous vos efforts pour faire concorder les fêtes de la religion avec celles de la République ».

A la séance du 17 (6 janvier), le citoyen Hayet, commissaire du Directoire exécutif, donna lecture d'un arrêté portant la date du 29 frimaire, rendu par le Directoire et signé Barras, destituant de leurs fonctions de membres de l'administration de notre ville les citoyens Félix Lefebvre, Prosper Delarue et Ambroise Chefdrue, attendu « que ces citoyens ne présentoient au gouvernement aucune garantie pour l'exécution des lois et notamment celles relatives à la police des cultes et pour la propagation des institutions républicaines ».

Le même arrêté portait nomination, pour remplacer les destitués, des citoyens Henri Delarue, Join-Lambert, teinturier, et Désiré Murizon, fabricant, ancien procureur de la commune.

Le citoyen Hayet témoigna aux membres sortants ses regrets et les assura qu'il n'était pour rien dans leur destitution, n'ayant point été consulté et n'ayant remarqué de leur part aucune inobservance des lois. Les membres de la municipalité présents manifestèrent également la douloureuse surprise que leur causait cet événement inattendu.

Le citoyen Join-Lambert n'ayant pas accepté de remplir les fonctions auxquelles il avait été nommé et une autre vacance s'étant produite, la municipalité désigna deux autres administrateurs : les citoyens Benjamin Chefdrue et Desgenétez, qui prêtèrent serment le 26 (15 janvier).

Ce même jour, la municipalité convoqua les fonctionnaires publics et la force armée pour le 2 pluviôse (21 janvier), à l'effet de célébrer la fête de la mort du dernier roi des Français et planter un arbre de Liberté devant la maison commune, sur la place du Coq.

Le procès-verbal de cette cérémonie est consigné sur le registre des délibérations municipales. Le musique y prit part ; le cortège officiel fit trois fois le tour de l'arbre de la Liberté, aux cris de : Vive la République ! David Delarue, président de la municipalité, prononça un discours dont cette fête était le sujet, et tous les fonctionnaires renouvelèrent leur serment de haine à la royauté.

Le poste de garde nationale fut fixé à douze hommes, à dater du 4 pluviôse (23 janvier). La consigne était de veiller au feu et au bruit, de protéger l'arbre de la Liberté, de demander les passeports aux étrangers, d'arrêter tout individu armé non autorisé à l'être. Il devrait être fait au moins quatre patrouilles pendant chaque nuit, et ordre était donné d'arrêter les individus porteurs de paquets, pour que ceux-ci fussent visités par l'officier de garde.

Il fut écrit au Département pour obtenir l'autorisation « de vendre les colonnes du ci-devant calvaire existant à l'entrée du Cours ».

La loi et la proclamation concernant un emprunt pour opérer une descente en Angleterre furent l'objet d'une manifestation patriotique à Elbeuf. Le 14 pluviôse (2 février), la garde nationale et la musique se réunirent à dix heures du matin sur la place d'armes et prêtèrent leur assistance aux autorités municipales, lesquelles parcoururent les principales rues, en s'arrêtant aux carrefours, pour lire l'appel fait aux patriotes français et les engager à montrer leur haine contre « le cabinet de Saint-James et concourir à sa destruction ».

Outre l'emprunt, il se fit des dons volontaires. L'un des premiers patriotes qui se firent inscrire fut le citoyen Mathieu Frontin, qui donna 224 livres.

Le 18 (6 février), il fut fait défense d'entrer avec des armes aux redoutes ou bals publics. Dans la séance suivante, l'administration municipale préposa une personne à l'entrée de ces établissements pour délivrer des cartes qui, ensuite, seraient échangées contre des contre-marques.

Les registres municipaux nous apprennent également la différence qu'il y avait entre une redoute et un bal, et les prix que l'on payait à l'entrée. Le citoyen Massé déclara qu'il porterait à 12 sols les billets de redoute et à 24 sols ceux des bals ; que ses redoutes se tiendraient de six à dix heures du soir, et ses bals de minuit jusqu'au jour.

Le sieur Legrand, autre entrepreneur de danses publiques, fixa ses redoutes à 8 sols et celle de ses bals à 15 sols.

Tous deux devaient verser le quart de la recette brute à l'hospice d'humanité. Comme les années précédentes, le port des masques fut interdit pendant le carnaval de l'an VI.

Le 4 ventôse (22 février), la municipalité arrêta que le 8 et le lendemain six membres se transporteraient chez les particuliers pour stimuler leur zèle et les engager à faire une offrande patriotique, tant pour la réparation des chemins que pour la descente en Angleterre, projetée par le gouvernement. Quelques jours après, des visites domiciliaires furent faites chez des marchands soupçonnés de détenir des marchandises de fabrications anglaises.

Vers ce temps, le citoyen J.-B. Desenclos sollicita l'autorisation d'ouvrir une école primaire à Elbeuf. Le 16 ventôse (6 mars), l'administration de notre ville le recommanda au

Département, lequel l'ayant agréé, il fut installé dans « l'ancien presbytère d'Etienne », devenu domaine national, comme l'on sait.

Dans la séance du 24 ventôse (14 mars), le Conseil délibéra sur l'endroit propre à établir une barrière pour la perception des droits de passe, destinés à la réparation des routes. On décida qu'elle devait être placée rue de la Barrière, seule grande route traversant la ville.

Ce même jour, procès-verbal fut dressé contre un particulier « qui s'étoit permis d'arracher plusieurs chefs d'épine bornant son héritage du port de Candie », lequel port servait toujours de quai pour les chargement et déchargement des bateaux.

Le programme de la fête de la Souveraineté du peuple, qui devait être célébrée le 30 ventôse (20 mars), fut ainsi arrêté :

« Vingt-cinq hommes seront demandés dans chacune des six compagnies de garde nationale. Une salve d'artillerie annoncera la fête dès le lever de l'aurore. Les cloches des édifices Jean et Etienne sonneront de 6 à 7 heures du matin ; de 10 heures à 10 heures et demie elles sonneront de nouveau pour annoncer la réunion des autorités à la maison commune.

« A 11 heures, quatre administrateurs municipaux se répartiront dans divers quartiers, escortés chacun d'un piquet de garde nationale, pour aller chercher les vieillards. Au point de réunion qui sera déterminé, eu égard au choix qui sera fait du président des vieillards, le cortège, précédé de la musique et des tambours, ira chercher ledit président des vieillards, celui-ci à leur tête, le Livre de la Constitution à la main. On se rendra à l'autel de la Patrie en chantant et jouant des airs patriotiques. Alors, le président des vieillards prononcera un discours analogue à la souveraineté du Peuple, auquel le président de l'administration répondra, et sera suivi des lectures prescrites, entremêlées d'airs et chants patriotiques.

« La cérémonie achevée, il y aura bal sur la place publique ; le soir aux salles des citoyens Macé et Petit.

« Les citoyens sont tenus d'illuminer leurs croisées, à peine d'être traduits en police municipale et condamnés à l'amende.

« Les bons citoyens sont invités de fermer leurs boutiques et ateliers, et tous travaux publics sont défendus ledit jour ».

Le procès-verbal de cette fête mentionne une extension du programme :

« Trois tambours en avant, une musique militaire, quatre enfants portant des bannières, sur lesquelles étoient des inscriptions analogues à la fête, environ quarante vieillards tenant une baguette blanche à la main, l'administration municipale, la justice de paix, les fonctionnaires publics, la gendarmerie, un piquet de garde nationale, entourés des deux côtés de ladite garde... sont allés chercher le président des vieillards.

« Revenus à l'autel de la Patrie, au son des tambours et de la musique, les vieillards se sont assis sur des sièges qui leur avoient été préparés. Leur président a déposé sur l'autel le Livre de la Constitution, puis a fait un discours, auquel le président de l'administration a répondu. Le tout entre-mêlé de salves d'artillerie, de battements de caisse, et d'airs républicains exécutés par la musique ».

Outre les danses, il y eut, le soir, un feu

d'artifice et une illumination générale, le tout aux cris redoublés de : Vive la République !

Conformément à la Constitution, les assemblées primaires furent convoquées pour le 1er germinal (21 mars), afin de procéder à des élections. Le lieu choisi fut l'édifice Jean. Mais une scission se produisit à cette réunion, une partie des citoyens actifs ayant demandé à s'assembler dans l'édifice Etienne, ce qui leur fut accordé.

Le 1er floréal (20 avril), les citoyens Louis Lemercier, J.-B. Tienterre, Nicolas Saillant, David Delarue et Voranger, nommés administrateurs municipaux, se présentèrent devant l'assemblée municipale, présidée provisoirement par le citoyen H. Delarue fils. Comme d'ordinaire, la séance s'ouvrit aux cris de : Vive la République !

Les nouveaux élus, après avoir juré haine à la royauté et à l'anarchie, attachement et fidélité à la République et à la Constitution, furent déclarés installés dans leurs fonctions.

Le citoyen Désiré-Bernard Murizon, ancien procureur de la commune, élu juge de paix, prêta également serment.

Le lendemain, le citoyen Louis Lemercier fut élu président de l'administration municipale du canton d'Elbeuf.

Le citoyen Charron, ayant remis sa démission de secrétaire en chef de la municipalité, l'assemblée lui donna pour successeur le citoyen Drevet, avec un traitement de 1.500 liv. par an.

Ce fut le nouveau président, le citoyen Lemercier, qui le 10 floréal (29 avril), présida à la fête des Epoux, annoncée la veille par le son des cloches et la caisse publique.

Outre la garde nationale, les autorités, etc., on avait convoqué à cette fête « tous les époux et épouses dont les vertus conjugales méritoient d'être citées ; ceux et celles dont le mariage avait été célébré pendant le mois de germinal et la décade précédente » c'est-à-dire ceux qui étaient encore en pleine lune de miel.

Les père et mère des défenseurs de la Patrie, les défenseurs eux-mêmes, les instituteurs primaires et particuliers avaient aussi été invités à se joindre au cortège. Enfin pareille invitation avait été faite, mais d'une façon spéciale, « au citoyen Jean-Jacques Herment, marchand cardier, et à son épouse, pour recevoir la couronne civique dont l'administration les avait jugés dignes, par l'adoption d'un enfant orphelin appartenant à des parents indigents ».

La réunion eut lieu à la maison commune. Tous les invités étaient présents, sauf « le citoyen Bienaimé, instituteur catholique, et le citoyen Cahier, instituteur particulier ».

Trois gendarmes à cheval ouvraient la marche du cortège ; trois tambours suivaient et trois précédaient la garde nationale, puis venait une musique militaire, ensuite un enfant portant une bannière sur laquelle étaient ces mots : AUX ÉPOUX. Un autre enfant portait le Livre de la Constitution, un troisième une couronne de feuille de lierre. Les instituteurs suivaient avec leurs élèves et leurs pensionnaires.

Le cortège comprenait ensuite : les fonctionnaires, les employés salariés par la Nation, les défenseurs de la Patrie, la justice de paix et enfin l'administration municipale. Deux haies de gardes nationaux protégeaient la colonne. Deux gendarmes, le brigadier et un piquet de gardes fermaient la marche.

« Le cortège défile dans cet ordre devant l'autel de la Patrie, les douze musiciens jouant *l'Hymne du Départ*. On passe par la rue de la Rigole, toujours au son des instruments et des tambours ; on va ensuite dans la rue Jean d'où le cortège revient devant l'autel de la Patrie où une salve d'artillerie se fait entendre.

« Après que plusieurs airs guerriers ont eu annoncé son arrivée, le citoyen président Lemercier, monté sur l'autel de la Patrie, prononce un discours analogue à la fête, terminé par les cris de : « Vivent les bons Epoux ! Vive le Ménage ! Vive la Liberté ! Vive la République ! Puis le président proclame le citoyen Herment et son épouse pour avoir bien mérité de la Patrie en secourant l'indigence... De nouvelles acclamations se font entendre. Une bannière portant l'inscription des noms desdits Herment et de son épouse est portée par un enfant en tête du cortège, lequel se remet en marche et va jusqu'à la Barrière au son des instruments et des tambours, puis revient à l'autel de la Patrie.

« Là, le citoyen Herment, que l'on avoit cru absent, mais qui étoit de service dans la garde nationale, ayant été aperçu, est invité par le président à s'approcher de l'autel de la Patrie. Alors le président dit à haute voix :

« Citoyens ; récompenser le mérite, honorer
« les vertus, tel est le but de la Constitution
« de l'an III et des lois sous lesquelles nous
« vivons. Le citoyen Herment ayant bien mé-
« rité de la Patrie par l'adoption d'un enfant
« orphelin, il va lui être décerné une couronne
« civique ».

« A l'instant, la président l'a couronné aux cris réitérés de : « Vive la République ! Vive le citoyen Herment ! Vive la citoyenne Herment ! » La caisse a ensuite sonné et la musique a exécuté plusieurs airs patriotiques, pendant lesquels le cortège a défilé, avec le citoyen Herment, autour de l'arbre de la Liberté ».

Le 14 (3 mai), le citoyen Pouchet, nommé pour « la surveillance des écoles et pensionnats du canton d'Elbeuf », informa l'administration de sa prochaine visite.

Sur une représentation faite par le citoyen Claude Lefebvre, commandant de la garde nationale, l'administration cantonale s'assembla, le 16 floréal (5 mai), et prit cette décision :

« Considérant que rien ne saurait empêcher les gens mal intentionnés ou ivres de venir forcer pendant la nuit le corps de garde, puisqu'ils savent qu'il n'est point armé.

« Considérant que le moyen le plus sûr d'en imposer aux malveillants est de se mettre en garde contre leurs coups.

« Considérant que la population de cette commune exige que ceux qui font le service journalier soient au moins armés, de manière à être en sûreté pour leur propre vie et celle de leurs concitoyens.

« Considérant enfin que le défaut d'armes peut être un sujet de dégoût et de mécontentement de la part des citoyens qu'on charge de la défense d'une commune, sans leur en donner les moyens.

« Arrête que sa commission militaire prendra le compte exact des armes que la Commune possède, qu'elle les fera visiter par des armuriers, traitera s'il y a lieu avec lui de prix pour la réparation, s'informera à combien pourrait s'élever l'achat d'un grand nombre de fusils neufs.... etc. »

L'administration rappela, le 18 (7 mai), au citoyen Pinel, ministre du culte catholique, qu'au mépris de la loi, il existait encore sur les murs extérieurs de l'édifice Jean des signes de religion, notamment deux croix, une au clocher et l'autre au chœur, et l'invita à les faire retirer sans délai.

Le pont en bois existant rue Saint-Etienne et sous lequel passait le Puchot, étant tombé, l'administration invita le public, le 25 floréal (14 mai), à souscrire pour le rétablissement du canal par où les eaux passaient sous « la grande rue Etienne communément appelé la noe du moulin ».

L'administration municipale, désirant fixer le nom des rues, dont la plupart portaient des dénominations diverses, décida, le 27 (16 mai), que le nom de chacune serait inscrit à l'entrée, avec mention que la rue appartenait à la section Nord ou Sud. Nous copions textuellement l'arrêté :

« Depuis la Seine jusqu'au Coq à la maison de Marie dit Lafosse : rue de Seine.

« Depuis l'entrée de la rue de la Rigolle par la rue de Seine jusqu'à la maison de Maréquier : rue de la République.

« Depuis Maréquier jusqu'à Moyse Chefdrue et y compris le bout de la rue montant à la côte de la Londe : rue de la Fraternité.

« Depuis l'entrée de la cour Padel par la rue de Seine jusqu'aux Champs : rue de l'Egalité.

« Depuis la maison de Lafosse jusqu'à la place de la Liberté : rue et place de la Réunion.

« La rue allant aux champs entre la maison de Robert et la maison de Tirel : rue aux Champs.

« Depuis la place de la Liberté jusqu'à la maison de Démare : rue de Louviers.

« Rue au détour de la maison de Dupont : rue Buonaparte.

« La ruelle depuis la maison de Constant Védio jusqu'au clos Lecointre : rue de la Liberté ;

« Depuis la maison de Nicolas Louvet jusqu'à la côte : rue de la Justice ;

« Au détour du clos Pierre Dugard au clos Pierre Lejeune : rue du Valot ;

« La rue au détour du clos d'Adam, traversant la rue de la Justice, passant auprès et le long des maisons de la veuve Bonnet : rue de l'Union ;

« A partir de la maison d'Eloy et de celle de Duruflé au Coq jusqu'au détour du couvent et la maison Moyse Chefdrue : rue Nationale.

« Au détour de la maison de la veuve Louvet jusqu'à celle de la veuve Martin, boulangère : rue de Voltaire ;

« Au détour du Couvent jusqu'à la maison de Cauchois, marchand, à la porte de la rue Meleuse : rue de l'Hospice ;

« Au détour de la maison dudit Cauchois jusqu'à celle d'Avisse : rue de Socrate ;

« Rue depuis celle de la rue Cavelet jusqu'aux Ecameaux : rue du Buquet ;

« Rue depuis la maison de Frontin jusqu'à celle de Rivette, officier de santé : rue de Rouen ;

« Place du Coq : place de la Réunion ».

Il fut dit, en outre, que toutes les maisons seraient numérotées à l'huile et au noir de fumée, sur fond au blanc de céruse donné en trois couches.

Le 28 (17 mai), le président Lemercier reçut un avis du citoyen Séréville, commissaire des guerres, annonçant l'arrivée, pour le jour même, du 10e régiment de dragons, avec invitation de lui procurer des subsistances et des logements. Cette arrivée subite et inattendue jeta l'administration dans un embarras dont elle fit part aux habitants par une proclamation, en les invitant à recevoir de leur mieux des soldats qui avaient combattu si vaillamment pour la Liberté.

On fit des billets de logement à la hâte; mais des erreurs ayant été commises, il s'en suivit une foule de réclamations, ce qui fit l'objet d'une seconde proclamation, le lendemain.

Le 30 floréal (19 mai), arriva à Elbeuf le 5e régiment de dragons, ce qui donna lieu à une troisième proclamation, dont l'objet principal fut d'avancer d'une heure l'ouverture de la halle au blé, afin de prévenir des accidents par les chevaux et que les rues puissent être libres de bonne heure.

Ce même jour, en raison du concours qu'ils prêtaient à l'administration, les douze musiciens amateurs furent dispensés du service de la garde nationale. Voici les noms des membres composant le corps de musique: J.-B. Petitgrand, François Quesné, Bouttard, Lebailly, Pierre Leroy, Lemercier, J.-B. Alix, Antoine Pelport, J.-P. Taurin, André Leroy, Macé et Roch Poteau.

On sait que Bonaparte quitta le port de Toulon pour entreprendre la campagne d'Egypte le 30 floréal an VI. Plusieurs de nos concitoyens firent partie de son armée.

Le 2 prairial (21 mai), on placarda à Elbeuf un avis aux manufacturiers et aux cultivateurs annonçant la date d'une vente devant avoir lieu à Rambouillet, comprenant 150 béliers et brebis de race pure d'Espagne, et environ 400 myriagrammes de laine provenant de la tonte de l'année.

Ce même jour, l'administration municipale mit en concordance avec le calendrier républicain les jours de halle et de marché, et arrêta qu'à partir du 28, la halle aux grains, les marchés de mercerie, friperie, quincaillerie, etc., tiendraient les deux, six et huit de chaque décade; le marché à la viande tous les jours excepté les quintidis et les décadis; le marché à la volaille, aux gibier, beurre, œufs, faïence, etc., les deux, quatre, six et huit de chaque décade; le marché aux légumes et fruits tous les jours, sauf le décadi; le marché au pain, tous les jours, excepté le décadi; le marché aux arbres, arbustes, fleurs, etc., les cinq et dix de chaque décade : les fleurs pourraient aussi être vendues les jours de fête nationale, mais jusqu'à midi seulement.

La municipalité prit, le 4 prairial (25 mai), des mesures de sûreté destinées « à déjouer les nouvelles manœuvres de tous les ennemis de la République :

« Considérant que c'est au moment où les ennemis intérieurs et extérieurs de la République s'agitent en tous sens, forment des plans affreux et mettent à prix la tête de tous les bons citoyens, qu'il faut prendre des mesures sages et sévères pour anéantir leurs infâmes projets.

« Considérant qu'on ne peut y parvenir que par la stricte exécution des lois et en faisant sortir de leur assoupissement les citoyens qui sont spécialement chargés d'y tenir la main ».

Suit l'arrêté, recommandant à la garde nationale, à la gendarmerie et au commissaire de police de redoubler de zèle, de surveiller les étrangers, d'assister à l'arrivée des bateaux et voitures publiques, etc.

Le citoyen Desenclos, nommé instituteur primaire du canton d'Elbeuf par arrêté du Département, le 4 ventôse (22 février), n'avait pu réunir, jusqu'au 9 prairial (28 mai), que onze écoliers. Ne trouvant point dans un aussi petit nombre d'élèves les moyens de vivre, il donna sa démission. — A cette époque, il y avait plusieurs autres instituteurs privés, donnant des leçons dans leur domicile particulier, ce qui explique la pénurie d'écoliers chez l'instituteur officiel.

Le 10 prairial (29 mai) amena la célébration de la fête des Victoires et de la Reconnaissance. Les cloches de Jean et d'Etienne, ainsi que l'artillerie, annoncèrent la solennité.

A midi, devant les autorités, les instituteurs, les élèves, la garde nationale, on donna lecture du Bulletin des armées et l'on fit le récit de la victoire remportée à Ostende sur les perfides Anglais. L'air retentit de cris de : Vive la République ! »

Le président Lemercier « proclama ensuite les noms des citoyens Armand Brunet et Bonnet, comme ayant participé, le premier à la gloire de l'armée d'Italie, le second aux victoires de l'armée du Nord, et portant tous deux des blessures honorables ». Après quoi il prononça un discours chaleureux, présenta les deux blessés et leur remit des palmes ornées de rubans tricolores. La musique joua ensuite différents airs, terminés par les cris de « Vivent les défenseurs ! »

Le cortège, dans lequel quatre enfants portaient des bannières avec inscriptions, accompagné des citoyens Brunet et Bonnet, parcourut les rues de la ville et arriva à l'autel de la Patrie, au son des cloches, des tambours et au bruit de la musique.

« Tout avait été disposé pour la cérémonie. Sous un dôme d'architecture soutenu de quatre colonnes, s'élevoit l'autel de la Patrie surmonté de la statue de la Liberté ; il était décoré de plusieurs trophées ornés de rubans tricolores. On lisoit sur les quatre colonnes le nom des généraux qui s'étoient le plus distingués dans la carrière de la liberté.

« Parvenu au pied de l'autel de la Patrie, le président prononça un discours qu'il termina par une invocation à la Liberté, l'éloge des généraux et surtout par celui du libérateur de l'Italie et du pacificateur du continent.

« Aussitôt on s'est écrié : « Vive la République ! Vive Buonaparte ! » En même temps, des décharges d'artillerie, le battement des caisses entremêlés d'airs républicains se font entendre.

« Le cortège retourna, au *Chant du Départ*, dans le même ordre qu'il étoit venu. Arrivé à la maison commune et après avoir défilé autour de l'Arbre de la Liberté, le président a invité les citoyens à terminer la fête par des danses et des jeux, qui ont eu lieu l'après-midi sans que l'ordre ait été troublé ».

CHAPITRE XXVIII

(DU 13 PRAIRIAL AN VI AU 11 NIVOSE AN VII)
(JUIN-DÉCEMBRE 1798)

LES FÊTES DE L'AGRICULTURE, DU 10 AOUT, DES VIEILLARDS, DU 1ᵉʳ VENDEMIAIRE ET AUTRES ; INCIDENTS. — PROCLAMATIONS PATRIOTIQUES. — UNE POÉSIE DE M.-J. CHENIER. — LES CHAUFFEURS DE PIEDS ; LEUR PROCÈS ET LEUR SUPPLICE. — AFFAIRES DIVERSES. — INONDATIONS DE LA SEINE.

Le 18 prairial an VI (6 juin 1798), les citoyens d'Elbeuf furent invités à veiller sur les arbres de la Liberté, que des malveillants se proposaient d'abattre. Ce même jour, il fut donné avis que la garde nationale était mise en réquisition permanente pour un service de vigilance.

Un terrible incendie avait détruit, quelque temps auparavant, la plus grande partie du village de la Mi-Voie. Une souscription établie à Elbeuf, en faveur des sinistrés, produisit la somme de 614 francs 25 centimes. — Nous noterons, à ce sujet, que c'est la première fois que nous trouvons, à Elbeuf, les expressions de franc et de centime.

A propos de l'enseignement primaire, la municipalité écrivit au Département, le 24 prairial (12 juin), qu'aucun citoyen ne s'était présenté pour succéder à l'instituteur Desenclos : « Ceux qui ont du talent préfèrent enseigner chez eux, parce qu'ils se font payer le prix qu'ils veulent. . Il y a en outre une répugnance marquée pour tout ce qui est institution républicaine, qu'il sera difficile de vaincre... »

Le 5 messidor (23 juin), le citoyen Chouquet, inspecteur de la barrière récemment établie rue de la Barrière, pour la perception de la taxe d'entretien des routes, se présenta devant la municipalité et demanda à être installé dans ses fonctions. Le président se rendit avec lui à la barrière, fit afficher une pancarte concernant la taxe et lui remit les registres nécessaires pour son travail.

Le lendemain, on annonça la fête de l'Agriculture qui devait être célébrée le decadi 10 messidor (28 juin). Les cultivateurs furent invités, par lettres, à se trouver à la maison commune, à 10 heures du matin, pour entrer dans le cortège, avec leurs femmes et leurs enfants, « tous tenant d'une main des ustensiles de labourage et de l'autre un bouquet d'épis et de fleurs ». Mais le jour venu, il fit une telle chaleur que l'on dut remettre à trois heures de l'après-midi l'ouverture de la fête.

La solennité différa peu des précédentes. On se rendit en cortège, dans lequel se trouvait une charrue, à l'autel de la Patrie, où le président, après avoir prononcé un discours, remit au citoyen Thomas Oursel une récompense consistant en « un bouquet de fleurs ».

« Le cortège s'est ensuite avancé dans un

champ, au son de la musique. Le président a enfoncé dans la terre le soc de la charrue et a commencé un sillon.

« Après quoi, de retour à l'autel de la Patrie, les laboureurs, qui avoient échangé momentanément les ustensiles de labourage contre des fusils, les ont repris ; et le président, avec le laboureur honoré du prix, les ont déposés sur l'autel de la Patrie et les ont couverts d'épis et de fleurs, au son de la musique et des cris répétés de : « Vive la République ! Vivent les laboureurs ! »

La journée se termina par des chants patriotiques, des danses et des jeux.

Cette fête fut marquée par un incident :

Le nommé Laurent Claudé dit Suisse, commandé de piquet de garde, se présenta « dans un costume méprisable, abject, indécent et ridicule, représentant un mendiant, couvert d'une veste déchirée de toutes parts, d'une culotte et guêtres dans le même état, retroussées et liées avec des fils de lisières de couleur jaune, d'un très mauvais chapeau, ayant les cheveux épars sur ses épaules, liés aussi avec un fil de lisière de couleur jaune, enfin de manière à ne pouvoir être connu : son costume désignant véritablement celui d'un brigand et d'un chouan, insultant et outrageant tout à la fois aux autorités constituées et au gouvernement ».

Claudé fut cité devant l'administration municipale ; elle reconnut que l'on ne pouvait passer sous silence un pareil fait et renvoya le délinquant devant le juge de paix.

La conduite de Claudé avait également encouragé des individus, que l'administration ne voulut pas dénoncer, à insulter le cortège, et même à jeter des pierres et des mottes de terre sur les autorités. Un fonctionnaire public fut atteint à la jambe. Des menaces de mort furent proférées contre un autre.

Le jour même, un membre de l'administration profita de cette circonstance pour observer à ses collègues « que la malveillance s'agitoit de toutes parts, insultant même les administrateurs... ; que des propos incendiaires tenus hautement et publiquement » prouvaient qu'une partie du peuple était agitée par des factieux. Il conclut en demandant que l'administration fît le nécessaire pour obtenir un corps de troupes de deux cents hommes.

Le Conseil arrêta qu'avant d'employer des moyens coercitifs, il tâcherait de ramener les égarés dans l'ordre et la tranquillité. Il fut dit aussi qu'on examinerait ultérieurement si des troupes devaient être demandées.

Voici le résumé succint des faits auxquels il est fait ici allusion :

Pendant que la municipalité délibérait sur les moyens de célébrer la fête de l'Agriculture, un individu qui descendait de garde avait proféré des menaces de mort contre le citoyen David Delarue fils, membre de l'administration. Delarue et ses collègues se levèrent et regardèrent par la fenêtre ; ils reconnurent que cet homme était un sieur Saval.

Le lendemain, il fut décidé que le plan de la commune d'Elbeuf serait dressé par le citoyen Drapier, ingénieur de l'arrondissement de Rouen, pour le prix de 550 livres.

Dans sa séance du 16 (4 juillet), l'administration municipale, « saisissant avec empressement la nouvelle victoire remportée par l'invincible Buonaparte », arrêta de la faire proclamer et annoncer à ses concitoyens par l'affiche suivante :

« VICTOIRE ! »

« Le 21 prairial au soir, le général Bonaparte ordonna au contre-amiral Brueys de faire les préparatifs de la descente dans l'île de Malte.

« Le 22, au matin, nos troupes étoient débarquées sur tous les points, et le 23, à minuit, la place capitula.

« Cette conquête vaut à la République deux vaisseaux de guerre, une frégate, quatre galères, deux cents pièces de canon, 1.500 milliers de poudre, 40.000 fusils et autres objets dont le détail n'est pas encore parvenu.

« L'île de Malte contient une population de 150.000 âmes ; elle est très fortifiée et ouvre à la République le commerce du Levant, qu'elle interdira à ses ennemis ».

Le 18 (6 juillet), deux escadrons du 8e régiment de dragons séjournèrent à Elbeuf, et le 20 (8 juillet), un détachement du 14e régiment de chasseurs. Ces passages de troupes, qui n'avaient pas été annoncés, mirent encore l'administration dans l'embarras. Elle arrêta qu'il serait demandé l'établissement d'un étapier pour assurer le service en pareil cas.

Par suite d'une concurrence qui s'éleva, il y eut, à partir du 20 messidor (8 juillet), un départ de bateaux pour Rouen tous les jours.

Le 22 messidor (10 juillet), il fut arrêté que l'administration générale des postes aux lettres à Paris et celle du département seraient priées de faire desservir la ville d'Elbeuf tous les jours, puisque le courrier entre Rouen et Paris faisait un service journalier.

La barrière établie pour la perception de la taxe d'entretien des routes fonctionnait à peine qu'elle donna lieu à de vives réclamations. A l'époque où nous sommes, elle en était déjà à son troisième receveur, et chacun disait que, si elle n'avait guère d'utilité, en revanche elle présentait de grands ennuis pour tout le monde.

Les voyageurs, voituriers et rouliers esquivaient le droit à payer, soit en passant par l'ancienne route du Neubourg, soit en traversant les prairies, soit en passant par le chemin de halage. D'un autre côté, les cultivateurs qui se rendaient aux marchés d'Elbeuf, augmentaient le prix de leurs denrées à cause du droit payé.

En conséquence, on demanda que la barrière fût transportée à la porte de Rouen, parce qu'ainsi la fraude serait moins grande et que les laboureurs approvisionnant Elbeuf ne seraient plus soumis à la taxe.

Le 23 (11 juillet), les citoyens Guillot et Mequinot, jaugeurs et vérificateurs, furent destitués pour fautes graves commises dans l'exercice de leurs fonctions.

A l'occasion de l'anniversaire du 14 juillet et dans la crainte que des troubles s'élevassent parmi la population, excitée par des meneurs, l'administration centrale du département envoya à Elbeuf douze dragons. Elle demanda, en outre, la liste des personnes pouvant troubler l'ordre social et devant être soumises à une surveillance spéciale. La mauvaise volonté se manifestait aussi dans la garde nationale, car le jour arrivé, vingt-deux hommes manquèrent à l'appel ; ils furent condamnés à une journée de travail.

La fête du 14 Juillet fut annoncée par des décharges d'artillerie et les cloches. Le cortége ne se réunit qu'à quatre heures du soir. Il se dirigea vers l'autel de la Patrie, où le président Lemercier prononça un discours sur les nombreux triomphes de la Liberté depuis la chute de la Bastille.

Le procès-verbal se termine ainsi :

« L'administration a vu avec un grand déplaisir que divers citoyens composant le piquet de garde nationale commandé pour la fête, se sont comportés avec indécence pendant la célébration ; qu'ils se sont rendus au piquet en habits indécents et sous les vêtements qu'ils ont coutume de porter dans leurs ateliers de fabrique, les jours de travail ».

Mentionnons en passant la date du 21 juillet, qui vit la victoire des Pyramides, remportée par Bonaparte sur Mourad-Bey, chef des Mameluks.

Des visites domiciliaires ayant été ordonnées par l'administration supérieure, plusieurs membres de la municipalité d'Elbeuf, accompagnés d'un piquet de garde nationale, visitèrent vingt-sept maisons particulières dans la journée du 4 thermidor (22 juillet). Il n'y fut trouvé aucun prêtre réfractaire, émigré ou étranger, contrairement à ce que l'on supposait.

Les fêtes de la Liberté eurent lieu les 9 et 10 thermidor (27 et 28 juillet).

Le 9, la fête consista en une procession, composée comme les précédentes, qui parcourut les rues de la ville et stationna à l'autel de la Patrie, où le président Lemercier fit un discours. De tous les instituteurs de la ville, le citoyen Desrey fut le seul qui assista à la cérémonie.

Le 10, la fête ne fut qu'une réédition de celle de la veille. La journée se termina par des danses et des jeux.

Le désastre d'Aboukir eut lieu le 14 thermidor (1er août). Après un combat terrible qui avait duré seize heures, les Français perdirent quinze vaisseaux, dont onze pris par les Anglais ; quatre autres, dont l'immobilité avait causé la perte de cette célèbre bataille navale, s'étaient enfuis avant la fin de la lutte.

Ce même jour 14, une lettre du Département demandant une liste de huit citoyens « les plus capables de remplir les fonctions de jurés tant d'accusation que du jugement », l'administration municipale fournit les noms des citoyens Rosay, collier ; Amédée Capelet fils, Louis Maillard, Alexandre Flavigny, Parfait Grandin, Gabriel Dégenetais, François Bouffard père et Saint Amand, serrurier.

Un certificat du 17 (4 août) mentionne le citoyen Rivette, d'Elbeuf, comme « chirurgien de 1re classe des armées de la République ».

Il avait été arrêté que la fête du 10 Août (v. s.) serait célébrée le 23 thermidor. Notre municipalité prit des mesures en conséquence, et notamment recommanda aux gardes nationaux commandés de piquet de se présenter en habits propres, sous peine d'être consignés au poste.

Le programme comportait des courses à pied, avec prix consistant en une paire de grandes boucles d'argent à souliers. Une arène fut disposée pour recevoir les coureurs, qui devaient être âgés d'au moins douze ans,

« être vêtus proprement, en veste, culotte et bas blancs ; à défaut de vestes blanches, ils pourroient se présenter avec une chemise blanche, ayant les bras attachés avec des rubans tricolores ». En outre, tous les concurrents furent astreints à porter à la ceinture un ruban tricolore.

Les coureurs, au nombre de quatre, firent partie du cortège habituel. L'arbre de la Liberté fut entouré par les autorités ; alors les citoyens Desrey et Brument, instituteurs particuliers, contractèrent l'engagement prescrit par l'arrêté du Directoire, en date du 13 thermidor, et furent nommés juges de la course. Le citoyen Viel, de Thuit-Anger, remporta le prix ; un second prix, composé d'un écu de six livres, donné par une citoyenne d'Elbeuf, fut gagné par Pierre Mazurier, âgé de seize ans.

Le cortège avait repris sa marche pour revenir à la maison commune, quand il fut insulté par des malveillants ; l'un d'eux « jeta sur l'administration municipale une vieille savate dont le commissaire de police fut atteint ; le déclin du jour empêcha de faire des recherches pour découvrir l'auteur de cet attentat ».

Parmi les citoyens dont l'absence avait été remarquée à cette fête, on nota Vorenger, administrateur municipal ; Murizon, juge de paix ; Chefdrue et Hazé, assesseurs ; Lingois, notaire ; Bienaimé, Cahier, Dupont et Guillot, instituteurs particuliers.

Le 1er fructidor (18 août), on adjugea, moyennant 500 francs, les places des halles pendant la durée de la foire, et, moyennant 1.500 fr., les mêmes places pour tout l'an VII.

Les dépenses municipales, pendant l'an VI, furent arrêtées à 11.795 livres.

Le 8 fructidor (25 août), on prit des dispositions pour la fête des Vieillards, qui devait être célébrée le 10 (27 août).

Le conseil municipal « considérant que le spectacle des honneurs rendus à la vieillesse vertueuse étoit, pour tous les âges, un des plus puissants encouragements à la vertu », décida que les administrateurs municipaux, « précédés de jeunes gens républicains choisis pour aller orner de feuillages les portes des vieillards, se transporteroient, accompagnés d'un corps de musiciens, dans les maisons des citoyens et citoyennes Flambart, perruquier ; Pierre Alleaume, ouvrier ; femme Mouton père, tailleur, et veuve Hilaire, ouvrière, qui jouissoient de la meilleure réputation de probité, de patriotisme et de vertu ».

On établit un prix, consistant en un sabre avec son baudrier, pour celui qui atteindrait, au fusil, un oiseau factice attaché au haut d'une perche. Les amateurs devraient se présenter « avec un ruban tricolore lié au bras droit ».

Le cortège ordinaire fut augmenté d'un détachement de cavalerie. Un maître maçon, nommé Groult, qui s'était présenté au piquet « sous un costume malhonnête », ayant refusé d'aller changer de vêtements, fut enfermé dans le poste.

Aux quatre vieillards, conduits au son des instruments à l'autel de la Patrie, on présenta dans des corbeilles ornées de fleurs et de rubans, des fruits, du vin et autres rafraîchissements. Le président prononça un discours sur le respect dû à la vieillesse ; après quoi il décerna aux quatre vieux citoyens des couronnes civiques, aux acclamations de la foule. Les vieillards furent reconduits solennellement à leur domicile respectif.

L'après-midi, il y eut des danses publiques et des jeux. A cinq heures, le cortège se reforma et se rendit au Champ-de-Mars pour le tir à l'oiseau. Le sort désigna le citoyen J.-B. Delaunay, instituteur particulier, pour tirer le premier. Au deuxième tour, il perça le but. La journée se termina par des danses.

Il y eut une nouvelle fête le 18 fructidor (4 septembre), en mémoire de la journée « qui avoit préservé les républicains des poignards royaux, tout prêts et aiguisés pour être enfoncés dans leur sein ».

Le programme comportait l'annonce de la fête par le son du canon et des cloches. La garde nationale tout entière était convoquée ; les hommes furent prévenus qu'ils devaient se présenter « en habits décents en non en sans-culottes ».

Le cortège suivrait les rues de la Réunion, du Bassin, de la République (Rigole), de Seine (Saint-Jean), traverserait l'arche et irait le long du fleuve jusqu'au Champ-de-Mars.

Il y aurait des courses à pied, et un mât au milieu du Champ-de-Mars. Le cortège se rendrait ensuite à l'autel de la Patrie.

L'illumination des fenêtres, le soir, était obligatoire, et défense fut faite de travailler ou de faire travailler ce jour-là.

Ce programme fut ponctuellement exécuté ; on y ajouta un mât horizontal ; mais aucun concurrent ne put parvenir jusqu'au bout sans tomber.

La défaite d'Aboukir avait rendu l'espoir

aux ennemis de la France, alors privée d'une partie de sa flotte et de l'élite de son armée. Une nouvelle coalition se forma contre notre pays entre l'Angleterre, la Russie, la Turquie et l'Autriche. La situation de l'intérieur n'était pas plus brillante, car des soulèvements se produisaient dans plusieurs provinces et le peuple était partout travaillé par les royalistes.

L'administration municipale du canton d'Elbeuf adressa la proclamation suivante à la population de notre ville, le 23 fructidor (9 septembre) :

« L'intérêt de la Patrie, la sûreté de l'Etat et le désir d'accélérer une paix glorieuse et durable, ont provoqué les nouvelles mesures adoptées par le Directoire exécutif. C'est à votre zèle et à votre patriotisme à en assurer l'exécution.

« En effet, quel autre moyen de l'obtenir, cette paix glorieuse, sinon par l'aspect imposant de nos armées ?

« Si l'empire d'Allemagne balance à en arrêter les bases, c'est qu'il voit les armées françaises affoiblies par tous les absents qui en faisoient partie et que le désir de revoir leur famille ont attirés dans leurs foyers.

« Mais qu'il sera glorieux pour la République de voir tous ceux qu'elle appelle à sa défense, voler sous leurs drapeaux et dicter à l'empire et à ses coalisés les conditions de cette paix si désirée, qui ne peut s'obtenir que par la présence d'une multitude de républicains prêts à combattre.

« Ce moment décisif, citoyens, dépendra entièrement de la volonté des François à terminer une carrière si glorieuse. Car, en effet, ne seroit-il pas bien lâche et bien ingrat celui qui, après avoir joui longtemps d'une faveur à laquelle il n'avoit pas plus de droit que des milliers d'autres Français restés constamment sous les drapeaux, viendroit se plaindre d'être renvoyé au poste où la Patrie l'appelle ! Ne seroient-ils pas bien injustes les parents qui en murmureroient, tandis qu'ils voient un si grand nombre de leurs concitoyens n'ayant pas eu la douceur d'embrasser leurs enfants depuis le commencement de la guerre ?

« ... Il n'est point de François qui ne sente le besoin d'obtenir cette paix... Il n'en est point qui ne soit convaincu qu'elle ne peut s'activer que par la crainte des ennemis de se voir subjuguer de nouveau par nos phalanges républicaines !

« Les cadres de l'armée remplis et chacun à son poste en procureront la garantie. Que chaque militaire se persuade qu'elle dépend de sa présence aux armées, et la paix est faite... »

A la suite de cette proclamation et de visites faites à domicile, un certain nombre d'anciens militaires de notre ville reprirent du service et quelques jeunes gens s'enrôlèrent pour l'armée. En outre, le Directoire ayant ordonné une levée de 200.000 hommes au moyen de « la conscription militaire » qui venait d'être instituée pour la première fois, d'autres Elbeuviens partirent pour les camps.

Les Archives municipales conservent plusieurs registres d'enrôlements militaires volontaires. Le premier engagement que nous y trouvons est celui que contracta le citoyen Louis-Alexandre Le Roy ; les suivants furent les citoyens Pierre-Adrien Taillefer, Toussaint François et Radier fils.

Nous avons déjà fait remarquer la cherté relative de la viande, à Elbeuf, pendant les dernières années du xviiie siècle. En août-septembre 1798, pendant que la livre de porc se vendait, au détail, 9 sous à Rouen, elle n'était livrée qu'à raison de 10 sous à Elbeuf. Mais la différence était encore plus sensible sur les viandes de bœuf, de vache, de veau et de mouton, dont le prix n'était que de 6 sous à Rouen, et atteignait à Elbeuf une moyenne de 9 sous.

Pendant les cinq jours complémentaires de l'an VI, eut lieu la première exposition publique des produits de l'industrie nationale, au Champ-de-Mars à Paris; l'ouverture en fut faite par le ministre de l'Intérieur.

L'an VII de la République française une et indivisible s'ouvrit, comme les années précédentes, par une fête commémorative de la fondation du gouvernement du peuple.

Les élèves des citoyens Desrey et Brument, instituteurs à Elbeuf, prirent part au cortège; tous portaient un rameau de chêne à la main. Le bataillon entier de la garde nationale était présent.

Arrivé au pied de l'autel de la Patrie, le président Lemercier donna lecture de la Déclaration des Droits et des Devoirs qui précédaient la Constitution de l'an III.

Le poète Marie-Joseph Chénier avait composé, pour la fête du 1er vendémiaire, une ode mise en musique par Martini, qui fut chantée devant l'autel de la Patrie à Elbeuf. En voici quelques strophes :

LES BARDES

Que nos voix, nos lyres altières,
Célèbrent ce glorieux jour !

De ses drapeaux injurieux
L'ennemi souillait nos frontières ;
Il méditait d'affreux succès ;
Ses foudres menaçaient nos têtes.
La République des Français
Jaillit du milieu des tempêtes.

CHOEUR

Debout, vrai souverain ! Lève un front respecté :
Les humains ne sont grands que par l'égalité.

LES GUERRIERS

Dans la France encor monarchique,
Des rois ligués tonnait l'airain.
Sénat, au nom du Souverain,
Tu proclamas la République.
Les rois fléchirent les genoux ;
Leur honte appartient à l'histoire.
Le même jour fonda pour nous
La République et la victoire !

LE CHOEUR

Debout, vrai souverain ! Lève un front respecté :
Les humains ne sont grands que par l'égalité.

CHOEUR GÉNÉRAL

O Raison ! puissance éternelle,
Pour les humains tu fis la loi ;
Ils étaient égaux devant toi
Avant d'être égaux devant elle.
L'œil des cieux décrivant son cours,
Nourrit la nature embellie :
Comme lui, répands tous les jours
Les jeux, la lumière et la vie.

Debout, vrai souverain ! Lève un front respecté :
Les humains ne sont grands que par l'égalité.

D'autres morceaux patriotiques furent chantés par l'assistance ; puis l'on se sépara.

L'après-midi, il y eut des exercices et des danses au Champ-de-Mars, auxquels assista le cortège, qui s'était reformé. Un prix de course fut décerné au citoyen Vaguet, cardier, âgé de 17 ans, qui avait battu ses sept concurrents ; ce prix était un sabre avec son baudrier.

An VII (1798)

Le cortège rentra à la maison commune, après avoir fait le tour de l'arbre de la Liberté. La journée finit par des danses, des illuminations obligatoires et une décharge d'artillerie.

Un incident avait eu lieu dans la journée. Delamare, ancien commis de l'administration municipale, Nos dit d'Argence, Lejeune fils, Bunel et Deschamps fils, charcutier, qui ne s'étaient pas décorés de la cocarde nationale, marque de leur mépris pour la fête, se permirent en outre de jeter des mottes de terre aux citoyens Jacques Dupont et Girard Saint-Ouen, de service dans les rangs de la garde nationale. Les coupables furent traduits devant le juge de paix.

Par arrêté du 2 vendémiaire (23 septembre), la municipalité désigna l'édifice Jean comme lieu de réunion des citoyens pour la célébration des mariages et la lecture des lois et actes de l'autorité publique.

Les mariages et lectures auraient lieu tous les décadis ; un piquet de vingt-cinq hommes serait commandé pour y assister. Deux gendarmes seraient chargés de maintenir l'ordre.

Les instituteurs et institutrices seraient tenus d'y assister avec leurs élèves, sous peine de fermeture de leurs écoles.

Le 17 vendémiaire (8 octobre), l'administration municipale du canton d'Elbeuf adressa cette nouvelle proclamation aux habitants :

« Citoyens ; Le Corps législatif vient de mettre en activité 200.000 conscrits.

« Le salut de la Patrie, votre intérêt particulier, la défense de vos propriétés, la conservation de vos fortunes, tout enfin exige qu'ils soient réunis d'ici à quelques jours.

« Les négociations, vous le savez, languissent toujours à Rastadt, parce que les cadres de l'armée sont toujours incomplets. L'ennemi qui a l'air de nous offrir d'une main l'olivier de la paix, de l'autre aurait bientôt trahi sa promesse, si l'affoiblissement des armées continuait.

« Hâtez-vous donc, citoyens, de vous faire inscrire, chacun d'après votre âge, sur les registres de la conscription. Prenez garde que, montrant une trop coupable insouciance à donner des renseignements sur votre âge, l'on ne dise de vous : « Ils cherchent à se cacher ; ils craignent de voler à la gloire ! » En vain concevrez-vous cette idée...

« ... Et vous pères et mères, tuteurs et curateurs des conscrits, la Patrie vous fait un devoir bien doux d'engager vous-mêmes vos enfants ou pupilles à se conformer strictement aux dispositions de la loi.

« Sans doute vous leur ferez entrevoir le chemin de la gloire. Vous leur ferez envisager, à leur retour, la tête ceinte de lauriers, combien il sera doux pour eux de recevoir les embrassements de tous leurs parents, de leurs amis. Peignez-leur avec quelle sensibilité ils répandront des larmes de joie et de satisfaction ; enfin avec quelle douce émotion ils se verront pressés, à l'envi, contre tous les cœurs des amis de la Patrie.

« Ah ! peut-on, après une aussi haute idée, balancer un instant ? Et puisque l'intérêt public et leur intérêt particulier leur en impose l'obligation, pourquoi hésiteriez-vous ?

« N'auriez vous pas à vous reprocher de voir vos enfants ou pupilles privés, par leur coupable condescendance, de l'exercice de leurs droits politiques, du droit de succéder à leurs parents et de leur admission aux emplois ?.. Sachez donc vous mettre à l'abri de tout reproche, en remplissant le devoir que la loi vous impose !

« Quant à vous, jeunes conscrits, vous ne souffririez pas qu'on vous imputât une pareille lâcheté. Les besoins seuls de la Patrie vous feront agir !... »

Le premier bataillon de grenadiers de l'armée d'Angleterre, partit de Rouen le 20 vendémiaire (11 octobre), coucha à Elbeuf le soir du 20 et repartit le lendemain matin pour Bernay. Il se composait de 450 hommes et de 16 officiers. Le surlendemain, deux détachements de guides arrivèrent et passèrent la nuit à Elbeuf.

Dans les premiers mois de l'an VII, comparut devant la Cour de Rouen une bande de soixante-et-un prévenus, contre lesquels on avait relevé trente-cinq chefs d'accusation pour crimes d'assassinat et de vol de nuit, en réunion et à main armée. Ces malfaiteurs étaient des « chauffeurs de pieds », qui, depuis plus de sept ans, jetaient la terreur dans le département de l'Eure. Parmi les accusés se trouvaient les suivants :

Louis Moitié, né à Elbeuf, âgé de 30 ans, voiturier et marchand de chevaux à Saint-Clair, près Magny (Seine-et-Oise). C'était un récidiviste dangereux, se chargeant plus spécialement du transport des objets volés par ses complices ;

François Remy, 21 ans, domestique du précédent ;

Duval dit Carapon, colporteur à Caudebec-lès-Elbeuf ; contumace.

Cette bande, indépendante de celle du trop fameux Duramé, qui avait opéré dans la Seine-Inférieure, était formée de petits propriétaires, de cultivateurs, de marchands de chevaux et de blé, d'artisans, débitants, voituriers, bijoutiers, colporteurs, officiers ministériels, tous domiciliés et conséquemment peu suspects, vivant dans les divers cantons de l'Eure, de la Seine-Inférieure et de l'Orne.

« Chacun de ses membres, dit M. Chanoine-Davranches, surveillait son voisinage et indiquait les opérations qu'on y pouvait faire et les moyens à employer. Les renseignements transmis aux chefs, les hommes étaient convoqués, toujours dans des lieux différents, pour dépister les recherches, et, après que l'affaire avait été discutée, on se mettait en marche la nuit, en nombre suffisant pour réussir et avec les précautions nécessaires pour ne pas appeler l'attention des habitants.

« Pendant que des bandits armés gardaient les abords de la maison désignée à leurs coups, d'autres, souvent affublés de costumes de gardes nationaux, cherchaient à s'introduire dans la place par surprise. Tantôt ils se présentaient comme émissaires du gouvernement à la recherche de personnes suspectes ou d'accaparement de blé ; tantôt ils sollicitaient l'hospitalité ou priaient qu'on leur indiquât leur chemin ; tantôt encore ils se disaient chouans et venaient réquisitionner au nom de l'armée royale.

« Que la porte eût été ouverte volontairement ou qu'ils eussent pénétré par force dans la maison, ils se précipitaient sur les malheureux habitants, leur entouraient la tête d'un voile épais et les liaient étroitement, en leur défendant de crier sous peine de mort. Les pistolets portés à la figure des victimes, les sabres et les baïonnettes dont on les frappait ou les lardait, tout indiquait une prompte réalisation des menaces en cas de rébellion.

« Alors commençaient des scènes atroces de torture physique et morale pour obtenir l'aveu des valeurs possédées et du lieu où elles étaient déposées, et à la suite le pillage méthodique et complet...

« L'expédition achevée, les bandits s'éloignaient, non sans avoir resserré les liens déjà si douloureux qui paralysaient les mouvements de leurs victimes, et se rendaient chez l'un d'eux, où se faisait un partage qui devait être égal... »

Le 29 vendémiaire (20 octobre), sur l'acte d'accusation du citoyen Aroux, directeur du jury à Rouen, l'affaire fut renvoyée devant le tribunal criminel, présidé par le citoyen Thomas, et, le 25 ventôse suivant (15 mars 1799), le citoyen Bodin, chef des jurés, faisait connaître son verdict.

Trente-cinq chauffeurs furent condamnés à mort, mais l'un d'eux, qui n'avait pas seize ans, vit sa peine commuée en vingt ans de détention. Un autre fut condamné à vingt-quatre ans de fers et six à vingt-quatre ans de réclusion. Les autres obtinrent leur acquittement.

Le 22 floréal an VII (11 mai 1799), les trente-quatre condamnés à mort, parmi lesquels figuraient Louis Moitié, d'Elbeuf, son domestique François Remy et Duval dit Carapon, de Caudebec, que l'on avait aussi arrêté, furent conduits en sept charrettes sur le lieu du supplice, revêtus de chemises rouges, et on les guillotina. L'ensemble des exécutions ne dura qu'une demi-heure.

L'année précédente, la bande de Duramé avait été exécutée au même lieu. En deux ans et demi, quatre-vingt quatre chauffeurs de pieds, condamnés par le tribunal de la Seine-Inférieure, subirent ainsi la peine capitale.

Au 4 brumaire an VII (25 octobre 1798), le citoyen Murizon, juge de paix du canton d'Elbeuf, avait pour greffier le citoyen Jacques-Pierre Fosse.

Le 7 brumaire (28 octobre), on afficha dans le temple décadaire de Jean une adresse informant la fabrique qu'elle avait toute facilité d'exporter ses produits en Espagne.

Ce même jour, l'administration municipale écrivit à celle du Département pour lui exposer le mauvais état dans lequel se trouvait le chemin de Saint-Auct, où des accidents s'étaient produits, et que ce chemin devait être regardé comme grande route, puisque le passage s'y faisait continuellement. Au dernier passage, « une des voitures du quartier général de l'armée d'Angleterre » s'y était renversée.

Le 9 (30 octobre), le citoyen René Le Sage, ministre du culte catholique, ayant demeuré à Louviers, justifia de sa prestation de serment, déclara fixer son domicile à Elbeuf et vouloir exercer les fonctions de son ministère dans la ci-devant église Saint-Jean.

Le 25 (15 novembre), le citoyen Deleau, ci-devant instituteur à Sotteville, fut installé en qualité d'instituteur primaire dans le ci-devant presbytère Etienne, alors occupé par un gendarme, qui dût l'évacuer.

Le 27 (17 novembre), sur la réquisition du citoyen Hayet, commissaire du Directoire l'administration municipale du canton enjoignit aux citoyens Lemercier, son président, et David Delarue fils, de présenter la comptabilité en état dans le délai d'une décade, sous peine d'être censurés au procès-verbal.

Le citoyen P. Hayet déposa sur le bureau un procès-verbal dressé par le citoyen Enout, brigadier de gendarmerie, contre Antoine Pelport fils, « qui avoit crié dans les rues « Vive le Roi ! », blasphêmé contre la République, proféré des injures graves contre le citoyen Lemercier, président, et enfin chanté des airs proscrits tendant au rétablissement de l'ancien régime.

C'était à proximité du corps de garde « que Pelport avoit tenu cette conduite infâme, sans que les citoyens de garde eussent fait la moindre démarche pour l'arrêter. D'après le rapport, le poste étoit sans sentinelle ou elle étoit endormie ». Le commandant de la garde nationale fut saisi de cette affaire, qui se termina par la condamnation de Pelport.

Le 7 frimaire (27 novembre), mourut le citoyen Noël-Jean-Baptiste Desgenétez, ministre du culte catholique, qui avait rendu des services à notre population pendant la disette. Originaire du Calvados, ce prêtre était âgé de 62 ans au moment de son décès.

Le corps des guides de l'armée d'Angleterre, fort de 180 cavaliers, partit de Bernay le lendemain, coucha à Elbeuf le soir et gagna Rouen le jour suivant.

Les mouvements de troupes étaient alors fréquents dans notre région ; nous trouvons une lettre datée du 9 frimaire, relative à des fournitures faites par la ville d'Elbeuf aux 5e, 8e et 10e régiments de dragons, pendant les mois de floréal, prairial et messidor précédents.

Le 14 (4 décembre), Quinet, receveur de la barrière d'Elbeuf, depuis quelque temps soupçonné, fut dénoncé comme voleur de deniers publics.

Le 22 frimaire (12 décembre), l'administration prit un arrêté défendant les mascarades, « l'intérêt public et la tranquillité lui commandant d'empêcher des travestissements qui toujours dégénéreroient en abus funestes à la Société, dans un moment surtout où les ennemis de la chose publique pourroient se livrer à des excès dont il seroit difficile de connoître les auteurs sous l'habit de masque ».

Une nouvelle inondation menaça sérieusement Elbeuf en nivôse. Déjà les eaux avaient atteint le perron de l'église Saint-Jean et gagné les premières dalles de l'intérieur, quand l'eau baissa. A ce propos, les autorités municipales remarquèrent que la Seine débordait, en moyenne, une fois tous les cinq ans, et que la ville était inondée une fois par siècle.

CHAPITRE XXIX
(du 12 nivose au 11 floréal an VII)
(janvier-avril 1799)

L'instituteur Bienaimé. — L'anniversaire de la mort de Louis XVI. — Formule d'imprécation contre les traitres. — L'inondation continue. — L'emplacement des anciennes petites halles.— Nouvelles fêtes républicaines ; curieux détails. — Changements dans l'administration. — Henri Delarue fils, président du canton d'Elbeuf (15e maire).— Agitations catholique et royaliste.

Le citoyen Bienaimé, instituteur particulier, malgré les invitations qui lui avaient été faites de se rendre avec ses élèves à la célébration des décadis, s'y était toujours refusé, « de manière à montrer le dégoût le plus formel pour cette sage institution ». En outre, il professait « des principes anti-constitutionnels et ses mœurs dangereuses donnoient les plus mauvais exemples aux enfants en les éloignant des institutions républicaines, pour ne leur imprimer dans le cœur que des sentiments fanatiques et superstitieux qui caractérisoient les ci devant lazaristes, qu'il sembloit les avoir consacrés dans une lettre du 9 vendémiaire où l'on lisoit cette phrase : « Quand la loi de Dieu parle au fonds de mon « être, toutes les lois humaines y sont muet- « tes ».

Le commissaire du Directoire demanda sa destitution, qui fut votée par l'administration municipale, le 12 nivôse (1er janvier 1799). De plus, elle décida de dénoncer Bienaimé au Département, comme propageant des principes contraires au gouvernement républicain.

Dans sa dénonciation, notre municipalité nota que « Bienaimé avoit assez fait pour mériter sa destitution... Il est grand temps d'enlever des mains de cet homme, gangrené d'aristocratie, de fanatisme et de superstition, de jeunes élèves qui ne manqueroient pas de puiser dans son esprit empoisonné les idées les plus fausses et la morale la plus corrompue... »

Ce même jour, on afficha dans la ville la déclaration de guerre faite par la République aux rois des Deux-Siciles et de Sardaigne.

Ce même jour encore, l'administration municipale prescrivit aux habitants du Buquet, des Ecameaux et de la Souche de former entre eux une compagnie de garde nationale.

La nomination du citoyen François Delarue, fabricant, comme administrateur de l'hospice, est également datée du 12 nivose. Il succédait au citoyen Desgenétais, président de cet établissement, récemment décédé.

L'assemblée municipale, dans la longue séance qu'elle tint ce jour-là, décida que les musiciens de la garde nationale porteraient chacun un plumet aux trois couleurs, surmontant un chapeau à trois cornes, portant un bouton jaune et une gance ou galon en or. Le citoyen Quesné, maître de la musique, aurait une marque distinctive particulière à son chapeau.

Quelques jours après, le citoyen Quesné reçut de l'administration supérieure une ode à l'Eternel, avec prière de la mettre en musique, ainsi que l'avait fait son collègue de Rouen.

La déclaration suivante, datée du 27 nivose (16 janvier), concerne les bateaux d'Elbeuf à Rouen :

« Je soussigné Pierre Amy, entrepreneur de voitures d'eau, déclare que j'ai trois bateaux, deux moyens, destinés aux voyageurs, et un grand pour les marchandises ; que j'en ai d'abord joui par rétrocession de bail passé par le citoyen Huault ; que, depuis, je les ai, à titre de propriété, acquis dudit citoyen Huault, à qui ils appartenoient, par le prix et somme de 22.000 livres, suivant acte du 10 pluviose an II, en dépôt chez les notaires d'Elbeuf ».

Voici quelques notes sur la fête du 2 pluviôse (21 janvier) organisée pour « la célébration de l'anniversaire de la juste punition du dernier roy des François ».

L'administration, les autorités, les membres de la commission administrative de l'hospice, les fonctionnaires, les instituteurs, un piquet de garde nationale et l'état-major, la musique et la gendarmerie se réunirent au son de cloche et de l'artillerie à la maison commune, puis se rendirent en cortège, à onze heures, au temple décadaire.

A leur arrivée, on chanta l'*Hymne à la*

Patrie; des airs patriotiques furent joués par la musique. Ensuite le président Lemercier prononça un discours, suivi de nouveaux airs patriotiques.

A midi, une salve d'artillerie fut le signal de la prestation d'un serment général, dans la formule ordinaire, qui fut signé par tous les présents et même par des absents qui avaient formulé le leur par écrit.

Pendant que chacun apposait sa signature, les tambours, la musique, l'artillerie alternaient, aux cris répétés de : « Vive la République ! »

Après l'air : *Veillons au salut de l'Empire,* et un silence s'étant fait, le président Lemercier prononça « la formule d'imprécation contre les parjures qui trahissent leur serment ». Voici cette formule :

« Dieu tout-puissant et juste, toi qui veilles si visiblement sur les destinées de la République ; toi qui as fixé à l'époque où nous vivons la renaissance de la liberté et la destruction de toutes les tyrannies ; toi qui reçus la déclaration que nous avons faite de nos droits et de nos devoirs, sur laquelle est fondée la Constitution de l'an III ; toi qui as entendu le serment solennel de fidélité que nous venons de jurer à cette Constitution, confonds et punis les parjures qui te trahiroient comme tu as confondu et puni jusqu'à présent tous les traîtres !

« Que ta foudre vengeresse ne cesse de les atteindre ; qu'ils tombent sous le glaive de la loi ! Que, si tu permets qu'ils lui échappent ou que ce glaive les épargne, ils n'en soient qu'un exemple plus durable et plus frappant des tourments que tu veux leur faire éprouver !

« Que le remords soit un cruel vautour qui dévore leurs entrailles, toujours renoissantes, pour être toujours dévorées !

« Que la terre leur refuse un asile ; que la malédiction qui les accompagne les rendent un objet d'horreur pour tous les hommes ; que l'on craigne de partager le même sort qu'eux en respirant le même air !

« Qu'ils soient partout trahis comme ils ont eux-mêmes trahi leur patrie !

« Que le Russe barbare ne les reçoive dans ses climats glacés que pour les reléguer dans les déserts affreux où il envoie périr ses plus grands criminels !

« Que l'Anglais farouche continue à leur offrir une retraite, moins encore pour que leurs coupables desseins réussissent, que pour qu'ils en soient eux-mêmes les premières victimes !

« Tels sont, grand Dieu, les vœux que la République est forcée de t'adresser contre des enfants ingrats et sacrilèges, qui n'ont paru la servir que pour déchirer plus sûrement son sein. Exauce-les, ô Dieu juste, puisqu'ils sont nécessaires,... ou plutôt détourne, écarte loin de nous ces terribles anathèmes ! Fais qu'ils n'aient plus d'objet ! Fais que l'antique terre des Francs ne contienne plus de traîtres ; qu'elle devienne de plus en plus digne de tes faveurs ; qu'elle n'offre plus enfin que le spectacle d'un peuple de républicains éclairés et vertueux ! »

Cette lecture produisit une vive impression.

On chanta en chœur d'autres hymnes et une ode en forme d'invocation à l'Eternel pour la prospérité de la République. Cette ode se terminait par la strophe suivante :

> Ô Dieu, nous t'invoquons ! Daigne ta main propice
> Effacer de nos maux le triste souvenir !
> Ou s'il faut que jamais la Liberté périsse,
> Avec elle, grand Dieu, permets-nous de mourir !

Le cortège, se retirant, entonna le *Chant du Départ*, et se rendit à l'arbre de Liberté placé devant la maison commune.

Parmi les autres morceaux qui furent joués ou chantés, figureraient également les suivants : *le Siège de Lille*, une marche, et *Après mille siècles d'erreurs*.

L'artillerie se composa ce jour-là de quatre pièces de canon, la ville ayant dépensé 426 fr. 50 pour achat de deux nouveaux canons et de deux affûts. Ces pièces étaient du calibre dit de deux.

Vers ce temps, un habitant d'Elbeuf fut informé par la municipalité que son fils, Jean-Louis Dugard, avait été condamné à mort, pour vol avec effraction et attroupement, par jugement du 29 brumaire précédent.

A cette époque, il y avait déjà dix-huit mois environ que la fabrique avait perdu son activité. Une délibération municipale nous apprend qu'on comptait alors de 550 à 600 ouvriers, imposés de six à huit francs par an, qui n'avaient pas le moyen de payer cette contribution et excitaient la pitié. Leur peine était d'autant plus grande que la stagnation de la manufacture les privait même de pain.

On sait que, chaque décadi, l'administration municipale, entourée d'un piquet de garde nationale et précédée de la musique et des tambours, se rendait au temple décadaire, dit aussi édifice Jean et temple de la Réunion, pour y lire solennellement les décrets, les bulletins et procéder aux mariages.

An VII (1799)

Le 20 pluviôse (8 février), par suite du débordement des eaux de la Seine, il fut impossible d'approcher de l'église Saint Jean. En conséquence, la réunion et la cérémonie eurent lieu dans « l'édifice Etienne ». Il paraît cependant que l'eau allait en décroissant, car la municipalité avait ordonné, dès le 14 (2 février) l'enlèvement des graviers qui se trouvaient en abondance dans les rues et dans les ruisseaux.

A cette époque, l'endroit où avaient existé les petites halles bâties par les anciens ducs, c'est-à-dire la partie Est de la rue Saint-Jean comprise entre l'église de ce nom et la fontaine actuelle, était dans le plus pitoyable état « et même le plus dangereux tant pour la salubrité publique, à cause des eaux qui croupissoient dans des trous profonds, que pour la sûreté des voitures, exposées à verser à tout instant ».

Une occasion se présenta de remédier à cette situation déplorable. La ravine ayant laissé de gros amas de graviers dans la rue Meleuse, au bout du Couvent et au Coq, on les employa pour boucher et niveler le sol des anciennes halles. Et ce travail opéré, des bouchers forains devaient s'y établir chaque jour de marché.

Le travail allait être mis en cours d'exécution quand les propriétaires des maisons nos 33 à 40 de la rue de Seine — aujourd'hui Saint-Jean — adressèrent à l'administration municipale une pétition, de laquelle nous extrayons ce passage :

« Si la sûreté des citoyens, la circulation journalière des voitures et, en général, le bien-être commun, sollicitoient, depuis près d'un siècle, la destruction de ces hideuses cahuttes, connues sous le nom de petites halles, qui obstruoient la voie publique, menaçoient d'incendie les maisons voisines, et qui ne devoient leur existence qu'à une usurpation féodale, il est urgent de procurer à ce grand et utile emplacement la propreté et l'agrément dont il est susceptible. Vous savez à quel degré il est devenu fangeux et impraticable, et qu'il exhale des vapeurs fétides et insalubres.

« Pour remédier à ces accidents, les exposants offrent, de leur propre mouvement, de faire paver à leur frais cet emplacement, chacun au droit de sa propriété... » En échange, les pétitionnaires demandaient que la ville prît l'engagement de ne plus masquer, à l'avenir, leurs propriétés par des étaux et autres établis de ce genre.

L'administration accepta cette proposition, et, en conséquence, rapporta un arrêté précédent, en date du 1er nivôse (21 décembre), en ce qui concernait la construction de boutiques pour les bouchers.

Le procès-verbal de la cérémonie décadaire du 30 ventôse (20 mars), nous fournit le nom d'un autre instituteur particulier; il se nommait Dupont. Le citoyen Desrey, également instituteur national, ne manquait que fort rarement à ces réunions.

Le 18 ventôse (8 mars), le citoyen Louis Hazet déclara être dans l'intention de faire partir tous les jours, à quatre ou cinq heures du matin, un bateau pour le transport des voyageurs d'Elbeuf à Rouen, et de Rouen à Elbeuf à deux heures après-midi.

Ce même jour, l'administration ordonna l'enlèvement des boues, vases et argiles laissées par le débordement de la Seine dans les rues et ruisseaux.

En réponse à une lettre du Département, le ministre répondit qu'il s'occupait des moyens de « raviver le commerce des fabriques d'Elbeuf et qu'il appellerait sur son état l'attention du gouvernement ». Notre municipalité en fut informée le 22 ventôse (12 mars).

Le 25 (15 mars), on mit en adjudication la « construction d'un amphithéâtre en bois dans le temple décadaire de l'édifice Jean et l'élévation de l'autel de la Patrie ». Ce travail fut adjugé moyennant 270 livres, au citoyen J. Le Roy, menuisier.

Le 27 (17 mars), on tira au sort le nom des administrateurs municipaux sortants. Le tirage désigna les citoyens David Delarue fils, J.-B. Tienterre et Voranger. Les deux administrateurs restant en fonctions étaient les citoyens Lemercier et Saillant, ancien maire.

La ville d'Elbeuf se prépara à célébrer la fête de la Souveraineté du Peuple, le 30 ventôse (20 mars), par une demande de 18 kilog. de poudre à canon.

Il fut recommandé au citoyen Lefebvre, chef du bataillon de garde nationale, de ne commander que des hommes pouvant se présenter en habits décents et portant des souliers, et de ne laisser entrer personne, au temple décadaire, avec des sabots. Cette dernière prescription, qui avait pour but d'empêcher le bruit volontairement fait pendant les dernières fêtes décadaires, par une partie de la population, ne fut pas appliquée.

Cette lettre avait été adressée, le 16 ventôse, aux citoyennes épouses des citoyens Delamare, Beaudouin, Mahon, Lebailly et Guibert, et aux citoyennes filles Valeux, Hervieux, Lequesne et Heurtematte :

« La fête du 30 ventôse est générale ; toutes doivent y participer. Le beau sexe doit y trouver sa place et concourir à son embellissement par ses chants civiques.

« Dans le choix que l'administration a fait des citoyennes qu'elle s'est informée pouvoir remplir ses désirs, vous avez été mise en nombre. Ce beau jour, la Patrie vous fait un devoir de lui prodiguer vos talents.

« Des vieillards, des jeunes gens, des artistes, des groupes, etc., devant aussi contribuer à l'éclat et à la solennité de cette fête, vous ne pourrez vous dispenser d'y prendre une part active.

« L'administration se plaît à croire que vous déférerez avec plaisir à son invitation ; elle compte tellement sur votre présence, qu'elle vous invite à vous trouver demain, dans une des salles de la maison commune, avec les musiciens et les chanteurs, pour une première répétition.

« Ci-joint tous les noms des citoyennes que nous vous avons désignées pour compagnes ».

Des lettres, conçues dans d'autres termes, naturellement, furent adressés aux vieillards, choisis parmi les plus honorables de la ville d'Elbeuf. Voici les noms de cette catégorie d'invités : Colas, Groult père, Jacques Saint-Gilles, Jacques Lizé, Jean Bouel, Flambart père, Louis Delaunay, Jean Védie, Louis Derville, Laurent Dupont, Jacques Flambart, Robert Folie, Jacques-Philippe Dupont, Alex. Bouic, Pierre Boisguillaume, Ch. Pelfresne, Zacharie Osmont (ce dernier était le sacristain de Saint-Jean).

Des invitations furent adressées aux amateurs de chant dont les noms suivent : Eustache Faupoint, Baptiste Petel, Isidore Petitgrand, Beaudoin jeune, Beaudoin aîné, Touzé.

D'autres lettres, dans lesquelles l'administration faisait ressortir que tout esprit de parti devait être écarté, car la fête était celle de tous les Français, et en prévenant que les invités auraient place au nombre des artistes, furent adressées aux citoyens : Saint-Gilles fils aîné, Jacques Chefdrue père, François Lefebvre, Pierre Duval, Moyse Chefdrue, Jacques Chefdrue, Lesaas, Charles Louvet, Pierre Maille jeune, Auguste Béranger, Charles Dupont, Paschal Vaguet, Robert Rousselin, Louis Bertrand, Charles Capplet père et Join-Lambert.

Les citoyens François Benoît, André Duchemin, Pierre Saint-Amand et André Mazurier furent nommés appariteurs de la fête.

Une salve d'artillerie tirée la veille et une autre le matin même annoncèrent la solennité.

Dans le cortège, on remarquait « des groupes d'artistes, de chanteurs, d'appariteurs et de vieillards » ; des bannières décorées flottaient au vent. La colonne se mit en marche, à midi, pour le temple décadaire, où tout avait été disposé pour donner un éclat inaccoutumé à la fête. Sur les murs intérieurs, on lisait différentes « instructions recommandées dans l'arrêté du Directoire du 23 pluviôse ». On y voyait, en outre, « des statues analogues à l'objet de l'institution de la fête. Au milieu du temple, s'élevoit un autel au pied duquel brûloient des parfums ».

Après la lecture des lois, entrecoupée comme de coutume « des airs chéris des François, la fête de la Souveraineté du peuple est annoncée par une salve d'artillerie.

« Les groupes entourent la statue de la Souveraineté du Peuple, et les appariteurs tiennent leurs faisceaux abaissés devant elle.

« Le corps de musique exécute l'*Hymne à la Patrie*. Le silence se fait, et le citoyen J.-B. Delaunay, président des vieillards, comme étant le plus âgé, se lève et adresse aux magistrats la formule consignée dans l'article 7 de l'arrêté du Directoire : « La souveraineté « du peuple, etc. ».

« Le président de l'administration, comme principal fonctionnaire public, lui adresse en réponse le discours énoncé dans le même article : « Le peuple, etc. ».

« Alors, la musique fait entendre de nouveaux chants ; les tambours font un roulement, et des chanteurs, avec accompagnement, exécutent l'hymne *Veillons au Salut de l'Empire* ».

La cérémonie fut continuée par d'autres lectures, roulements de tambours, après quoi la musique joua le morceau *Après mille siècles d'erreur*.

Le président Lemercier prit alors la parole. Son discours fut acclamé par les cris répétés de : Vive la République ! Haine aux royalistes ! Haine aux anarchistes ! Guerre au gouvernement anglais !

« Aussitôt, des airs patriotiques se font entendre. Le canon tire, les tambours battent, des chanteurs entonnent de nouveau l'hymne des Marseillais, et à cette dernière strophe : « Amour sacré... », tous les membres, debout et découverts, l'écoutent dans un profond recueillement. Les appariteurs relèvent leurs faisceaux et viennent se ranger auprès des magistrats ».

Le cortège retourna, en chantant, à la maison commune, où il rentra après avoir fait le tour de l'arbre de la Liberté. On se sépara aux cris de : « Vive la République ! »

Le soir, la ville fut illuminée et l'on dansa à des bals donnés gratuitement. La fête se passa sans le moindre désordre « quoique tous les citoyens y fussent en assez grand nombre ».

A cette époque, faute de casernement spécial, les hommes de la brigade de gendarmerie étaient logés chez des habitants.

Conformément à la Constitution, les assemblées primaires se réunirent le 1er germinal (21 mars). Les citoyens Henry Hayet, Désiré Murizon et Join-Lambert furent nommés électeurs, et les citoyens François Delarue, Henry Delarue et Jean-Pierre Lefort, administrateurs municipaux.

A partir du 3 germinal (23 mars), les séances municipales furent ouvertes aux cris de : Vive la République ! Guerre au gouvernement anglais ! Cette dernière interjection par ordre de l'administration centrale du département, qui avait recommandé à notre municipalité « d'employer son influence pour rallier tous les enfants de la Patrie autour de son autel et leur faire partager l'indignation que méritoit le perfide gouvernement anglois, en faisant inscrire dans l'enceinte des séances, dans le temple décadaire, à la tête de tous les discours et de tous les actes publics des mots qui devoient être gravés dans le cœur de tous les François : « Guerre au gouvernement anglois ! »

Quatre jours après, l'administration départementale prévint celle de notre ville que le gouvernement désirait réserver les orgues existant dans les temples décadaires, « à l'effet de donner aux fêtes nationales le caractère grave et touchant que comporte leur objet sublime » et demanda si celui d'Elbeuf n'avait pas besoin de réparation. Le citoyen Saillant fut chargé de le faire examiner par un homme de l'art et de rendre compte de la visite qui en serait faite.

A la fête la Jeunesse du 10 germinal (30 mars), célébrée au temple décadaire, assistait le citoyen Vitcoq, instituteur particulier. Le citoyen Pierre Deleau, instituteur primaire, fit connaître que ses deux meilleurs élèves étaient les jeunes citoyens Mathieu Viard et Bideaux, âgés de douze ans. Il fut décerné à chacun, « un prix de livres élémentaires », et le président leur donna l'accolade, en les exhortant à redoubler de zèle, d'activité et d'émulation. Cette distribution se fit aux sons de la musique.

« Ensuite le citoyen Pierre Deleau, désirant concourir particulièrement à la fête, monta à la tribune pour y déclamer une pièce de vers de sa composition, analogue à ce jour ».

Le 12 (1er avril), les travaux de pavage à faire sur l'emplacement des petites halles furent adjugés au citoyen Pierre Deleau père, pour le prix de 2.475 livres.

Le lendemain, la municipalité enregistra un arrêté du Département ordonnant la fermeture définitive de l'école particulière du citoyen Bienaimé, convaincu de donner à ses élèves un enseignement du culte catholique, en « ne mettant sous leurs yeux, dans les exemples d'écriture, que les maximes de ce culte ».

Le 17 (6 avril), l'administration municipale « considérant qu'il serait utile et convenable de disposer des bancs déposés dans le ci-devant cimetière de l'édifice Jean, dont le dépérissement grandissait par suite de leur exposition aux injures du temps ; et vu que les dispositions prises pour l'ornement du temple décadaire ne permettaient plus d'espérer qu'ils pussent y être replacés », décida de les mettre en adjudication. Ils trouvèrent preneurs pour la somme de 146 fr. 45 cent.

Les rues du Nord et du Bassin étaient encore si peu fréquentées alors, que les tisserands y étendaient leurs chaînes ; ils finirent même par intercepter l'entrée des propriétés. Mais la municipalité, par un arrêté du 22 germinal (11 avril), fit défense d'employer les les deux nouvelles rues à cet usage.

Ce même jour, il fut décidé que chacune des six compagnies de la garde nationale aurait son tambour. Les citoyens Cornu, Duval, Talbot, Letourneur, Vaguet et Mulot furent pourvus de cet emploi. Le premier et le dernier, « étant les plus instruits », reçurent 9 fr. par mois, et les autres 4 francs.

La nouvelle administration fut installée le 1er floréal (20 avril), après avoir prêté serment de haine à la royauté et à l'anarchie, et fidélité à la République. Elle se composait de : Louis Lemercier, Voranger, Saillant, David Delarue fils, Jean-Pierre Lefort, administrateurs ; Pierre-Henry Hayet, était commissaire du Directoire exécutif, et Drevet, secrétaire.

Le lendemain, elle procéda à l'élection de son président ; l'élu fut le citoyen Henry Delarue fils.

Ce même jour, le citoyen Parfait Grandin

fut nommé, à l'unanimité, administrateur de l'hospice.

Le citoyen Auguste Charron sollicita « la place de receveur de la loterie nationale, au bureau d'Elbeuf »; mais ce fut la citoyenne Beaugendre qui l'obtint.

Le 4 floréal (23 avril), sur une dépêche adressée par courrier extraordinaire au citoyen Delarue, président, l'administration municipal se réunit d'urgence et se déclara en permanence.

La ville d'Elbeuf était appelée à fournir immédiatement 27 hommes sur le contingent de 3.455 fixé pour le département dans l'appel de 200.000 ordonné par la loi du 28 germinal. Une proclamation fut adressée le jour même à la population pour l'engager à fournir des enrôlements volontaires.

Les fêtes décadaires qui se célébraient dans l'église Saint-Jean, concurremment avec les dimanches et fêtes du culte catholique, furent l'objet, pendant plus d'une année, d'une opposition se manifestant par un tapage insultant pour les autorités civiles. Malgré la présence d'un peloton de la garde nationale et de la brigade de gendarmerie, la tranquillité était constamment troublée par des agitateurs catholiques et royalistes. Fatiguée de ces démonstrations, la municipalité signifia au citoyen Lefebvre, commandant de la garde nationale, qu'elle le rendrait responsable du bruit qui serait fait à l'avenir, au temple décadaire, pendant les solennités républicaines.

Le premier exemplaire du tableau indiquant les nouveaux poids et mesures fut remis aux instituteurs d'Elbeuf le 8 floréal.

Dans le cortège de la fête des Epoux, célébrée le 10 floréal (29 avril), figuraient les pères des défenseurs de la Patrie, des père et mère de famille, des militaires blessés et un essaim de jeunes filles. Le citoyen Elie Bunel, qui avait adopté un enfant, reçut une couronne civique au nom de l'Humanité. D'autres couronnes furent décernées aux citoyens Pierre Ménage et Jean Delaruelle, pères de défenseurs de la Patrie ; d'autres furent cités honorablement.

Ce même jour, on donna lecture d'une lettre du citoyen Rivette, officier de santé, remerciant l'administration de la confiance qu'elle avait bien voulu lui accorder en le chargeant de l'examen des conscrits, « et qu'il regrettoit de ne pouvoir continuer à la mériter, obligé de voler au poste où les dangers de la Patrie l'appeloient ».

CHAPITRE XXX
(du 12 floréal au 14 fructidor an VII)
(mai-aout 1799)

Le crime de Rastadt. — Mort de Murizon. — Les premiers conscrits d'Elbeuf. — La cérémonie funèbre du 20 prairial ; démonstration contre l'Autriche. — Autres fêtes républicaines ; originalité de celle des 9 et 10 thermidor. — La garde nationale mobile. — Représentation théatrale.

La nouvelle de l'assassinat des plénipotentiaires français à Rastadt, par des hussards autrichiens, parvint en France dans les premiers jours de mai. Cet horrible crime, sans précédent dans l'histoire, souleva dans toutes les parties de la République un profond cri d'indignation, et un sentiment de vengeance naquit immédiatement dans tous les esprits.

Le citoyen Pierre-Henry Hayet, commissaire du Directoire, reçut, le 27 floréal, une lettre du commissaire central, dans laquelle « après avoir peint toute la férocité du crime de l'Autriche et avoir stimulé le zèle de tous les jeunes conscrits pour les engager à voler au poste où la gloire et la vengeance les appeloient », il invitait l'administration d'Elbeuf à redoubler d'activité pour faire partir les nouvelles recrues, et enfin de faire tout céder à l'intérêt public et à la nécessité des circonstances.

A la fête décadaire du 30 (19 mai), il fut donné lecture de l'adresse du Directoire au peuple concernant l'assassinat des plénipotentiaires français au congrès de Rastadt, du manifeste à tous les peuples et à tous les gouvernements, et un avis de vente de moutons et laine provenant de Rambouillet.

Le 29, la municipalité renouvela une demande faite antérieurement à l'administration du département, tendant à l'autoriser à acheter deux pièces de canon pour la célébration de la fête nationale.

L'auberge du Coq était alors tenue par le citoyen Jacques Hamon.

Le citoyen Désiré-Bernard Murizon, dont nous avons souvent parlé, mourut à Elbeuf, le 29 floréal an VII (18 mai 1799), à l'âge de quarante ans. Le bruit courut qu'il avait été empoisonné, et l'on fit l'autopsie de son corps. — Désiré Murizon laissait un fils auquel il avait donné les prénoms de Léonidas Supersticide, et qui fut père de notre concitoyen M. Léon Murizon.

Marie-Louise Capplet, veuve de l'ancien procureur de la commune et juge de paix, mourut à Rouen en 1858.

Le 8 prairial (27 mai), notre municipalité reçut avis que le Département disposait de 8.000 mètres en bois pour être répartis dans les diverses communes et désirait savoir combien de marchands, à Elbeuf, vendaient à l'aune.

Ce même jour, la femme Revel fut destituée de son emploi de concierge de la maison d'arrêt, pour avoir donné la liberté à un prisonnier avant l'expiration de sa peine.

La fête de la Reconnaissance eut lieu le 11 (30 mai). Le cortège comprenait de vieux défenseurs de la Patrie et « des militaires couverts de blessures » ; ces derniers étaient les citoyens Vacher, Delaruelle et Cudorge. On proclama aussi les noms des citoyens Jamay et Pathenay, « vieux militaires restés fidèles à la cause de la Liberté ». Aux cris de : « Vive la République ! » se mêlèrent ceux de : « Guerre à l'Angleterre ! Vengeance contre l'Autriche ! »

Les vingt-six conscrits d'Elbeuf désignés pour la levée de 200.000 hommes, partirent le 13 prairial (1er juin). Ils se réunirent à midi, à la maison de ville, et se mirent en marche précédés de la musique et des tambours ; ils étaient suivis de tous les membres de l'administration municipale et du commissaire du Directoire, tous revêtus de leurs insignes ; un piquet de garde nationale les accompagnait. Une multitude nombreuse était accourue pour « leur faire la conduite ».

Le cortège se rendit à Orival, où une barque attendait les nouveaux défenseurs de la Patrie. Des tables avaient été dressées sur le bord du fleuve, où les jeunes gens prirent un léger repas en compagnie des autorités. « Des toastes *(sic)* sont portés. On fraternise. On jure surtout une vengeance éternelle à l'Anglais perfide, à l'Autriche assassin. Des airs de musique se mêlent à ces accents...

« Chacun ensuite tourne ses regards vers la petite barque. Le président Delarue y fait placer, aux cris de : « Vive la République ! », aux sons de la musique et au roulement des caisses, le drapeau tricolore... Chacun fait ses adieux, embrasse ses amis, ses parents, et se rend à la voix de son commandant qui avoit prononcé le départ... Chacun jure de rester fidèle au drapeau.

« Au moment où le bateau abandonne la rive, on leur fait de nouveaux adieux. Le corps de musique exécute les airs chéris des François, tels que *la Marseillaise, le Chant du Départ, Ça ira !* et divers autres encore, aux cris de : « Vive la République ! »

« L'administration retourne ensuite, pleine de confiance dans le courage de ses conscrits, devant la maison commune, où, après avoir fait le tour de l'Arbre de la Liberté et au moment de se séparer, elle fait entendre ces cris qui se prolongent : « Vive la République ! Guerre au gouvernement anglois ! Vengeance contre l'Autriche ! »

Par suite du décès du citoyen Murizon, juge de paix, les assesseurs nommèrent le citoyen Benjamin Chefdrue aux mêmes fonctions, le 14 prairial (2 juin). Chefdrue prêta serment le lendemain, devant la municipalité.

Le lendemain, la veuve Divory fut nommée concierge de la prison municipale.

Le 20 (8 juin), on procéda à la réorganisation de la garde nationale. La réunion eut lieu dans le temple décadaire.

Une fête funéraire, en mémoire des ministres plénipotentiaires Bonnier et Roberjeot, assassinés à Rastadt, fut célébrée le même jour 20 prairial.

De six à huit heures du matin, on tira des coups de canon. A neuf heures on battit la générale dans les rues. Les autorités, réunies à dix heures, se mirent en marche, à onze heures, pour le temple décadaire. Elles étaient accompagnées des enfants des écoles, de vieillards, de jeunes citoyennes et d'une foule nombreuse. Tous tenaient un rameau de chêne à la main et portaient un crêpe au bras.

« Au milieu du temple était placé un cénotaphe entouré de feuillages, d'où s'élevoit une pyramide portant à son sommet une urne cinéraire couverte d'un crêpe.

« Sur la pyramide on lisoit : AUX MANES DE BONNIER ET DE ROBERJEOT, LA PATRIE RECONNOISSANTE. Autour de l'urne étoient ces mots : CENDRES DE BONNIER ET DE ROBERJEOT.

« D'autres inscriptions étoient disséminées autour du cénotaphe ; on apercevoit surtout celle-ci : LE 9 FLORÉAL DE L'AN VII, LE GOUVERNEMENT AUTRICHIEN A FAIT ASSASSINER LES MINISTRES FRANÇOIS CHARGÉS PAR LE COMMISSAIRE DU DIRECTOIRE EXÉCUTIF DE NÉGOCIER LA PAIX A RASTADT. VENGEANCE !

« Au-devant, étoient deux vases dans lesquels brûloient des parfums ; de jeunes citoyennes décorées des couleurs nationales entretenoient le feu.

« Du pied de la statue de la Liberté, apposée au cénotaphe, s'élevoient des arbres de chêne verts.

« Des deux côtés de la pyramide étoient deux colonnes, l'une blanche et décorée des couleurs nationales et l'autre couverte des emblêmes de la lâcheté, destinées toutes deux à recevoir les noms des conscrits.

« En entrant au temple, la musique exécute une marche lugubre ; chacun se place, et, après un moment de silence, le président de l'administration ouvre la fête aux cris trois fois

répétés de : « Vengeance contre l'Autriche ! »
Il lit à haute et intelligible voix cette inscription, mise à plusieurs endroits du temple :
« Le neuf floréal de l'an VII... » etc.

« Des airs funèbres sont exécutés par la musique. On donne lecture de divers arrêtés du Département, de celui entre autres qui contient les dispositions préliminaires pour la célébration de la fête de la Fondation de la République en l'an VIII ; d'une lettre du ministre de la police générale, qui excite de nouveau la surveillance des autorités sur les conscrits et réquisitionnaires lâches et sur ceux qui oseroient les recéler... Cette lecture est entremêlée par des morceaux de musique lugubre.

« Le président monte ensuite à la tribune et y prononce l'éloge funèbre des ministres assassinés. Au moment où il termine, par les cris longtemps répétés de : « Vengeance ! Vengeance ! Vengeance ! Guerre au gouvernement anglais ! » le bruit du canon retentit autour du temple. La musique fait entendre des sons aigus et les tambours dévoilés exécutent un long roulement.

« Après ce discours, le président proclame honorablement les noms des conscrits partis pour l'armée. Il va appendre le tableau de leurs noms à la colonne ornée de rubans tricolores. La musique exécute des chants de victoire.

« Il lit ensuite le nom de Pierre-Placide Revert, seul conscrit non parti. Il le fait placer sur la colonne d'infamie et déclare au peuple assemblé qu'il ne sera effacé de ce tableau ignominieux qu'après qu'il aura rempli ses devoirs de François et de citoyen.

« Les autorités constituées et tout le cortège s'avancent vers l'autel de la Patrie. Chaque citoyen, en passant, dépose au pied des urnes le rameau qu'il tient à la main. On exécute pendant cette marche l'*Hymne à la Patrie*.

« Chacun ayant ensuite repris sa place, le président fait retentir de nouveau les cris de : « Vengeance contre l'Autriche ! » et prononce cette imprécation terrible :

« Le Peuple françois voue le tyran de l'Au-
« triche aux Furies ! Il dénonce ses forfaits
« au monde indigné ; il en appelle à tous les
« peuples et à ses fidèles alliés, à son propre
« courage. Il charge les républicains de sa
« vengeance ! Guerre à l'Autriche ! Vengeance !
« Vengeance ! Vengeance ! »

« Une salve d'artillerie et des airs guerriers annoncent la fin de la cérémonie. Puis le président célèbre deux mariages dans les formes accoutumées.

« Le cortège retourne à la maison commune, dans l'ordre observé pour la première marche ; la musique exécutant l'air : *La Victoire en chantant*... Là, on se sépare aux cris répétés de : « Vive la République ! Guerre au gouvernement anglois ! Vengeance contre l'Autriche ! Vengeance ! Vengeance ! Vengeance !... »

A partir de ce moment, les séances municipales ouvrirent aux cris de : « Vive la République ! Guerre au gouvernement anglois ! Vengeance contre l'Autriche ! »

Le 30 prairial (18 juin), le bataillon de la garde nationale, assemblé sur la place de la ville, reconnut ses nouveaux chefs. Après la prestation de serment faite par le citoyen Pierre Maille jeune, commandant, celle des capitaines et autres officiers, on poussa de nouveau les cris contre l'Angleterre et l'Autriche.

Quelques jours après, une protestation de nullité fut déposée à la maison de ville contre la nomination des chefs et leur reconnaissance, basée sur ce que plusieurs officiers ne savaient pas lire et que l'élection avait été faite le 21 au lieu du 20, jour prescrit par la loi.

Les prises d'armes et les fêtes fréquentes avaient fini par blaser et émousser la curiosité populaire. Les fêtes décadaires n'étaient guère plus suivies, même par la municipalité. Le mois précédent, à la fête de la Reconnaissance, il ne s'était trouvé que deux membres de l'administration municipale, et il ne s'en était pas plus présenté aux décadis suivants et notamment à la réception des chefs de la garde nationale.

Le citoyen Pierre-Henry Hayet, commissaire du Directoire, adressa ces paroles aux membres de l'administration, dans la séance du 3 messidor (21 juin) :

« Quel zèle pouvons-nous attendre de nos concitoyens pour la célébration des fêtes républicaines et le maintien de la Constitution, si leurs magistrats ne s'empressent pas de leur en donner l'exemple ? Cette réflexion suffira, sans doute, pour porter les membres de l'administration qui y ont donné lieu, à se montrer désormais, par leur exactitude, les dignes appuis du gouvernement, tels qu'il me sera toujours satisfaisant de les lui présenter dans les comptes fréquents que je lui dois sur l'état de ce canton ».

Ce même jour, on reçut une plainte des habitants avoisinant le cimetière Jean, dans lequel les canonniers s'étaient placés, le 20 prairial, avec leurs pièces. Il paraît que plusieurs d'entre eux avaient chargé leurs canons avec des pierres, de sorte que des vitres avaient été cassées, des portes trouées et même brisées. — La municipalité nomma un chef canonnier, afin de veiller à l'avenir sur les chargeurs.

On fut informé également que des tentatives avaient été faites pour la destruction de plusieurs arbres du Cours.

Le citoyen Francois de Neufchâteau, ministre de l'Intérieur, reçut une lettre de la municipalité d'Elbeuf, se plaignant de ce que la place de la Liberté — place du Calvaire actuelle et environs — destinée à la célébration des fêtes républicaines, allait lui manquer, par suite de l'alignement donné au citoyen Lécallier, qui supprimait la moitié de cette place, sous prétexte qu'elle faisait partie de la grande voirie.

Le 6 (24 juin), le commissaire de police Cauchois étant entré, à onze heures du soir, chez le citoyen Goubert, cabaretier à l'enseigne de la « Pomme de pin », y trouva trois jeunes gens lui paraissant être de la réquisition ou de la conscription. Après les avoir interrogés, il les confia à un garde, mais ils s'échappèrent en tirant, sur lui et sur le citoyen Saint-Pierre qui courait après eux, deux coups de pistolet. A défaut des jeunes gens, le commissaire arrêta Goubert, qui fut déféré à la justice de paix.

Cette affaire ayant été portée à la connaissance du Département, le général Béthencourt envoya le surlendemain, à Elbeuf, 15 hommes de cavalerie et un maréchal-des-logis, pour assurer la tranquillité publique et découvrir les auteurs de l'attentat du 6.

Cette garnison déplut à l'administration de notre ville. Elle fit dire au Département que les cavaliers ne découvriraient rien du tout, parce que les trois réquisitionnaires, étrangers à notre ville, étaient en fuite. En outre, comme la tranquillité publique n'avait pas été troublée, les soldats que l'on envoyait étaient inutiles. Le général et le Département furent invités « à disposer de cette force armée plus utilement pour la chose publique ».

Le détachement arrivé resta à Elbeuf, car nous le voyons prendre part à la fête de l'Agriculture, qui eut lieu le 10 messidor (28 juin).

Au cortège, figuraient deux charrues, ornées de feuillages et de fleurs, attelées de chevaux et précédées de cultivateurs.

Nous y trouvons également « un char arrangé avec magnificence, couvert de tapis, sur lequel étoient des ustensiles de labourage. Des guirlandes de roses, d'œillets et de toutes espèces de fleurs y étoient réunies et donnoient des nuances variées, du milieu desquelles on apercevoit la médaille à décerner au cultivateur désigné ».

On se rendit processionnellement à l'autel de la Patrie, où le président, après un discours, indiqua le citoyen Mariquier, cultivateur à Elbeuf, comme étant « celui dont l'intelligence, la bonne conduite, l'activité, la constance et le succès dans ses travaux rendoient le plus recommandable ». Il lui remit une médaille, en argent, portant d'un côté ces mots : « Prix d'agriculture » et de l'autre : « Donnée par l'administration municipale du canton d'Elbeuf au citoyen Mariquier, le dix messidor de l'an 7e de la République françoise ».

Mariquier reçut l'accolade fraternelle.

Le cortège se dirigea vers un champ, où les laboureurs échangèrent leurs instruments agricoles contre les fusils de la garde nationale. Comme l'année précédente, le président commença un sillon. Les laboureurs reprirent leurs outils d'agriculture, rendirent les fusils aux gardes nationaux et le cortège rentra à la maison de ville.

Il avait été commis, dans les hameaux du Buquet, de la Souche et des Ecameaux, plusieurs vols, que la vigilance de la garde nationale de ces villages aurait pu prévenir.

Le 15 messidor (3 juillet), la municipalité d'Elbeuf écrivit au citoyen Charles Dupont, capitaine de la compagnie des hameaux, que si ses hommes avaient été dispensés du service de la garde nationale au poste communal, c'était afin qu'ils pussent s'occuper davantage de la protection des personnes et des propriétés chez eux. La lettre municipale se terminait ainsi :

« Nous sommes dans une circonstance où il faut redoubler de zèle et d'exactitude. De tous côtés, les assassinats recommencent ; la vie des citoyens est menacée individuellement, et ceux-là qui se rendent coupables d'un tel forfait n'épargnent ni les habitants des campagnes ni ceux de la ville : ils enfoncent leurs poignards indistinctement dans tous les cœurs. Commandez des patrouilles pendant la nuit, surveillez-en l'action, et bientôt vous verrez que les scélérats qui attendent pour vous enlever le fruit de vos sueurs s'éloigneront de vos communes... »

Les cultivateurs du canton furent invités, le 16, à faire l'acquisition de béliers et brebis de pure race d'Espagne pour croiser les leurs afin d'améliorer la qualité des laines.

Le 17 (5 juillet), on lut à l'Hôtel de Ville, un article de *la Vedette*, rédigé par le citoyen Guilbert « contenant la calomnie la plus odieuse contre l'administration d'Elbeuf », à propos des faits concernant la tentative d'assassinat commise contre le commissaire de police. Le journaliste fut invité à rectifier son article.

Conformément à une lettre du ministre de l'Intérieur, on célébra, le 26 messidor, l'anniversaire du 14 juillet 1789, « afin de ressusciter les beaux jours de l'esprit public et de rallier tous les citoyens autour du faisceau national ». Cette fête ne présenta rien de particulier.

Celle du 9 thermidor (27 juillet), consacrée à la Liberté, eut plus d'éclat et d'originalité.

Vis-à-vis de l'autel de la Patrie, élevé sur la place de la Liberté, était un trône et les emblêmes de la royauté, portant une inscription : « Constitution de 1791 ». Le président Henry Delarue « retraça les crimes énormes de celui qui avoit fait peser sur la France la tyrannie la plus exécrable » et termina son discours par les cris de : Vive la Constitution de l'an III et la Liberté !

La musique exécuta un morceau et, au même moment, le trône s'écroula sous les coups des armes, aux cris de : Vive la Liberté !

Le lendemain, le cortège se rendit au temple décadaire, où avait été élevé, comme l'on sait, un autre autel à la Patrie. On l'avait orné de vases, d'arbustes et de fleurs. « Vis-à-vis étoit un trône formé des débris du premier, surmonté des emblêmes de la tyrannie triumvirale et d'une inscription : « Constitution de 1793 ».

Après diverses lectures, morceaux de musiques et acclamations, « le président prit, sur l'autel de la Patrie, un flambeau allumé qui lui servit à mettre le feu aux emblêmes de la tyrannie triumvirale... »

La municipalité recommanda, le 15 (2 août), au citoyen Maille, commandant de la garde nationale, de prendre toutes les mesures nécessaires pour relever l'esprit public, faire détester le royalisme, aimer la vertu et chérir la liberté : « Electrisez les jeunes cœurs des conscrits, offrez leur la palme de la victoire, l'amour des citoyens, la reconnoissance de la Patrie... Multipliez les patrouilles, surtout pendant la nuit, et que tous les lieux qui peuvent servir de repaires aux brigands soient visités chaque jour... ». — Le citoyen Chefdrue était alors juge de paix du canton-ville.

L'administration municipale « au nombre de deux membres » seulement, célébra la fête du 20 thermidor (7 août), dans le temple décadaire.

Le 22 (9 août), il fut fait défense au citoyen Chefdrue d'exercer la profession d'apothicaire, parce qu'il n'avait aucune connaissance « dans l'art de la pharmacerie ». Les citoyens Gamard et Lesaas, apothicaires, reçurent l'ordre de se transporter chez Chefdrue et de constater, par un procès-verbal, la nature des drogues contenues dans des pots où il puisait.

Ce même jour, le citoyen Drappier, ingénieur des ponts et chaussées, annonça l'envoi du plan général de la commune d'Elbeuf, qui fut déposé aux archives de la ville — où nous ne l'avons pas retrouvé.

L'anniversaire du 10 août fut l'objet d'une nouvelle fête, le 23 thermidor.

Le cortège habituel, arrivé devant l'autel de la Patrie, les instituteurs s'en détachèrent, levèrent les mains et promirent de n'inspirer à leurs élèves que des sentiments républicains, du respect pour les vertus, les talents, le courage, et de la reconnaissance pour les fondateurs de la République.

On se rendit au Champ-de-Mars, où allait avoir lieu une course entre quatre amateurs. Les prix consistaient en une paire de boucles d'oreilles en or — presque tous les Elbeuviens en portaient alors — et un sabre. Le premier vainqueur fut le citoyen Vaguet, tambour de la garde nationale. Le cortège rentra ensuite avec solennité, accompagné de musique, de tambours et aux acclamations : « Guerre à l'Anglois ! Vengeance contre l'Autriche ! »

Par ordre du Département et à l'effet de faire la recherche des réfractaires à la loi sur la conscription, la municipalité procéda, le 24 (11 août), par voie de tirage au sort, à la formation d'une colonne de garde nationale mobile. Les noms suivants sortirent de l'urne : Savouret, Sauvage, Jacques Duruflé fils, Lefrançois, Mazurier, Thirel, Delamare, François Lefebvre, tapissier, Join-Lambert, Hermier, boucher, Mathieu Delarue, Albert Godet, Delalandre, Aveline, Asse fils, Michel-Pierre Grandin fils, Hamon, Flavigny-Gosset jeune, Rue fils, Louis Védie. Ils devaient se rendre à Yvetot le 1er fructidor suivant. Douze d'entre eux se firent remplacer.

Un spectacle avait été établi à Elbeuf ; on réclama que l'administration perçût un décime par franc sur les entrées. Mais le directeur ayant représenté qu'il ne faisait pas souvent ses frais, la municipalité décida que le produit de chaque représentation lui serait abandonné, à condition qu'il donnerait une représentation au profit de l'hospice, ce qui fut accepté.

Donc, le 26 thermidor (13 août), l'administration arrêta que, le décadi suivant, il serait donné une représentation extraordinaire, composée de : 1° *Les Dragons et les Bénédictins;* 2° *Le Chanoine de Milan;* 3° *La Revue de l'an VI.* Les citoyens furent invités à se rendre en foule à cette soirée, afin de venir au secours des malheureux, tout en s'amusant. La recette produisit 110 francs 20 centimes.

Ce même jour, on apprit que le Département avait annulé les opérations du 20 prairial, réorganisant la garde nationale. L'arrêté était basé sur ce que la 7e compagnie, celle des hameaux, n'avait pas été convoquée.

Le général Hédouville reçut le commandement supérieur des 1re, 15e et 16e divisions militaires destinées à veiller à la sûreté des côtes. La municipalité de notre ville fut avisée de cette nomination le lendemain 5 fructidor.

A la fête des Vieillards, célébrée le 10 fructidor (27 août), on vit dans le cortège de jeunes citoyennes vêtues de blanc, ceintes de rubans tricolores et portant des couronnes de verdure, marcher des deux côtés des vieillards.

Au temple décadaire, le président cita à haute voix les noms de ces derniers, les invita à s'approcher de l'autel de la Patrie et, après les avoir félicités pour leurs vertus, posa sur la tête de chacun une des couronnes apportées par les jeunes filles.

Ces vieillards étaient les citoyens J.-Fr. Lambert, âgé de 84 ans ; Laurent Dupont, de

86 ans ; Jacques Lizé, de 76 ans ; A.-F. Mouton, de 75 ans ; Michel Lecerf, de 75 ans.

Le soir, après leur avoir fait prendre un léger repas, ils furent conduits au spectacle, où une place honorable avait été préparée et décorée de feuillages, au milieu desquels on lisait cette inscription : « Honneur et respect à la vieillesse ».

La nuit suivante, des malfaiteurs enlevèrent la barrière placée rue de la Liberté. On ne put découvrir les auteurs de cet acte. En attendant qu'une autre fut construite, on creusa un fossé d'un mètre de largeur et d'autant de profondeur à l'endroit où était la barrière.

Le lendemain, on y plaça deux factionnaires pour empêcher que les bestiaux traversent la prairie pour se rendre au champ de foire. En outre, des mesures furent prises pour que la tranquillité ne fut pas troublée pendant la foire.

CHAPITRE XXXI
(DU 15 FRUCTIDOR AN VII AU 10 NIVÔSE AN VIII)
(SEPTEMBRE-DÉCEMBRE 1799

Le mètre. — On craint une incursion des Chouans ; le Département prend des mesures ; les Chouans traversent Elbeuf. — Le coup d'État du 18 Brumaire. — Projet d'un champ-de-foire près la place du Calvaire. — Prestation d'un nouveau serment. — L'affaire Louis Lemercier. — Les Chouans se retirent.

L'anniversaire du 18 fructidor laissa la population dans une indifférence à peu près complète. L'administration, la musique, les tambours, les instituteurs et leurs élèves furent presque les seuls à y prendre part.

Le 30 (16 septembre), une nouvelle colonne mobile fut tirée au sort pour aller remplacer, à Yvetot, les gardes nationaux de la première.

Ce même jour, on publia en ville qu'à partir du 1er vendémiaire l'usage des aunes serait supprimé et que tous les marchands employant des mesures de longueur seraient tenus de se servir du mètre. Les intéressés s'en-

An VIII (1799)

tendirent pour faire fabriquer la nouvelle unité de longueur par un même menuisier.

L'année se termina par des mesures pour augmenter la force du poste de la garde nationale, et assurer l'impossibilité de traverser la Seine pendant la nuit. On craignait alors que des chouans, répandus dans l'Eure, tentassent de s'approcher de Rouen.

L'an VIII s'ouvrit, comme le précédent, par la fête de l'anniversaire de la fondation de la République, le 1er vendemiaire (23 septembre 1799).

On vit dans le cortège des bannières portant diverses inscriptions. Une d'elles était ainsi conçue :

« Le peuple debout est armé contre ses ennemis extérieurs et intérieurs, pour l'intégrité de son territoire et le maintien de la Constitution de l'an III ».

Le livre de la Constitution fut porté devant les autorités constituées. La procession se dirigea vers le Champ-de-Mars, où un autel à la Concorde avait été élevé. On y lisait cette autre inscription : « Paix à l'homme juste et à l'observateur des lois ».

Le discours du président Henry Delarue tendit à unir les républicains dans une seule cause, celle de la Liberté, et les conjura d'abjurer de funestes divisions, pour ne songer qu'à la Patrie en péril.

Le président prononça ensuite ce serment, qui fut répété par les assistants, en grand nombre ce jour-là : « Je jure fidélité à la République et à la Constitution de l'an III. Je jure de m'opposer de tout mon pouvoir au rétablissement de la royauté en France et à celui de toute espèce de tyrannie ! »

Un fusil de chasse fut décerné comme prix d'une course, au citoyen Vaguet, arrivé premier au but. La fête se termina par des danses et des illuminations.

L'administration du département ordonna à l'administration d'Elbeuf, le 1ᵉʳ vendémiaire, pour déjouer les manœuvres organisées par le brigandage, de faire enchaîner au rivage, pendant la nuit, toutes les barques et bateaux, sauf ceux employés au passage Saint-Gilles, et aussi d'enlever les rames de ces mêmes bateaux, pour empêcher les malveillants de s'en servir dans le cas où ils auraient réussi à briser les chaînes. Avis en fut donné au citoyen Ami, entrepreneur des voitures d'eau d'Elbeuf à Rouen. On prévint les citoyens Cauchois, commissaire de police, et Enout, brigadier de gendarmerie, de tenir la main pour l'exécution de ces arrêtés.

Des barrières ayant été établies à la porte de Rouen et rue du Neubourg, les produits en furent affermées au citoyen Montbailly, de la Bouille, que l'on installa dans sa recette le 6 vendémiaire (28 septembre).

Le 10 (30 septembre), au temple décadaire, on célébra une fête funéraire en l'honneur du général Joubert. L'édifice était tendu de noir, tant à l'intérieur qu'au dehors.

Sur une haute pyramide, une urne cinéraire était placée ; on y lisait ces mots : « Aux manes de Joubert, mort en combattant. La Patrie reconnoissante ». Dans des vases, placés au pied de ce monument, brûlaient des parfums.

Les assistants déposèrent chacun une branche de chêne au pied de la pyramide. Le président de la municipalité excita, par un discours, tous les jeunes citoyens à venger la mort de Joubert.

La célébration des décadis retombait encore en désuétude. Le 20 vendémiaire (12 octobre), il ne se présenta, pour le cortège habituel au temple décadaire, ni piquet de garde nationale, ni commandant, ni gendarmes. Quelques membres de la municipalité seulement s'y rendirent, précédés de la musique et des tambours.

A la décade suivante, il y eut un piquet de garde nationale.

On sait que Bonaparte, de retour de sa campagne d'Egypte, rentra à Paris le 24 vendémiaire (16 octobre), et qu'il songea dès lors à s'emparer du pouvoir, sous prétexte de sauver la liberté et la République.

L'administration centrale du département de la Seine-Inférieure écrivit, le 10 brumaire (1er novembre), à la municipalité d'Elbeuf :

« L'administration centrale de l'Eure, citoyens, vient de prendre une mesure qui a pour but d'atteindre les brigands qui depuis longtemps désolent son territoire. Elle a ordonné le désarmement des individus connus pour donner asile aux assassins et aux incendiaires. Elle a prescrit la fouille de leurs maisons et une battue générale, et a requis la force armée de poursuivre les scélérats qui infestent son arrondissement.

« Mais comme ces opérations pourroient faire refluer dans notre département des hommes que le plus grand intérêt commande d'en écarter, nous avons pensé qu'il étoit de notre devoir de vous prévenir des dispositions faites par l'administration de l'Eure, afin d'exciter une surveillance plus active et plus particulière sur les limites qui séparent votre territoire de celuy du département de l'Eure, et d'empêcher les brigands de pénétrer dans le nôtre.

« Nous sommes persuadés, citoyens, que la mesure dont il s'agit produira un bon effet ; mais nous sentons aussi que, pour qu'elle ait un succès complet, il faut que les autorités civiles dont le territoire sert de limites au département de l'Eure concourent à son exécution. C'est le seul moyen de couper la retraite aux assassins qui fixent en ce moment notre attention et de faciliter leur arrestation.

« Nous vous invitons donc à faire, au reçu de cette lettre, toutes les dispositions convenables pour que la surveillance la plus active soit exercée dans votre arrondissement, notamment sur les limites qui le séparent d'avec le territoire du département de l'Eure.

« Nous vous chargeons de prendre les mesures et de donner les réquisitions nécessaires pour que tout individu qui chercheroit à s'introduire dans votre canton, sans un passeport en forme, soit arrêté. Et en vous requérant de concourir, par tous les moyens qui sont en votre pouvoir, à l'arrestation de ceux qui, poursuivis par la force armée du département de l'Eure, chercheroient à s'y soustraire en se réfugiant sur votre territoire, nous vous recommandons très spécialement de seconder les efforts de l'administration de l'Eure et de déployer dans cette circonstance ce que vous avez de force et de moyens pour empêcher que les brigands ne pénètrent dans notre département, et n'y organisent, comme dans les lieux dont ils sont chassés, la chouannerie, le brigandage et l'assassinat.

« La garde nationale et la colonne mobile vous offrent, citoyens, toutes les ressources dont vous avez besoin. Vous sentirez comme nous toute l'importance des mesures que nous vous prescrivons, et nous attendons de votre patriotisme et du zèle qui vous anime que vous mettrez tout en usage pour préserver vos administrés et ceux de tout le département des malheurs auxquels ils seroient exposés, si, par un défaut de surveillance ou inattention, les brigands y trouvoient un asile...

« Salut et Fraternité : BELHOSTE, ANGERVILLE, DELAHAIS ».

M. Maille dit qu'Elbeuf fut menacé par des Chouans, qui cependant ne firent que traverser la ville pendant la nuit sans s'y arrêter. Ils étaient plusieurs centaines de cavaliers.

Ces bandes étaient sous la direction de Louis, comte de Frotté, alors âgé de 44 ans, et qui revenait d'Angleterre après un séjour de trois ans dans ce royaume, où il s'était enfui après l'affaire de Quiberon. Disons tout de suite que Frotté fut pris par les républicains l'année suivante, jugé par un conseil de guerre, condamné à mort et exécuté à Verneuil.

On estime à 11 ou 12.000 hommes les forces royalistes dont Frotté disposait en Normandie. Il divisa le département de l'Eure en cinq sections ; la principale était celle d'Evreux, commandée par Hingant de Saint-Maur, âgé de 51 ans environ, duquel nous aurons l'occasion de reparler.

La région d'Elbeuf fut aussi érigée en division, placée sous le commandement en chef du marquis d'Aché, ancien officier d'infanterie au régiment de Bassigny.

La division de Pont-Audemer était commandée par Charles-François Odoard du Hazé, ancien officier au régiment d'Orléans, et qui possédait le fief du Hazé, près Gaillon. Il appartenait donc à la famille de l'ancien curé de Saint-Jean d'Elbeuf.

La division de Louviers avait pour chef le chevalier Odoard du Hazé, frère du précédent, ancien sous-lieutenant dans le régiment Orléans-infanterie. Il avait émigré et était rentré en Normandie, vers 1796, avec le grade de chef de division dans l'armée royaliste.

Toutes ces troupes étaient à la solde de l'Angleterre, qui faisait parvenir à Frotté l'argent dont il avait besoin pour leur entretien.

A l'assemblée municipale du 12 brumaire (3 novembre), le président fit part aux administrateurs des mesures prises par le département de l'Eure, pour atteindre « les brigands et les chouans » qui désolaient son territoire. Le désarmement des suspects avait été ordonné ; les maisons des individus connus pour donner asile aux assassins et aux incendiaires allaient être l'objet de perquisitions. Une battue générale avait été décidée, afin de poursuivre les scélérats qui infestaient le département.

La municipalité de notre ville prescrivit de doubler le poste, de faire des patrouilles fréquentes de jour et de nuit, surtout à l'extérieur de la commune, aux limites de l'Eure. Le citoyen Dauphin, commandant la colonne mobile de garde nationale, fut spécialement affecté à ce service avec ses hommes. Les aubergistes durent surveiller attentivement tous les étrangers qui se présentaient chez eux. Enfin, on ordonna d'inspecter tous ceux qui se rendraient au passage Saint-Gilles.

An VIII (1799)

Le 14 (5 novembre), l'administration de notre ville demanda aux citoyens Bourgeois et Pinel, ministres du culte, une clef de la porte d'entrée et du clocher des édifices Jean et Etienne. Cette mesure était prise pour, au besoin, sonner le tocsin, sans aucune perte de temps, en cas d'une incursion de chouans en ville.

Le lendemain, la municipalité exposa à l'administration centrale sa crainte de voir les bandits de l'Eure, chassés de ce département, tenter d'entrer dans la Seine-Inférieure et passer la Seine. Seize hommes de cavalerie et cinquante hommes de troupe de ligne étaient nécessaires, afin d'empêcher le pillage de la ville d'Elbeuf. En outre, notre administration demanda cinquante fusils de calibre pour la garde nationale mobile, qui n'en avait que vingt à sa disposition.

On écrivit à l'administration du canton d'Orival pour l'inviter à combiner ses efforts avec ceux du canton d'Elbeuf et signaler les lieux où les brigands pourraient se réunir.

La campagne d'Italie avait couronné le nom de Bonaparte d'une immense auréole et l'aventureuse expédition d'Egypte venait d'ajouter à cette gloire un prestige éblouissant.

Le Directoire et tous les pouvoirs étaient grandement déconsidérés. Le peuple, fatigué de suivre la République dans sa décadence, s'était désintéressé des affaires publiques, livrées aux intrigants et aux médiocrités. Les grands acteurs de la Révolution avaient été dévorés dans la tourmente, et, en dehors d'un petit groupe d'hommes austères, il ne restait que des ambitieux sans scrupule et les réputations militaires.

La foule réclamait « un homme » ; Bonaparte arriva et lui donna un maître.

On connaît le coup d'Etat du 18 brumaire (9 novembre), qui eut pour résultat la fin de la République, étouffée aux cris de « Vive la République ! »

La réunion décadaire du 20 (11 novembre), tenue à Elbeuf, offrit un intérêt particulier.

On y lut un ordre du général Verdière, commandant la 15e division, daté du quartier général à Rouen, rapportant un trait de courage du citoyen Belzeaux, adjoint de la commune de Boscrenoult, canton de la Barre, « lequel s'étant armé contre une bande de chouans, qui s'étoient introduits pendant la nuit dans son domicile, étoit parvenu à les repousser vigoureusement et à s'emparer de deux pistolets, d'un fusil et de deux chapeaux qu'ils avoient abandonnés dans leur fuite précipitée ».

Ensuite, le président Delarue, « après avoir appelé l'attention de tous les spectateurs, donna à haute voix lecture du décret rendu par le Conseil des Anciens, le 18 brumaire, qui ordonnait la translation du Corps législatif à Saint-Cloud, et des proclamations annexées à ce décret ».

Voici un extrait d'une délibération municipale datée du 22 (13 novembre) :

« Considérant que l'endroit où l'alignement a été donné au citoyen Lecallier, pour sa propriété sise près du Cours, est consacré à la célébration des fêtes nationales ; que la commune n'en possède aucun autre, même pour la tenue de la foire, qui jusqu'à présent a eu lieu dans une prairie appartenant à divers propriétaires, qui ont fait clore chacun leur propriété ; que dès lors l'administration ne peut plus disposer de cet endroit, ni d'aucun autre ;

« Considérant que la place donnée au citoyen Lécallier pour son alignement est la seule qui puisse convenir pour y établir le champ de foire, en y donnant néanmoins une plus grande étendue prise sur le terrain dudit citoyen Lécallier, en passant offre et soumission de lui payer la valeur de l'emplacement à céder.

« Vu le motif d'utilité publique sur lequel cette demande est fondée, le jugeant d'une nécessité indispensable... Arrête :

« La place désignée au citoyen Lécallier pour son alignement du 15 nivôse an V et une partie de la prairie dudit Lécallier étant à la suite de cette place, est nécessaire pour former un champ-de-foire en cette commune...

« En conséquence, l'administration passe par le présent soumission d'acheter 20 mètres de terrain en carré, etc. ». Mais le Département refusa de sanctionner cette délibération.

Le 26, l'administration municipale dénonça à l'administration centrale un de ses membres, le citoyen Lemercier, ancien président du canton d'Elbeuf, accusé d'actes arbitraires, d'infidélités et d'abus de confiance.

A partir du 1er frimaire (22 novembre), le citoyen Pierre-Henry Hayet prit le titre de « commissaire du gouvernement ».

Le 5 (26 novembre), il donna la formule du nouveau serment que devraient prêter tous les fonctionnaires, conformément à la loi du 25 brumaire. La cérémonie fut fixée au surlendemain.

La réunion eut donc lieu le 7 (28 nov.),

dans la salle de la justice de paix, à 11 heures du matin. Tous prononcèrent individuellement ce serment : « Je jure d'être fidèle à la République une et indivisible, fondée sur l'égalité, la liberté et le système représentatif ». Il fut transcrit sur un registre et suivi des signatures des vingt fonctionnaires présents.

Le 20 (11 décembre), de nouvelles mesures de sûreté furent prises pour empêcher que le brigandage et la chouannerie exerçassent leurs ravages à Elbeuf, comme cela venait d'arriver dans plusieurs communes de l'Eure.

Il fut arrêté que toutes les armes à feu seraient mises en bon état, que leur inspection aurait lieu deux fois par décade ; que l'on ferait deux cents cartouches ; que les canons seraient surveillés, chargés à mitraille et déposés sous le hangar de la cour de la maison commune ; que le passage de la cour serait intercepté.

La garde nationale redoublerait de zèle et de vigilance. Cinquante hommes d'infanterie et quinze cavaliers seraient de nouveaux réclamés au Département. On lui demanderait, en outre, cinquante fusils pour armer la colonne mobile.

« Des patrouilles de sept hommes circuleront de dix heures du soir à quatre heures du matin. L'administration correspondra très souvent avec ses voisines et les invitera de faire connoître, autant qu'il sera en son pouvoir, par le son des cloches, l'existence et le passage des brigands sur leur territoire, afin de se trouver respectivement sur ses gardes ».

Nous avons omis de dire que des élections d'officiers de la garde nationale avaient eu lieu le 20 brumaire, ce qui était peu nécessaire, du reste, car elles furent annulées, parce qu'il avait été formé quinze compagnies de soixante-dix sept hommes chacune et que chaque compagnie avait procédé séparément à la nomination de ses chefs, ce qui était contraire aux dispositions de la loi, stipulant que, dans les communes dont le nombre des citoyens excédait la formation d'un bataillon de dix compagnies, mais ne pouvant en composer un second, cet excédent serait réparti sur toutes les compagnies.

Le 22 frimaire (13 décembre), une grave accusation fut renouvelée contre Lemercier, ancien président de l'administration municipale, et alors simple administrateur.

Le citoyen Hayet, commissaire du gouvernement, dit que Lemercier avait surchargé des chiffres dans la colonne du droit proportionnel, afin de diminuer celui qu'il devait payer. Le 25 (16 décembre), il fut dénoncé, pour faux commis dans l'exercice de ses fonctions, à l'administration centrale du Département.

Quelques jours après, il fut suspendu de ses fonctions municipales, comme indigne de la confiance de ses concitoyens. On envoya copie de cette délibération au ministre de l'Intérieur.

Lemercier ayant présenté un mémoire justificatif, il lui fut répondu par un autre, que l'on imprima à cinq cents exemplaires.

Quelque temps après, Lemercier, qui exerçait la profession de marchand de bois, refusa de soumettre son cheval à la visite. L'administration municipale posa chez lui un garnisaire, auquel il devait la nourriture et un franc par jour, et qui ne partit que lorsque Lemercier eut justifié de sa soumission à la loi.

L'un des chefs de la chouannerie dans l'Eure était un nommé Bienvenu-Dubusc, originaire de Saint-Denis-des-Monts; il se donnait comme aide-de-camp de « Hingant de Saint-Maur, chef de division, commandant au nom de Sa Majesté Louis XVIII, sous les ordres de MM. le comte de Frotté et le chevalier Joubert ». Le 5 de frimaire, Hingant avait eu les deux bras cassés, dans une rencontre avec des républicains, et ses troupes s'étaient dispersées, après avoir éprouvé des pertes.

Le 25 (16 décembre), un exprès arriva à Elbeuf, annonçant que des chouans de la bande de Bienvenu-Dubusc avaient complètement dévalisé un laboureur de Saint-Éloi-de-Fourques. Quelque temps après, cette même bande arrêta la diligence de Pont-Audemer à Rouen, escortée cependant de huit fantassins, et enleva 15 ou 16.000 fr. que la voiture contenait.

Le 27 (18 décembre), le citoyen-président Delarue déposa sur le bureau de la municipalité « l'Acte constitutionnel, signé et accepté par les trois consuls de la République et les deux commissions législatives le 24 du même mois ».

La Constitution fut lue et promulguée à Elbeuf dans l'après-midi, aux divers carrefours de la ville, par le président, escorté de soixante gardes nationaux, et précédé de la musique et des tambours. Les cloches des deux édifices Jean et Etienne furent sonnées depuis deux heures jusqu'à trois.

Le Département écrivit à la municipalité de notre ville, le 3 nivôse (24 décembre) :

« Nous vous adressons, citoyens, un arrêté par lequel nous vous autorisons à vous faire délivrer, par le directeur de l'arsenal de la place de Rouen, vingt fusils de calibre pour l'armement des citoyens de la garde nationale et les mettre à portée de repousser les brigands s'ils tentoient de pénétrer sur le territoire de votre commune.

« Nous aurions également désiré vous envoyer de la troupe de ligne, conformément à votre lettre sans date par laquelle vous nous en faites la demande ; mais la petite quantité que les généraux en ont de disponible en ce moment ne leur permet pas de satisfaire à votre demande.

« Au surplus, depuis la retraite des brigands qui ont infesté pendant quelques jours le département de l'Eure et la défaite qu'ils y ont essuyée, il y a lieu d'espérer qu'ils n'oseront pas s'y remontrer, et dès lors le besoin de troupes dans votre canton ne devient plus aussi nécessaire.

« Quoi qu'il en soit, citoyens, vous devez être bien persuadés que votre commune a toujours fixé particulièrement notre sollicitude, et que si la sûreté publique et les propriétés y étoient menacées, nous ne perdrions pas un seul instant à déployer toutes les mesures que les circonstances exigeroient pour prévenir toute espèce de désordre ».

Le citoyen Bienaimé était resté à Elbeuf ; il allait dans les familles donner des leçons particulières et recevait même des élèves chez lui, contrairement à l'arrêté départemental. Parmi les autres personnes donnant des leçons aux enfants, les citoyennes Patallier et Henriette Delarue, anciennes religieuses, et la citoyenne Gancel étaient signalées comme très hostiles aux institutions républicaines. — La liste des enfants fréquentant les écoles était envoyée au Département tous les mois.

Le canton-ville avait été soumis le 7 nivôse (28 décembre), à une réquisition de trois chevaux pour l'armée; le citoyen Mathieu Frontin, qui s'était déjà souvent distingué par sa générosité, fit abandon du sien ; mais comme le gouvernement payait ces réquisitions, l'administration municipale décida, le 8, que le prix du cheval gracieusement offert serait distribué aux pauvres ouvriers, nombreux alors par suite de la stagnation des affaires.

Ce même jour, la municipalité décida qu'il serait fait une invitation aux fabricants et commerçants de former une compagnie de garde nationale à cheval.

On arrêta aussi que sommation serait faite au citoyen David Delarue, ancien trésorier de l'administration municipale, de verser une somme de 200 fr. qui lui avait été remise pour l'hospice, il y avait déjà longtemps.

FIN DU TOME VII

TABLE DES GRAVURES

DU TOME VII

1. La Chaire et le Chœur de l'église Saint-Jean	au titre
2. Dessins à la plume sur les anciens registres de la garde nationale d'Elbeuf.	p. 19
3. Mort de Louis XVI	p. 88
4. Un mariage en 1793	p. 94
5. Les Orgues de l'église St-Etienne.	p. 195
6. La ferme du Nouveau-Monde . . .	p. 197
7. Les Orgues de l'église Saint-Jean.	p. 210
8. Portrait de Désiré-Bernard Murizon	p. 280
9. Parties retrouvées de l'*Hercule terrassant l'Hydre de Lerne,* de Puget. . .	p. 374
10. Le Jubé de l'église de Moulineaux.	p. 432
11. La roche à Deux-Trous. — Son entrée triangulaire	p. 446
12. Assignats, billets de confiance, etc.	p. 480

NOTA. — *Cette table servira d'avis au relieur.*

TABLE DES MATIÈRES

DU TOME VII

I. (Mai-Juillet 1792). — Lambesc repousse la qualité de Français. — Le casernement de la gendarmerie. — La municipalité et le juge de paix. — Décision au sujet des prisons. — Le premier Arbre de liberté — Question de drapeau pour la garde nationale. — Les archives de l'ancienne haute justice d'Elbeuf. — Un registre de la garde nationale. — La patrie en danger.   p. 1

II. (Août Septembre 1792). - La journée du 10 août. — Elbeuf n'a plus de blé. — Le citoyen Mathieu Frontin. — Cinq prêtres d'Elbeuf passent à l'étranger. — Mesures contre les « journaux incendiaires ». — Désarmement des Elbeuviens suspects. — Troubles à la halle. — La population manque de patriotisme. — Prestation de serment par les fonctionnaires et le clergé. — La Convention nationale. . . . . . p. 23

III. (Octobre 1792). — Chute de la royauté et commencement de la République. — Evacuation du couvent des Ursulines. — Démolition des petites halles. — Balleroy et son frère. — La disette continue ; la garde nationale en campagne. — Remise à la municipalité des registres paroissiaux. — Le Comité de surveillance. — Grandin et Fromont délégués à la Convention.   . p. 45

IV. (Novembre-Décembre 1792). — Le pain manque ; grave détermination ; la garde nationale fait revenir des grains. — Trois conventionne's députés à Elbeuf. — J.-P. Grandin, membre du Directoire du département. — Faux bons de la Caisse patriotique. — Elections municipales laborieuses. — Nicolas Saillant, 14e maire d'Elbeuf. — La ville offre neuf volontaires à la Patrie . . . . p. 61

V. (Janvier-Mars 1793). — Les élections municipales continuent. — E'ections dans la garde nationale. — Les vingt-cinq volontaires elbeuviens. — Exé.ution de Louis XVI. — Deux commissaires du District à Elbeuf. — Installation de la nouvelle municipalité. — Le trésor du château de la Londe. — Encore les droits dans la forêt. — Recrutement dans le canton. — Certificats et signalements . . . . . . p. 83

VI. (Avril-Juillet 1793). — La disette continue. — Violences au Conseil municipal. — Appel au patriotisme. — Levée de cavaliers pour la guerre. Les citoyens Grandin père et fils. — Le pain manque tout à fait. — Les frères Balleroy ; dénonciation — Discours des citoyens Murizon et Join-Lambert devant la Convention nationale. — Acceptation de la nouvelle Constitution. p. 102

VII. (Août-Octobre 1793). — Inauguration du drapeau tricolore. — Toujours la question des subsistances. — Des représentants du peuple à Elbeuf. — Menaces de la population ; intervention de la garde nationale ; exaspération des femmes. — Les cloches des deux églises sont enlevées. — Les suspects. — La Société populaire. — Attaque, à Bourgtheroulde, des commissaires et de la garde nationale d'Elbeuf. — Le Comité de surveillance. — Réquisition. — La ville est calomniée par les campagnes . . . . p. 126

VIII. (Du 10 Vendémiaire au 11 Nivôse an II. — Octobre-Décembre 1793). — Le calendrier républicain. — L'argenterie des confréries. — La réglementation de l'exercice du culte; la suppression des signes religieux en dehors des églises. — Ouverture des caveaux funéraires des ci-devant ducs d'Elbeuf. — Tarif des salaires. — Projet de caserne dans l'église Saint Étienne ; protestations. — Affaires municipales. — La crise alimentaire continue. . . . . p. 151

IX. (Du 12 Nivôse au 12 Pluviôse an II. — Janvier 1794). — Arrestation de l'huissier Fontaine. — Les nouveaux noms de rues. — Première fête révolutionnaire à Elbeuf ; la « Montagne »; une fille de la Liberté. — La « Société populaire et révolutionnaire des vrais Sans-Culottes »; arrestation du juge de paix Balleroy, son instigateur. — Soustraction des titres et papiers du duché d'Elbeuf . . . . . p. 168

X. (Du 13 Pluviôse au 10 Ventôse an II. — Février 1794). — Fonctionnement du Comité de surveillance et de la Société populaire. — La municipalité demande l'ouverture d'un temple à la Raison. — Vente de biens d'émigrés ; l'« Audience » d'Orival et son christ. — Certificat de civisme. — Déprêtrisations. — Inauguration du temple de la Raison. — Le citoyen Mauduit, poète musicien . . . . . . p. 191

XI. (Du 11 Ventôse au 11 Germinal an II. — Mars 1794). — Les Ursulines refusent de prêter serment ; leur arrestation. — Les frères Balleroy sont livrés au Tribunal révolutionnaire de Paris. — Apologie de Robespierre. — Un décadi au temple de la Raison. — Plantation solennelle de pommes de terre. — Liste des Elbeuviens prisonniers politiques. — Séance d'épuration à la Société populaire. — Nouveaux certificats de civisme . . . . p. 207

XII. (Du 12 Germinal au 11 Floréal an II. — Avril 1794). — Liste des membres de la commune d'Elbeuf et du Comité de surveillance.

— Commande à la fabrique de 12.000 pièces de drap. — Arrêté du représentant Siblot contre les prêtres réfractaires. — Autre suite de déprêtrisations. — Prestation générale de serment à la Constitution de 1793. — Levée de chevaux. p. 234

XIII. (Du 12 Floréal au 12 Prairial an II. — Mai 1794). — Rétractation d'une Ursuline. — Arrestation, condamnation à mort et exécution de Duthuit. — Port obligatoire de la cocarde tricolore. — Influence au dehors de la Société populaire d'Elbeuf. — La fête du 12 prairial ; inauguration officielle du drapeau tricolore. — Deux poésies du citoyen Mauduit. . . p. 251

XIV. (Du 13 Prairial au 12 Messidor an II. — Juin 1794) — La fête de l'Etre suprême ; enthousiasme général. — On complète la municipalité d'Elbeuf. — Arrivée de 148 prisonniers de guerre ; on les caserne dans l'église Saint-Etienne. — Adresse de la commune d'Elbeuf à la Convention. — Expédition au Buquet : arrestation de l'évêque de Montauban ; dévouement du ci-devant curé Guersent. — Actes du Comité de surveillance . . . . p. 266

XV. (Du 13 Messidor au 13 Thermidor an II. — Juillet 1794). — Fête à l'occasion de victoires françaises. — Acquittement de Balleroy. — La fourniture de draps militaires. — Extraction de potasse. — Arrestation de notables elbeuviens. — Divisions intestines ; on demande un conciliateur. — Guimberteau à Elbeuf ; il reçoit les plaintes de la municipalité contre Balleroy. — Après le 9 thermidor : curieuse proclamation de la municipalité ; le demi-dieu Robespierre n'est plus qu'un infâme . . . . p. 291

XVI. (7 Thermidor an II. — 25 Juillet 1794). — Très curieuse pièce ; les dessous de la Révolution à Elbeuf ; pourquoi la bourgeoisie s'était montrée si robespierriste ; les frères Balleroy devant le Tribunal révolutionnaire ; comment ils avaient été acquittés ; terrible vengeance du juge de paix : dénonciation contre quinze notables elbeuviens . . . . p. 316

XVII. (Du 14 Thermidor au 14 Fructidor an II. — Août 1794). — La réaction thermidorienne. — Nouvelle arrestation des frères Balleroy ; leur transfert à Paris. — Proclamation de la Convention nationale. — Guimberteau a Elbeuf. — Les prisonniers anglais. — Mise en liberté des Elbeuviens dénoncés par Balleroy aîné. — Fin du Comité de surveillance d'Elbeuf. — Discours et départ de Murizon, agent national . . p. 340

XVIII. (Du 15 Fructidor au II an 9 Vendémiaire an III. — Septembre 1794). — Tentative pour rétablir la célébration du dimanche ; proclamation municipale contraire. — Auguste Duruflé, nommé juge de paix. — Les sans-culottides de l'an II. — Les Carabots. — Les fournitures de draps militaires ; liste des fabricants et des sommes payées. — Signalements. . . p. 354

XIX. (10 Vendémiaire au 11 Nivôse an III. — Octobre-Décembre 1794). — Adresse de la municipalité à la Convention. — Vente du château de la Londe. — L'hospice refuse les malades, faute de moyens pour les soigner ; la citoyenne Flavigny. — Les Elbeuviens blessés à la guerre. — Départ des prisonniers anglais. — Un bateau de blé pris dans les glaces. — Le citoyen Flavigny député à la Convention. — Le « maximum » pour les draps d'Elbeuf. . . . . p 366

XX. — (Du 12 Nivôse au 11 Germinal an III. — Janvier-Mars 1795). — Les écoles primaires. — Association pour procurer des subsistances à la ville. — Dépôt de blé dans le temple de l'Etre suprême. — Fin de la Société populaire. — Plainte contre l'agent national Murizon. — Démissions ; autres plaintes. — Abandon du Temple. — Le peuple réclame la réouverture des églises ; troubles. . . . . p. 386

XXI. (Du 12 Germinal au 11 Floréal an III. — Avril 1795). — Les municipaux démissionnaires. — Dégats dans la forêt. — Des ecclésiastiques redemandent leurs lettres de prêtrise. — La famine à Elbeuf. — La ville menacée d'une « descente » de ruraux ; mouvement dans le Roumois. — Les félicitations du conventionnel Casenave. — Composition de la municipalité réorganisée. — Comment se faisait le service du poste. — Le ci devant curé Guersent . . . . . . p. 406

XXII. (Du 12 Floréal au 13 Thermidor an III. — Mai-Juillet 1795). — Horrible famine ; des malheureux pâturent l'herbe ; d'autres meurent de faim. — Chantelou et Gosselin. — Reprise du culte catholique. — Arrivée de nouveaux prisonniers de guerre. — Adresse au Comité de Salut public. — Nouvelles démissions municipales. — On réorganise la garde nationale. — Une bonne opération financière. . . . . . . p. 424

XXIII. (Du 14 Thermidor an III au 10 Nivôse an IV. — Août-Décembre 1795). — Les officiers de la garde nationale. — Le banditisme à Elbeuf — La rue Meleuse. — La famine ; affreuse situation du peuple. — Nouvelle organisation administrative ; les 5⁰ et 6⁰ cantons de la Seine-Inf^{re}. — Vente en détail du château d'Elbeuf et de ses dépendances. — Autres démissions municipales . . . . p. 441

XXIV. (Du 11 Nivôse au 12 Messidor an IV. — Janvier-Juin 1796). — Elbeuf est concurrencé par Verviers. — La famine cause de nouvelles souffrances : 4.000 Elbeuviens sans pain depuis huit mois. — La garde nationale ; réélections d'officiers ; trouble scandaleux ; mauvaises volontés. — Réouverture de l'hôpital. — Dépréciations complète des assignats . . . . p. 467

XXV. (Du 13 Messidor au 11 Nivôse an V. — Juillet-Décembre 1796). — Félix Lefebvre, président de l'administration municipale du canton-ville d'Elbeuf (12e maire). — Les loups. — Nouvelles ventes de biens nationaux. — Difficultés d'administration. — Crainte de l'arrivée de brigands ; adresse à la garde nationale. — Enlèvement du vicomte de Chambray . . . p. 483

XXVI. (Du 12 Nivôse an V au 11 Nivôse an VI. — 1797). — Plaintes au Département contre la garde nationale. — Elections municipales complémentaires. — Enquête sur une inhumation religieuse. — Les fêtes publiques délaissées. — Démonstration populaire religieuse. — L'abondance des vivres ; la place manque sur le marché. — Les poids et mesures en usage à Elbeuf. — Cérémonie funèbre en l'honneur du général Hoche. — David Delarue, président de l'administration municipale du canton d'Elbeuf (13e maire). — Nouvelle organisation de la garde nationale. . . . . p. 497

XXVII. (Du 12 Nivôse au 12 Prairial an VI. — Janvier-Mai 1798). — Concordance des cérémonies catholiques avec les décadis. — Changements dans l'administration. — Bals et redoutes. — Projet de descente en Angleterre. — La fête de la Souveraineté du Peuple. — Louis Lemercier, président de l'administration municipale du canton (14e maire). — La fête des Epoux. — Dénomination des rues et places. — La fête des Victoires et de la Reconnaissance. . . p. 515

XXVIII. (Du 13 Prairial an VI au 11 Nivôse an VII. — Juin-Décembre 1798). — Les fêtes de l'Agriculture, du 10 Août, des Vieillards, du 1er Vendémiaire et autres ; incidents. — Proclamations patriotiques. — Une poésie de M.-J. Chénier. — Les Chauffeurs de pieds ; leur procès et leur supplice. — Affaires diverses. — Inondations de la Seine. . . . . p. 533

XXIX. (Du 12 Nivôse au 11 Floréal an VII. — Janvier-Avril 1799). — L'instituteur Bienaimé, — L'anniversaire de la mort de Louis XVI. —

Formule d'imprécation contre les traîtres. — L'inondation continue. — L'emplacement des anciennes petites halles. — Nouvelles fêtes républicaines ; curieux détails. — Changements dans l'administration. — Henri Delarue fils, président du canton d'Elbeuf (15e maire). — Agitations catholique et royaliste . . . . p 555

XXX. (Du 12 Floréal au 14 Fructidor an VII. Mai-Août 1799). — Le crime de Rastadt. — Mort de Murizon. — Les premiers conscrits d'Elbeuf. — La cérémonie funèbre du 20 prairial ; démonstration contre l'Autriche. — Autres fêtes républicaines ; originalité de celle des 9 et 10 Thermidor. — La garde nationale mobile. . p. 572

XXXI. (Du 15 Fructidor an VII au 10 Nivôse an VIII — Septembre-Décembre 1799). — Le mètre. — On craint une incursion des Chouans; le Département prend des mesures ; les Chouans traversent Elbeuf. — Le coup d'Etat du 18 Brumaire. — Projet d'un champ-de-foire près la place du Calvaire. — Prestation d'un nouveau serment. — L'affaire Louis Lemercier. — Les Chouans se retirent . . . . p. 588

Table des gravures . . . . . . p. 603

FIN DE LA TABLE

Elbeuf. — Imprimerie H. SAINT-DENIS.

www.ingramcontent.com/pod-product-compliance
Lightning Source LLC
Chambersburg PA
CBHW050130240426
43673CB00043B/1614